€7,90

€4.—

D1670867

Originaltitel: La aventura de los bustos de Eva
© 2004 by Carlos Gamerro

Dieses Werk wurde im Rahmen des »Sur«-Programms des Außenministeriums der Republik Argentinien zur Förderung von Übersetzungen verlegt.

Obra editada en el marco del Programa »Sur« de Apoyo a las Traducciones del Ministerio de Relaciones Exteriores y Culto de la República Argentina.

Die Arbeit der Übersetzerin am vorliegenden Text wurde vom Deutschen Übersetzerfonds mit einem Johann-Joachim-Christoph-Bode-Stipendium gefördert und in diesem Rahmen von Luis Ruby begleitet.

© 2018, Septime Verlag, Wien

Lektorat: Elisabeth Schöberl
Umschlag und Satz: Jürgen Schütz
Druck und Bindung: Christian Theiss GmbH
Printed in Austria

ISBN: 978-3-902711-73-1
www.septime-verlag.at
www.facebook.com/septimeverlag | www.twitter.com/septimeverlag

Carlos Gamerro

Die 92 Büsten der Eva Perón

Roman

Aus dem argentinischen Spanisch von
Birgit Weilguny

Für Paula

Inhalt

Prolog

Als Ernesto Marroné nach einem herrlichen Golfnachmittag im Country-Club *Los Ceibales* nach Hause kam und im Zimmer seines pubertierenden Sohnes ein Che-Guevara-Poster an der Wand sah, wurde ihm klar, dass er nicht länger über seine Vergangenheit bei der Guerilla schweigen durfte.

Nicht, dass das ein streng gehütetes Geheimnis gewesen wäre: Selbstverständlich war seine Frau bis zu einem gewissen Grad im Bilde – schließlich waren sie zu der Zeit schon verheiratet gewesen und so etwas war schwieriger zu verheimlichen als ein Seitensprung –, doch hatte Mabel nie nachgefragt, mehr noch, sie hatte jeden seiner zaghaften Versuche, sich zu offenbaren, mit einem barschen »Ich will es nicht wissen!« abgewürgt. Seine Schwiegereltern hatten wohl eine leise Ahnung und seine Eltern eine noch leisere; wie viel sie aber wirklich wussten, hatte er nie so recht ergründet. In der Arbeit war es natürlich ein offenes Geheimnis. Wie hätte jemandem entgehen können, dass Marroné mit der geschichtsträchtigen Extremistenorganisation zu tun gehabt hatte, in deren Gewalt sich damals der Generaldirektor der Firma höchstpersönlich befand? Nur seine Kinder waren bisher zum Glück oder Unglück von diesem Wissen verschont geblieben.

»So ist es eben«, dachte Marroné, während er sich resigniert die Jack-Nicklaus-Schuhe aufschnürte. »Davonlaufen ist auch keine Lösung. Irgendwann holt einen die

Vergangenheit ein. Uns alle.« Denn die Geschichte, die Marroné erlebt hatte, war nicht ungewöhnlich, stand sie doch für eine ganze Generation, die nun ebenso vehement ihre beschämende Vergangenheit vergessen machen wollte, wie sie früher nach einer utopischen Zukunft getrachtet hatte. Wer sollte den ersten Stein werfen, wer mit dem Finger auf ihn zeigen? Man brauchte sich bloß umzusehen: Wie viele von den Leuten, die jetzt mit der größten Selbstverständlichkeit in ihren prächtigen, halb hinter üppigen Baumkronen versteckten Häusern residierten, hatten früher statt des gekonnt geführten Slazenger-Tennisschlägers eine Waffe in der Hand gehalten und gegen Privilegien gekämpft, die weit weniger ungerechtfertigt gewesen waren als ihre eigenen heute.

Beim Duschen kehrte die Wärme in seinen Körper zurück, die das kalte Juniwetter und die aufkeimende Erinnerung vertrieben hatten, und er fand die nötige Ruhe, um seinen Vorsatz in einen festen Entschluss zu verwandeln. Es war an der Zeit, dass sein Sohn alles erfuhr. Mit Mabel würde er das, anders als sonst, nicht im Vorfeld besprechen, um sich nicht in letzter Minute umstimmen zu lassen. Denn in einer Paarbeziehung mochte man es umschiffen können, wenn sich Schweigen einstellte und sich gelegentlich Türen schlossen, doch Kinder waren da anders. Für sie enthielten die Geheimniskrämerei, das Schweigen oder die Gleichgültigkeit von Vater oder Mutter eine Botschaft, eine Weisung, ja geradezu ein Urteil, das umso tückischer war, je unterschwelliger es vermittelt wurde. Wenn es um seine Tochter Cynthia gegangen wäre, nach wie vor Papas verwöhnte kleine Prinzessin, hätte die Zeit nicht ganz so gedrängt. Was würde sie schon verstehen, sie hatte gestern noch mit Barbiepuppen gespielt und jetzt nahmen Frisuren, samstägliche Tanzabende, Schlankheitsdiäten und harmlose Flirts mit Jungen aus ihrer Schicht fast die ganze Freizeit in Anspruch, die ihr der Unterricht in einer Schule in der unmittelbaren Umgebung des Country-Clubs ließ. Auch wenn während der Aufbruchszeit Tausende Frauen von der Guerilla rekrutiert worden waren, hatte sich das mittlerweile totgelaufen. Bei Jungen hingegen konnte man nie ganz sicher sein. Sie waren stets das erste Ziel: Ihr Idealismus, ihre romantische Abenteuerlust, ihre Risikobereitschaft, ihre überschießende Energie erleichterten das Zündeln und konnten von der Gesellschaft nicht immer in vernünftige Bahnen gelenkt werden. Zwar vertraute er seinem Sohn, einem brillanten jungen Mann, dem der Erfolg bereits in die Wiege gelegt schien, einem echten Leader und zugleich hervorragenden Kameraden, der vor allem ein wahrhaft edles Gemüt besaß. Aber gerade diese Eigenschaften machten ihn für den Sirenengesang der Gewaltbereiten und Ungeduldigen empfänglich. Marroné konnte das selbst am besten beurteilen. Hatten sie mit ihren Taktiken nicht auch bei ihm Erfolg gehabt? Warum sollte sich sein Sohn also nicht verführen lassen?

Bereits im legeren Hausanzug, den er vor dem Zubettgehen nicht mehr abzulegen gedachte, kam er abermals an der offenen Tür zum Zimmer seines Sohnes vorbei und stieß wieder auf die Umrisse Che Guevaras, ein Schwarz-Weiß-Poster (wie stets ohne Graubereiche, ohne Zwischentöne). Sein Blick traf auf jenes seines viel zu bekannten Landsmanns, der ihn herausfordernd anstarrte, doch anders als bei früheren Gelegenheiten hielt er ihm diesmal stand. »Mich hast du vielleicht gekriegt«, sagte er im Geist zu

Che Guevara, »aber bei meinem Sohn wird es dir nicht so leicht gelingen. Weil er nicht allein ist, weil ich für ihn da bin und ... weil ich dich durchschaut habe!« Beim Gedanken daran, wie viele Leben gerettet worden wären, wenn die Eltern nur rechtzeitig mit ihren Kindern gesprochen hätten, fühlte Marroné einen Stich in der Brust. »Wir haben nie etwas bemerkt«, sagten hinterher alle, als sei der flackernde Blick des Revolutionärs und Träumers an Hunderten Jugendzimmerwänden kein deutliches Alarmzeichen gewesen. Eine ganze Generation, auf dem Altar eines zweifelhaften Idols geopfert, und er, Ernesto Marroné, war ein Überlebender. Aber wofür das alles, wofür sein Überleben, wenn nicht, um davon zu erzählen und die lästigen Geister der Vergangenheit zu bannen, bevor alles von vorn losging?

Vorerst konnte er jedoch wenig unternehmen, denn Tommy war nicht zu Hause. Das Training im *Club Atlético de San Isidro* musste zwar bald zu Ende sein, doch selbst wenn er danach gleich heimkäme, wären bis dahin seine Mutter und Schwester wieder da, denn sie waren wie an jedem Sonntag ins Shoppingcenter gefahren und kamen bestimmt bald zurück, und das würde die Gesprächsatmosphäre stören, die Intimität zwischen Vater und Sohn. Damit seine Worte wirkten, musste er unter vier Augen mit Tomás reden. Am besten morgen, wenn sie wie an jedem Montag zusammen die fast siebzig Kilometer Autobahn bis zu seinem Büroturm in Puerto Madero im Zentrum von Buenos Aires und Tommys Universität zurücklegten. Bis dahin hatte er die ganze Nacht Zeit, um sich seine Worte zurechtzulegen.

Eines beunruhigte ihn besonders: Würde sein Sohn ihm glauben? Wie sollte sein Kind oder sonst wer, der nur den Ernesto Marroné von heute kannte, den Finanzchef des am schnellsten expandierenden Bau- und Immobilienkonzerns Argentiniens, sich vorstellen können, dass er einst untergetaucht war und, aus dem Schatten heraus, gerade jener Gesellschaft den Krieg erklärt hatte, in der er heute lebte wie die Made im Speck? Dass er nicht nur die Stimme erhoben, sondern mit der Waffe in der Hand gegen vermeintliche Ungerechtigkeiten gekämpft hatte, wobei seine Taten freilich alles nur noch schlimmer gemacht hatten?

In dieser Nacht fand Ernesto Marroné keinen Schlaf.

Er lag da, die Arme hinter dem Kopf verschränkt, und starrte an die Zimmerdecke, wo im Licht der Laternen ein paar gekreuzigte Äste ihre geisterhaften Schatten warfen, während immer mehr Erinnerungen in ihm aufstiegen. Seine Vergangenheit als Revolutionär zog wie auf einer weißen Leinwand vor seinen Augen vorbei und er betrachtete sie wach und ehrlich, vom Anfang bis zum Ende. Die Handlung setzte an jenem Nachmittag vor sechzehn Jahren ein, als man ihn zum ersten Mal in seinem Leben ins Untergeschoss des Gebäudes an der Colón-Promenade Nummer 300 geholt hatte, in einen Komplex unter der Erde, der vom Firmendirektor auf den so walkürenhaften wie klangvollen Namen »Nibelheim« getauft worden war, für den die Angestellten aber die profanere Bezeichnung »Tamerláns Bunker« verwendeten.

Kapitel 1

Tamerláns Finger

»Herrn Tamerláns Entführer stellen neue Forderungen, Herr Marroné.«

Ernesto Marroné saß vor dem Schreibtisch und ließ den Blick über die spiegelnde Schädeloberfläche des Buchhalters Govianus wandern, der ihn während des Gesprächs kaum anblickte, sondern lieber die vagen Gesten seiner eigenen Hände im Auge behielt, mit denen er das Gesagte saft- und kraftlos begleitete. Den imposanten Metallschreibtisch, der wie ein liegender Tresor aussah, und das riesige, abgeschottete Gewölbe, in dem er stand, hatte Govianus binnen weniger Stunden nach Bekanntwerden von Herrn Tamerláns Entführung durch die linksperonistische Montonero-Bewegung in Beschlag genommen und er führte fortan von hier aus und in enger Absprache mit dessen Familie die Verhandlungen – doch auch wenn das nun schon sechs Monate her war, schien er immer noch nicht so recht hierher zu passen. Das Büro und der Schreibtisch waren zu groß für ihn und auch der goldene Füllfederhalter mit dem säuberlich gravierten Monogramm FT sah zwischen seinen Fingern geradezu riesig aus. Der Buchhalter Govianus wirkte wie ein Zwerg; ein kahlköpfiger, bebrillter Zwerg, der sich auf den Thron eines Riesen gesetzt hatte.

»Was wollen sie jetzt schon wieder? Mehr Geld?«

»Ach, Marroné, wenn es nur das wäre! Manchmal bedauere ich regelrecht, dass in unserem Land nicht die Mafia die Leute entführt. Bei denen weiß man wenigstens, woran man ist. Wir sprechen in mancher Hinsicht dieselbe Sprache. Aber dieses Gerede von den besseren Bedingungen für die Arbeiter im Haus – übrigens immer nur für die Arbeiter, aufs Verwaltungspersonal pfeifen die, als ob nicht auch wir zu leiden hätten –, und dann sollen wir auch noch die Betriebsräte wieder zurücknehmen, die wir eben erst hochkant hinausgeworfen haben, am besten mit Handkuss, und in den Elendsvierteln Essen verteilen … Haben die keine anderen Sorgen? Raten Sie mal, was ihnen jetzt wieder eingefallen ist. Stellen Sie sich vor, wir sollen im Firmengebäude in jedem Raum eine Büste von Eva Perón aufstellen, auch hier. Können Sie sich etwas Lächerlicheres vorstellen?«

Marroné antwortete nicht, weil er im Geist schon zusammenzählte, wie viele Büsten nötig wären, um die Forderung zu erfüllen. In der achten Etage gab es »Walhalla«, einen Sitzungssaal und zwei Büroräume; in der siebenten neun Büros und einen zentralen Korridor …

»Auch auf den Korridoren?«

»Was weiß denn ich? Sagen wir sicherheitshalber ja. Vielleicht wollen sie auch auf den Klos welche haben, damit Evita uns beim Pinkeln über die Schulter schauen kann. Glauben Sie mir, Marroné, ich bin am Ende meiner Kräfte. Zuerst Herr Fuchs, möge er in Frieden ruhen; und jetzt auch noch Herr Tamerlán … Sind wir denn die einzige Firma im Land, deren Direktoren man entführen kann? Die sollten sich mal mit den Vorteilen der Wechselwirtschaft auseinandersetzen. Sie haben es auf uns abgesehen, das sage ich Ihnen … Dabei stammt unser Personal zu hundert Prozent aus Argentinien! Herr Fuchs hatte längst die Staatsbürgerschaft angenommen, und

Sie werden wissen, dass Herr Tamerlán als Zehnjähriger, ausgerechnet am 17. Oktober 1945, nach Argentinien gekommen ist ... Aber diese Burschen haben keinen blassen Schimmer von Geschichte. Tja ... wenigstens haben sie uns noch nicht die Firma abgefackelt, wie sie es bei ausländischen Unternehmen machen ...«

Dem Buchhalter Govianus tat es sichtlich gut, sich das von der Seele zu reden, und Marroné kam sofort die vierte der »sechs verschiedenen Arten, sich beliebt zu machen« aus seinem Lieblingsbuch – Dale Carnegies *Wie man Freunde gewinnt und Menschen beeinflusst* – in den Sinn. Sie lautete: »Seien Sie ein guter Zuhörer. Lassen Sie den andern von sich selbst erzählen!«

»Aber Sie und Ihre Familie werden gut genug beschützt?«

»Leider ja! Haben Sie eine Ahnung, wie es ist, von früh bis spät Leibwächter in seinem Wohnzimmer zu haben? Einer von ihnen weiß nicht, was eine Klospülung ist. Und sie nehmen alles in Beschlag. Auch die Fernbedienung. Wir sehen nichts als *Twen-Police, Make-up und Pistolen* oder *Starsky & Hutch*, stellen Sie sich das einmal vor ... Verschont bleibe ich nur, wenn ein Spiel übertragen wird. Meine Frau und ich mussten uns ein Zweitgerät fürs Schlafzimmer anschaffen. Und niemand traut sich mehr, an der Tür zu klingeln. Erst kürzlich haben sie den Soda-Lieferanten mit vorgehaltener Waffe gezwungen, einen Schluck aus jeder Siphonflasche zu nehmen, könnte ja sein, dass man uns vergiften will. Sein Rülpsen war bis nach Burzaco zu hören. Aber das ist noch gar nichts im Vergleich dazu, was Herr Tamerlán durchmachen muss. Uns läuft die Zeit davon, Marroné. Es sind schon sechs Monate vergangen. Den Entführern geht die Geduld aus. Sehen Sie sich das an!«

Govianus hielt ihm eine längliche Box aus rostfreiem Stahl hin, wie man sie zur Sterilisation und Aufbewahrung von Spritzen benutzt. Allerdings war sie von einer dünnen Schicht Eis überzogen. Marroné nahm sie ihm aus der Hand. Sie fühlte sich an, als käme sie direkt aus der Tiefkühltruhe.

»Nur zu, machen Sie sie auf!«

Marroné versuchte es, aber seine Finger glitten von der Eisschicht ab, und es gelang ihm zunächst nicht, den Metalldeckel zu lösen. Schließlich kam er aber doch mit dem Fingernagel in eine Ritze. Beim Anblick des Inhalts schrie er laut auf und die Box flog in hohem Bogen durch die Luft.

»Ein Finger! Das ist ja ein Finger!«

»Natürlich ist das ein Finger, Marroné! Und zwar der von Herrn Tamerlán! Seien Sie froh, dass er nicht da ist – wenn er sehen würde, wie Sie damit umgehen! Und jetzt machen Sie den Mund zu und helfen Sie mir suchen!«

Beim Versuch, Ober- und Unterteil des Behälters sowie seinen Inhalt wiederzufinden, mussten sie sich zwischen rollenden Bürostuhlbeinen durchzwängen und durch einen Kabelsalat wühlen. Marroné hatte das Pech, den Finger zuerst zu sehen. Seine Färbung war fahl bis gelblich-grau marmoriert, und obwohl der Nagel akkurat gekürzt und maniküürt war (»Wie für den Anlass zurechtgemacht«, schoss es Marroné abscheulicherweise durch den Kopf), wirkte er bedrohlich – wie ein Amulett aus einer Tierklaue. Beklommen sah er sich nach etwas um, mit dem er den Finger packen konnte. Als Govianus kurz wegsah, angelte er ein zusammengeknülltes Blatt Papier aus dem Abfalleimer, strich es glatt und benutzte es als Griffschutz. Er konnte die

Kälte des toten Fleisches durchs Papier hindurch fühlen, sie lief ihm die Wirbelsäule hinunter wie auf einer Klaviatur. Umständlich verstaute er den Finger wieder in seinem Wattebettchen und stellte die Box auf den Schreibtisch. Eine wichtige Frage kam ihm in den Sinn.

»Kann man überhaupt mit Sicherheit sagen, dass es Herrn Tamerláns Finger ist?«

»Uns liegt ein positives polizeiliches Gutachten vor – nicht, dass das in unserem Land für irgendetwas garantieren würde, aber ich wage zu behaupten, dass die Leute in der Firma seinen Finger gut kennen. Widersprechen Sie mir ruhig!«

Govianus neigte leicht den Kopf und schob sich herausfordernd die Brille auf die Nasenspitze, um ihn über den Rahmen hinweg anzusehen. Er hatte völlig recht. In diesem Moment wurde Marroné erst bewusst, wie roh und radikal die Männer, mit denen sie es hier zu tun hatten, tatsächlich vorgingen. Herrn Tamerlán den Zeigefinger abzuschneiden, das war, wie Samson seiner Haare oder Kleopatra ihrer Nase zu berauben, Caruso seiner Zunge oder Pelé seiner Beine; als würde man Oberst Perón die strahlend weißen Zähne einschlagen oder Casanova kastrieren. Diese Leute waren zu allem fähig! Ihnen war nichts heilig! Und sie wussten zweifellos Bescheid, welche Bedeutung Herrn Tamerláns Finger für die gesamte Belegschaft hatte, und zielten mit diesem brutalen Akt auf ihr Innerstes ab. Kein Geheimnis wurde in der Firma so gut gehütet wie dieses, und doch hatten sie es gelüftet. Aber jeder wusste ja, dass subversive Kräfte die Regierung, die Gewerkschaftsorganisationen, sogar das Militär unterwanderten. Warum also nicht auch die Firma? »Sie sind überall«, dachte Marroné fröstelnd, »man weiß nie, wen man vor sich hat.« Während Govianus mit einem eingehenden Telefonanruf beschäftigt war, betrachtete Marroné mit einer Mischung aus Schadenfreude und Rührseligkeit das *Ding*, das reglos in seinem Metallsarg ruhte, und während er darüber nachdachte, wie vergänglich doch das Leben war, stiegen ihm fast Tränen in die Augen. Das *war* sein Finger, eindeutig; wie hatte er nur daran zweifeln können?

Er würde den Tag, an dem er diesen Finger und seinen früheren Träger kennengelernt hatte, niemals vergessen, auch weil ihn seitdem eine hartnäckige Verstopfung plagte: An jenem Tag hatte Herr Tamerlán ihm am Ende eines persönlichen Bewerbungsgesprächs die Stelle als Einkaufsleiter angeboten, die er noch immer bekleidete. Diese Begegnung hatte bei Marroné tiefen Eindruck hinterlassen; sie hatte sein Leben verändert. In den ersten Auswahlrunden war es für ihn, mit seinem postgradualen Marketingstudium an der Stanford-Universität und seinen familiären Verbindungen, wie geschmiert gelaufen. Doch galt es in Wirtschaftskreisen als allgemein bekannt, dass die entscheidende Hürde für den Eintritt in ein Unternehmen der Tamerlán-Gruppe das Vier-Augen-Gespräch mit dem Big Boss war. Wie man hörte, verfügte dieser über eine unfehlbare Methode, um bei der Wahl seiner Manager die Spreu vom Weizen zu trennen, nur schien niemand, egal ob eingestellt oder abgelehnt, bereit zu sein, etwas darüber zu verraten. Das einhellige Stillschweigen heizte die Gerüchteküche erst recht an und machte alles nur noch mysteriöser. Bekanntlich hatte Herr Tamerlán die Unternehmensgruppe nach der Entführung und Ermordung des früheren Generaldirektors umstrukturiert und dabei alle leitenden Angestellten durch das Prüfverfahren geschickt, wobei manche aufgestiegen, eine Reihe anderer aber entlassen worden waren, denen es offenbar an bedingungsloser Loyalität zum neuen Chef fehlte. Eine der freigewordenen Stellen wollte Marroné ergattern.

In der Woche vor dem Bewerbungsgespräch hatte er mit steigender Aufregung auf das Zusammentreffen gewartet, diesen möglichen Meilenstein in seinem Leben – natürlich nur, falls alles gut ging und er zur rechten Zeit die passenden, tausendmal einstudierten Worte sagte, Herrn Tamerlán aufmerksam zuhörte, ausdauernd lächelte und im richtigen Moment sein Beileid wegen des ermordeten Partners bekundete. Die Woche nahm kein Ende und er konnte an nichts anderes mehr denken: Bei jedem Abendessen belagerte er seine Frau mit Anekdoten, die man sich in den einschlägigen Kreisen über die legendäre Tamerlán-Familie erzählte; er nahm seinen Kleinen auf den Schoß und sang statt »Hoppe, hoppe Reiter« »Tam, Tam Tamerlán« und auch im Bett redeten er und seine Frau über nichts anderes, spekulierten über die Fallen, die Herr Tamerlán ihm bei dem geheimnisvollen Gespräch stellen konnte und derentwegen er Warren P. Jonas' *Wie gut sind Sie auf Ihr Vorstellungsgespräch vorbereitet?* las, bis die Seiten herausfielen. Angeblich nahmen viele die ersten Hürden des Auswahlverfahrens mit dem Rorschachtest und den grafologischen sowie psychologischen Gutachten mit Bravour, nur um dann auf der Zielgeraden zu scheitern. Bei jedem dieser Gespräche zitterte Marroné vor Neugierde und Besorgnis wie Espenlaub, und seine Frau goss Öl ins Feuer, indem sie jeden greifbaren Artikel ausschnitt, der in der Klatschpresse über Herrn Tamerlán erschien. In den kurzen Pausen zwischen den nächtlichen Albträumen ihres Sohnes ging es auch im Bett so leidenschaftlich zu wie noch nie, ihre ersten Begegnungen mit eingeschlossen, allerdings kam Marroné, so wie meistens, wenn er Stress hatte, zu früh zum Samenerguss. Einmal musste er aber doch ins Schwarze getroffen haben, weil Mabel exakt neun Monate später die kleine Cynthia zur Welt brachte. Marroné glaubte sofort, Herrn Tamerláns Züge in ihrem zarten Gesicht zu erkennen, als hätte er ihn im heiklen Augenblick der Zeugung vor Augen gehabt und so den formbaren Zellverband für immer geprägt.

In jenen unruhigen Zeiten half ihm die Triebabfuhr nicht beim Einschlafen: Er lag die ganze Nacht wach, spielte das bevorstehende Gespräch mit dem Big Boss immer wieder durch, überlegte sich Strategien und analysierte die möglichen Ergebnisse verschiedener Gesprächsverläufe. Das Geheimnis bestand darin, die begangenen Wege zu verlassen und Neues zu wagen; mit einem Wort, kreativ zu sein. Für einen so geistvollen, umtriebigen Mann wie Herrn Tamerlán konnte es nichts Langweiligeres geben als ein routinemäßiges Bewerbungsgespräch. Marroné wollte daher für unvergessliche Momente sorgen, indem er die Initiative ergriff und sich etwas im Büro aussuchte, das er offen und frei heraus bewundern konnte: ein Gemälde, eine antike Lampe, die Täfelung der Wände – ganz wie es James Adamson, der Geschäftsführer der Superior Seating Company, bei seinem Gespräch mit George Eastman getan hatte. So stand es zumindest in *Wie man Freunde gewinnt und Menschen beeinflusst*, Marronés Lieblingsbuch. Da würde sich Herrn Tamerláns finstere Miene augenblicklich aufhellen und er würde ihm bereitwillig etwas über diesen

Gegenstand erzählen. »Das befindet sich seit Generationen im Familienbesitz. Bei Ausbruch des Weltkriegs hat mein Vater ...« Mit einem Mal wäre das Gespräch nicht mehr so förmlich: Erfreut würden sie entdecken, dass sie sich beide für die Hochjagd und für Wagner-Opern begeisterten, auch wenn Marroné das zugegebenermaßen erst seit Kurzem tat; seit dem eingehenden Studium von Herrn Tamerláns Vorlieben, weshalb er ein paar alte Ausgaben von *Landleben* gelesen und bis zur Erschöpfung *Die Walküre* gehört hatte. Sein offenes Lächeln und sein aufrichtiges Interesse würden Herrn Tamerlán für den Bewerber um die Stelle des Einkaufsleiters einnehmen und er würde immer offener über seine geheimsten Seelennöte und Befürchtungen sprechen: den Zweifel daran, ob er tüchtig genug sei, die Unternehmensflotte sicher durch die wechselhafte Wetterlage der argentinischen Wirtschaft zu steuern; die Möglichkeit, dass er trotz tatkräftiger Führungsarbeit an der Spitze des verschachtelten Konzerns ewig im Schatten seines verblichenen Kompagnons und Vorgängers stehen könnte; und die (wie sich zeigen sollte, nicht ganz unberechtigte) Furcht, das nächste Opfer derjenigen zu werden, die schon seinen Partner entführt und ermordet hatten. Neben diesen persönlichen Themen würde man auch auf Geschäftliches zu sprechen kommen: Hier konnte Marroné dann taktvoll Verbesserungsvorschläge auf der Managementebene einbringen, die er aus Gründen der Vorsicht als Herrn Tamerláns Ideen ausgeben musste, er würde sie nur *herausgreifen* und *explizit machen*, wie Raymond Schneck es in *Sit Your Boss on Your Knees* empfahl. Als Nächstes würde Tamerlán ihm die Stelle anbieten, auf die er eigentlich aus war, jene des Marketingleiters, und die Position des Vizedirektors in Aussicht stellen, die durch Herrn Tamerláns Aufstieg vakant geworden war – Marroné schien sie zum Greifen nahe wie der goldene Ring bei einer Fahrt mit dem Karussell. Da war Marroné in seinem imaginären Frage-und-Antwort-Spiel ganz oben angelangt und stürzte von der letzten Stufe auf der Wendeltreppe seiner Fantasie ungebremst in die Niederungen der Wirklichkeit zurück, in der die Begegnung noch vor ihm lag und er sich schweißgebadet auf der Matratze wälzte, während seine schlafende Frau ihn ständig mit dem Ellbogen in die Seite stieß, bis irgendwann der Mechanismus aus Wunschdenken und Fantasie erneut Fahrt aufnahm und Marroné wieder Stufe für Stufe seinen Wachträumen folgte und in luftige Höhen entschwand. Sein Hirn lief heiß, als befänden sich in seinem Schädel nur glühende Kohlen, und ein ums andere Mal wendete er sein Kissen, um sich abzukühlen. Welche Ironie des Schicksals: Seine Eingeweide behielten in jener Woche weniger denn je, zu jeder Tages- und, je näher der D-Day rückte, auch Nachtzeit musste er aufs Klo rennen, als ahnte sein Körper, dass es mit diesen hemmungslosen Freiheiten nach dem so ersehnten wie gefürchteten Gespräch vorbei sein würde.

Einem Gespräch, das nicht im zu jener Zeit noch gar nicht vorhandenen Bunker stattfand, der erst später das Archiv und das Materiallager aus dem Keller des Firmengebäudes verdrängen sollte, sondern an einer diametral entgegengesetzten Ecke, unter der großen Kuppel aus bernsteinfarbenem Glas, die auf der letzten Etage des feudalen Jahrhundertwendebaus thronte und der Herr Tamerlán persönlich den klangvollen Namen »Walhalla« gegeben hatte.

Seinen Schreibtisch, einen wuchtigen Mahagoniblock, hatte Herr Tamerlán so unter die Kuppel stellen lassen, dass Ernesto Marroné an diesem sonnigen Tag seinen potenziellen Arbeitgeber in sphärisch goldenes Licht getaucht sah, so entrückt, als befänden sie sich nicht in derselben Wirklichkeit – alles schien aus Licht und Gold gemacht, jenen edelsten aller Materialien, und zwar sowohl die Gegenstände auf dem Schreibtisch als auch Herr Tamerlán selbst auf seinem leuchtenden Thron mit den geschwungenen Armlehnen.

»Was für ein schöner Schreibtisch …«, fing Marroné an, wie er es eingeübt hatte.

»Lassen Sie bitte die Hosen hinunter.« Herr Tamerlán hob nicht einmal den Blick von der Mappe, die er gerade durchsah und in der sich wohl eine Ausschreibung befand. Und weil die Aufforderung so ungewöhnlich war, sah Marroné sich verwundert um, ob er denn jemand andern damit meine. Doch sie waren allein. Marroné lockerte den Gürtel und öffnete den Innenknopf seiner Hose, die er sich, wie den ganzen Markenanzug von James Smart, extra für diesen Anlass gekauft hatte. Er konnte aus der weit geschnittenen Hose schlüpfen, ohne die Schuhe auszuziehen, blieb aber mit dem linken Absatz hängen, weshalb er sekundenlang auf einem Bein hüpfen musste. Dann faltete er die Hose säuberlich zusammen, und weil er nicht wusste, wohin damit, nahm er den linken Arm als Kleiderhaken. Seine Unterhose war aus dem Abverkauf und nicht ganz neu, weshalb er froh war, dass die Hemdschöße sie verdeckten.

»Die Unterhose auch«, sagte Herr Tamerlán, ohne überhaupt nachzusehen, was Marroné tat, ganz als rechne er schon mit einer gewissen Zurückhaltung.

Marroné gehorchte und musste an den rätselhaften Spruch denken, den eine kundige Quelle Tamerlán zuschrieb: »Wer Karriere machen will, sollte die Unterhose der Firma tragen.« Was auch immer damit gemeint war, es hatte bestimmt etwas mit dem zu tun, was nun käme. Herr Tamerlán klappte die Mappe zu, erhob sich und ging um den Schreibtisch herum auf Marroné zu, während er ihn, die Hände hinter dem Rücken verschränkt, eingehend musterte. Einen Augenblick lang fürchtete Marroné, er könnte gleich die Hand ausstrecken und seine Zähne prüfen. Außerhalb des magischen Lichtkreises wirkte Herr Tamerlán wie ein Normalsterblicher, bis er ihm in die Augen sah. Da sprang ihn etwas an wie ein Hund, dem man den Maulkorb abgenommen hat, etwas, das ihm im bernsteinfarbenen Licht nicht aufgefallen war: kühle Pupillen und ringsum scharf abgegrenztes Blau, wie ein Eisberg. Erst nach einem Blick auf Herrn Tamerláns Hände fand Marroné, der verblüfft geschwiegen hatte, vor Schreck die Sprache wieder. Herr Tamerlán war dabei, sich mit der Linken einen Gummifingerling über den rechten Zeigefinger zu rollen, einen, wie ihn Proktologen benutzten.

»Ich bin aber schon untersucht worden«, stammelte Marroné entgeistert.

»Stellen Sie sich nicht so an, Marroné! Oder soll ich es mir noch einmal überlegen, Sie einzustellen? Ich interessiere mich nicht für Ihre Prostata oder dafür, ob Sie Hämorrhoiden haben, meine besten Manager haben welche, das macht sie schön umtriebig und angriffslustig. Bei Magengeschwüren ist es dasselbe. Nein, lieber Marroné, ich würde in Ihnen gern etwas anderes finden. Treten Sie ein paar Schritte vor. So ist es gut. Stützen Sie jetzt beide

26

Hände auf dem Schreibtisch ab. Legen Sie das weg; keine Sorge, Sie bekommen es vor dem Gehen wieder.«

Ernesto Marroné legte Hose und Unterhose auf die Glasplatte des Mahagonischreibtisches. Das goldene Licht fiel ihm warm und sanft aufs Gesicht und die Hände, es war so hell, dass er blinzeln musste. Durch den Lidspalt konnte er gerade noch erkennen, worin Herr Tamerlán geblättert hatte: nicht wie vermutet in einem Ausschreibungstext, sondern in einem Heftchen mit dem Namen *Queen Studs*. Auf dem Titelblatt war ein glatt rasierter, splitternackter Bodybuilder zu sehen, der aufreizend in die Kamera blickte, während er locker und nachlässig mit einer Hand sein Glied verdeckte. Marronés Pupillen weiteten sich im selben Maß, in dem sich sein Schließmuskel zusammenzog, als hinge beides am selben straff gespannten Faden.

»Wie Ihnen sicherlich bekannt ist, mein lieber Marroné, haben Ärzte und Philosophen jahrhundertelang den Sitz der Seele im Körper gesucht. Pythagoras vertrat die Auffassung, die Seele sei aus Luft gemacht oder, anders gesagt, ein Hauch, und somit in der Lunge zu verorten. Demokrit fügte diesem Gedanken diverse weitschweifige, atomistische Ausführungen hinzu, um zu erklären, warum wir sie dann nicht mit jedem Atemzug aushauchen. Die Stoiker ließen die Seele mal im Herzen, mal im Kopf zu Hause sein; einig waren sie sich nur darüber, dass sie von ihrem Sitz aus siebenfach in den Körper ausstrahle. Wie ein Polyp mit seinen Fangarmen lenke sie die fünf Sinne, das Sprachvermögen und die Sexualität. Von dort ist es nur ein kleiner Schritt zur Behauptung, dass die Seele durch das Sperma vom Vater auf den Sohn übergeht und im Hodensack wohnt, eine Theorie, die unter anderen der britische Arzt Sir Thomas

Browne vertrat. In den Überlieferungen der Mystik, der Theosophie und des Spiritismus wird hingegen traditionell die Herzgegend bevorzugt. In den *Upanishaden* wird als Sitz der Seele sehr präzise und ansprechend ein kleiner Schrein in der Herzensmitte genannt, der die Form einer Lotosblüte hat. Die Assyrer wiederum hielten die Leber für den Sitz der Seele. Dämliches Volk! Allein dafür verdienen sie es, ausgestorben zu sein. Andere Kulturen sprachen von mehreren Seelen, etwa die alten Ägypter, die ihrer sieben kannten, welche sich über den ganzen Körper verteilten. Platon zählte, etwas bescheidener, drei wesensverschiedene Teile zur Seele: den vernünftig lenkenden Teil mit Sitz im Kopf, den tatkräftigen mit Sitz in der Brust und den begehrenden mit Sitz im Unterleib, zwischen Zwerchfell und Nabel. Mit Letzterem war er bereits nahe dran. Descartes dagegen folgte einer anderen Spur: Er meinte, die Seele befände sich in der Zirbeldrüse in der Mitte unseres Hirns, weil diese als einziger Teil von Hirn und Sinnesorganen nur einmal vorhanden sei. Daher verbindet man sie auch mit dem dritten Auge im Buddhismus. Obwohl diese Vorstellung falsch ist, hat sie mich der Wahrheit einen Schritt nähergebracht. Wie Sie sehen, haben in der Geschichte der Menschheit zahlreiche Weise, Dichter und Denker aus Orient und Okzident diese Frage gewälzt, sie gar wissenschaftlich zu erforschen gesucht. Diese unfähigen Penner! Fünftausend Jahre menschlicher Kultur, und am Ende muss ich wieder alles allein machen. Nun gut: Vielleicht sind ihre Mühen doch zu etwas nützlich gewesen. Denn ehrlich gesagt bedarf es häufig vor einem echten Qualitätssprung erst einmal einer kritischen Menge an Fehleinschätzungen. Lieber Marroné, das dritte Auge, das Auge der Seele, existiert, wir alle tragen es in uns. Es wartet nur darauf, geweckt zu werden. Aber es befindet sich nicht auf unserer Stirn. Wo dann, möchten Sie wissen? Nun, in aller Bescheidenheit darf ich Ihnen sagen, dass ich der Sache auf den Grund gekommen bin. Bitte die Beine etwas weiter auseinander!«

Marroné fühlte zwischen seinen Hinterbacken eine erste, vorsichtige Kontaktaufnahme, bevor sich der Druck verstärkte und sich etwas mit Gummi Überzogenes seinen Weg bahnte. Alles, was er sich im Lauf der Woche so sorgfältig zurechtgelegt hatte, war aus seinem Gedächtnis verschwunden. Wäre er danach gefragt worden, er hätte nicht einmal seinen eigenen Namen gewusst.

»Die Lösung ist eigentlich offensichtlich – und nicht so sehr anatomischer wie sprachlicher Natur. Warum, meinen Sie, spricht man vom ›Sitz‹ der Seele? Wenn jemand mit Leib und Seele dabei ist, dann ›reißt er sich den Arsch auf‹, nicht wahr? Und wenn nicht, geht ihm die Sache ›am Arsch vorbei‹. Interessant, was? ›Integrität‹ vermuten wir also nicht im Kopf oder in der Herzgegend, sondern ein Stück weiter unten. Und woher kommt Integrität, wenn nicht aus der Seele, Marroné? Deshalb ist es auch so schlimm, wenn einem jemand anderer ›den Arsch aufreißt‹. Denn nur wer über sein Hintertürchen bestimmt, ist Herr seiner selbst. Wenn Sie für mich arbeiten möchten, sollten Sie sich über eines im Klaren sein: Wir schätzen unabhängiges Urteilsvermögen, wir schätzen Kreativität und eigenständiges Denken. Also werden Ihre Gedanken und Gefühle in unserem Unternehmen frei sein – aber Ihr Arsch gehört uns. Das ist wohl nicht zu viel verlangt. In Ihren Kopf ist es schwieriger hineinzukommen als in Ihren Hintern, Sie dürfen also weiterhin denken, was Sie wollen. Dieses kleine

Loch hier ist ein sehr feines Organ, um Fehler frühzeitig wahrzunehmen: Nichts kann Sie besser vor der Versuchung bewahren, den Aufstand zu proben, Alleingänge zu wagen, als wenn Sie den Arsch ordentlich zusammenkneifen. Von heute an, Marroné, befragen Sie Ihren Arsch, wenn Sie irgendwelche Zweifel hegen, der sagt Ihnen dann schon, was zu tun ist. Denken Sie immer daran: Ihr Arsch ist Ihr bester Freund.«

Während seiner Ansprache hatte Herr Tamerlán den Finger nicht bewegt, ihn jedoch in Position gehalten. Nun zog er ihn langsam heraus, und für Ernesto Marroné wurde das der vielleicht erniedrigendste Augenblick: Sein Schließmuskel zog sich reflexartig um Herrn Tamerláns Finger zusammen, wie um ihn wenigstens eine Sekunde länger hierzuhalten. Das war der endgültige Beweis. Herr Tamerlán hatte recht, er war nicht mehr Herr über seinen Arsch. Als der Finger herausgezogen war, füllte eine weiße, wattige Leere Marronés Kopf, in der Verblüffung lag, aber kein so komplexes Gefühl wie das, erniedrigt oder beleidigt worden zu sein, nicht einmal, als Herr Tamerlán das Bewerbungsgespräch für beendet erklärte, indem er den Latex-Fingerling wie ein benutztes Kondom in den Papierkorb warf.

»Marroné, ich setze große Erwartungen in Sie. Seien Sie am Montag pünktlich da!«

Beim Rausgehen war ihm, als unterdrückten die Mitarbeiter ein Grinsen und lachten leise hinter seinem Rücken; als er am Abend nach Hause kam und seine Frau, die vor lauter Ungeduld ganz ekzematös aussah, noch an der Tür fragte: »Und? Wie ist es gelaufen? Hast du Herrn Tamerlán wirklich kennengelernt?«, machte Marroné den Mund auf um zu antworten, schloss ihn aber gleich wieder und brütete vor sich hin, während er nach Worten suchte, um seine Begegnung mit dem Big Boss zu leugnen. »Ich hab den Job« war schließlich alles, was er herausbrachte.

»Also, was sagen Sie? Können Sie das?«, holte ihn nun die matte Stimme des Buchhalters Govianus, der den Hörer aufgelegt hatte, in die Niederungen der Wirklichkeit zurück, aus der Glaskuppel in den Keller, vom lang erloschenen Bernsteinlicht ins schummrige Hier und Jetzt. Er blinzelte, als müsste sein inneres Auge sich erst wieder an die Lichtverhältnisse gewöhnen. Das Büro in der letzten Etage des Gebäudes war ihm mit seiner exponierten Lage, dem hellen Licht und dem Wind, der vom Fluss heraufblies, immer wie eine prächtige Galeone mit gesetzten Segeln erschienen, das Büro hier unten hingegen, mit dem allgegenwärtigen Ultramarinblau und Smaragdgrün seiner schmuck- und fensterlosen Wände und dem kränklichen Aquariumlicht, den kugelsicheren Möbeln und der Klimaanlage, die aus ihren vielen Schlünden gleichmäßig Luft von der kahlen Decke blies, gemahnte eher an ein U-Boot, das in Zeiten von Kriegswirren abtauchen konnte. Und solche Zeiten erlebten sie zweifellos, sonst müssten stolze Männer wie Herr Tamerlán, die früher einmal das Steuerrad fest in der Hand hielten und die wirtschaftlichen Geschicke Argentiniens lenkten, sich nicht in einem unterirdischen Maulwurfsbau vor ihren Häschern verkriechen. Der Bunker war kurz nach Marronés Firmeneintritt fertiggestellt worden, und den verantwortlichen Ingenieur hatte man noch am selben Tag nebst den Arbeitern in die UdSSR zurückgeschickt, aus der Herr Tamerlán sie eingeflogen hatte, damit niemand vor Ort die Details der Konstruktion kannte. Nebenbei hatte er dadurch die Antinukleartechnik zum Bestpreis bekommen. Das Büro war sozusagen nur ein kleiner Teil, der öffentliche Bereich des weitläufigen unterirdischen Komplexes. An irgendeiner Stelle gaben die verschwiegenen Wände bei Berührung nach und eröffneten den Zugang zu geheimen Gemächern, die nur wenige Auserwählte je betreten hatten, wenngleich im Unternehmen wilde Gerüchte darüber kursierten: die Reichtümer im Tresorraum, um Leute bestechen und Sabotageakte finanzieren zu können; die Kommunikationsausrüstung, mit der sich angeblich die Sendemasten sämtlicher Radio- und Fernsehsender des Landes blockieren ließen, um in Dauerschleife eigene Botschaften zu senden; und das kleine Kraftwerk, das die autonome Versorgung monatelang sicherstellte; zudem ein Waffenlager mit diversen Sprengstoffen; Vorratskammern und Gefrierschränke, gefüllt mit den feinsten Köstlichkeiten aus aller Herren Länder; und vor allem die Executive Suites, mit Spiegeln ausgekleidet und mit drehbaren Wasserbetten, Whirlpools und allen erdenklichen Luxusartikeln aus Europa und dem Fernen Osten ausgestattet. Der Bunker bot dem Vernehmen nach Platz für die wichtigsten Führungskräfte der Firma und ihre männlichen oder weiblichen Sexpartner (Ehefrauen und Kinder hingegen waren, weil sie echte Machtausübung behinderten, streng verboten). Falls sich also in Argentinien die revolutionären Kräfte durchsetzten, konnte sich der Kapitalismus unter die Erde zurückziehen und monatelang Widerstand leisten. Monatelang. Leider hatte Herr Tamerlán die Fertigstellung des ausgeklügelten Maulwurfsbaus nicht miterlebt, weil ihn am helllichten Tag die Guerilla entführt hatte, und nun sinnierte er vielleicht gerade in einem ähnlichen unterirdischen Bau bei seinen

Entführern, wie vergänglich doch das menschliche Streben nach Sicherheit nur allzu oft war.

»Wir können einfach unseren Lieferanten kontaktieren und ihm die Dringlichkeit bewusst machen«, antwortete Marroné auf die Frage des Buchhalters. »Nichts leichter als das! Dafür bin ich ja Einkaufsleiter. Obwohl ich, wie Sie wissen, natürlich noch mehr …«

»Fangen Sie nicht wieder damit an, Marroné. Sie wissen so gut wie ich, dass Beförderungen bis zu Herrn Tamerláns Rückkehr warten müssen. Helfen Sie mir, unseren Direktor zurückzuholen, und ich versichere Ihnen: Sobald das alles vorbei ist, spreche ich ihn persönlich auf Ihren Wechsel in die Abteilung für Marketing und Vertrieb an.«

»Sobald das alles vorbei ist«, drohte Marroné innerlich diesem ungehobelten Menschen (der sich schon wieder in seine Papiere vergrub, als wäre Marroné bereits gegangen), »brauche ich vielleicht keinen Mittelsmann mehr, weil Herr Tamerlán mir dann nichts mehr abschlagen wird.« Während er auf den Fahrstuhl wartete, um in sein Büro in der sechsten Etage zurückzukehren, warf er einen Blick hinauf zur Statue des Arbeiters, der mit stolzer Stirn, das Hemd bis zum Nabel aufgeknöpft, die Rechte vor der Brust und die erhobene Linke zur Faust geballt, dass die Adern hervortraten, von der Spitze des Denkmals für die Descamisados, die »hemdlosen« Taglöhner, auf ihn herabschaute. Dieses war noch zu Lebzeiten des alten Herrn Tamerlán in Auftrag gegeben worden und hätte mit 137 Metern das höchste Denkmal der Welt werden sollen, doch als die Regierung der Peronisten stürzte, hatte man mit seinem Bau noch nicht einmal begonnen, und so war das Modell irgendwo im Keller verstaubt, bis vor zwei Jahren, anlässlich ihrer Rückkehr an die Macht, jemand beschlossen hatte, es abzustauben und ins Foyer zu stellen. Unbewusst imitierte Marroné die herkulische, herausfordernde Haltung seines plebejischen Gegenübers, wie sie jemandem zukam, der das Schicksal anklopfen hörte. Das war die Gelegenheit, auf die er gewartet hatte, dachte er bei sich. Jetzt würde er Herrn Tamerlán seine Ergebenheit beweisen, er war ja nicht nur irgendein Angestellter (»irgendein *Arsch*«, formulierte eine innere Stimme das hinterhältig neu, bis er sie wütend schweigen hieß), er würde in den inneren Kreis aufsteigen, den Kreis der »Tataren«, wie der Boss seine Leibgarde ihn verteidigender Samurai-Manager nannte. »Sie und diese Büsten, Marroné«, würde Herr Tamerlán sagen, wenn das alles vorbei wäre und sie einträchtig auf weichen, weißen Polstermöbeln in dem Wohnzimmer säßen, das er nur von Mabels Zeitungsausschnitten kannte, »hat der Himmel geschickt. Das Urteil über mich war gefällt und ein Vollstrecker ausgelost – um diese Ehre prügeln sich die blutrünstigen Kerle, Marroné –, der mir schon den tödlichen Pistolenlauf vor die Stirn hielt. Sagen Sie … hatte wirklich die Polizei die Idee, den Peilsender in der Büste zu verstecken, die Sie den Entführern zur Ansicht übergaben, oder war das vielleicht Ihre …? Das dachte ich mir schon! Wieso versauert ein so fähiger Mann wie Sie in der Einkaufsabteilung? Marketing? Seien Sie doch nicht so bescheiden! Wissen Sie, ich muss mich erst einmal erholen, ich brauche eine Auszeit, muss mit meiner Frau auf eine kleine Weltreise gehen. Govianus hat nicht das Zeug dazu, da werden Sie mir recht geben, auch wenn man ihm zugutehalten muss, wie sehr er sich in diesen langen Monaten bemüht hat. Aber er hat nicht diese Energie, diesen Biss, diesen Drive … Wäre es auf ihn angekommen, hätte ich jetzt nicht mehr genügend

Finger an dieser Hand, um das Glas zu wärmen. Und in der Zwischenzeit fühl dich bei uns wie zu Hause, selbstverständlich, Ernesto, ich darf dich doch Ernesto nennen? Dann ist unsere Tochter während unserer Abwesenheit nicht so allein – was, Clara?«

Gerade als der Tag seiner Hochzeit mit Clara Tamerlán bevorstand, hielt der Fahrstuhl in der sechsten Etage, und die Seifenblase zerplatzte, weil in der umliegenden Realität die Luft zu dünn wurde: Herr Tamerlán hatte keine weiblichen Nachkommen, und er selbst war schon verheiratet. Während die rechte Hemisphäre seines Hirns sich, ihrer Neigung gemäß, in Tagträume flüchtete, fiel der linken auf, dass jetzt kein guter Zeitpunkt dafür war, er sollte lieber seiner Berufsbezeichnung Ehre machen und die Sache managen:

»Büsten? Von Eva Perón? Überhaupt kein Problem«, versicherte ihm der Eigentümer ihres wichtigsten Lieferanten, des Gipswerks Sansimón, frohgemut, als er ihn endlich am Hörer hatte. »Vor ein paar Jahren wäre das noch anders gewesen … aber jetzt gehen sie weg wie warme Semmeln. Wie viele, sagst du? Nein, so viele haben wir nicht auf Lager. Aber ich werde mich persönlich darum kümmern, dass eine nach der andern gefertigt wird. Komm gleich morgen früh vorbei, dann zeige ich dir die Muster. Und den alten Oberst Perón brauchst du nicht?«

Als Marroné aufgelegt hatte, sah er durchs Fenster des verwaisten Büros, wie träge Autokolonnen aus dem Stadtzentrum sickerten und es blutleer zurückließen. Er gönnte sich eine Pause, um sich zwei weiteren Tagträumen hinzugeben: In dem einen, der nur kurz währte, gab er sich zur Rettung Herrn Tamerláns als Mitglied der Guerilla aus und floh dann mit ihm durch nächtliche Vorstädte, wobei er ihn stützen musste, während Detonationen zu hören waren und ihnen Kugeln um die Ohren pfiffen. Im anderen, den er sich detaillierter ausmalte, enttarnte er den ach so untadeligen Govianus als heimlichen Guerilla-Kader, der sich vor Jahren in die Firma eingeschlichen hatte, sie nach Strich und Faden zur Ader ließ und den Subversiven die Taschen füllte. Als Govianus erkannte, dass er aufgeflogen war, verschanzte er sich im Bunker, und Marroné, der einzige für beide Seiten akzeptable Unterhändler, erhielt seine Forderung für Herrn Tamerláns Freilassung: ein Flugzeug, mit dem Govianus und mehrere politische Gefangene Kuba zu erreichen hofften. Nachdem er begriff, dass alles verloren war, biss Govianus zuerst in eine Zyankalikapsel, wie Aufständische sie stets bei sich tragen, und dann (in Marronés Armen) sogleich ins Gras, nicht ohne zuvor Herrn Tamerláns Aufenthaltsort preiszugeben, verbunden mit dem Geständnis: »Sie hatten mich jahrelang in der Hand. Es ist nicht meine Schuld. Ich wurde in der Sowjetunion einer Gehirnwäsche unterzogen. Aber jetzt, in der Stunde meines Todes, bin ich wieder der Alte: Ulrico Govianus, Buchhalter, dem Unternehmen und seinem geschäftsführenden Direktor treu bis in den Tod ergeben. Herrn Tamerláns Finger ist im Bunker, sehen Sie im großen Gefrierschrank nach, drittes Regal von oben, bei den Lendensteaks«, fügte er hinzu und hauchte dann seine Seele aus. Diese Verliebtheit in banale Details zerriss den Schleier der Verzauberung, in den sein zweiter Tagtraum Marroné gehüllt hatte. Doch nicht nur der Informationsüberschwang in Govianus' letzten Worten holte ihn in die Wirklichkeit zurück: Eine innere Stimme an der Schwelle seines Bewusstseins klopfte leise und bat um Einlass, und je deutlicher er sie vernahm, umso mehr wich das kalte Frösteln, das ihn beim Anblick des Fingers erfasst hatte, einem warmen Gefühl im Bauch. Er konnte es erst nicht einordnen, denn in dieser Intensität hatte er es seit Monaten nicht mehr gekannt, doch dann hieß er es jubelnd willkommen wie einen verloren geglaubten Freund. Es war unfassbar und er nahm sich voller Dankbarkeit und mit der schlafwandlerischen Sicherheit eines Träumers das Buch *Samurai-Prinzipien für Manager* (das, bereits zur Hälfte gelesen, in seiner Aktentasche steckte) und den Schlüssel zur Toilette für Führungskräfte (den er in der Schreibtischschublade aufbewahrte) und machte sich auf den Weg.

Die hartnäckige Verstopfung, die ihn seit seinen Anfängen in der Firma so treu begleitete wie ein Schoßhund, bereitete ihm ständige Sorgen. Kaum war die Stelle als Einkaufsleiter erreicht, hatten sich seine Eingeweide gegen ihn verschworen, als wollten sie nichts mehr mit ihm zu schaffen haben; sie verknäulten sich vorsätzlich zu einem gordischen Knoten, den er nur mit stärksten Abführmitteln lösen konnte. Dazu mussten das Timing, das Placing und (ein seltenes Gut im Leben eines hocheffizienten Managers) das Relaxing stimmen. Morgens, zu Hause, war es zunehmend schwieriger, die nötige Ruhe zu finden. Seine Frau gestattete ihm nicht, das Bad en suite ihres Schlafzimmers zu benützen, weil der durchdringende Geruch angeblich ihre morgendlichen Waschungen störte. Das Bad der Kinder war nicht ausreichend geschützt, weil hier jederzeit unaufschiebbare Bedürfnisse über ihn hereinbrechen konnten – dass der Kleine dringend musste, Babywindeln gebraucht wurden, Zahnbürsten, diverse Mittelchen oder der Inhalator – weshalb nicht daran zu denken war, sich dort zu entspannen.

Das Gästeklo schließlich war von der Putzwut Frau Emmas bedroht, ihrer beleibten Perle, die, von der Dame des Hauses über die morgendlichen Bedürfnisse des Gatten aufgeklärt, mit untrüglichem Instinkt beschlossen hatte, auf solche Mätzchen keine Rücksicht zu nehmen, und seither in perfider Weise gerade zu der Zeit das Bad putzte. Und wenn Marroné es trotz ihrer wachsamen Blicke doch einmal hineinschaffte, ging sie dazu über, vor der verriegelten Tür, hinter der er sich verschanzte, penetrant die Dielen zu bohnern und dabei erst mit dem Bohnerlappen und anschließend auch noch mit der kreischenden Bohnermaschine an die Tür zu stoßen. Und als reichte es nicht, dass der heimische Toilettengang mittlerweile fast zu einem Ding der Unmöglichkeit geriet, so war auch die Lage im Büro angespannt. Im täglichen Betrieb tat sich nur selten ein geeignetes Zeitfenster auf und zu allem Überfluss brauchte Marroné auf dem Topf ein Buch, nicht nur, um die Zeit sinnvoll zu nutzen, sondern auch, weil angenehme und lehrreiche Bücher ihn beruhigten und er so eher zum Erfolg kam. Die Vorstellung, dass jemand von der Belegschaft, vielleicht gar eine Kollegin, ihn mit einem Buch unter dem Arm das stille Örtchen betreten oder wieder verlassen sehen könnte, war ihm allerdings höchst unangenehm. Auch wenn er sich eine Tarnung ausgedacht hatte: Er schob das Buch so tief wie möglich in die Achselhöhle und winkelte den Arm an, sodass es vor neugierigen Blicken geschützt war, ein Verfahren, das allerdings für die meisten Wirtschaftsratgeber aufgrund ihres Umfangs nicht infrage kam. Kurzum, auch im Büro war es alles andere als ideal.

Diesmal jedoch verhielt es sich anders, weil *Samurai-Prinzipien für Manager* trotz des festen Einbanddeckels nur Taschenbuchgröße hatte und Marroné die menschenleeren

Gänge ungefährdet passieren konnte. Obwohl er auf der kurzen Strecke niemandem begegnete, schloss und verriegelte er die Tür triumphierend, um sich sodann auf die Klobrille zu setzen und das Buch an der Stelle aufzuschlagen, an der sich das Lesezeichen befand.

Samurai-Prinzipien für Manager gehörte zu der verschwindend kleinen Minderheit von Büchern, denen es glückte, jahrtausendealte fernöstliche Philosophie sinnvoll auf den Managementbereich umzulegen, etwa so wie *The Art of Competition* von Dwight D. Connoly, das Sun Tzus weltbekanntes Werk *Die Kunst des Krieges* auf ähnliche Weise adaptierte, oder auch *The Tao of Management* von Dean Tesola, das die uralte Weisheit des Lao-Tse an den Verhandlungstisch eines modernen Unternehmens brachte. Er musste zugeben, dass *Samurai-Prinzipien für Manager* weniger oft den Nagel auf den Kopf traf als das erstgenannte, weitaus beeindruckendere Werk und dass es auch nicht über den philosophischen Tiefgang des zweiten verfügte. Es wurde darin nur, und in etwas plumper Manier, die Quelle wiedergegeben und beispielsweise statt »Samurai« das Wort »Manager« eingesetzt oder statt »Krieg« das Wort »Wettbewerb«. Dadurch entstanden Passagen wie: »Wenn sich das Unternehmen im Kampf befindet, muss der Manager sich Tag und Nacht im Büro und auf dem ›Feld‹ aufhalten und laufend neue Strategien entwickeln, ohne sich einen Augenblick Ruhe zu gönnen. Zur Errichtung strategischer ›Schutzwälle gegen das Eindringen des Feindes‹ ist es erforderlich, dass die Angestellten aller Ränge unablässig und so schnell wie möglich ›Bollwerke, Gräben und befestigte Außenposten‹ anlegen, mit deren Hilfe das Unternehmen geschützt werden soll, um zu verhindern, dass die Konkurrenz in die eigenen Heimatmärkte eindringt und Kunden abjagt.«

Andere Passagen waren recht hochtrabend, wie die salbungs-
vollen Worte zu Beginn, die sich Marroné immer noch einmal ansah, bevor er weiterlas: »Wer in leitender Position
steht, sollte sich immer wieder die Tatsache vor Augen halten, dass er eines Tages sterben wird. Deshalb sollte jeder, der
das Ideal des Managers hochhält, darauf bedacht sein, dass
er ebenso recht zu sterben wie zu leben weiß.« Dieser ver-
blüffende Gedanke hatte Marroné lange beschäftigt. Anfangs
hielt er ihn für eine etwas martialische Variante des Spruchs:
»Rechnen Sie im Arbeitsleben täglich mit Ihrer Entlassung.«
Bis sich ihm nach längerem Lesen sein tieferer Sinn enthüllte:
Ein Samurai-Manager auf dem *Weg des Kriegers* musste den
persönlichen Erfolg und seine eigenen Ziele einem höheren
Zweck unterordnen, dem Wohlergehen der Firma und allem,
was dafür notwendig war, wie in diesem Fall die körperliche
Unversehrtheit ihres Generaldirektors. Das Privileg, diesen
Satz aus *Samurai-Prinzipien für Manager* metaphorisch aus-
zulegen, war wohl den Lesern in Europa und den USA vor-
behalten, denn in hiesigen Breiten war der Tod keine leere
Metapher für die Zurückstufung oder Entlassung, sondern es
lag eine reale Bedrohung in der Luft; und auch der Begriff
»Feld« meinte nicht nur das wirtschaftliche Kräftemessen,
sondern eben auch den Krieg auf den Straßen von Buenos
Aires, in dem sich Manager zurzeit »Tag und Nacht« Bomben,
Maschinengewehren und Entführungen gegenübersahen.
Gut an *Samurai-Prinzipien für Manager* war, dass es sich
leicht und angenehm las; und weil Marroné aus Erfahrung
wusste, dass allzu große Anstrengungen beim Ergründen eines diffizilen Textes sein dringendes Bedürfnis stören und es
ihm nicht gerade erleichtern würden, sich zu erleichtern, begann er zu lesen:

Auch wenn man auf dem *Weg des Managers* an erster Stelle auf Stärke und Effizienz bedacht sein muss, bleibt man doch nur ein unbedeutender Manager, wenn man diese beiden Eigenschaften allzu einseitig entwickelt. Deshalb tut selbst ein einfacher Manager gut daran, sich mit Musik, Malerei, Literatur oder anderen Künsten zu befassen, selbst wenn er darin nicht geschickt ist. Wer allerdings davon gänzlich in Anspruch genommen wird und deshalb seine eigentlichen Pflichten vernachlässigt, der wird an Körper und Geist verweichlichen, seine kämpferischen Qualitäten verlieren und Ähnlichkeit mit einem egozentrischen, zweitklassigen Künstler aufweisen. Das gilt besonders für den Fall, dass man sich allzu sehr für eine Kunst begeistert. Dann schlägt man selbst in der Gesellschaft von ernsten und zurückhaltenden Kollegen plötzlich einen glatten, witzigen und frechen Ton an. Zwar mag das in der Gesellschaft unserer Zeit als amüsant gelten, doch sollten Manager auf dem *Weg des Kriegers* ein derartiges Verhalten vermeiden.

An dieser Stelle unterbrach eine hochgestellte Drei den Textfluss, und Marroné, der aus Gewohnheit jedem Appell minutiös folgte, richtete den Blick aufs Ende der Seite, um die Fußnote zu lesen:

3 Obwohl die modernen Führungskräfte im Westen nicht wie die alte japanische Kriegerklasse die Teezeremonie praktizieren, haben sie in Gestalt verschiedener Sportarten andere gesellschaftliche Formen geschäftlicher Interaktion entwickelt. So ist zum Beispiel Golf seit der Zeit der Industriebarone und Ölmagnaten die

bevorzugte Zerstreuung der Managerklasse. Deshalb sollte, wer geschäftlich erfolgreich sein will, zumindest wissen, wie man sich im Klubhaus und auf dem Gelände eines Golfclubs richtig benimmt, wie man Clubs auswählt und wie man beim Spielen richtig zählt. Dafür empfiehlt es sich, ein paar Stunden bei einem Profi zu nehmen. Der Golfplatz ist ein günstiger Ort, um geschäftliche Beziehungen zu knüpfen und Vereinbarungen zu treffen, denn er ist weit entfernt von der Unruhe des Büros. Der Geist des Golfspiels trägt, wenn man ihn recht kultiviert, wesentlich dazu bei, den *Weg des Kriegers* zu verschönern.

Als vollzöge sein Darm die Abwärtsbewegung seiner Augen mit, geriet das, was ihn verstopft hatte, endlich in Bewegung und entleerte sich von selbst ohne große Anstrengungen, weshalb Marroné das Buch mit einem zufriedenen Seufzer zuklappte. So leicht hatte er sich seit seinem Eintritt in die Firma nicht mehr erleichtern können, dachte er und sah stolz auf die Frucht seines Leibes, während er seine Hose zuknöpfte und den Finger Richtung Spülknopf ausstreckte. Dafür konnte es nur eine Erklärung geben: Beim Anblick der sterblichen Überreste von Herrn Tamerláns steifem Finger hatte sich tief in ihm etwas gelöst, dessen profunden Sinn er noch nicht zu erfassen vermochte. Er fühlte sich wie ein neuer Mensch, als er aus der Toilette kam und federleicht wie auf dem Mond den Flur entlangschritt. Es war ihm, als sei – wie sollte er es bloß beschreiben? – die Seele wieder in den Körper gefahren, und er lächelte, nicht ohne einen Anflug von Häme, in sich hinein: Gut möglich, dass die Montoneros ihm letztlich einen Gefallen getan hatten.

Kapitel 2

Marroné by Marroné

Wie um die Highs des heutigen Tages noch durch ein unzweifelhaftes Low auszugleichen, hatte Marroné das Pech, im Fahrstuhl zur Garage Aldo Cáceres-Grey zu begegnen, dem Manager, auf dessen Stuhl er selbst für sein Leben gern gesessen hätte: Er leitete die Marketing- und Vertriebsabteilung von Tamerlán & Söhne. Cáceres-Grey war der typische Vertreter eines vom Aussterben bedrohten Menschenschlags: ein Manager aus gutem Haus, der seine Stellung weniger seinem Lebenslauf als seiner Abstammung und eher seinem Handicap beim Golfen als seinem akademischen Scoring verdankte. Es war eigentlich nicht Herrn Tamerláns Art, irgendwelche Affen mit klingendem Doppelnamen einzustellen, dieser jedoch trug zufällig denselben zweiten Nachnamen wie Herrn Tamerláns Frau, und da der liebe Neffe schließlich nicht störte und Herrn Tamerláns Stellvertreter zwar mit verbissenem Fleiß arbeitete, aber nicht besonders salonfähig war, ergab es wohl Sinn. Marroné allerdings, der vor bahnbrechenden Ideen aus den USA nur so sprudelte, sah in Cáceres-Grey vor allem ein Hindernis für den Firmenerfolg, einen Mann, der sich jenen Neuerungen, die schon überall auf der Welt das Antlitz des Geschäftslebens veränderten, eisern verschloss. Und *last but not least* hatte der Rivale die Frechheit besessen, Mariana flachzulegen, Marronés zwanzigjährige Sekretärin, der er selbst, von Schuldgefühlen und Skrupeln gehemmt,

43

schon den ganzen Frühling lang zaghaft, ja, nahezu kryptisch, den Hof machte. Die Sekretärin eines Kollegen zu bumsen, das stillschweigende Jus primae Noctis zu verletzen, das einem Manager bei seinen neuen Angestellten zustand, war nichts Geringeres als eine Kriegserklärung, ein Fehdehandschuh, der ihm ins Gesicht geklatscht wurde. Und den Marroné aufgehoben hatte, ohne dass Cáceres-Grey es überhaupt mitbekam. Nun beschäftigte er sich insgeheim mit der Wahl der Waffen, was ihn aber nicht daran hinderte, Cáceres-Greys besserwisserisches Grinsen mit einem herzlichen, offenen Lächeln zu erwidern, so wie es in *Wie man Freunde gewinnt* empfohlen wurde.

»Na? Wie verkaufen sich die Wohnblocks?«, fragte er und zeigte alle Zähne.

»Irgendein Dummer findet sich immer. Sag mal, was gibt es eigentlich Neues vom Onkel?«

»Von wem?«, fragte Marroné. Er wusste natürlich, wer gemeint war, stellte sich aber unwissend, um seine Missbilligung für ein Verhalten zum Ausdruck zu bringen, das er für eine augenfällige, unverschämte Zurschaustellung des verwandtschaftlichen Verhältnisses hielt.

»Tu doch nicht so! Sie werden dich wohl kaum in den Bunker rufen, um Hohlziegelpreise zu besprechen.«

»Ach, du meinst Herrn Tamerláns Entführung? Das ist nicht zur Sprache gekommen«, log Marroné innerlich frohlockend. Es hatte sich also schon herumgesprochen. Wenn dieser Wichtigtuer gewusst, wenn er nur die leiseste Ahnung gehabt hätte, dass er, Ernesto Marroné, nicht nur über alles Bescheid wusste, sondern sozusagen das Herzstück der Operation war, dass bei ihm die Fäden zusammenliefen, dass er es in der Hand hatte …

»Meine Tante dreht völlig am Rad. Die empfängt noch nicht mal mehr Besuch. Und bei meinen Cousins ist es nicht viel anders. Wir versuchen sie ja aufzuheitern, wenigstens am Telefon. Aber irgendwann glaubt man selbst nicht mehr daran. Wenn du mich fragst, haben sie ihn kaltgemacht. So lang behalten sie die Geiseln meistens nicht da. Man braucht nur an den Generaldirektor von Fiat zu denken …«

Marroné reagierte darauf bloß mit einem unverbindlichen Smile. Wieso sich die Mühe machen und ihn darüber aufklären, dass er den Beweis fürs Gegenteil hatte? Obwohl der Finger, wenn er es sich recht überlegte, nicht wirklich bewies, dass Herr Tamerlán noch am Leben war. Das letzte beweiskräftige Zeichen dafür, das berühmte Foto mit der Tageszeitung, war einen Monat alt, und auch wenn es recht unkonventionell ausgefallen war – Herr Tamerlán hatte sich im letzten Moment umgedreht, um sich ostentativ mit der Zeitung den Arsch zu wischen –, waren die Schlagzeilen deutlich genug zu erkennen, der Beweis über jeden Zweifel erhaben. Nach dem Foto hätten sie ihn allerdings exekutieren und in die Tiefkühltruhe stecken können, um ihn wie ein Brathuhn zu tranchieren und die Stücke je nach Bedarf zu verschicken. Aber nein, so etwas würden sie nicht tun, korrigierte er sich; gefroren war er zu schwierig zu schneiden, sie würden ihn natürlich vorher zerstückeln.

»Ist bestimmt nicht leicht für deine Tante …«, setzte Marroné an.

»Das allein wäre noch nicht so schlimm. Aber sie steht richtig neben sich. Mein Onkel hatte sie noch halbwegs unter Kontrolle, verstehst du, aber einmal losgelassen … Stell dir vor, unlängst war ein Team von einer Klatschzeitschrift da, für ein Interview über die Entführung, versteht sich, und sie hat versucht, den Fotografen ins Bett zu kriegen. Sie wollten sie, passend zur Herz-Schmerz-Geschichte, auf dem Ehebett knipsen, und laut Tantchen wurde sie dabei so traurig, dass sie unversehens ... Sechs Monate sind natürlich eine lange Zeit, aber wozu gibt es das Personal? Bei Journalisten sollte man grundsätzlich vorsichtig sein, die schreiben hinterher weiß Gott was!«

Marroné fiel keine Erwiderung ein, wodurch die Wut in seinem Bauch noch größer wurde. Das war nur wieder so ein schäbiger Trick von Cáceres-Grey, um ihn zu demütigen: Als Mitglied der Familie gefiel er sich darin, peinliche Einblicke in deren Privatangelegenheiten zu gewähren und viel zu vertraulich über Personen zu sprechen, bei deren Erwähnung Marroné und seine Kollegen sich jedes Mal vor Höflichkeit überschlugen.

Unten verließen sie den Fahrstuhl und verabschiedeten sich freundlich, aber kühl voneinander (Marroné streckte mit verbindlichem Lächeln seine sehnige Rechte zu einem markigen amerikanischen Handshake aus, Cáceres-Grey ließ ihm mit leichter Ironie und Pariser Nonchalance ein lockeres Händchen entgegenschweben, mit dem Handrücken nach oben, als erwarte er den Kuss eines Untergebenen). Dann setzten sie sich in ihre Wagen, Cáceres-Grey in den orangeroten Ford Mustang Coupé 1968 und Marroné in seinen champagnerfarbenen Peugeot 504. Bevor er einstieg, rief Cáceres-Grey ihm übers Autodach zu:

»Sei so gut und sag Mariana, dass sie mich morgen anrufen soll!«

Das Echo des Satzes, zurückgeworfen von den Garagensäulen und -wänden aus nacktem Beton, war noch nicht verklungen, da hatte Cáceres-Grey schon die Autotür

zugeknallt und den Motor angelassen, und eine Millise-
kunde lang wünschte sich Marroné von ganzem Herzen,
dass ein Sprengsatz hochginge und ihn ein für allemal
verdunsten ließe, bis ihm der Gedanke kam, dass ihn die
Druckwelle bei der kurzen Distanz ebenfalls mitreißen
würde. Eine gemeinsame Reise mit dem verhassten Rivalen
war das Letzte, was er wollte, und schon gar nicht die Reise
ins Jenseits. Als Marroné nun seinen Wagen öffnete, ging er
vorsichtig zu Werke: Wie er es beim Überlebenstraining gelernt hatte – geleitet von einem pensionierten Colonel der
US-Marines, einem Vietnam-Veteranen –, überprüfte er
die Schlüssellöcher des Wagens außen und innen gründlich
auf Einbruchsspuren oder Anzeichen von Sprengstoff. Einmal – beim Gedanken daran wurde ihm immer noch übel –
hatte er die gefürchtete rosarote Masse im Schloss entdeckt
und Alarm geschlagen, allerdings hatten die Sprengstoff-
experten sie nach der Evakuierung des Gebäudes als »aus-
gekauten Bazooka-Kaugummi« identifiziert, und Marroné
war zur Zielscheibe des Gespötts seiner Kollegen geworden,
die ihm in den folgenden Wochen andauernd Kaugummi
anboten oder neben ihm ihre Blasen platzen ließen, bis auf
Cáceres-Grey, der gab sich besonders freundlich und ver-
ständnisvoll und beglückwünschte Marroné zu seiner Um-
sicht, was dessen Argwohn verstärkte, der Rivale habe bei
dem so dummen wie unverzeihlichen Streich seine Finger
im Spiel gehabt. Als Nächstes sah er auf der Unterseite des
Fahrzeugs nach – wobei er sich das Taschentuch unter die
Knie legte, um die Hose zu schonen –, dann stand er auf,
betete ein Vaterunser und steckte den Schlüssel ins Schloss.
Nichts passierte. Drinnen untersuchte er zuerst jeden Teil
der Verkabelung, dann öffnete er die Haube und stieg

wieder aus, um auch noch den Motor zu inspizieren: Alles wirkte normal. Bevor er den Wagen startete, betete er trotzdem noch zwei Vaterunser, eines auf Englisch und eines auf Spanisch, und atmete erst auf, als ihm das sanfte Schnurren des Peugeot signalisierte, dass er dem Tod noch einmal von der Schippe gesprungen war.

Mit der Routineüberprüfung verhielt es sich ähnlich wie mit dem Toilettengang samt Buch unterm Arm: Er genierte sich, wenn ihn jemand dabei erwischte, und das umso mehr, weil Tamerláns »Tataren« wegen der allgegenwärtigen Atmosphäre der Gewalt offenbar eine philosophische Schiene fuhren wie in den *Samurai-Prinzipien für Manager*. Wenn die andern in letzter Zeit gemeinsam in die Garage gingen, machten sie aus ihrer Abfahrt regelrecht ein Ritual, sagten zum Abschied Sätze wie »Wir sehen uns dann beim Wellness in der Ewigkeit« oder riefen laut »Tamerlán oder Tod!«, eine Abwandlung des Schlachtrufs »Perón oder Tod!«, bevor sie gemeinsam »Eins, zwei, drei!« zählten und dabei mit ihren Schlüsseln fuchtelten, als wären es Samurai-Schwerter, bevor sie sie gleichzeitig ins Schloss steckten. Unter übertriebenem Lachen (und insgeheim erleichtert, wenn der Moment vorbei war) wiederholten sie das mit großem Tamtam beim Anlassen des Motors und ließen sich keinesfalls zu Vorsichtsmaßnahmen herab, die ja gegen den Verhaltenskodex furchtloser Krieger verstoßen hätten, und das, obwohl sie nicht nur sich selbst, sondern auch ihre Kollegen und, bei entsprechend großer Sprengladung, das ganze Gebäude in Gefahr brachten. Sie hatten dem Spiel sogar einen Namen gegeben: »Montonero-Roulette«. Marroné war sonnenklar, dass hinter einem solchen Unsinn nicht der Bushidō-Kodex, sondern ganz triviales Macho-Gehabe steckte, aber sobald ein Kollege auftauchte, beugte er sich dem Gruppenzwang und verfiel am Ende in dieselben Verhaltensweisen. Deshalb hatte er sich angewöhnt, mit billigen Vorwänden seine Abfahrt hinauszuzögern, wenn er zufällig mit jemand anderem zur Garage fuhr. Er verließ zum Beispiel noch einmal den Fahrstuhl, um mit irgendjemandem zu reden, oder gab vor, wichtige Papiere liegen gelassen zu haben, die er noch holen müsse, und griff, wenn alles nichts half, zu der unschlagbaren Ausrede: »Jetzt hab ich Esel die Autoschlüssel vergessen!« Danach konnte er ohne spöttische Blicke und in Ruhe der Sicherheitsprozedur folgen. Jetzt musste er besonders auf der Hut sein, denn auch wenn er in den Augen seiner Kollegen nur der Einkaufsleiter war, ging es in den Verhandlungen nun nicht mehr ohne ihn, was ihn bestimmt ins Fadenkreuz dieser Mörder brachte. Gerade in diesem Moment konnte sein Name bei einem Stabstreffen der Montoneros in aller Munde sein: »Marroné? Marroné? Was wissen wir über ihn? Bringt mir alles, was wir über Ernesto Marroné haben!«

Beim Hinausfahren winkte er dem Parkwächter zu, dessen Namen er sich nie merkte, obgleich er großen Wert auf die dritte Art, sich beliebt zu machen, legte. (»Für einen jeden Menschen ist sein Name das schönste und bedeutungsvollste Wort seines gesamten Sprachschatzes.«) Vielen Kollegen wäre es nicht nur zu mühsam gewesen, sich an den Namen eines Mitarbeiters zu erinnern, der so eindeutig unter ihnen stand, sondern sie hätten es auch unter ihrer Würde gefunden. Marroné jedoch hatte die Geschichte von Andrew Carnegie aus *Wie man Freunde gewinnt* im Kopf, der seine Arbeiter allesamt mit Vornamen ansprach, weshalb es in seinen Stahlwerken zu keinem einzigen Streik kam, solange er an der Spitze seiner Unternehmungen stand. Er überlegte, noch einmal beim Parkwächter nachzufragen und dessen Namen in das Notizbuch einzutragen, das er zu diesem Zweck stets mit sich führte, aber dann hätte er ja seine Vergesslichkeit zugeben müssen, womit er den andern beleidigt hätte, statt sich bei ihm beliebt zu machen, was wohl kontraproduktiv gewesen wäre. Außerdem ... was, wenn auch er zu den Umstürzlern zählte, die sich in die Firma eingeschlichen hatten, und Marroné durch seine verdächtige Frage ins Fadenkreuz geriet? Zwar fand er das wenig wahrscheinlich, der Mann arbeitete schon seit Jahren hier und war für einen Guerillakämpfer zu dunkelhäutig, doch das war keine Garantie. Jetzt, da sich die Spirale der Gewalt immer weiter drehte, griffen auch arme Leute zu den Waffen, tagtäglich ließen sich zuvor unauffällige Mitarbeiter mit einer Arbeitshistorie wie aus dem Bilderbuch von den Subversiven »gewinnen« und wurden deren willfährige Komplizen oder zumindest ahnungslose Marionetten. Entweder überzeugten die Revoluzzer sie durch Argumente oder sie bedrohten sie und ihre Familien oder sie versuchten sie nach und nach zu indoktrinieren, was letztlich auf eine komplette Gehirnwäsche hinauslief. Keine Frage, es waren harte Zeiten.

Seine Stimmung hellte sich auf, als der Peugeot die Rampe hochfuhr, aus dem fahlen Neonlicht der Garage hinaus ins strahlende Sonnenlicht des Sommernachmittags, wo er sich zwischen die Autos einordnete, die zur Rush-Hour in Zweierreihen und im Schritttempo über die Nebenfahrbahnen krochen. Dies war das heikelste Wegstück und er hielt die Fenster trotz der Gluthitze geschlossen. Mit einem Auge schielte er in den Rückspiegel, um sich zu vergewissern, dass ihm kein Rover mit einer Guerillagruppe folgte, mit dem andern musterte er misstrauisch die Passanten, die sich unter typisch argentinischer Missachtung der Straßenmarkierungen und roten Ampeln hinter Jacaranda-Bäumen aus dem Nichts materialisierten, um mit einem Satz auf der Fahrbahn zu stehen. »Wenn sich ein Jemand wirft vor die Wagen«, erinnerte er sich an die eigenwillige Diktion von Colonel Knaphle, »Sie fahren weiter, Sie nicht bleiben stehen! Später regelt die Rechtsabteilung. Sie können entkommen ein Prozess, aber nicht ein Entführung.« Nachdem Marroné an der Balcarce-Straße einmal um den Block gefahren war, schaffte er es auf eine der weniger exponierten Mittelfahrbahnen und konnte endlich schneller als im Schritttempo fahren. An der Alem-Allee schließlich teilte sich der Verkehr wie Wasser aus einem Gartenschlauch, das den Sprühkopf erreicht, und Marroné konnte getrost das Fenster öffnen und sich vom Wind den Schweiß trocknen lassen, der ihm übers Gesicht lief. Es war 19:35, und wenn alles glattging, würde er gegen acht zu Hause sein, sagte er sich, während die Spannung von ihm abfiel und er ganz unbewusst die Hand nach dem Autoradio ausstreckte, um sich die B-Seite von *The Socratic Pitch* anzuhören, was man sinngemäß als »Die Sokrates-Verkaufsmethode« übersetzen konnte, wobei die Kassette streng genommen nicht das Hausieren behandelte, sondern die Kunst einer guten Firmenpräsentation: »*Once the dialectic moment of your presentation is over, and your formerly sceptical hearer has become an ardent ›yes man‹ for your proposals, it is high time for the midwife to make her appearance. The Socratic Pitch will teach you the art …*«, spulte die Stimme vom Band Sätze ab, die Marroné bereits auswendig konnte, weil er sie, wie im Begleittext empfohlen, seit fast dreißig Tagen zweimal täglich hörte – die A-Seite auf dem Weg zur Arbeit und die B-Seite auf dem Nachhauseweg –, und seine Aufmerksamkeit schweifte zu den prächtigen Wegmarken seiner alltäglichen Fahrt ab, die verschwommen, fast sakral erschienen durch das schräg einfallende Sonnenlicht dieser Stunde, die Maler die goldene nennen: die sanft abfallende Plaza San Martín mit ihrem majestätischen Baumbestand, das altehrwürdige Kavanagh-Gebäude und das neue Sheraton-Hotel, das eine vergangenen Glanz und das andere zukünftigen Wohlstand symbolisierend; die französische Eleganz des Palais de Glace und der virile Archaismus des Alvear-Denkmals von Antoine Bourdelle, flankiert von den vier Allegorien Sieg, Stärke, Eloquenz und Freiheit; die imposante griechisch-römische Fassade der Juristischen Fakultät; die assyrische Säule mit den Stierfiguren an der Spitze in ihrer asiatischen Pracht, die galaktischen Kurven des städtischen Planetariums … Er pflegte zu sagen, die Achse der Colón-Promenade und des Libertador-Boulevards gemeinsam mit ihren vielen Neben- und Zubringerstraßen sei so etwas wie das Rückgrat eines möglichen anderen Buenos Aires, für das kein Einwohner sich mehr zu schämen bräuchte, weil es den europäischen und nordamerikanischen Metropolen in nichts nachstünde, so etwas wie das Zentrum und der Leitstern eines wünschenswerten, besseren Argentiniens, weshalb Marroné, sooft er den Gastgeber spielen und ausländische Besucher herumführen sollte, begeistert Routen für eine Rundfahrt suchte, die zu allen Highlights führte, nicht aber zu den weniger präsentablen Ecken; zumindest nicht bei Tageslicht, weil sie dann noch hässlicher wirkten.

Und es war der schönste Lohn für seine Mühen, wenn dann ein wichtiger ausländischer Manager oder Firmeninhaber begeistert rief: »*But this doesn't look like South America at all!*« Im Grunde, dachte Marroné und drückte seufzend die Stopptaste, wodurch er Sokrates inmitten eines Streitgesprächs mit einem rivalisierenden Manager unterbrach, konnte er sich an einem Tag wie heute eine Pause gönnen und seinen Gedanken nachhängen. Ihm war bewusst, dass dies ein Turning Point war, ein Datum, das im Rückblick seine Karriere und sein ganzes Leben in ein Vorher und Nachher trennen würde. Bis jetzt, das gab er gerne zu, hatte er in den Tag hinein gelebt, doch heute schrieb er vielleicht das erste Kapitel seiner Autobiografie:

»Wie ist Marroné überhaupt Marroné geworden? Eine gute Frage. In der Laufbahn eines jeden Top-Managers gibt es bestimmte Momente … Man kann sie nicht immer in den Lebenslauf schreiben, aber sie sind ausschlaggebend dafür, dass sich später alle für diesen Lebenslauf interessieren. Eine der goldenen Regeln dessen, was ich Self Marketing nenne. Ich gebe Ihnen ein Beispiel: Als ich durch meine ebenso energische wie behutsame Verhandlungsführung damals Herrn Tamerlán aus den Klauen des marxistischen Terrors befreite, war ich noch nicht lange in der Firma gewesen und hatte nur den Rang eines Junior Executive inne. Ich war gerade aus Stanford zurückgekehrt, mit einem Master in Marketing und vielen innovativen Ideen im Gepäck; war ein vermutlich nützliches, aber dennoch austauschbares Rädchen im geschäftigen Getriebe dieser großen Firma. Doch der kühle Kopf, den ich mir in jener unheilvollen Stunde bewahrte, als die Zukunft der Firma auf dem Spiel stand und wir alles in die Waagschale werfen mussten, meine Gelassenheit und vor allem meine Leadership-Fähigkeiten entschieden über mein Schicksal: Ich stieg zum CEO auf, wenn auch zunächst noch nicht zum Namenspartner bei Tamerlán & Söhne, wie die Firma damals noch hieß. Herrn Tamerláns lange Gefangenschaft hatte, auch weil er von seinen Entführern gefoltert und verstümmelt worden war, ihren körperlichen und seelischen Tribut gefordert, weshalb er sich letztlich aus den Entscheidungsprozessen zurückzog und nur mehr Repräsentationsfunktionen erfüllte. Die Lücke, die er hinterließ, musste geschlossen werden, durch einen vorausschauenden Mann, der vor neuen Ideen sprühte und die Willenskraft besaß, diese auch durchzusetzen. Bis zu jenem Augenblick war die heutige Holding Marroné & Tamerlán AG ein Familienbetrieb gewesen, dessen Management sich nie den stärkenden Unbilden des freien Wettbewerbs hatte stellen müssen, weil es gewohnt war, sich an den fetten Pfründen eines protektionistischen Staatswesens zu mästen, das, nebenbei bemerkt, endlich zu begrenzen wäre«, ließ Marroné sich dazu hinreißen, im Geist einige Sätze für seine Autobiografie zu entwerfen, wobei er sich stilistisch und sprachlich an die Biografien anlehnte, die er selbst am liebsten las, jene von Henry Ford, Alfred P. Sloan, Thomas Watson Jr. und Lester Lucchesi. Er diktierte dabei einem unsichtbaren Gegenüber auf dem leeren Beifahrersitz, das mit gezücktem Diktiergerät gebannt an seinen Lippen hing. Marroné gefiel diese Vorstellung, denn wie er dem aufmerksam lauschenden Journalisten nun erzählte (seinem Ghostwriter, der das Assignment nur des Geldes wegen angenommen hatte und jetzt über die wertvollen Einblicke staunte, die er ins moderne Leadership und, seien wir ehrlich, ins Leben erhielt): Die einzigen Manager, die Zeit hatten, ihre Autobiografie selbst zu schreiben, waren Rentner oder Versager. Marroné hatte die Straßenüberführung an der General-Paz-Schnellstraße erreicht. Nun befand er sich im Umland von Buenos Aires, und die Leichtigkeit, mit der sich sein Peugeot 504 fuhr, ließ ihn im Fahrtwind, der seine Frisur dank des Haarsprays kaum zerzauste, leicht abheben. So als atmete er dünne Höhenluft auf einer Bergspitze, was ihn nur weiter ansporne, seine Autobiografie zu skizzieren, der er den Arbeitstitel *Marroné by Marroné* gab. »Meine Familie scheute keine Kosten und Mühen, um mir eine erstklassige Ausbildung zukommen zu lassen, *very exclusive and expensive*, die ich zur Gänze an der *St. Andrew's Scots School* hier in Buenos Aires absolvierte, von der ich im Jahr 1964 mit den Würden eines Präfekten abging. Ich hatte mir also die Ehre verdient, die türkis und kaffeebraun gestreifte Krawatte zu tragen und als Kapitän der Rugby-Mannschaft auch das sonnengelbe Shirt des Hauses Dodds. An der St. Andrew's hat man mir vieles vermittelt, was sich später bewährt hat, zum Beispiel ausgezeichnete Englischkenntnisse, weshalb viele ausländische Businessmen kaum glauben können, dass ich ein waschechter Argentinier bin, auch eine solide humanistische Grundbildung in der bewährten britischen Tradition und den grundlegenden School Spirit, für den man in der Wirtschaftswelt gern das Bild bemüht, jemand trage das Shirt seiner Firma (»oder die Unterhose der Firma«, flüsterte es schon wieder in seiner Vorstellung, die ihm partout fiese Streiche spielen wollte, aber dann stellte er sich vor, dass er die Bemerkung mit einer Handbewegung verscheuchte wie eine lästige Fliege). Dabei habe ich zwei wichtige Fähigkeiten erworben, die meine weitere Karriere prägten: sowohl zu gehorchen als auch zu gebieten.«

»Ja, ich lernte zu gehorchen, oder besser gesagt, mich führen zu lassen«, erklärte er nun nicht mehr einem einzigen, nein, einer Hundertschaft von Zuhörern, denn aus dem Diktafon war ein Mikrofon geworden und das Innere seines Peugeot hatte sich auf die Größe des Festsaals der St. Andrew's ausgedehnt, feierlich geschmückt für diesen besonderen Tag, an dem sich mit Ernesto Marroné einer ihrer Lieblingssöhne großzügigerweise zu einem Vortrag über Leadership bereit erklärt hatte. Dieser sollte auch in voller Länge in der Schulzeitung *The Thistle* erscheinen. »Mich von den Professoren und Trainern führen zu lassen«, sagte er und ließ lächelnd den Blick über die ersten Reihen schweifen, in denen seine früheren Lehrer Platz genommen hatten, teils noch im Dienst, teils schon im Ruhestand und extra für den Anlass eingeladen. Er hielt sich daran, was der unvergleichliche Dale Carnegie in *Die Macht der Rede* empfohlen hatte, und ließ den Blick jeweils eine Sekunde auf jedem Gesicht ruhen: Mr. Adams, Mrs. Halley, Mrs. McCarthy, Mrs. Oxford, auf deren Geheiß er einmal im Speisesaal die Vollfettmilch ganz austrinken musste, wobei sie ihm ein ums andere Mal wieder hochzukommen drohte, Frau Polino, Frau Regamor, Mr. Guinness, der Pole Wojcik, die Trainer Mr. Trollope, Osvaldo Lamas und Willy Speakeasy, V, Sapa, Pollo, Mr. Peters, der weithin gefürchtete Herr Macera, der ihn vor der ganzen Klasse bloßgestellt und in Anatomie durchfallen hatte lassen … »Und indem ich lernte zu gehorchen, lernte ich auch zu gebieten, ein Leader zu sein. Was aber zeichnet einen Leader aus?«, stellte Marroné an seinem imaginären Pult eine rhetorische Frage, während sein Körper noch immer im Peugeot steckte, dort Lenkrad und Pedale bediente und auf die

Ampeln und Fahrzeuge ringsum achtete. »Ein echter Leader will nichts erzwingen, sondern stößt nur spontan Dinge an und greift in ihren natürlichen Ablauf nicht mehr ein. Er lehrt durch das Beispiel und nicht durch das Mitteilen von Wissen. Einen Chef kann man einsetzen; ein echter Leader allerdings erlangt die Anerkennung der Mitarbeiter als Persönlichkeit.« Die Aussagen, die er aneinanderreihte, kannte er allesamt aus *The Tao of Management.* Er übersetzte sie nun einfach aus dem Englischen, während er nacheinander seinen ehemaligen Schulkameraden in die Augen sah: Da waren der Lange Sörensen, Ramiro Agüero, der ihn in der Grundschule in den Pausen Schwuchtel genannt hatte, Alberto Regamor, der Streber, der sich die Dux Medal unter den Nagel gerissen hatte und dessen Gesichtszüge in seiner Erinnerung komischerweise mit denen des verhassten Cáceres-Grey verschwammen, und viele andere. Mit besonderer Befriedigung erkannte er den unverwechselbaren, nun allerdings penibel gestutzten Haarschopf Paddy Donovans, zu dem er in der Oberstufe stets aufgeblickt hatte und der nun, als er ihn ansah, mit strahlend weißen Perlenzähnen breit zu ihm hinauflächelte und beide Daumen hob. Und hinter den Geladenen, den bekannten Gesichtern, drängten sich erwartungsvolle Mienen über zahlreichen dunkelblauen Blazern mit dem distelgeschmückten Schulwappen, das am unteren Rand die Inschrift *Sic itur ad astra* trug: die nächste Generation der Leader, unter ihnen der kleine Tommy, der beim Anblick seines Vaters vor Stolz platzte ...

Erst als er das Garagentor schon von innen geschlossen hatte, fielen ihm die Wegwerfwindeln ein, die zu besorgen Mabel ihm aufgetragen hatte, mit dem Zusatz »koste es, was es wolle«, weil allgemeiner Mangel herrschte. Er hatte ihr versprechen müssen, auf dem Heimweg welche aufzutreiben, aber zerstreut wie er war (»die Achillesferse des kreativen Geistes«, wie es in der Fachliteratur hieß), hatte er es über seinen Tagträumen vergessen. Weil er sich die Szene vorstellen konnte, die Mabel ihm machen würde, drückte er das quietschende Garagentor aus Holz wieder auf, um zu einer Beschaffungsaktion im Supermarkt am Libertador-Boulevard aufzubrechen, als ihm einfiel, dass der »wegen Renovierung geschlossen« war, ein beschönigender Ausdruck dafür, dass Montoneros oder ERP ihn vor einer Woche ausgebombt hatten. Er erwog, es in der Nachtapotheke zu versuchen, hatte aber seine Zeitung in der Firma gelassen. Und weil der kleine Tommy, der alles streng überwachte, ihn am Treppenabsatz erwischte, blieb ihm keine Chance, unbemerkt die Zeitung von zu Hause zu holen. Tommy hatte wohl das Tor oder das Auto gehört und verlangte kreischend nach »Fokolade! Fokolade!«, die sein Vater natürlich auch vergessen hatte. Auf sein zerknirschtes Geständnis hin, mit leeren Händen zu kommen, verzog sich Tommys Mund zunächst zu einem runden O und verengte sich dann zu einem ∞ des unendlichen Geplärrs, was Mabel auf den Plan rief. »Die Windeln hast du sicher auch vergessen«, warf sie ihm grußlos an den Kopf, und fast wäre ihm das »Hallo, Schatz« im Hals stecken geblieben, das er sich zurechtgelegt hatte; es kam schließlich bemüht und ohne echtes Gefühl heraus. »Ich wollte gerade in der Zeitung nachsehen, welche Apotheke Dienst hat«, tat er beflissen, aber Mabel war auf seinen Einwand vorbereitet und blaffte: »Ernesto, ist dir entgangen, dass all-ge-mei-ner Man-gel herrscht? Dass man in der Apotheke nicht einmal Aspirin kriegt?« –»Erzähl mir was Neues. Wozu bin ich denn Einkaufsleiter bei einem der größten Bauunter...«, erwiderte er beleidigt und merkte zu spät, dass er ihr bloß eine Vorlage lieferte (auch beim Tennis schlug Mabel ihn jedes Mal ...): »Tja, in der Firma magst du Einkaufsleiter sein, aber uns besorgst du nicht einmal einen lausigen Schokoriegel!«, erwiderte sie scharf, und mit ihrer Rückendeckung heulte und schrie der kleine Tommy gleich noch einmal so laut. Marroné verspürte eine gewisse Anspannung und ärgerlich feuchte Hitzewallungen, es war purer Stress. Da er zur Somatisierung neigte, fand er sich mit schicksalsergebener Miene damit ab, eine weitere schlaflose Nacht zu verbringen, in der ihn das unvermeidliche Sodbrennen quälen würde, und nur mit größter Selbstbeherrschung gelang es ihm, Mabel nicht anzuschreien: »Das Leben eines unglaublich wichtigen Mannes liegt in meiner Hand und du kommst mir mit Schokoriegeln?!« Doch weil das die geheime Operation gefährdet hätte, hielt er sich, wie stets in solchen Situationen, an die rettenden Ratschläge von *Wie man Freunde gewinnt*, genauer gesagt an die aus dem Kapitel »Geben Sie es zu, wenn Sie unrecht haben« aus dem Teil mit der Überschrift »Zwölf verschiedene Arten, die Menschen zu überzeugen«: »Sagen Sie alle die nachteiligen Dinge, die der andere Ihnen gerade vorhalten wollte, selber – und zwar, bevor er damit anfängt –, wodurch Sie ihm auf einfachste Weise den Wind aus den Segeln nehmen. Die Chancen sind dann auch hundert zu eins, dass er sehr nachgiebig gegen Sie werden und Ihnen Ihre Verfehlungen nicht weiter anrechnen wird.«

»Schatz, du hast recht«, räumte Marroné ein, das Kiefer so fest wie eine Hydraulikpresse zusammengedrückt, »du verdienst einen viel besseren Ehemann als mich. So wie du dich tagein, tagaus anstrengst, damit zu Hause alles läuft – und ich bin nicht fähig, an diesen kleinen Gefallen zu denken ...« Während seine Zunge mühsam einen Weg durchs Dickicht seiner Unaufrichtigkeit fand, wich die Anspannung langsam aus Mabels Zügen, als würde mit jedem weiteren Schuldeingeständnis einer der unsichtbaren Fäden gekappt, die ihr Gesicht festzurrten, und sie begann, ihn in Schutz zu nehmen: »Ach, Ernesto, es ist ja nicht so schlimm! Mit den Windeln, die wir haben, schaffen wir es schon noch bis zum Wochenende« ... (Was regst du dich dann so auf, du blöde Kuh?) ... »Und du, Tommy, hör jetzt auf zu weinen und komm mit, Papa hat einen langen Tag im Büro hinter sich. Ich hab oben Bonbons für dich.« Marroné wagte sich aus der Deckung und sagte siegessicher: »Gleich morgen fahre ich zum Supermarkt in La Lucila«, worauf Mabel abwinkte: »Lass nur, du hast es in der Früh doch immer eilig; ich möchte nicht, dass du noch mehr unter Druck kommst. Ich werde Emma bitten, uns am Wochenende welche zu besorgen, die Leute in den Elendsvierteln haben nämlich wirklich alles, da herrscht kein Mangel – wir hier kehren zur Stoffwindel zurück und die dort haben die Auswahl. Logisch; wenn man Emma glauben darf, verkaufen die Leute die Geschenke der Regierung weiter. Cynthia ist gerade wach geworden, als hätte sie gespürt, dass du kommst, stell dir vor. Möchtest du gleich nach ihr sehen?«

Zum Abendessen gab es als Vorspeise Schinkenröllchen mit Oliviersalat, als Hauptspeise paniertes Schnitzel mit Kartoffelpüree und zum Nachtisch Karamellpudding mit Sahne – Emma hatte früher für ein Gewerkschaftshotel in den cordobesischen Bergen gekocht und sich diese kleinen Sünden angewöhnt – und Mabel erzählte von den neuesten

Großtaten des jüngsten Familienmitglieds, angespornt von der konzentrierten Zuhörermiene, die Marroné so gut beherrschte und nun extra für sie aufsetzte. Schließlich war eines der Geheimnisse des Erfolgs im Arbeits- wie im Privatleben, ein guter Zuhörer zu sein, weshalb Regel Nummer 6 aus dem Kapitel »Schnelle Erfolge« zu bedenken mahnte, unsere Gesprächspartner seien an sich selbst, an ihren Bedürfnissen und Problemen hundertmal mehr interessiert als an uns, selbst wenn wir Präsident wären und das Gegenüber eine einfache Hausfrau. Jeder Mensch wünsche sich letztlich, dass seinem Selbstbewusstsein Rechnung getragen werde, und dieses Grundbedürfnis erfülle man am besten durch aufmerksames Zuhören, betete Marroné sich innerlich vor, als Mabel unvermittelt fragte:

»Was ist los mit dir? Du bist so still. Während dem Essen hast du kaum ein Wort verloren.«

»Ich hab aufmerksam zugehört«, versuchte er mit einem dünnen Lächeln abzulenken.

»Ist heute etwa wieder nichts gegangen …?«

Marroné wollte den Mund öffnen und ihr die guten Neuigkeiten erzählen, doch dann schwieg er lieber und schüttelte mit einem Ausdruck der Zerknirschung den Kopf. Seine Verstopfung lieferte ihm nämlich eine unschlagbare Ausrede, um sich stundenlang im Bad einzusperren, wenn ihm die Anforderungen des Familien- und Ehelebens zu viel wurden; erst recht jetzt, wo er sein kleines Büro für das Kinderzimmer seiner Tochter geräumt hatte und im ganzen Haus kein ruhiger Platz mehr für ihn geblieben war. Das Klo war der einzige Ort, wo er allein war und Zeit für sich hatte – Mabel zu verraten, dass er mit seinen Bemühungen heute Nachmittag Erfolg gehabt hatte, brächte ihn daher um seine unverzichtbare Privatsphäre.

Nach dem Abräumen der Kaffeetassen war Emmas Arbeitstag beendet, und es begann die Zeit, in der sich Marroné um die Kinder kümmerte, während Mabel sich oben im Schlafzimmer vor den Fernseher setzte und ein wenig entspannte. In der Theorie sah er sich das gerne tun, ein beispielhafter Vater, den seine Mühen mit Stolz erfüllten, doch in der Praxis konnte es ihn nach einem stressigen Arbeitstag – und in der Firma war jeder Tag stressig – über die Maßen strapazieren. Erst recht, seit die Kleine dazugekommen war und die Kinder unlogischerweise nicht doppelt, sondern zehnmal so viel Aufmerksamkeit wie früher von ihm einforderten. Mit einer übermenschlichen Anstrengung rief er sich ins Gedächtnis, wie wichtig ein wie auch immer gearteter Ausgleich im Leben eines Managers war, um sich später wieder mit voller Energie seinen eigentlichen Aufgaben zuwenden zu können, aber schon nach wenigen Minuten ungeteilter Aufmerksamkeit für die Kinder schweiften seine Gedanken ab. Eigentlich könnte er jetzt liegen gebliebene Aufgaben erledigen, könnte Bücher lesen, was er manchmal auch versuchte, während er die Kinder beaufsichtigte, doch leider führte das regelmäßig dazu, dass er sich weder richtig aufs Lesen noch aufs Spielen und Umsorgen konzentrieren konnte, bis ihn die ständigen Forderungen der Kinder zur Weißglut trieben und er sie ungeduldig anschrie. Diesmal dauerte es nicht einmal zwanzig Minuten: Als er gerade Cynthias vollgekackte Windel wechselte, rüttelte der kleine Tommy eifersüchtig am Wickeltisch, bis das Babypuder zu Boden fiel, das natürlich nicht zugestöpselt war. Fluchend stürzte sich Marroné mit dem Wattebausch darauf, um es aufzuwischen, bevor es den Teppich ruinierte und Mabel ihm wieder Vorhaltungen machte, während seine, eher vor unterdrückter Wut bebend als heftig, geäußerten wiederum den kleinen Tommy losheulen ließen, der im Grunde ein sensibler Junge war; er wollte sich gar nicht mehr beruhigen, was Marroné von der Kleinen ablenkte, und als er hinsah, war sie an den Rand des Wickeltisches gerollt, kurz davor, dem Babypuder in den Abgrund zu folgen. Nachdem er Cynthia schön in der Mitte ihrer Wiege in Sicherheit gebracht hatte, wandte er sich dem kleinen Tommy zu, um ihn zu trösten. Dass die frische Windel offen auf dem Wickeltisch lag, fiel ihm erst auf, als Cynthia bereits das Laken ihrer Wiege und die Matratze durchnässt hatte. »Ich kann das einfach nicht, ich kann das einfach nicht …!« Marroné schluchzte hysterisch auf, als er die Kleine absetzte, um Leintuch und Matratze zu entfernen. Kurz hatte er Lust, sich ebenfalls auf den Boden zu setzen und zu heulen, aber bestimmt hätte dann auch der kleine Tommy aus Solidarität wieder losgeplärrt, ausgerechnet jetzt, wo er sich etwas beruhigt hatte und aufs dritte Regalbrett der Bücherwand geklettert war – gerade war er knapp davor, herunterzufallen und sich auf der Kante der Wiege das Genick zu brechen. An diesem Punkt fand Marroné es seelisch und moralisch vertretbar, ohne jedes Schuldgefühl, mit dem Baby auf dem Arm und dem Buben an der Hand, bei seiner Frau Hilfe zu suchen: »Nimmst du die zwei kurz? Ich probiere mal, ob es jetzt geht.«

»Wie lange wird das dauern?«, wollte Mabel wissen, und Marroné war, so wie jedes Mal bei dieser Frage, kurz davor zu schreien: »Will es dir nicht in den Kopf, dass ich länger brauche, wenn du mich so unter Druck setzt?!« Doch da fiel ihm wieder ein, dass er ihr ja alles nur vorspielte und am stillen Örtchen bloß in Ruhe ein wenig lesen wollte.

»Ich werde mich beeilen und gleich wiederkommen«, gelobte er, so wie immer, und war zur Tür hinaus, ehe Mabel etwas erwidern konnte. Er ging hinunter in die Bibliothek und fuhr auf der Suche nach dem idealen Begleiter mit dem Zeigefinger über die Buchrücken. *Die Praxis des Managements* von Drucker, nein, zu adstringierend, *The Use of Lateral Thinking* von Edward de Bono, das kannte er schon auswendig, *Die Rückkehr zum menschlichen Maß* von Schumacher, das hatte er einmal von einem Stanford-Professor geschenkt bekommen, einem Mann mit leichten Hippie-Anwandlungen, er war aber nie über die ersten Seiten hinausgekommen. Nein, er brauchte etwas wirklich Unterhaltsames, etwas aus seiner Lieblingskategorie, ein Buch, das geschickt philosophische Gedanken über die Wirtschaftswelt von berühmten Werken ableitete. Er besaß einige Bücher dieser Art, bessere und schlechtere. *Jesus Means Business* beispielsweise enthielt wenig mehr als wiederaufgewärmte Lehren aus dem Klassiker *Der beste Verkäufer der Welt* von Og Mandino, aber in *Haikus für Manager* von Konosuke Takamura fand man zahlreiche Perlen, zum Beispiel: »Die riesigen Pyramiden / kann ein Elefant nicht erklimmen / aber die Ameise.« Mit Abstand sein Lieblingsbuch war jedoch *Shakespeare the Businessman* von Theobald Johnson. Ohne dieses hätte er niemals so von der Lektüre des »Schwans von Avon« an der St. Andrew's profitiert, denn erst in *Shakespeare the Businessman* wurde einem vermittelt, wie man Shakespeares Werk als Manager *day by day* im Business anwenden konnte, wodurch jedes seiner Theaterstücke ein Quell praxisnaher Ratschläge wurde. Von *Hamlet* konnte man beispielsweise lernen, das, was man tun wollte, gleich zu tun, anstatt Entscheidungen sinnlos grübelnd vor sich herzuschieben; vom

Kaufmann von Venedig, das Kleingedruckte genau zu lesen, erst recht, wenn es sich um Finanzierungen mit Risikokapital handelte; *Heinrich V.* war ein Lehrstück für Leadership und *Timon von Athen* eine Warnung, nicht zu viel Geld für Public Relations und Repräsentationszwecke zu verschwenden. *König Lear* warnte davor, bei der Erbteilung eines großen Familienunternehmens die Schmeichler zu begünstigen und die Kritiker mit einem Bannfluch zu belegen sowie bei solchen Nachfolgeentscheidungen zu lange zu zögern und sie dann allzu emotional übers Knie zu brechen. *Romeo und Julia* zeigte die tragischen Konsequenzen schlechter Firmenkommunikation, und in *Richard III.* erfuhr man viel darüber, wie destruktiv es war, als Manager auf seinem Weg nach oben über Leichen zu gehen. *Macbeth* berührte einen verbreiteten wunden Punkt: die Einflüsterungen einer Ehefrau, die zu Hause blieb und ihren skrupellos machtgierigen Mann nur noch weiter anstachelte. *Antonius und Cleopatra* handelte von der umgekehrten Gefahr, als Manager in den sinnlichen Armen der Geliebten seiner spartanischen Tugenden verlustig zu gehen, die in diesem Beruf unabdingbar waren. *Othello* bot eine hellsichtige Analyse innerbetrieblicher Intrigen, einer durch Eifersucht, Neid und Gerüchte angeheizten Hölle des Alltags, und beschrieb zugleich den unglaublichen Zerstörungsdrang eines Angestellten im mittleren Management, der sich bei einer Beförderung übergangen fühlte. *Der Sturm* wiederum bot eine wichtige Lektion darin, ohne Rachsucht und mit möglichst wenig Schaden die Kontrolle über eine Organisation wiederzuerlangen. Und die Ausführungen des Mark Anton in *Julius Cäsar* waren ein Best-Practice-Beispiel für die Macht der Rede, denn wichtige rhetorische Grundsätze verbanden sich hier so mit dem wirksamen Einsatz von Hilfsmitteln, wie man es sich bei einer modernen audiovisuellen Präsentation nur wünschen konnte (der aufgeschlitzte Mantel, das rote Blut, der Leichnam des Ermordeten). Nachdem Marroné in einem Anflug von Nostalgie den abgegriffenen Buchrücken gestreichelt hatte, fuhr er weiter mit dem Finger die Bände entlang, bis er auf *Don Quijote, der fahrende Manager von der Mancha* von Michael Eggplant stieß, ein Buch, das seine Eltern ihm kürzlich aus Spanien mitgebracht hatten und das er aus Zeitmangel noch nicht einmal durchgeblättert hatte. Mit einem Ausruf der Freude riss er es vom Regalbrett und machte sich zum Klo auf, wo er aus reiner Gewohnheit den Gürtel öffnete und die Hosen hinunterließ, sich auf die Klobrille setzte und zu lesen begann:

Vor vielen Jahrhunderten wäre die westliche Zivilisation fast im Nebel eines düsteren Zeitalters untergegangen. Damals bildete sich ein besonderer, Licht verbreitender Menschenschlag heraus, der die Gemeinschaft schützte und die Gerechtigkeit verteidigte: die fahrenden Ritter. Mit ihrer Hilfe warf das christliche Europa seine inneren und äußeren Feinde erfolgreich nieder; für alle Völker dieser Erde kam eine neue Zeit der Blüte und des Lichts. Heute bedroht erneut das Dunkel die Zitadelle unserer Zivilisation, und die Hoffnungen der Welt ruhen ein weiteres Mal auf einem Stand von Auserwählten, der unser Fortbestehen sichern und alle Versklavten dieser Erde befreien soll: den Führungsebenen der Firmen – den fahrenden Managern. Ihre Burgen sind die glitzernden Glastürme ihrer Firmenzentralen; ihre Waffen nicht Lanzen, sondern Füllhalter; ihre Schilde

Aktentaschen, und wenn sie unentwegt in weit entfernte Lande reisen, benutzen sie dafür Flugzeuge und keine Rösser. Doch sonst ist alles beim Alten. Die Entstehung und der Aufstieg des Managerstandes prägen unsere Zeit und sind eine der wichtigsten Entwicklungen in der Menschheitsgeschichte. Noch viel wichtiger als Präsidenten und Staatsmänner, als kirchliche und militärische Würdenträger, ja selbst als die Eigentümer ihrer Firmen, sind die Manager, wenn es darum geht, uns den Weg zu weisen. Sie stehen an vorderster Front, ganz so wie einst die Ritter. Das Aufkommen der Manager um die Jahrhundertwende war der größte Sprung nach vorne, den unsere Zivilisation getan hat: Von der materialistischen, durch die Tyrannei knapper Ressourcen geprägten Gesellschaft entwickelte sie sich zur idealistischen Gesellschaft, in der endlose Ressourcen generiert werden und der menschliche Geist erst richtig frei ist.

Auch Miguel de Cervantes' berühmter Romanheld Don Quijote fasst eines Tages den Entschluss, aus beengten finanziellen Verhältnissen und einem stumpfen Umfeld auszubrechen – wo die zaghaften »Vernünftigen« den Ton angeben, die mittelmäßigen Geister, die ewigen Feinde alles Neuen, für die Kreativität ein Schimpfwort ist –, um auf der Suche nach Abenteuern ins Unbekannte aufzubrechen. Diese Haltung Don Quijotes verrät einen Entdeckergeist, ohne den auch keine moderne Firma erfolgreich sein kann, eine Bereitschaft, zuzupacken, neue Märkte zu erobern, sich mit den Branchenriesen zu messen, sich einen Namen zu machen und ein Image zu schaffen, dem man sich voll und ganz verschreibt. Bisher hat der schon fünfzig-jährige Don Quijote wenig aus seinem Leben gemacht: Der arme Hidalgo vom Dorf ist so unbekannt, solch niedrigen Standes, dass heute nicht einmal Einigkeit darüber herrscht, wie er hieß – Quesada, Quijana oder Quejana. Der arme Herr Quejana hat nichts erreicht, er fristet im Schatten fremder Heldentaten sein Dasein, wie ein Dorfkrämer, der sich durch das Lesen von Mil-lionärsbiografien über seine Bedeutungslosigkeit hin-wegtröstet. Bis er nicht mehr in den Spiegel schauen kann. Die fahle Gesichtsfarbe, die Augen ohne Glanz, die verbitterte Miene – so sieht nur einer aus, der es nicht einmal versucht hat–, er erkennt sich nicht wie-der. Es muss noch ein anderes Gesicht geben, sein wah-res Ich, sein ungehobenes Potenzial. An diesem Tag beschließt er, Don Quijote zu werden.

Marroné klappte das Buch kurz zu. »Das ist doch kein Zufall«, dachte er bei sich. Dieses Buch hatte auf dem Bibliotheksregal geduldig darauf gewartet, aus seinem Dornröschenschlaf zu erwachen. Und ausgerechnet heute, am Vorabend eines neuen Lebens voller Abenteuer, in dem alle seine Träume wahr würden, hatte es nach ihm gerufen, war es ihm in die Finger geraten, um ihm Mut zuzusprechen. Das wollte er. Das war ihm nun klar. Bei Tagesanbruch würde auch er, Ernesto Marroné, in die Welt hinausziehen. Und wer konnte sagen, wann und unter wel-chen Umständen er wieder heimkehrte?

Voll Enthusiasmus übersprang er begierig den Rest der Einleitung, schlug das Buch weiter hinten auf und las:

Die Windmühlen. Dieses vielleicht berühmteste Abenteuer des Don Quijote handelt von einem Kampf, bei dem unser Held auf Windmühlen zustürmt, die er für Riesen hält, und was dann geschieht, kann man sich schon denken: Die mächtigen Mühlenflügel wirbeln im Wind, Don Quijotes Lanze fliegt in Stücken davon und Ross und Reiter hinterher; doch anstatt seinen Irrtum einzusehen, spricht er von einem »Zauberer«, der »die Riesen in Mühlen verwandelt« hat, »um mir den Ruhm des Sieges zu nehmen«. Heutzutage bezieht sich das geflügelte Wort vom »Kampf gegen Windmühlen« allerdings auf die heldenhaften, aber etwas weltfremden Taten eines Idealisten, eben auf Donquichotterien, und der fahrende Manager ist gut beraten, Don Quijote hierin nicht unbedingt nachzueifern. Die Marktriesen werden sich nach dem ersten Angriff nicht zurückziehen und ihre Mühlenflügel haben eine gigantische Reichweite. Will ein kleines oder mittleres Unternehmen wirklich den Kampf mit einem Giganten aufnehmen, muss es jeden Schritt gut vorbereiten, sonst geht es zu Boden und muss am Ende noch Konkurs anmelden. Andererseits erfüllen große Unternehmen, genauso wie Windmühlen, eine durchaus wichtige Funktion; sie ausschließlich als Feinde zu betrachten und vernichten zu wollen, wäre übertrieben und ebenfalls eine Donquichotterie. Ein fahrender Manager im Sinne Don Quijotes sollte bessere, billigere und effizientere Windmühlen bauen und auf den Markt bringen. Dann werden die Riesen schnell überflüssig und brechen unter ihrem eigenen Gewicht zusammen, ohne dass ihre Gegner riskieren, zwischen ihre Mahlsteine zu geraten.

Mambrins Helm. Hier kommt ein Barbier des Weges, der seinen Hut vor dem Regen schützen will und deshalb sein Scherbecken auf dem Kopf trägt, das so blank geputzt ist, dass es eine halbe Meile im Umkreis erglänzt. Don Quijote hält es für den legendären goldenen Helm des Maurenritters Mambrin, stürmt auf ihn zu, entreißt es ihm und setzt es sich selber auf, womit er sich natürlich allseits zum Gespött macht. Das geflügelte Wort »Es ist nicht alles Gold, was glänzt« veranschaulicht, welche Lehre ein fahrender Manager aus diesem Abenteuer ziehen sollte: Allzu oft glaubt man, zufällig und ohne Absicht über eine lang ersehnte Gelegenheit zu stolpern, eine Chance, die »Gold wert« ist, ein Jahrhundertgeschäft, das eine halbe Meile im Umkreis erglänzt. Einmal unter Dach und Fach gebracht (das heißt, nachdem man sein ganzes Kapital hineinsteckt hat), entpuppt sich dieses Gold aber als Messing, das nur wie Gold glänzt, und man muss sich, zum Gespött der Wirtschaftswelt, diesen Hut aufsetzen.

Die Befreiung der Galeerensträflinge. Diese Episode zu lesen, wird allen Geschäftsführern und Personalchefs empfohlen, die in unserer bewegten Zeit versucht sein könnten, den ständigen Forderungen ihrer Angestellten nachzugeben. Unser Held begegnet in diesem Abenteuer Galeerensträflingen, welche im Namen des Königs von der Justiz verurteilt wurden und deren Hälse an einer langen Eisenkette wie Perlen am Rosenkranz aufgereiht sind. Er beschließt, sie zu befreien und ihre Bewacher, die Hüter des Gesetzes, anzugreifen. Als er dann aber als Gegenleistung von ihnen fordert, ihre Kette wieder aufzunehmen und sich zu seiner Dulcinea zu begeben, lassen sie zum Dank eine Ladung Steine auf ihn regnen, dass er zu Boden geht. Bei dem Abenteuer stellt sich unser Ritter für ein abstraktes, dogmatisches Gerechtigkeitsideal gegen nichts weniger als die staatliche Gerechtigkeit. Er bringt damit eine Horde gefährlicher Verbrecher in Freiheit, die ihm gegenüber selbst ihre Schuld eingestanden haben. Prompt wird er das erste – aber wohl nicht das letzte – Opfer ihres kriminellen Verhaltens, denn sie begnügen sich nicht damit, ihn niederzuschlagen, sondern erleichtern ihn und Sancho Panza auch um ein Gutteil ihres Besitzes. Mit heutigen Gewerkschaften und anderen Standesvertretungen verhält es sich nicht viel anders. Zumeist werden die Arbeiter, oft gegen ihren Willen, in Ketten gelegt und schaffen es nicht mehr, unabhängig zu denken oder zu handeln. Treiben ihre reizbaren, opportunistischen Anführer sie dann zum Streik, so lassen sie Steine regnen, wo Dank angebracht wäre. Daher ist jeder, der bei einem Streik den Arbeiterforderungen nachgibt, indem er etwa Leute wieder aufnimmt, die zu Recht entlassen wurden, selber schuld, wenn er auch noch glaubt, sie würden zum Dank für die großzügige Geste ihre Pflicht erfüllen; nicht nur ist er so naiv wie Don Quijote, er fügt auch seiner Firma ernstlichen, vielleicht irreparablen Schaden zu …

Als Marroné ins Schlafzimmer zurückkehrte, bot sich ihm ein idyllisches Bild: Seine Frau schlief neben den beiden Kindern, die kleine Cynthia auf der Wandseite, ihr geöffnetes Mündlein noch an der Brustwarze, die aus dem aufgehakten Büstenhalter hervorlugte, und der kleine

Tommy an der Bettkante, den Arm seiner Mutter um sich geschlungen, damit er nicht hinunterfiel. Marroné schmolz bei diesem Anblick dahin, der allerdings auch an gewisse Schuldgefühle in seinem Innersten rührte, was die Reinheit des anfänglichen Gefühls gleich trübte. Was war er für ein Mann, fragte er sich, als er den kleinen Tommy aus dem mütterlichen Griff befreite und in sein Zimmer trug, wenn er nicht fähig war, wie jeder normale Vater Zeit mit seinen Kindern zu verbringen, und sich stattdessen auf dem Klo versteckte … Vor wem denn eigentlich? Wirklich vor einem Zweieinhalbjährigen und einem zwei Monate alten Säugling? Die noch dazu seine eigenen Kinder waren? War er mit seinen neunundzwanzig Jahren schon ein Workaholic wie diese Manager, die er so gut kannte und die an nichts als ihre Arbeit dachten, bis sie mit ihrer Sekretärin ins Bett gingen und sich danach scheiden ließen? (»Nicht einmal das gelingt dir«, kam es bösartig von seiner rechten Gehirnhälfte, »mit deiner Sekretärin schläft nur Cáceres-Grey.«) Marroné nahm sich vor, von nun an alles dafür zu tun, ein besserer Vater zu sein, und brachte die Kleine in ihr Zimmer, das vor Kurzem noch sein Büro gewesen war. Er fühlte mit dem Handrücken ihre verschwitzte Stirn, um sicherzugehen, dass sie kein Fieber hatte. (Wenn doch, konnte er sie retten, indem er den Arzt rief, und Mabel würde mit Tränen in den Augen sagen: »Wenn du nicht gewesen wärst!«) Prüfend klopfte er auf die Windel, ob sie noch bis morgen früh hielt – er hätte sie auch wechseln können, doch bei den herrschenden Engpässen wartete man lieber so lange wie möglich. Vielleicht, dachte er, als er unter die Decke schlüpfte, wobei er tunlichst die Berührung mit seiner Frau vermied und sich steif an den Bettrand drückte, vielleicht hatte er einfach zu früh geheiratet und Kinder bekommen. In einem Alter, in dem andere sich ganz dem Studium und dem Start ihrer Karriere widmeten, hatte er Kraft für Arbeit und Familie finden müssen. Nicht, dass er die Wahl gehabt hätte: Sie hatten einander an der Fakultät für Wirtschaftswissenschaften kennengelernt, wo er damals als Assistent ein paar Fächer unterrichtete und sie die letzten Kurse besuchte; und bei einer der fortwährenden Unterbrechungen durch studentische Versammlungen und Hörsaalbesetzungen – samt Verurteilung der Professoren und Lobpreisung Eva Peróns sowie Che Guevaras –, vor denen sie beide mit derselben Hingabe zu flüchten pflegten, hatten sie sich in der Bar im Erdgeschoss getroffen und näher kennengelernt. Auf den ersten Blick, fand er, sah sie nicht übel aus. Hätte sie sich zu schminken gewusst, wäre sie sogar hübsch gewesen, und ihr Körper schien unter drei Schichten Winterkleidung warm und begehrenswert. Als er es aber zu Beginn des Sommers endlich unter die letzte Kleidungsschicht schaffte, war ihm die Berührung ihrer nackten Haut unangenehm, wie es einem manchmal mit Wollmatratzen ergeht: Man hält sie für weich, solange eine Decke darauf liegt, aber sobald man unter diese Decke schlüpft, spürt man jeden Fussel. »Wichtiger als die Schminke wäre, sie mal ordentlich mit der Bürste abzureiben«, flüsterte seine innere Stimme, während seine Hände mechanisch weiterstreichelten. Und dieser und ähnliche Gedanken bewirkten wohl, dass er endlich einmal nicht vor dem Eindringen kam. Als er danach fassungslos, mit Tränen in den Augen, in ihren Armen lag, musste er wohl die Erleichterung, in jenem heiklen Moment einmal nicht gedemütigt worden zu sein, mit romantischen Gefühlen verwechselt haben. In den nächsten zwei Monaten sahen sie einander regelmäßig, aber als Mabel mit ihren Eltern eine einmonatige Europareise antrat, war Marroné froh über diese Auszeit, während der er sich überlegen wollte, wie er mit ihr Schluss machen konnte, ohne sie zu sehr zu verletzen. Doch die Reisenden kehrten schon vor Verstreichen der Frist zurück, und als Marroné den Mercedes-Benz seiner künftigen Schwiegereltern vor seinem Elternhaus parken sah, sich ihre beiden Erzeugerpaare zu einer Besprechung ins Wohnzimmer zurückzogen und Mabel ihm rotgesichtig, wie in Salzlake getaucht, die freudige Nachricht überbrachte, während ihre Finger mit den abgekauten Nägeln ein besticktes Taschentuch zerknüllten, stand sein weiterer Lebensweg fest. Zwei Wochen danach wurde geheiratet. Die Flitterwochen ließen sie aus, um das Haus einzurichten und für die Ankunft ihres erstgeborenen Kindes vorzubereiten – es reifte jedoch nicht heran, sondern ging spontan ab. Hätte Marroné damals nicht seine niederen Gefühle unterdrücken und Mabel durch die Depression helfen müssen, so hätte er auf den Gedanken kommen können, dass das Ganze nach der unwürdigen Nötigung nun auch noch nach Betrug roch. Obwohl er Mabel mit der Zeit zu lieben lernte und ihre guten Eigenschaften durchaus schätzte, dachte er zuweilen, wenn er, wie jetzt, mit schläfrigem Blick dalag, während Schatten über die Zimmerdecke krochen und die Uhr eintönig tickte, entgeistert daran, wie ironisch es doch war, dass er allein mit ihr normal sexuell verkehren konnte, wohl, weil er sie überhaupt nicht anziehend fand. Im Arbeitsleben schien es sich manchmal ähnlich zu verhalten, wenn ein Manager, der in einer Funktion gute Arbeit leistete, die weder seinen wahren Interessen noch seiner Spezialisierung entsprach, endlich den ersehnten Posten bekam und plötzlich feststellen musste, dass es mit seiner Karriere nicht wie erwartet bergauf, sondern bergab ging, und das rasant. Er versuchte, die Erkenntnis als einen allgemeinen Lehrsatz zu formulieren, den er später in einen Vortrag einbauen konnte, aber da übermannte ihn bereits der Schlaf. Und so oder so konnte er sich nicht vorstellen, bei einer Firmenpräsentation Beispiele aus seinem Sexleben zu verwenden …

Kapitel 3

Die Orgie der Arbeitgeber

»Neunundachtzig Büsten von Eva Perón, Standardaus-
führung, Pariser Gips, unlackiert, zweitausend Pesos das
Stück, macht hundertachtundsiebzigtausend Pesos, dazu
noch drei aus Weißzement für diverse Außenbereiche,
zweitausendfünfhundert Pesos das Stück, macht sieben-
tausendfünfhundert Pesos, zusammen sind das hundert-
fünfundachtzigtausendfünfhundert Pesos, mit zehn Prozent
Rabatt ... Zahlen Sie bar?«

Marroné nickte und sog begierig die gekühlte Luft
ein. »Um acht Uhr schon achtundzwanzig Grad im
Schatten«, hatte während der Fahrt auf der Autobahn der
Radiosprecher, nicht ohne leichten Sadismus, verkündet,
als Marroné heute Morgen zu Herrn Sansimón unterwegs
gewesen war, welcher nun die Echtheit des Schecks prüfte,
indem er ihn zweimal durch die Luft schnalzen ließ. Dann
bestand er auf einer Besichtigungstour, die berühmt dafür war, dass man, hoch über der Fertigungshalle schwe-
bend, das imposante Gipswerk aus der Vogelperspektive
zu sehen bekam. Marroné reagierte, stets auf gute Public
Relations bedacht, mit überzeugend geschauspielertem
Enthusiasmus.

Sein Guide hatte die große Halle, was den Grundriss
und sogar die Dimensionen betraf, nach dem Vorbild einer Kathedrale erbauen lassen. »Hundertneunzig Meter
Länge, drei mehr als der Petersdom«, führte er nicht gerade

bescheiden an. Es gab zwei Ebenen, die irdische, auf der sich die Maschinen und Maschinisten befanden, und die himmlische in der Höhe: zwei Bürofluchten, links und rechts über den Seitentrakten – »den Querschiffen«, stellte Sansimón richtig –, dazu die Büros des Managements, über der Apsis gelegen, und einige Laufschienen, auf denen gelbe Sitze mit Vorarbeitern wie bei einem Sessellift die gesamte Länge und Breite des Hauptschiffes entlangschwebten.

Diese Anlage hatten die Sansimóns einem Tourismusgebiet in den Sierras de Córdoba, wo sie ein paar Steinbrüche besaßen, zum Schrottpreis abgekauft. Zerlegt, hierher verfrachtet und wieder aufgebaut, hingen die schwebenden Sitze nun vom Gebälk des Kuppeldachs. Auf jedem der Sitze, deren Einstieg sich oben auf der großen Galerie befand, hatten bequem zwei Personen Platz, obwohl in jenen, die sich jetzt kreuz und quer durch die Halle bewegten, jeweils nur ein Vorarbeiter mit schwarzem Helm saß, der die Arbeiter aus der Höhe beobachtete und ihnen, wenn nötig, durchs Megafon Anweisungen gab.

Sansimón geleitete ihn zum ersten freien Schwebesitz. Und als sie eingestiegen waren, sich die weißen Helme der Chefs aufgesetzt und den Sicherheitsbügel heruntergeklappt hatten, startete die Rundfahrt in der Luft, bei der sie alles aus der Perspektive eines Trapezkünstlers sahen. Jeder Sitz hatte eine Steuerung, mit der man nach links, rechts, vorne und zurück lenken konnte. Mit einem Flaschenzug gelangte man bei Bedarf bis zum Boden der Halle hinunter, was die meisten Vorarbeiter nutzten, um das Treiben der Arbeiter aus der Nähe zu betrachten. Sansimón, der zugleich die Führung machte und den Sitz steuerte, bedachte ihn, während er seine Manöver ausführte, mit nicht enden wollenden Informationen über all die Neuerungen und Verbesserungen, die er seit seinem Aufenthalt in den USA hier eingeführt hatte:

»Wie dir bestimmt aufgefallen ist, benutzen wir seit Neuestem Farbcodes. Im gelben Sektor«, sagte er und zeigte auf Maschinen in Chromgelb und Arbeitshelme in Zitronengelb, die außerdem oben am Scheitel in gut lesbarem Schwarz die persönliche Identifikationsnummer des jeweiligen Arbeiters trugen, »fertigen wir Stuckaturen, Sockel- und Kranzgesimse, Rosetten, Friese, Baluster, Kragsteine, Säulen und Amphoren. Im braunen Sektor werden Bildhauergips, Gussformen, Gips zum Gießen, für den Bodenbau und zum Isolieren hergestellt, ach ja, und weiße und farbige Kreide, aus dem Bildungsbereich nicht wegzudenken«, fügte er hinzu, und Marroné bildete sich ein, inmitten der dichten, weißen Staubwolke, die über dem geschäftigen Treiben auf dem Boden der Halle schwebte, einen blass schimmernden Regenbogen zu erkennen. »Im grünen Sektor fertigen wir für die Medizinbranche: Spezialgipse für Orthopäden und Kieferorthopäden, Gipsbinden … und, falls alles nichts nützt, auch Totenmasken.« Derselbe Scherz wie bei jeder bisherigen Führung – und wie bei jeder bisherigen Führung lächelte Marroné routiniert. »Und hier«, Sansimón legte eine fast schon majestätische Pause ein, während ihr Sitz in die andere Führungsschiene abbog und nun über dem äußerst imposanten Hauptschiff schwebte, »befindet sich der blaue Sektor, wo wir Gipskarton, Wandelemente und Platten herstellen, die vielleicht optisch weniger hermachen, aber mit Abstand die gefragtesten Produkte aus unserem breiten Sortiment sind. Das ist aber noch nicht alles. Dort drüben«, sagte er und zeigte Richtung

Atrium, »hecken wir etwas aus, das die Baubranche revolutionieren wird; pass gut auf: Sag den Ziegeln ade, und dem Beton sowieso. Das Baumaterial der Zukunft ist Gips! Der Sansimón-Super-X ist nach nur einer Stunde Trocknen so hart und fest wie Portlandzement. Mit Glasfasern verstärkt, trägt er schwere Lasten; mit Polystyrol wird er biegsam; mit Sand und Schlämmkreide feuerfest und schallisolierend. Gips ist ein äußerst wandelbares Material, in der Antike war er der *wichtigste* Werkstoff«, geriet Sansimón ins Schwärmen und stupste, während er mit der einen Hand den Schwebesitz steuerte, zwischendurch mit der andern Marroné an, um seine Aufmerksamkeit dorthin zu lenken, wo er gerade etwas besonders interessant fand. Er konnte mit Recht stolz auf die Fabrik sein. Kreidewolken, die wie Weihrauchschwaden in die Luft stiegen, durchdrungen von dem Licht, das durch die großen Fenster hereinfiel; die Bewegungen von Mensch und Maschine, so perfekt koordiniert wie der festgefügte Ablauf sakraler Zeremonien; und aus den irgendwie schrägen und doch harmonischen Tönen der Stahlorgeln mit ihren Stoß-, Pfeif-, Walz- und Quietschgeräuschen entstand ein leicht überspanntes Stück Kirchenmusik, das erst Sinn in etwas hineinbrachte, was man sonst fälschlicherweise für eine rein architektonische Laune hätte halten können. Das Gipswerk Sansimón war wahrhaftig eine Kathedrale der menschlichen Arbeit. Wenn sie so organisiert war wie hier, erhielt die Produktionsarbeit in ihrer Effizienz eine ästhetische und wohl auch spirituelle Qualität, und in Marronés Körper kribbelte es vor lauter Stolz wie von Ameisen, bis in die geröteten Wangen: Denn auch er trug sein Scherflein bei, als einer von vielen – dadurch aber nicht minder wertvollen – Stützpfeilern jenes

Glaubens. Er war niemand Geringerer als einer vom Stand der fahrenden Manager.

Sansimón tippte ihn an, damit er sich zu dem Schauspiel wenige Meter hinter ihnen umdrehte. Ein Vorarbeiter stoppte seinen Sitz in luftiger Höhe und schrie durchs Megafon einen Arbeiter mit blauem Helm an:

»Blau siebenundzwanzig, diesen Sprung hat die Gipsplatte nur, weil Sie nicht aufgepasst haben! Die wird Ihnen vom Lohn abgezogen!«

Blau siebenundzwanzig sah hoch und erwiderte irgendetwas, das man oben wegen des Maschinenlärms nicht hörte. Der Vorarbeiter legte sich, wie es oft alte Leute tun, die Hand hinters Ohr, als wäre er schwerhörig, und brüllte:

»Ich kann Sie nicht verstehen, Blau siebenundzwanzig! Sie müssen schon etwas lauter sprechen!« Dabei zwinkerte der Vorarbeiter seinem Brötchengeber zu, und dieser schüttelte lächelnd den Kopf, als wollte er sagen: »Meine Jungs! Die können es einfach nicht lassen!«

Am Ende der Rundfahrt betätigte Sansimón einen Hebel, und der Schwebesitz fuhr senkrecht nach unten, um gerade einen halben Meter über dem Boden abzubremsen. Als Marroné wieder festen Boden unter den Füßen hatte, folgte er mit puddingweichen Knien (große Höhe behagte ihm nicht) Sansimóns energischen Schritten zur Werkstatt hin, die offensichtlich viel älter war als alles andere in dem Gebäude und sich im Zwickelraum zwischen dem linken Querschiff und dem Hauptschiff befand. Hier stellte eine kleine Gruppe Bildhauer und Arbeiter mit roten Helmen Büsten und Statuen her, die größeres handwerkliches Geschick verlangten. Gearbeitet wurde an langen Holztischen. Mit den Händen fertigten sie Gussformen aus Latex oder Wachs an; sie rührten eine dünne, weiße Flüssigkeit in großen Trögen um, gossen sie in die Formen und stellten die Stücke danach paarweise zum Glattschleifen auf. Zu beiden Seiten stapelten sich auf alten Holzregalen, die bis zur Decke reichten, die gespenstischen Zeugnisse von fünf Jahrtausenden Zivilisation, verewigt in dem formbaren weißen Material. Im Vorübergehen sah Marroné chinesische Würdenträger mit Mandarinhüten, weiten Ärmeln und ähnlich langen Schnurrbärten wie Fu Manchu sowie sitzende und liegende Buddhas in allen erdenklichen Größen, wobei die kleineren eher wie misstrauische Großväterchen als wie Erleuchtete lächelten. Carlos Gardel hingegen grinste von einem Ohr zum andern, so wie auch der verfressene Ordensbruder, der sich den Bauch rieb. Er sah die Masken von Tragödie und Komödie, einen David von Michelangelo (eigentlich haufenweise Davids von Michelangelo) und die Oscar-Statue, die Sphinx, Tutanchamun und Nofretete, ägyptische Katzenstatuetten, Bildtafeln und Sarkophage mit Hieroglyphen darauf, Schäfer und Schäferinnen mit Hirtenstäben, Panflöten und mit ihren Schäfchen; außerdem entdeckte er sämtliche Krippenfiguren, diverse Akte (ein küssendes Paar, eine Zauberin, eine Frau mit Krug), dann den heiligen Georg samt Drachen, einen aztekischen Kalender, einen Diskuswerfer, zahlreiche Glückselefanten, viele Statuen der Venus von Milo neben Niken von Samothrake; die einen dicht zusammengedrängt, die andern zum Flug bereit wie ein Sperlingsschwarm. Zwischen ein paar Buchstützen mit Einstein-Motiv erblickte er eine mit einer Dick-und-Doof-Darstellung verzierte Rosette, Rodins Denker und die Pietà des Michelangelo; und daneben Scharen von Freiheitsstatuen, Eiffelturmstädte, Tunnels aus aneinandergereihten Triumphbögen und Big-Ben- und Obelisken-Wälder; Pauline Borghese als ruhende Venus von Canova und um sie herum ein Rudel Aschenbecher in Gestalt von Dackeln, die sich kringelten, dann wieder Don Quijotes und Sancho Panzas zu Fuß, zu Pferd, zu Esel oder auf zwei Thronsesseln hockend. Marroné sah Michelangelos Moses mit ernstem Blick eine Revuetruppe aus Marilyns mit hochwehendem Rock betrachten, erkannte ein Basrelief des letzten Abendmahls und unzählige Wandrosetten, die Martín Fierro mit Gitarre, seinem Matetee, gemeinsam mit Cruz und zu Pferde zeigten. Er entdeckte Büsten von Mozart, Beethoven, Schubert und Brahms und dann mit Entzücken viele Geistesgrößen der Geschichte: Sokrates, Perikles, Alexander den Großen, Julius Cäsar, Napoleon, Abraham Lincoln, Lenin, Churchill, Franco, Hitler und Mussolini (»Die drei gehen unter der Hand weg wie warme Semmeln«, erklärte Sansimón) und auch Argentiniens verblichene Nationalhelden: riesige Büsten von San Martín in originaler oder sogar noch größerer Größe (als junger Mann mit Koteletten, im Alter mit seinem Schnauzer), von Belgrano, Sarmiento, Yrigoyen und Juan Perón (gleich in zwei Varianten, mal als Oberst mit gerunzelter Stirn, mal in der Kleidung eines fröhlichen Descamisados, eines armen Taglöhners) und zuletzt – und dabei kam Marroné sich wirklich wie ein fahrender Ritter vor, der den Heiligen Gral erblickt – Eva Peróns spartanisch-strenges Gesicht, das bei den vier vorhandenen Büsten stark und klassisch geschnitten war.

»Die sind schon verkauft«, gebot ihm eine Stimme Einhalt, als er eine Büste mit dem Finger antippen wollte. »Seit drei Jahren kommen wir bei den Bestellungen kaum nach.«

Der Mann, der das sagte, war ein alter Herr mit Brille und einem dichten weißen Schnauzbart, der statt des vorgeschriebenen roten Helms eine cremefarbene Mütze trug. Sansimón stellte ihn als »mein Vater, der Firmengründer« vor.

»Das ist der Einkaufschef von Tamerlán, Vater. Er benötigt … Wie viele noch mal? Zweiundneunzig?«

Marroné nickte.

»Zweiundneunzig Büsten von Eva Perón, Vater.«

Sansimón senior pfiff durch die Zähne.

»Nicht schlecht. Und bis wann soll das sein?«, fragte er dann.

»Lieber gestern als morgen«, gab der junge Sansimón zur Antwort. »Es geht bei der Sache um Leben und Tod.«

»Lieber gestern als morgen? Also wirklich, sieh dich mal um. Sind da Maschinen und Fließbänder? Automatisierung? Sieht es hier nach seelenlosen, scheußlichen Serienerzeugnissen aus? Oder nach Männern, die wie Roboter arbeiten? Nein. Und weißt du auch, wieso? Das alles hast du schon in deiner großen Fabrik. Hier wird hingegen noch in Handarbeit produziert und die Leute können mit Recht stolz auf ihre Arbeit sein.«

»Vater, hör mir auf mit dem kommunistischen Geschwätz, ich bin kein Schüler mehr, du brauchst mich nicht zu belehren. Du lässt die Leute jetzt Doppelschichten machen, sie sollen sechzehn Stunden arbeiten und acht schlafen, aber flott! Niemand verlässt das Gelände, bis die vierundneunzig Evas gegossen, getrocknet und fertig verpackt sind.«

»Zweiundneunzig«, korrigierte ihn Marroné freundlich.

»Was denn?«, rief Sansimón patzig, der ganz vergessen zu haben schien, dass er neben ihm stand.

»Zweiundneunzig Büsten sind es insgesamt«, rief ihm Marroné in Erinnerung. Es lief ausgezeichnet. Sansimón schien einiges von Kundenbindung zu verstehen.

»Schön, wie auch immer«, sagte er, und zu seinem Vater: »Sind wir jetzt fertig?«

»Und wie wird das abgegolten? Als Überstunden?«

»Ach was, ein halber Lohn extra muss reichen. Die schulden mir noch was vom letzten Streik!«

»Könnten Sie nicht eventuell«, warb der alte Sansimón besonders liebenswürdig um Marronés Verständnis, »auch ein paar Büsten nehmen, die den Oberst darstellen, so wie diese hier?« Er zeigte auf eine Büste, die Juan Perón als Descamisado zeigte und nebenbei sein Lächeln für die Ewigkeit bewahrte. »Von denen hätten wir genügend auf Lager. Die Kunden lassen sie zurückgehen – angeblich sehen sie Augusto Vandor ähnlich, diesem Verräter, aber das stimmt überhaupt nicht, sehen Sie selbst!«

Marroné hörte mit unbewegter Miene zu, er presste nur leicht die Lippen aufeinander.

»Meine, ähm … Klienten möchten Evas, ausdrücklich Evas! Und es geht wirklich um Leben und Tod, da hat Ihr Sohn nicht übertrieben.«

Der alte Sansimón musterte ihn scharf und drehte sich ohne ein weiteres Wort weg, um Korrekturen an der Arbeit eines jungen Bildhauers vorzunehmen, dessen gepflegte Hände und gelehrte Sprechweise ihn als Künstler oder Kunststudenten verrieten. Sansimón junior nahm das zum Anlass, die Besichtigung für beendet zu erklären.

»Gehen wir doch in mein Büro und setzen wir den Vertrag auf«, sagte er und führte Marroné hinaus.

»Weißt du, ich habe meinen Vater aus reiner Sentimentalität die Werkstatt behalten lassen«, erklärte Sansimón ihm im Büro. »Sie macht sogar Verluste, falls du es wissen willst, aber ich habe nun einmal ein gutes Herz, was soll ich machen …? So ist er außerdem beschäftigt und pfuscht mir nicht überall hinein. Willst du wirklich keine Vergoldung? Damit sehen die Büsten göttlich aus und es kostet dich nur einen kleinen Aufpreis.«

»Hör zu«, sagte Marroné und legte die Hände vor sich auf den Tisch, wie um sein Blatt zu zeigen, »sobald alles vorbei ist, schmeißen wir, das kann ich dir versichern, die zweiundneunzig Büsten vom achten Stock auf die Straße hinunter. Dieser Peronistenkitsch ist nichts für uns. Mein Chef wäre bestimmt nicht begeistert, wenn ich sie auch noch vergolden ließe. Also, falls er denn freikommt.«

»Ich will nicht den Teufel an die Wand malen, aber das bleibt abzuwarten. Man braucht nur an seinen Vorgänger zu denken.«

»Uns ist kein Opfer zu groß, um das Lösegeld aufzubringen; und diesem Ziel bringt uns jeder eingesparte Cent näher«, wiederholte Marroné mechanisch eine nervtötende Aussage des Buchhalters Govianus. »Bei uns gibt seit sechs Monaten jeder, vom Manager bis zum einfachen Arbeiter, freiwillig fünfzehn Prozent seines Gehalts für den Rettungsfonds.«

»Da hat Tamerlán aber ein Glück! Wenn das mir passiert, sind diese Blutsauger von Arbeitern imstande und lassen mich zerstückeln, bevor sie einen Peso hergeben. Letzte Woche haben sie sich schon wieder beschwert. Weil ihre Löhne sinken. Na, was denn sonst. Dem halben Land steht das Wasser bis zum Hals, aber statt sich ruhig zu verhalten, damit der Kahn nicht sinkt, hauen sie Löcher hinein. Wenn wir nicht umgehend die Rädelsführer hinausgeworfen hätten, wäre uns der Laden um die Ohren geflogen … Zum Glück ist mein Personalchef Gold wert.«

»Und werden sie dir wegen der Büsten keine Probleme machen?«

»Wer denn?« Sansimón hatte ihn schon verstanden, warf sich aber in die Brust.

»Na ja, ich weiß auch nicht. Die Gewerkschafter.«

»Was, mir? Ich spiele ja nicht umsonst jedes Wochenende mit dem Generalsekretär der Gewerkschaft Golf. Der schwingt den Schläger wie einen Besenstiel; aber was erwartet man sich, er kommt aus einfachsten Verhältnissen. Unlängst waren Wahlen, und ohne seine Freunde hätte er es wohl kaum geschafft, gerade noch seine Macht gegen die kampfbereite Fraktion zu behaupten – wie heißen die jetzt neuerdings? Ah ja, die Kombas. Ich schwör's dir, ich habe hochqualifizierte Leute entlassen, nur weil diese Idioten gegen ihn kandidiert haben. Aber wer sich im Gras wälzen will, tut gut daran, vorher die roten Zecken auszuräuchern. Natürlich haben sich hier viele Rote eingeschlichen, was ein Problem ist. Und deshalb«, unterbrach sich Sansimón und lüpfte sein Sakko, unter dem sich der Griff einer Waffe abzeichnete, eines Colts oder einer Smith & Wesson, das sah Marroné nicht so genau, »begleitet mich das Schätzchen hier auf Schritt und Tritt. Hey, nur so unter uns, eins wollte ich dich noch fragen …« Sansimón beugte sich vor. »Haben sie ihn wirklich in einer Schwulensauna entführt? Ist es wahr, dass ein Montonero seinen Arsch für die Revolution hingehalten hat, um ihn mit heruntergelassener Hose zu erwischen?«

Marroné zögerte mit einer Antwort, weil es stimmte, was Sansimón da sagte; darüber hinaus war dieser Montonero von einem chinesischen Päderasten darin unterwiesen worden, Herrn Tamerlán durch Arschzusammenzwicken festzuhalten, sodass er, wie ein Hund bei der Paarung, nicht mehr herauskam und von einem Mitverschwörer abgeholt werden konnte. Die Leibwächter hatten wie gewohnt im Vorzimmer gewartet und waren neutralisiert worden, indem zwei anmutige Guerillakämpferinnen sich als Prostituierte verkleidet und sie in zwei Nebenräume gelockt hatten, wo schon Bewaffnete auf sie warteten. Marroné versuchte, bei dem Thema angemessen zerknirscht zu wirken, musste jedoch zugeben, dass er tief drin eine gewisse Genugtuung verspürte; so wie viele seiner Kollegen, auch wenn das niemand zugeben würde. Endlich war für Tamerlán der Schuss einmal nach hinten losgegangen. Man war sich jedoch einig, nach außen hin Stillschweigen darüber zu bewahren. Die Medien berichteten, dass er, so wie üblich, aus dem Auto entführt worden sei und die Leibwächter bei der Erfüllung ihrer Pflicht ihr Leben gelassen hätten. Ein äußerer Umstand bot Marroné Gelegenheit, das Thema zu wechseln:

»Was ist denn mit den Schwebesitzen los? ... Die stehen ja alle still«, sagte er zu Sansimón.

Sansimón drehte sich zur großen Glasscheibe herum, die das Büro von der Fertigungshalle trennte, und sah selbst: Die Sitze schaukelten nur noch leicht hin und her, und die Aufseher, die teils noch saßen, teils aufgesprungen waren, brüllten etwas in ihre Megafone, das durch das dicke Glas nicht hindurchdrang.

»Scheiße ...« Sansimón fuhr zusammen und im selben Augenblick flog die Tür zu seinem Büro krachend auf und eine Truppe Arbeiter, sechs oder sieben, mit Helmen in verschiedenen Farben stürmte herein.

»Wir Arbeiter haben die Fabrik besetzt, Herr Sansimón. Wir behalten alle in leitender Funktion als Geiseln hier«, rasselte der Anführer, ein Mittfünfziger mit weißem Helm, herunter. Allein dieser Helm auf dem Kopf bewies, dass jetzt die andere Seite die Macht hatte. Marroné spürte ein flaues Gefühl in der Magengrube, ein inneres Unwohlsein, nicht allzu überraschend, das war einfach nur sein übliches Pech. Wäre ja auch zu schön gewesen, wenn einmal etwas geklappt hätte.

Sansimón drückte auf den roten Knopf der Gegensprechanlage.

»Security!«

»Schon hier.«

Die Arbeiter wichen zur Seite und sie sahen die drei Wachleute, an deren Waffengürteln statt Schlagstöcken und Pistolen nur mehr ein paar leere Schlaufen baumelten.

»Sie waren bestens vorbereitet, Chef«, berichtete zögerlich der älteste der drei Wachmänner, ein Fettwanst mit Schnurrbart, der wie ein pensionierter Polizist aussah. »Uns blieb keine Zeit, was zu unternehmen.«

Plötzlich führte Sansimón eine – flink wie ein Einsiedlerkrebs krabbelnde – Hand zu seiner Achsel, aber es war nur ein verzweifelter Versuch, von Anfang an nicht Erfolg versprechend. Marroné war gerade schnell genug auf seinem Bürostuhl herumgeschwenkt, um mit anzusehen, wie die sieben streikenden Arbeiter zugleich und fast höflich die Jacken hoben und die Kolben ihrer Pistolen und Revolver zeigten, von denen einige wahrscheinlich von den Wachleuten stammten. Als ihm aufging, dass er sich bei einer Schießerei genau in der Mitte befände, sah er sein Leben wie im Film an sich vorüberziehen: wie er damals in der Wohnung des Nachbarmädchens beschämt in einer Pipilacke stand – seine vielleicht früheste Erinnerung; zu Hause, auf der Flucht vor dem paraguayischen Dienstmädchen, das mit dem Scheuerlappen nach ihm schlug, wenn er auf den langen Korridoren vor ihm davonrannte; wie die Kindergärtnerin mit böser Miene sagte, wenn er nicht sofort zu weinen aufhörte, würde seine Mutter ihn nie wieder abholen kommen; die Gänsehaut an seinen nackten Beinen, wenn sie im Winter in den kurzen Freizeitshorts der St. Andrew's steckten, und der Stich, den es ihm versetzte, als er mit seinem Vortrag eines Gedichts, das so anfing: »*Up into the cherry tree / Who should climb but little me?*« nur den dritten Platz machte; und wie er einmal fast im Olympia-Schwimmbecken ertrunken wäre und Mr. Trollope in voller Montur hineinspringen und ihn retten musste. In seinem Kopf hallten die Verwünschungen seines Vaters wider, nachdem ihm auf dem Schießstand einmal ein Schuss ausgekommen war: »Nicht einmal dazu taugst du!«; wie er das erste Mal nicht nur seinen Samen, sondern auch seine Seele vorzeitig verpulverte, die Hure ihn abschätzig anblickte und aufforderte, das wegzuwischen, weshalb wohl aus dem kleinen Rinnsal ein breiter Strom vorzeitiger Samenergüsse wurde, bis er endlich eines Tages, unsäglich erleichtert, einmal *in* einer Frau abspritzte, die sogleich im Hochzeitskleid erschien, mit einer Tortenfigur, die seine Züge trug; der blutrote Strudel, in dem sich im Kreißsaal alles zu drehen begann, bis er im Nebenzimmer wieder zu sich kam und erfuhr, dass an seinem kleinen Sohn alles dran war: zehn Finger, zehn Zehen und dreiundzwanzig Paar Chromosomen; er sah sich wieder in seiner Unterkunft auf dem Campus von Stanford hocken und versuchen, sich auf *The Managerial Grid* von Blake und Mouton zu konzentrieren, während durch die Wand lautes Säuglingsschreien und durchs Fenster lautes Stöhnen der jungen Leute zu ihm drang, die nur zur Uni zu gehen schienen, um zu jeder Tages- und Nachtzeit im Park miteinander zu bumsen; und am Ende ging es zuerst bei einem Ausflug nach San Francisco mit dem Geisterzug an den außerirdisch anmutenden Häuserzeilen in Haight-Ashbury vorbei, deren Wände psychedelisch-hippieschwule Blumenmuster zierten; aber dann glitt er wie auf einer steilen Rutsche unweigerlich nach unten in Tamerláns »Walhalla« und zu der Episode, von der er schon die längste Zeit befürchtete – deshalb lag sie ihm ja so im Magen –, dass sie ihm, bevor es endgültig mit ihm vorbei war, als letzte vor Augen stehen würde. Er musste zugeben (wie bedauerlich, mit diesem Gedanken aus dem Leben zu scheiden), dass der ganze Film eher langweilig war. Und als er sich nach einer zweiten Chance zu sehnen begann, um es besser zu machen und endlich ein glückliches Leben zu führen, wurde er auch schon erhört: Sansimón, der eingesehen hatte, dass es sinnlos war, hob die Hände hoch und ließ zu, dass einer der streikenden Männer mit blauem Helm und einer riesigen Kinnlade sich vorsichtig an seine Achsel herantastete, die Smith & Wesson aus dem Schulterhalfter zog und sie dem Arbeiter mit dem weißen Helm reichte. Gleich danach stützte Sansimón jedoch seine Hände auf den Tisch und wetterte los.

»Du da – und du auch, Trejo«, sagte er zu den beiden, »ihr habt hier nichts mehr verloren. Das melde ich der Gewerkschaft!«

»Wir sind nicht mehr in der Gewerkschaft, Herr Sansimón! Wir sind ausgeschlossen worden, als Sie uns rausgeworfen haben.« Trejo rückte seinen weißen Helm zurecht.

»Sag ich doch. Weder arbeitet ihr hier noch seid ihr bei der Gewerkschaft. Und trotzdem besitzt ihr die Frechheit und wollt hier streiken?«

»Unsere erste Forderung ist, die gefeuerten Leute wieder einzustellen«, sagte, sich räuspernd, ein beleibter Arbeiter mit grünem Helm und Dreitagebart, dessen eines Auge milchig getrübt war.

»Was wollt ihr noch? Managergehälter? Firmenurlaube auf dem Golfplatz? Limousinenservice? Einen Whirlpool?« Sansimón blies sich auf wie ein Frosch. Wenn das so weiterging, platzte er noch.

»Im Augenblick genügt es uns, wenn Sie mitkommen, Herr Sansimón«, erwiderte Trejo kühl.

Mochte es nun diese lakonische Antwort gewesen sein, die Sansimón alarmierend fand, oder kam es, weil Trejo seiner Forderung durch Fuchteln mit der konfiszierten Waffe Nachdruck verlieh – jedenfalls fiel er in sich zusammen wie ein Soufflé, in das man mit der Gabel hineinsticht, und ihm entwich ein dünnes Stimmchen.

»Was ... was habt ihr mit mir vor?«

Sansimón hatte verständlicherweise Angst. Die Arbeiterschaft war zwar generell nicht dafür bekannt, bei Fabrikbesetzungen ihre Arbeitgeber abzuknallen, aber bei der gegenwärtigen Spirale der Gewalt im Land war es nur eine Frage der Zeit, bis es so weit kommen würde. Vor allem, weil in den Fabriken bald mehr infiltrierte, subversive Kräfte Dienst taten als echte Arbeiter.

»Nur mit der Ruhe, Chef. Machen Sie sich keine Sorgen, wir sind friedliebende Leute. Wir tun das nur, weil Sie uns keine andere Wahl lassen. Und jetzt bringen wir Sie bloß zu den andern.«

Lammfromm ließ Sansimón sich hinausführen. Marroné würdigte er dabei keines Blickes. Auch die Streikführer kümmerten sich nicht um ihn. Etwas gekränkt darüber räusperte sich Marroné.

»Äh, Verzeihung …«, fing er an.

»Ja?«

»Was geschieht jetzt mit mir?«

Die Arbeiter wechselten ein paar rasche Blicke und zuckten mit den Schultern.

»Sie können gehen, wenn Sie wollen. Wir nehmen nur Firmenangehörige als Geiseln«, sagte ihr Anführer.

»Da gibt es nur ein Problem«, erwiderte Marroné, lächelte verbindlich und wog vorsichtig jedes Wort ab wie eine Birne in der Obstabteilung. Ihm kam das Beispiel aus *Wie man Freunde gewinnt* in den Sinn, bei dem Nelson »Rocky« Rockefeller mit streikenden Arbeitern diskutiert und die Oberhand behält, aber er konnte sich weder an die Taktik erinnern noch daran, welche allgemeine Regel das Beispiel in dem Buch illustrierte. Für dieses Wissen hätte er jetzt einen Monatslohn gegeben. »Hören Sie, meine Herren Streikführer, gewiss sind Ihre Forderungen berechtigt, das bestreite ich gar nicht und ich finde auch, dass man für seine Rechte eintreten soll, aber doch immer nur bis zu dem Punkt, an dem man die Rechte eines andern verlet…«

»Hören Sie, wir sind gerade beschäftigt, falls es Ihnen noch nicht aufgefallen ist, wir haben einen Betrieb zu besetzen.«

»Schon klar, aber ich habe doch gerade ein wichtiges Geschäft mit dem Werk abgeschlossen und eine Anzahlung geleistet, weshalb es, wie ich meine, das Beste wäre, Sie würden die vor dem Streik getätigten Bestellungen noch abarbeiten und erst dann die Produktion stilllegen, es geht um zweiundneunzig Büsten ...«

»Was, du bist der mit den Büsten? Dann ist es also deine Schuld, dass man den Genossen in der Werkstatt Doppelschichten aufgebrummt hat und wir die Fabrik früher besetzen mussten als geplant!«, schimpfte der Anführer und wies sofort seine Stellvertreter an: »Der bleibt auch hier.«

Marroné griff nach jedem Strohhalm:

»Aber Ge... Genossen, hört mir doch mal zu, hier geht es nicht um irgendwelche Büsten, sondern um die von Eva Perón, unserer Evita, Heilsbringerin und geistige Führerin Argentiniens und darüber hinaus Engel der Armen. Gegen Eva werdet ihr doch nicht streiken wollen! Was seid ihr denn für Peronisten?«

Es war sinnlos, niemand hörte ihm zu. So ließ er sich folgsam von dem Arbeiter mit dem monströsen Kinn auf die Galerie geleiten, an deren einem Ende schon mehrere Bürokräfte zusammengetrieben worden waren, die auf die Brüstung gestützt oder einfach so beobachteten, was sich unten abspielte. Die Vorarbeiter hockten wie Kanarienvögel auf den stillstehenden Schwebesitzen, fluchten mit heiser geschriener Stimme ins Megafon oder warteten schicksalsergeben, dass sie jemand herunterholte, was auch geschah, allerdings mit einer etwas umständlichen Methode, die sich die Arbeiter wohl aus Rachsucht hatten einfallen lassen.

Unter einem Sitz ganz in der Nähe hatten ein paar Arbeiter eine Plastikplane so straff gezogen wie eine Trommelmembran und forderten den Vorarbeiter zum Springen auf.

»Na, komm schon, wir haben nicht ewig Zeit, klar?«

»Spring ruhig, Kumpel, wir fangen dich auf!«

Der Vorarbeiter versuchte mit weichen Knien aufzustehen, aber sie gaben ihm nach, und er plumpste zitternd in den Sitz zurück. Dann schaffte er es doch, klammerte sich mit kreidebleichen Fingern an einer Stange fest und schwang erst ein und dann das andere Bein über den Sicherheitsbügel. Seine Knie tanzten Charleston, aber er schien zum Sprung entschlossen.

»Bleibt ihr wirklich da, wo ihr seid, Leute? Sonst sieht es nicht gut für mich aus«, sagte er und musterte sie argwöhnisch von seinem schaukelnden Sitz aus. »Denkt daran, dass ich immer fair zu euch war!«

Marroné hatte noch nie jemanden durch ein Megafon betteln hören. Es wirkte ziemlich merkwürdig. Er beobachtete aus dem Augenwinkel, wie die Arbeiter Wetten abschlossen: »Hundert, dass er springt.« – »Zweihundert, dass er sich nicht traut.« – »Dreihundert, dass sie ihm die Plane unterm Hintern wegziehen.«

»Jetzt mach schon, spring endlich! Falls du dir was brechen solltest, haben wir zumindest ausreichend Gips hier!«

Als der Vorarbeiter sich nach vorn lehnte, liefen die Männer alle gleichzeitig zur Seite und riefen: »Ätsch!« Der Vorarbeiter drückte sich an die Aufhängung des Sitzes wie eine Erotiktänzerin an ihre Stange, sein Gesicht war weißer als der Gips ringsum.

»Lasst den Blödsinn!«

Den Tränen nahe wartete er, bis die Arbeiter mit der Plane wieder unter ihm standen, aber da sie sich vor Lachen krümmten, wogte diese auf und ab, wie ein schillerndes Meer voller Wellentäler, und bot dem Springer wenig Sicherheit.

Schließlich bekreuzigte sich der Ärmste hastig, schloss die Augen und sprang ins Leere. Er traf genau in der Mitte der Plane auf, die fast bis zum Boden einsank, von sechs Paar starken Händen erneut gespannt wurde und den Mann wieder in die Luft warf. Nun begann das Prellspiel. Zu Anfang leistete sich der Vorarbeiter, während er fiel und in die Lüfte stieg, noch Verwünschungen und die Androhung von Konsequenzen, doch als es höher und höher ging und er langsam müde wurde und mit kraftlosen Armen und Beinen durch die Luft ruderte, verlegte er sich aufs Bitten und Betteln, und zum Schluss biss er nur noch die Zähne zusammen und hielt den Helm fest, um ihn nicht zu verlieren und sich bei seinem Sturzflug noch die Zähne damit auszuschlagen. Weniger aus Mitleid als aus Erschöpfung setzten die Arbeiter ihn schließlich ab und zogen auf der Suche nach einem neuen Opfer für ihre »Rettungsaktion« mit der Plane von dannen.

Irgendwann kam ein Betriebsratsmitglied auf die Galerie und ordnete an, die Manager vom Verwaltungspersonal zu trennen. Mit untrüglichem Gespür durchschauten die Ausführenden Marroné und scheuchten ihn mit den anderen Managern zurück in Sansimóns Büro, wo dieser sich bereits von seinem Schrecken erholt hatte. Er begrüßte Marroné mit einem ungezwungenen »Ach, Macramé, Sie sind also noch hier?« und stellte ihm die Mitglieder seines Krisenstabs vor: Aníbal Viale, den Finanzchef; Arsenio Espínola, den Marketingleiter; den Personalchef Garaguso und den Security-Chef Cerbero, deren Namen Marroné, um sie nicht zu vergessen, bei der nächsten Gelegenheit in sein Notizbuch eintragen wollte. Er bat darum, das Telefon benützen zu dürfen, und Sansimón gestattete es ihm großzügig, doch kaum streckte er die Hand danach aus, hörte er: »He, Sie! Was machen Sie da?« von einem der beiden Betriebsräte, die sie bewachten, und zuckte zusammen, als hätte der Apparat ihn angeknurrt. »Bis zum Inkrafttreten neuer Anweisungen ist jeglicher Kontakt nach außen untersagt!«, erklärte der Mann mit sichtlichem Gefallen an seiner amtlichen Formulierung, und Marroné sah Sansimón und seine Leute spöttisch grinsen …

»Willkommen im sozialistischen Argentinien, Macramé«, stichelte Sansimón und konzentrierte sich gleich wieder auf die Handzeichen und geflüsterten Worte, mit denen seine Führungsriege sich verständigte.

Mittags kamen zwei Arbeiter ihre Bewacher ablösen, die der Personalchef überschwänglich begrüßte: »Baigorria, Saturnino, schön, dass ihr wieder hier seid, wir haben euch wahnsinnig vermisst!« Die Neuen brachten den Geiseln auch ein paar Brötchen und zwei Literflaschen Mirinda-Orangenlimonade mit, die Sansimón und seine Mitstreiter mit angeekelter Miene unter sich aufteilten und dabei auch Marroné ohne Zögern etwas abgaben. Sie hatten ein Radio, das die ganze Zeit lief, aber in den Nachrichten wurde nichts über ihre Lage berichtet; nur zu verständlich, in letzter Zeit gab es mehr besetzte Fabriken, Unternehmen und Amtsstuben als solche, die sich noch in rechtmäßigen Händen befanden. Am meisten jedoch beunruhigte ihn, dass niemand in seiner Firma Bescheid wusste und man sich seine lange Abwesenheit dort vielleicht mit Nachlässigkeit oder sogar Gewissenlosigkeit erklärte. Ärgerlich war auch, dass er keinen seiner geliebten Management-Ratgeber dabeihatte, um sich während der langen Warterei mit etwas Sinnvollem wie Lesen die Zeit zu vertreiben, während seine Mitgefangenen Karten spielten, abwechselnd auf dem weißen Ledersofa Nickerchen hielten oder mit Sansimóns Golfschlägern versuchten, in einen Pappbecher zu treffen. Marroné scheiterte damit, Garaguso die Konfliktlösungsmethoden aus *Wie man Freunde gewinnt* für Verhandlungen mit der Gewerkschaft schmackhaft zu machen. »Ist ja gut, ich hab den Kurs auch besucht«, fertigte dieser ihn ab, »allerdings würde ich es gerne mal erleben, wie dieser Dale Carnegie mit freundlichem Lächeln und ehrlicher Wertschätzung mit so unreifen Charakteren fertig wird. Manche Leute kriegst du nur auf zwei Arten: entweder mit Geld oder mit Schrotkugeln. Und du als Einkaufschef solltest wissen, dass die erste Option nicht unbedingt die billigere ist.«

Um etwa neunzehn Uhr brachten zwei Arbeiter mit schwarzen Helmen den Vertriebsleiter herein, verschwitzt, zerzaust und mit weißem Staub bedeckt. Er war von einem loyalen Arbeiter gewarnt worden und hatte sich zwischen Gipssäcken verkrochen, war jedoch beim Versuch, zu fliehen und Verstärkung zu holen, ergriffen worden. »Die sind perfekt organisiert und koordiniert«, flüsterte er nach seinem Bericht über das Schicksal, das ihn ereilt hatte, und fügte noch hinzu: »Daran sind Leute von außerhalb beteiligt.« – »Was du nicht sagst«, schnaubte Sansimón verächtlich und wandte sich dann an Garaguso: »Wie ging noch schnell deine unfehlbare Methode, jeden aufzuspüren, der sich bei uns einschleicht? Die musst du mir noch mal erklären.« Garaguso überhörte es achselzuckend, zog die Brauen hoch und sah fragend zu den Betriebsräten hinüber, die mit gelangweilten Gesichtern in Zeitschriften blätterten; und Sansimón blinzelte so demonstrativ, dass es sich nur um ein vereinbartes Zeichen handeln konnte. Der Personalchef Garaguso ließ seinen Blick über die Betriebsräte schweifen wie ein Löwe über eine Herde Zebras, wenn er leichte Beute sucht, und als das ausgewählte Opfer von seiner Lektüre aufblickte und ihn ansah, stand Garaguso auf und schlenderte wie zufällig zu ihm hin. Marroné konnte von seinem Platz aus den Anfang der Unterhaltung mithören:

»Sag mal, Baigorria, wir möchten was für die Chefs organisieren, keine Riesenparty, was Gemütliches und Kleines, weißt du, sagen wir, eine Kiste Whisky, was zu knabbern, ein Spielchen, ein paar Nutten … Um uns die Zeit zu vertreiben, wenn wir schon hierbleiben müssen … Und da dachten wir, ähm, wir sollten wirklich lernen zu teilen … zu vergesellschaften oder wie man dazu sagt …«

Baigorria lief unwillkürlich das Wasser im Mund zusammen.

»Ich meine, wir stecken da ja jetzt alle mit drin, da können wir uns wenigstens eine schöne Zeit machen, nicht?« Baigorrias begeistertes Nicken zeigte Garaguso, dass es funktioniert hatte. Er brauchte nur noch höflich auf eines der ausgesteckten Telefone zu zeigen.

»Dürfte ich dann kurz ein paar Anrufe machen?«

Als Saturnino fragen kam, was denn hier los sei, flüsterte Baigorria ihm die guten Neuigkeiten ins Ohr. Sansimón, der dicht neben Marroné stand, erklärte ihm den Sinn des Ganzen:

»Jetzt wissen wir, dass es echte Arbeiter sind.«

»Ach, und woher?«, fragte dieser.

»Subversive Elemente, die sich eingeschlichen haben, würden auf so ein Angebot nicht eingehen. Die bekannte Prinzipientreue der Revolutionäre.«

Marroné fand, wenn er hier sozusagen dazugehörte, konnte er auch in einer Sache nachfragen, die ihm Kopfzerbrechen bereitete.

»Sag einmal … wegen der Büsten … Wie machen wir das jetzt eigentlich?«

Sein Gesprächspartner reagierte abwehrend.

»Du siehst ja, dass ich hier nichts mehr zu melden habe. Da musst du dich an die Jungs wenden«, sagte er mit einem Blick auf ihre Bewacher.

»Aber dann ist der Scheck, den ich dir gegeben habe …«

»Das hat doch damit nichts zu tun. Wir werden ja liefern. Wenn sich ein Termin durch höhere Gewalt verschiebt …«

»Also, du weißt doch so gut wie ich, dass wir die Büsten gleich brauchen, damit Herr Tamerlán freikommt. Wenn sie nicht schnell geliefert werden, haben wir keine Verwendung mehr dafür.«

»Moment mal: Wer hält ihn denn gefangen? Die Montoneros, soweit ich weiß, korrekt?«

Marroné nickte. Sansimón wollte offenbar auf irgendetwas hinaus, aber worauf? Er konnte nur abwarten, wohin das führte.

»Und wer steckt wohl hinter diesem Streik?«

»Die … Montoneros?«

»Du sagst es!«

»Ich dachte, die Gewerkschaft?«

»Ach die! Die habe ich doch in der Tasche. Die steigen übrigens bei der Besetzung des Werks schlechter aus als ich. Es stecken die Montoneros dahinter. Und wenn dieselben Leute, die dir sagen, du sollst dich waschen, dir Seife und Waschlappen wegnehmen, dann sind sie doch selber schuld – und nicht du oder ich. Oder etwa nicht?«

Marroné versuchte ruhig zu bleiben.

»Das Problem …«

»Das Problem«, fiel ihm Sansimón ins Wort, »ist, dass sie die Fabrik nur besetzt haben, weil ich Vollidiot die Leute zur Mehrarbeit verdonnert habe, um deinem Boss die Haut zu retten. Du hast hier doch alles gesehen, ich habe dich doch herumgeführt; du wirst doch nicht glauben, dass die paar lausigen Büsten sich auf mein Betriebsergebnis auswirken! Aber statt mir dankbar zu sein oder dich zu entschuldigen, kommst du mit Forderungen an, noch schlimmer: mit unterschwelligen Vorwürfen. Wenn mich das nächste Mal jemand händeringend um etwas bittet, weil es angeblich um Leben und Tod geht, werde ich nicht mit dem Herzen entscheiden, sondern mit dem Verstand.«

Marroné musste an eine der goldenen Regeln aus *Wie man Freunde gewinnt* denken: »Die beste Art der Beweisführung ist, den Streit, der sie erst notwendig macht, von vornherein zu vermeiden.« Es würde nichts bringen, diese tückischen Argumente zu widerlegen. Vielleicht war die Besetzung binnen Stunden vorüber, das kam häufig vor, und dann hätte er es sich mit Sansimón umsonst verscherzt. Der spielte ohnehin schon jetzt den Beleidigten und behandelte ihn demonstrativ kühl, was seine Gefolgsleute sofort mitbekamen und ihm nachmachten.

Eine Stunde später kam die Lieferung, eine Kiste mit schottischem Whisky, eine mit argentinischem Champagner und kalte Platten mit Ananasscheiben im Schinkenmantel, Putenstreifen mit glasierten Kirschen, Garnelen mit Cocktailsauce und Palmherzen. Zugleich trafen auch die Mädchen ein – die eine klein und üppig, die andere lang und schlaksig mit kehliger Stimme – und das Fest konnte beginnen. Sansimón öffnete seine Musiktruhe und legte Tanzmusik auf, und während Cerbero und Garaguso die große und die kleine Puppe im Kreis wirbelten, teilte Sansimón allen Whisky in Pappbechern aus. Marroné ging gleich zu dem weiß gedeckten Bürotisch, der als Büffet diente, und nahm sich ein Putenröllchen, auf dem, von einem Spieß durchbohrt, eine leuchtend rote Kirsche ritt. Schüchtern folgten Baigorria und Saturnino seinem Beispiel: Der eine griff nach einem Palmherz, aus dem, als er es mit seinen Arbeiterhänden ungehobelt packte, das Innere herausflutschte und in die Luft spritzte, der andere streckte die Finger nach einer Garnele aus, die er mit schmerzverzerrter Miene und unter lautem Krachen samt Schale zerkaute und schluckte. Aber nach dem dritten Whisky aßen die beiden ihre Puten- und Schinkenröllchen bereits so elegant, als hätten sie nie etwas anderes getan, und ließen es sich gefallen, dass Garaguso seine Arme schwer um ihre Schultern legte und auf sie einredete, bis er plötzlich mit dem Finger auf die große Prostituierte zeigte: »Aufgepasst, das dürft ihr euch nicht entgehen lassen!« und ihr, während sie schrill kicherte, das Höschen runterzog, aus dem ein kleiner Penis herauslugte, vorn so schrumpelig wie eine Rosine.

»Die ist ja ein Mann!«, staunte Marroné, genauso schockiert wie die beiden Betriebsräte, die sich in ihrem Schnapstaumel nach der ersten Schrecksekunde erbittert um den Transvestiten zu streiten begannen, während die rundliche Kleine, eine Zigarette im Mundwinkel, danebenstand und zusah, weil sie von niemandem beachtet wurde, was sie, aus ihrer Miene zu schließen, schon gewohnt war. Damit sie sich nicht ausgeschlossen fühlte, packte Sansimón sie an der Hüfte, drückte ihr die nackten Brüste auf die Glasplatte des Schreibtisches, zog mit einem Ruck ihr Höschen hinunter und drang in sie ein, während Espínola unter dem Glastisch Verstecken spielte und so tat, als würde er über ihre Brüste schlecken, und Viale ihr Schinkenröllchen mit dem Finger so tief in den Mund schob, dass ihr nichts anderes übrig blieb, als zu kauen und zu schlucken. Mittlerweile hatten sich sowohl Garaguso als auch Cerbero ebenfalls auf den Transvestiten gestürzt; einer steckte ihm seinen beachtlichen Ständer in den Mund, während der andere ihn keuchend von hinten nahm. Irgendwie wirkte das Ganze gekünstelt, ja gespielt, und der Gedanke lag nahe, dass die Manager die Nummer nur für ihre Untergebenen schoben, so wie sich in progressiven Schulen bei der Abiturfeier die Lehrer als Kinder verkleiden und demonstrativ danebenbenehmen. Marroné war schon auf einigen privaten Partys von Führungskräften gewesen, bei denen es durchaus üblich war, dem Alkohol, den Damen aus dem horizontalen Gewerbe und manchmal auch den Drogen zuzusprechen, aber er hatte noch nie ein solches Affentheater erlebt, wie aus der Regenbogenpresse, das nur durch die Anwesenheit ihrer mauloffen dastehenden Zuschauer aus dem Volk zu erklären war, bestimmt die Ersten, denen das Ganze peinlich wurde: Allein die Tatsache, dass ihre Brötchengeber wirklich auf ihre Kosten ein ausschweifendes Leben führten, genau wie sie es sich immer vorgestellt hatten, ließ sie wie angewurzelt dastehen, ohne zu protestieren, willenlose Hüllen, die still vor schuldbewusster Lust zitterten. Als die Frau und der Transvestit von Penis zu Penis gereicht worden waren und schließlich ihnen angeboten wurden, war von ihrem Wertegerüst nichts mehr da außer ihrer typisch proletarischen Schamhaftigkeit; sie fragten, sich räuspernd und verlegen mit den Füßen auf dem Teppichboden scharrend, ob sie ihr Stück vom Kuchen mit etwas mehr Privatsphäre genießen dürften, was das Konklave der Führungskräfte ihnen großzügig gestattete.

Kaum waren sie mit ihren Sexpartnern in Garagusos Büro verschwunden (offenbar trieben sie es nur nicht gern in Anwesenheit ihrer Chefs, hatten aber voreinander keine Skrupel), stürzte Sansimón zum einen Telefon und Cerbero zum andern. Wie durch Zauberei war jede Spur von Rausch oder Benommenheit verflogen, als einer mit dem Generalsekretär der Gewerkschaft und der andere mit einem Polizeichef seines Vertrauens sprach:

»Jetzt hör mal, Babirusa, wie viel stecke ich dir denn jeden Monat zu? Sind das etwa Peanuts? Deine Leute ...« »... ein ganzes Nest voller Umstürzler, Turco, davon soll der Streik doch nur able...« »Du hast sie ohnehin ausgeschlossen? Na fein, da geht es mir ja gleich besser. Und hast du sie dann auch ohne Nachtisch ins Bett geschickt?« »... die Betriebsräte sind samt und sonders bei den Montoneros und beim ERP, und die Vertrauensleute sind bis an die Zähne bewaffnet ...« »... was weiß ich, wer die sind, du hast doch gesagt, dass die alle gefeuert wurden! Der ganze Schlamassel ist in der Werkstatt losgegangen, ich will gar nicht daran denken, was diese Scheißkerle mit meinem armen alten Vater gemach...« »Ich glaube, dass Polizeikräfte allein hier nicht mehr ausreichen, wir brauchen ...«

Währenddessen stand Garaguso Schmiere, und als seine Hand, die davor Kreise in der Luft beschrieben hatte, plötzlich wie eine Schere einen Schnitt andeutete, legten beide gleichzeitig auf und wandten sich ihrer Tarnung, den

Whiskybechern, zu. Mochte nun die übergroße Erregung der Grund gewesen sein oder der Umstand, dass sich die Fließbandarbeit auf ihr Sexualleben auswirkte, jedenfalls dauerte es bei den Arbeitern kaum länger, als es bei Marroné gedauert hätte, zu kurz für die Chefs, um die Rückeroberung der Fabrik mit ihren Verbündeten draußen ausführlich zu besprechen. Das Problem war nun, dass bei den Arbeitern in ihrer postkoitalen Entspanntheit ein falscher Eindruck von Gleichberechtigung entstand, wohl weil sich bei dem promiskuitiven Akt ihr plebejisches Sperma mit dem ihrer Brötchengeber im demokratischen Inneren des Freudenmädchens oder des Transvestiten vermischt hatte, was sie zu kumpelhaftem Verhalten und Vertraulichkeiten ihren Chefs gegenüber verleitete, während diese jetzt, wo die Rettungsaktion telefonisch in die Wege geleitet war, auf Distanz blieben oder sogar offen ihre Geringschätzung zeigten. Aber Baigorria, der – wirklich nicht zu empfehlen – Whisky und Champagner durcheinandergetrunken hatte, bekam plötzlich Lust, Gott und die Welt zu umarmen, und begriff kaum noch etwas, was der stets aufmerksame Garaguso dazu nützte, sich an seine Fersen zu heften und weiter auf ihn einzuwirken: »In diesem Tempo, was glaubst du da, Baigorria, wie lange es bis zum Sieg der Revolution noch dauert? … Zehn Jahre? Zwanzig? Wer soll in der Zwischenzeit eure Rechnungen bezahlen? Fidel Castro? Wer euren kranken Kindern Medikamente kaufen? Che Guevara? Und wer bezahlt das Bügeleisen aus der Fernsehwerbung, das deiner Frau so gut gefällt, wer das hübsche Kleid, das eure Nachbarstochter vielleicht trägt, wenn du sie endlich flachlegst? Mao? Man liegt euch mit Gerede wie ›für unsere Kinder, unsere Enkelkinder, die künftigen Generationen‹

in den Ohren … Aber Baigorria, ihr lebt doch im Hier und Jetzt. Es will doch jeder dasselbe: in Würde leben. Und was braucht man dafür? Geld, mein Lieber. Schlicht und einfach Geld. Und wer was anderes sagt, der lügt. Wenn es dir also ums Geld geht …« Mit der Party ging es langsam bergab, es zeigten sich gewisse Auflösungserscheinungen: So besoffen, dass sie selbst zu zweit kaum den Schläger hochbekamen, versuchten Viale und Espínola, sich vor Lachen biegend, bei der Prostituierten einzulochen, die mit gespreizten Beinen auf dem Boden saß wie ein bizarres Hindernis beim Minigolf; und der Vertriebsleiter, dessen Namen Marroné sich nicht rechtzeitig notiert hatte und dem der offene Mund aufgefallen war, mit dem Baigorria und Saturnino zusahen, rief diesen alle dreißig Sekunden zu: »Wenn sie fertig sind, dürft ihr auch mal ran.« Der Transvestit, der mit Sansimón die Kleider getauscht hatte und nun aussah wie eine Lesbe in den Zwanzigerjahren, erzählte plötzlich völlig unmotiviert, dass er eigentlich Hugo heiße und das nur für seinen kranken Sohn mache; was alle außer Marroné und Saturnino zum Lachen reizte. Nach einer Schrecksekunde stimmte Hugo wiehernd mit ein und lachte noch lauter als die andern. Sansimón schien der Niedergang der Feier am schlechtesten zu bekommen: Seine postkoitale Melancholie, sein bereits einsetzender Kater und seine unwürdige Gefangenschaft, die ihn seinen Angestellten auslieferte, setzten ihm so zu, dass er ordentlich den Blues kriegte und sich, noch in Korsett, Seidenstrümpfen und Strapsen, bitterlich über die Schuldigen beklagte:

»Die kriegen den Hals nicht voll. Es muss alles sofort sein … Nie ist es ihnen genug. Erst wollen sie bloß Seife im Bad, aber ehe man sich's versieht, soll man sich auch noch danach bücken. Man gibt ihnen den kleinen Finger und sie wollen die ganze Hand. Den Arm, besser gesagt, die Schulter, den Hals – und zum Schluss deinen Kopf. Mehr und mehr, unersättlich. Sie wollen alles, einfach alles! Wollt ihr das? Hä? Wollt ihr alles von mir?«

Nun fühlten Baigorria und Saturnino sich endlich angesprochen und drehten sich zu ihm um – der eine musste sich dafür vom Anblick seines Schwanzes lösen, der gerade im augenscheinlich tiefen Schlund der Frau verschwand, der andere vom stetigen Tröpfeln der heimtückischen Worte Garagusos in sein Ohr.

Mit gespreizten Beinen, den Scheitel fast am Boden, weil er sich so weit vorbeugte, zog Sansimón mit beiden Händen seine haarigen Arschbacken mit dem schmalen Stoffband des Höschens dazwischen auseinander und der Mund in seinem umgekehrten Gesicht klappte wie ein riesiges Zyklopenauge auf und zu:

»Ihr wollt mich am Arsch kriegen? Hier bitte! Na los, der Reihe nach! Erst der Betriebsrat, dann die Vertrauensleute, Sicherheits- und Hygienebeauftragten! Dann der Anwalt eures Gewerkschaftsvereins! Und alle Mitglieder! Und jeder Einzelne, der aus gewerkschaftlichen oder politischen Gründen gefeuert wurde, und zwar von 1955 bis heute! Werdet ihr dann endlich zufrieden sein und mich meinen Job machen lassen?«

Er fiel auf die Knie, vergrub den Kopf in den Händen und präsentierte weiterhin allen sein Hinterteil. Weil er dem traurigen Spektakel nicht länger zusehen wollte, hob Marroné sein zusammengefaltetes Sakko und den Aktenkoffer auf und verließ grußlos das Büro und die Leute, die ihn ohnehin nicht vermissen würden.

Auf dem Korridor schlug ihm die feuchte Luft einer warmen Sommernacht entgegen und sein Gesicht war binnen Sekunden schweißnass. Alle Außenfenster standen offen (ein Gerechtigkeitsfanatiker unter den Arbeitern musste die Klimaanlage lahmgelegt haben) und Marroné krempelte seine Hemdsärmel auf, öffnete die obersten Kragenknöpfe und trat an ein Fenster, von dem aus das Areal vor der Fabrik zu sehen war.

Der große Vorgarten war mit Gips bepudert, der sich im Zuge der unermüdlichen Arbeit wohl rund um die Fabrik abgesetzt hatte, und die kalkweißen Wege, die silbrigen Bäume, die wächsernen Blumen und der wie mit Mehl bestäubte Rasen wirkten im Schein des Mondes wie eine Mondlandschaft, einmal davon abgesehen, dass sich auf dem Mond nichts geregt hätte. Hier aber brannten vereinzelte Feuer, an denen sich diejenigen wärmten, die Wache schoben, und ihr Licht strahlte noch heller, weil ringsum alles so bleich war; eine leichte Brise trug Gesprächsfetzen zu ihm herüber, zwischendurch Lachen und ungelenkes, aber energisches Gitarrenspiel, und im Hintergrund quakten vielstimmig die Frösche und zirpten die Grillen, wahrscheinlich allesamt Albinos, weil sie sonst in dieser Umwelt ohne Farben nicht überlebt hätten. Plötzlich zerriss Sirenengeheul die Stille, und die sanfte, weiße Landschaft, die sich bis zum Haupttor erstreckte, wurde in Blaulicht getaucht. Ein halbes Dutzend Streifenwagen traf gleichzeitig und mit gleißenden Scheinwerfern ein, und noch bevor sie geparkt hatten, sprangen sechs, sieben uniformierte Streifenpolizisten und zwei, drei Männer in Zivil heraus. Erst rechnete Marroné mit ihrem sofortigen Angriff, aber diese Hoffnung war gleich wieder dahin. Perfekt synchron kamen aus allen Richtungen Arbeiter mit schwarzen Helmen zum Tor gelaufen, deren blank polierte Waffen im Mondlicht schimmerten. Die zwei Mannschaften standen einander in zwei Reihen gegenüber, in einem fragilen Bereitschaftsmodus, zwischen ihnen nur der Zaun: die Polizisten vorerst in normaler Aufstellung, die lediglich Präsenz signalisieren und den Gegner einschüchtern sollte, während die Arbeiter demonstrierten, dass sie die Fabrik nicht kampflos aufgeben würden.

Marroné sah auf die Uhr: 04:15 nachts – er dachte daran, ein Telefon zu suchen und seine Frau anzurufen, damit sie beruhigt war und am Morgen in der Firma Bescheid gab. Aber die Arbeiter hatten wieder einmal an alles gedacht und die Büros zugesperrt, alle bis auf eines, das größte, wo die Angestellten schliefen, seit der Besetzung ebenfalls in Gewahrsam und auch von zwei Betriebsräten bewacht. Einer davon wollte wissen, wo Marroné jetzt plötzlich herkäme, und nachdem dieser es ihm flüsternd erklärt hatte, wies er ihn an, sich irgendwo hinzulegen.

Obwohl genügend Platz vorhanden war, lagen die zwanzig Personen in dem Raum alle auf dem Teppich, wie eine Gruppe Seelöwen am Strand, getrennt nach Frauen und Männern. Sie hatten ihre Köpfe auf zusammengerollte Sakkos, Sofakissen aus Lederimitat und Aktenstapel gebettet. Auf einigen Schreibtischen lagen noch die Reste eines spartanischen Abendessens herum: die unvermeidlichen Schinken-Käse-Brötchen, oft nur angebissen, dazu leere Limonadenflaschen, durchsichtiges Zellophan und silbriges Stanniolpapier von Keksen oder anderen Süßigkeiten neben Plastikbechern, die noch halb voll mit Kaffee waren und in denen durchweichte Zigarettenstummel schwammen. Auch hier lief die

Klimaanlage nicht, und weil die Fenster zur Fabrikhalle führten, war die Luft im Raum schlechter als draußen. Er blickte in verschwitzte Gesichter; wer von den Männern sich traute, schlief im Unterhemd. Jemand schnarchte, ein Kofferradio rauschte an einem schlafenden Ohr. Es roch nach Zigaretten, Schweiß und abgestandener Luft.

Abgesehen davon, dass er zu seiner Besorgnis nicht in der Firma Bescheid gegeben hatte, dass die andern hier rundherum verdrossen waren und dass er sich vor dem Schlafengehen nicht wie gewohnt die Zähne putzen konnte, war seine Lage gar nicht so schlimm. Bestimmt würden morgen alle freigelassen, vielleicht mit Ausnahme der höheren Hierarchieebenen; jedenfalls würde er telefonieren dürfen. In letzter Zeit häuften sich ähnliche Vorfälle, auch bei Tamerlán & Söhne hatten sie sich ein paarmal mit besetzten Baustellen herumärgern müssen, und das nicht nur bei Wohnblocks, sondern auch bei Großvorhaben wie Staudämmen, Autobahnen und Flughäfen. Seine größte Sorge war daher, dass die Verzögerung Herrn Tamerláns Schicksal besiegelte. Was, wenn er hier festsaß, bis das Ultimatum ablief, und Herr Tamerlán seinetwegen ums Leben kam? Marroné setzte das Herz aus, als ihm bewusst wurde, wie viel schlimmer Herrn Tamerláns Gefangenschaft sein musste, schon allein, weil sie nicht nur einen Tag dauerte, sondern mittlerweile schon sechs Monate; jetzt, da er so etwas am eigenen Leib erfuhr, fühlte er sich Herrn Tamerlán viel näher, nicht dem Chef, sondern dem zerbrechlichen, verängstigten Menschen, der er tief im Inneren auch sein musste, und er schwor sich, die Stellung zu halten, damit Herr Tamerlán aus seiner unwürdigen Gefangenschaft befreit würde.

Es war neun Uhr morgens, aber schon so heiß wie sonst nur zur Mittagszeit, und Marroné lehnte, alle viere von sich gestreckt, in einem Bürostuhl, während ringsum erschöpfte Angestellte auf das von den Arbeitern, ihren Bewachern, angekündigte Frühstück warteten. Er war schon seit Stunden wach, und nachdem er sich einen Überblick über seine Mitgefangenen verschafft hatte, liebäugelte er nun damit, zu seinesgleichen zurückzugehen, um in den Genuss der Klimaanlage zu kommen und es etwas bequemer zu haben. Andererseits würde dort für die Dauer der Besetzung gewiss niemand freigelassen, während die Leute hier bestimmt jeden Augenblick gehen durften, sodass er entkommen konnte, wenn er nur weiterhin als einer von ihnen durchging – und außerdem, was, wenn die Sache außer Kontrolle geriet, die Betriebsräte im anderen Büro wild um sich schossen? Dabei wäre ihnen der feine Unterschied, dass er in einer anderen Firma Manager war, wohl egal.

Zwei Arbeiter mit roten Helmen schleppten als Frühstück ein paar trockene Brötchen vom Vortag und einen großen Kessel angebrannten Kaffee herbei, was den geschulten Gaumen einer jeden Bürokraft, die etwas auf sich hielt, hart treffen musste.

»Hey, das Abführmittel ist euch etwas geschmacklos geraten.«

»Kommt das alles aus derselben Regentonne?«

»Meine Güte, was habt ihr darin gekocht? Eure Schuhsohlen?«

»Habt ihr da etwa eure Füße hineingesteckt?«

Irgendwann kam ein Anruf, und dann verkündete der eine Betriebsrat etwas, das die Gemüter ein wenig beruhigte:

»Ihr dürft jetzt telefonieren!«

Jeder bekam eine Minute Zeit und die Betriebsräte brauchten sie nicht einmal zu kontrollieren: Sobald der Sekundenzeiger einmal herum war, riefen alle, die noch Schlange standen, so lange: »Die Zeit ist um!«, bis der Hörer weitergegeben wurde. Obwohl er der Letzte in der Schlange war (nur weil er kurz nicht aufgepasst hatte), dauerte es keine fünfzehn Minuten, bis er an die Reihe kam und die Nummer des roten Telefons wählte.

Govianus hob beim vierten Klingeln ab.

»Zum Teufel, Marroné, wo stecken Sie! Wir dachten schon, Sie wären auch entführt worden. Haben Sie die Büsten?«

Marroné brachte ihn kurz auf den neuesten Stand.

»Sieht so aus, als müsstet ihr euch anderswo umsehen«, fügte er zum Schluss hinzu. »Ochoa hat eine Liste mit Lieferanten …«

»Welche Lieferanten denn bitte, Marroné? Alle Gipswerke im Land haben sich dem Streik angeschlossen. Ich würde die Büsten ja im Ausland bestellen, aber überlegen Sie sich nur einmal, was die uns womöglich liefern. Eine Eva, die wie Doris Day aussieht, oder wie Faye Dunaway«, erwiderte Govianus mutlos.

»Hier steht die Produktion still. Aber vielleicht kann ich sie überzeugen, für Eva eine Ausnahme zu machen«, sagte Marroné, selbst nicht recht überzeugt.

»Versuchen Sie das doch. Es ist unsere einzige Chance!«

Marroné versprach, alles in seiner Macht Stehende zu tun, und bat Govianus vor dem Auflegen noch, zu Hause Bescheid zu geben. Der übrige Morgen verlief schleppend, und Marroné überlegte, sich gemütlich auf den Topf zu setzen, um die Zeit zu nutzen, aber da auch das

Reinigungspersonal streikte, war die Hygiene den Benützern überlassen, und die ließen lieber der Natur ihren Lauf, bevor sie sich zum Putzen herabließen. Das Ganze wurde noch dadurch verschlimmert, dass er keinen Lesestoff mithatte; also blieb ihm als Zeitvertreib nichts anderes übrig, als sich aufzurichten und mit gezücktem Notizbuch die Büroangestellten zu belauschen; die organisierten sich gerade ein zweites Frühstück, indem sie eine Kochplatte, einen Wasserkessel, eine Thermosflasche, eine Dose mit Kaffee und eine mit Zucker sowie Tassen und Löffel aus ihren Schreibtischladen hervorzauberten und Milchschaum schlugen.

»Soll ich mal Hand anlegen?«

»Oh ja, ich hab schon einen Krampf im Arm.«

»Die ziehen das jetzt schon arg in die Länge, findet ihr nicht? Warum lassen die uns nicht endlich gehen?«

»Gott, ist das eine Affenhitze!«

»Wenn die nicht bald wieder die Klimaanlage einschalten, passiert was, mein Lieber.«

»Her damit, Fernández, seien Sie nicht so geizig, man muss das Essen unters Volk bringen, wie die Genossen zu ebener Erde sagen würden.«

Marroné notierte sich einen ersten Namen, Fernández, und schrieb als Gedächtnisstütze daneben: »Alt, an die siebzig, karierter Anzug aus den Fünfzigerjahren, hortet Kekse.«

»Ach, blöd, jetzt habe ich zu viel Wasser genommen. Nidia, würden Sie mir bitte den Zucker reichen?«

»Moment mal, so viel Zucker haben wir nicht.«

Die Sekretärin Nidia hatte roten Lippenstift auf den Zähnen, und ihr Gesichtsausdruck verriet, dass sie nach dreißig Jahren im selben Unternehmen nichts mehr erschütterte; eine Beobachtung, die Marroné nebst ihrem Namen stichwortartig, aber akkurat in sein Notizbuch eintrug.

»Kellner mit weißen Handschuhen, Kaviar, Langusten, Champagner und so weiter und so weiter, da war wirklich alles da. Und uns speist man mit Limo und Schinken-Käse-Brötchen ab! Wisst ihr, was die noch hatten? Nutten, sicher fünf oder so! Welche Geiseln werden bitte so fürstlich behandelt? Und die reden von Gleichberechtigung ...«

»Dich stört doch nur, dass du nicht eingeladen warst, Gómez!«

Marroné notierte sich eilig den Namen des Angesprochenen, eines Mannes mit Koteletten, bügelfreiem Hemd, schnörkelig gemusterter Krawatte in Grau und Burgunderrot und blauen Schlaghosen, während sich dieser weiterhin über die Frechheit der Firmenleitung und das Mitläufertum der Arbeiter ereiferte:

»Die Jungs haben es natürlich auch mit denen getrieben. Weißt du, was das heißt, Ramírez?«, fragte er einen jungen Mann, der mitsamt seinem Schnurrbart und den langen Haaren, dem rosafarbenen Hemd und der Krawatte in grünem Schottenkaro Eingang in Marronés Notizbuch fand. »Das heißt, dass es in Argentinien immer auf dasselbe hinausläuft. Entweder regieren die Bonzen oder die Arbeiter, und wir können in jedem Fall nur zusehen. Wir sind der Schinken, der zwischen zwei Sandwichhälften zerquetscht wird, verstehst du«, jammerte Gómez. »Jetzt sind die Arbeiter am Ruder, und hast du gehört, was sie sagen? Sie wollen eine Kooperative gründen und die Löhne angleichen. Dann kriegen die Manager genauso viel bezahlt wie die einfachen Arbeiter. Und wem es nicht gefällt, der kann ja gehen.«

»Und was ist mit dem Dienstalter?«, fragte Fernández besorgt.

»Nichts für ungut, Fernández, aber die werden Ihnen wohl sagen, dass Sie sich Ihr Dienstalter sonstwohin stecken können. Alle sind gleich, alle scheißen auf uns. Und wisst ihr, was es in Zukunft auch nicht mehr gibt: Rente. Von jetzt an arbeiten wir, bis wir tot umfallen, so wie in der UdSSR.«

Der alte Herr sah ihn mit offenem Mund zitternd an.

»Hören Sie gar nicht hin, Fernández. Er nimmt Sie nur auf den Arm«, sagte Nidia besänftigend.

»Ich denke, wir sollten uns dem Streik anschließen und unsere Genossen im Sektor zu ebener Erde unterstützen, die für uns den Kopf hinhalten. Warum müssen wir uns immer raushalten? Wir könnten auch einmal unsere Stimme erheben. Oder gibt es nichts, was wir fordern wollen?«, sagte Ramírez schwärmerisch und entledigte sich seines verschwitzten Hemdes.

»Beispielsweise ist man uns noch das Weihnachtsgeld schuldig«, warf ein vierzigjähriger Mann in braunem Anzug und mit blauen Augen ein, der González hieß.

»Und den dazugehörigen Urlaub«, schloss Suárez sich an, ein Glatzkopf, der weiterhin Sakko und Krawatte trug, obwohl ihm schon der Schweiß auf der Stirn stand.

»Und wenn wir schon dabei sind«, legte der braun gekleidete González nach, »dann wäre da auch noch das Garderobenproblem ... Seht euch nur mein Sakko an ... Mir fehlen noch zwei Raten, um es abzubezahlen, aber es ist schon jetzt ganz verbeult.«

An dieser Stelle klinkte sich Marroné aus der Unterhaltung aus und sah sich lieber die Männer und Frauen etwas genauer an, die er erst wenige Stunden kannte und denen er doch schon auf den Grund ihrer Seele blickte: Es waren die typischen Charaktere, die nie über den Tellerrand schauten, noch nie einen Kreativworkshop besucht oder je von Dale Carnegie, Theobald Johnson und Edward De Bono gehört hatten. Sein Blick blieb an einem Ständer hängen, an dem ein dicker Block mit großen Papierbögen für Präsentationen befestigt war. Dieses verstaubte Flipchart, an dem die reglosen Papierbögen langsam vergilbten, ohne dass je einer ein fruchtbringendes »Gung ho!« darauf geschrieben hatte, und die ausgetrockneten Filzstifte, deren Farben schon ganz verblasst wären, wollte man sie jetzt noch benützen, versinnbildlichten in Marronés Augen, wie viel Potenzial hier verschwendet wurde. Es gab im Gipswerk viele bunte Maschinen und Schwebesitze, aber der Büroalltag war reine graue Routine, eine langweilige Kloake der Ernüchterung und des Neids, der die Angestellten nur durch Pensionierung oder Tod entkamen. Da konnte man leicht dem System die Schuld geben, dem Unternehmen, den Vorgesetzten. Doch was taten die Bürokräfte, wenn sich die Chance auf Veränderung bot? Marroné hatte selbst erlebt, wie schwierig es unter diesen Umständen war, die Belegschaft zu motivieren. Als er damals in seiner Einkaufsabteilung unbedingt hatte umsetzen wollen, was er in den USA in einem Workshop (»The Kindergarten Office«) über das Arbeitsklima gelernt hatte, war er nicht auf Akzeptanz und Enthusiasmus gestoßen, sondern bekam es mit Reaktionen von Gleichgültigkeit bis zum heimlichen und sogar offenen Boykott zu tun. Als er die Mitarbeiter zu ein paar kostenlosen, von ihm organisierten Fortbildungstagen einlud, bestand deren einzige Reaktion darin, zum Betriebsrat zu rennen, und er konnte ihre Gemüter nur wieder beruhigen und sie zur Teilnahme überreden, indem er versprach, alles während der Arbeitszeit stattfinden zu lassen. Noch weniger Glück war ihm mit dem Workshop »Spielend einkaufen lernen« beschieden gewesen, den er als sonntägliche Exkursion zum großen Obst- und Gemüsemarkt im Tigre-Delta mit späterer Evaluierung geplant hatte: Der Vorschlag, dass seine Angestellten einen Teil ihres geheiligten arbeitsfreien Sonntags einer Sache widmen sollten, die mit der Arbeit zu tun hatte, löste einen Aufstand aus. Eine Abordnung verpetzte ihn bei Govianus, dem Buchhalter, und die Motivation der gesamten Abteilung blieb eine Woche lang im Keller; ganz zu schweigen von Govianus' Reaktion, als Marroné ihn um Erlaubnis bat, wochentags eine Exkursion durchzuführen: »Sie möchten einen Kombi, Marroné? Um ins Tigre-Delta zu fahren und Obst zu kaufen? An einem Montag?« (»Der gute Start in die Woche«, auch so eine innovative Idee, die er zu Beginn gehabt hatte.) »Was für eine großartige Idee! Aber sagen Sie mal ... genügt ein Kombi überhaupt? Sollen wir nicht lieber einen Schulbus mieten, wäre das nicht gemütlicher? Wenn wir dann alle mitfahren ... Wir dürfen doch, oder? ... Und was machen wir am Dienstag? Fahren wir da in den Vergnügungspark?« Marroné ließ sich von den Bemerkungen nicht kleinkriegen: Und wenn schon, er blieb dran, auch wenn ihn seine Vorgesetzten im Stich ließen und seine Untergebenen ihn misstrauisch beäugten.

Daraufhin versuchte er zunächst, sich bei den Leuten einzuschmeicheln: Er kaufte aus eigener Tasche jedem Mitarbeiter eine Topfpflanze, nur leider waren schon nach einem Monat alle Pflanzen verdorrt, weil sich niemand die

Mühe machte, sie zu gießen (nur ein Philodendron überlebte hartnäckig, nachdem er zuerst ganz gelb geworden war und alle Blätter abgeworfen hatte, und erinnerte ihn tagtäglich an seinen Fehlschlag). Einmal blieb er am Freitag extra länger im Büro, um am Montagmorgen alle mit einem Poster zu überraschen, auf dem »Wähle hier deine Einstellung für heute« stand, woraufhin man zwischen »Option 1«, einem Gesicht mit gerunzelter Stirn, und »Option 2«, einem fröhlichen Gesicht, wählen konnte. Doch es dauerte keine Woche und das fröhliche Gesicht hatte einen Penis vor der Nase und das griesgrämige eine aufgemalte Brille *auf* der Nase, daneben ein Pfeil, auf dem »Govianus« stand, sodass ihm nichts anderes übrig blieb, als das Plakat abzunehmen; seine Angestellten redeten sich auf Leute aus anderen Abteilungen aus, natürlich, doch Marronés Verdacht zielte auf jemand Höheren, weswegen er mit unverhohlenem Misstrauen eine Woche lang minutiös Cáceres-Greys Miene zu deuten versuchte. Die kleinen Lebensweisheiten, die er auf bunte Kärtchen schrieb und im Büro *at random* überall hinklebte, wurden ebenfalls systematisch sabotiert: Unter den Spruch »Vielleicht hast du nicht alles, was dein Herz begehrt, aber begehre von Herzen alles, was du hast!« schrieb sogleich jemand mit Bleistift: »Ich habe Krebs.« Und unter den Satz »Was auch passiert, die Sonne scheint für alle!« kritzelte derselbe (bestimmt derselbe) Spaßvogel: »Ich habe Hautkrebs.« Seine Aktionswoche unter dem Motto »Erwische deine Angestellten dabei, wie sie es richtig machen«, bei der er sich immer wieder überraschend auf seine Leute stürzte und ausrief: »Hab ich dich erwischt! Du hast es richtig gemacht!«, führte dazu, dass Ochoa, der Mitarbeiter mit dem höchsten Dienstalter, zu ihm kam und ihn im Namen aller bat, damit aufzuhören, ihnen bliebe jedes Mal das Herz stehen (»Wir wissen ja, dass Sie es gut meinen, Herr Marroné ...«). Irgendwann gab er auf: Aus den bunten Luftballons, die er in einem letzten, verzweifelten Aufbäumen in einem Laden für Partyzubehör besorgt, mit Marianas Hilfe aufgeblasen und überall zur Dekoration verteilt hatte (an diesem Tag traf ihn auch die herzinfarktfördernde Erkenntnis, dass Mariana keine Strumpfhosen, sondern Strümpfe mit Strapsen trug), entwich langsam die Luft, bis er schließlich eines Abends länger in der Arbeit blieb, nur um sie nicht vor aller Augen abnehmen zu müssen; denn es deprimierte ihn, dass sie nur noch verstaubt und schlaff dahingen wie gebrauchte Kondome. Mit seinen Bemühungen hatte er nur erreicht, vor den anderen Managern lächerlich dazustehen und in der Kantine zur Zielscheibe des Spotts zu werden: Es konnte zum Beispiel vorkommen, dass jemand ihn mit bekümmerter Miene fragte, wie er bloß seine antriebsarmen Mitarbeiter motivieren solle, und dann – wenn Marroné enthusiastisch zu Erklärungen anhob – laut in sein Taschentuch nieste, mit einer Clown-Nase dahinter hervorkam und »So vielleicht?« fragte, worauf schallendes Gelächter losbrach. Bald trug die Einkaufsabteilung den spöttischen Beinamen »Marronés Zirkus«, zu allem Überfluss eine Anspielung auf Marrone, einen hässlichen Fernsehclown, dessen Name sich nur durch einen winzigen Akzent von seinem unterschied.

Durch derartige Erinnerungen auch nicht gerade zuversichtlicher, »erwischte« sich Marroné dabei, toxischen Gefühlen wie Unlust, Frustration und Machtlosigkeit nachgeben zu wollen, denn: »Wie soll man auch (mit solchen Leuten, in so einem Land) etwas zum Positiven verändern?«

Doch er sagte sich energisch: »Nein!« Und noch einmal: »Nein!« Denn riskanter, als etwas zu riskieren, war es, nichts zu riskieren. Wenn man aufgab, verlor man viel eher den Glauben an sich, als wenn man es versuchte und dabei vielleicht einmal verlor. Und als er aufblickte, fühlte er sich wieder so aufmerksam, dynamisch und entschlossen wie eh und je.

Bei Sansimóns Bürokräften hatten sich die Gemüter in der Zwischenzeit noch mehr erhitzt. Ramírez betätigte sich offenbar als Einpeitscher, wovon Gómez nun endgültig genug zu haben schien.

»Kapierst du es wirklich nicht oder willst du es nicht kapieren? Mag sein, dass es für jemanden wie dich schwer zu begreifen ist. Dass du nämlich anders bist, das riecht man drei Meilen gegen den Wind … Du hast doch studiert? Welches Fach noch mal?«

»Geschichte«, sagte Ramírez und versuchte mit einer wegwerfenden Handbewegung zu überspielen, wie sehr ihn Gómez' gravitätischer Tonfall verunsicherte.

»Geschichte …« Gómez betonte jede Silbe, ließ sich das Wort auf der Zunge zergehen. »Aha. Jetzt verstehe ich. Da sieht man das natürlich anders, das eröffnet einem … wie sagt ihr dazu? … Perspektiven. Dann machst du das wohl nur vorübergehend, was? Und wir sind hier bis zu unserem bitteren Ende lebendig begraben … Hast wohl Mitleid mit uns, was?«

»Lassen Sie das, Gómez, seien Sie nicht so gemein«, schlug Nidias mütterlicher Beschützerinstinkt durch. Aber Gómez hatte sich längst in sein Opfer verbissen.

»Weißt du, wie viele von deiner Sorte ich hier schon gesehen habe? Soll ich dich mal aufklären, wie das weitergeht?

In fünf Jahren machst du dir immer noch vor, dass du hier nur so lange arbeitest, bis du mit dem Studium fertig bist. In zehn Jahren denkst du an Kündigung, weil du es wieder aufnehmen willst, aber da ist dir schon schmerzlich bewusst, wie schade es um die Dienstjahre wäre. In zwanzig Jahren beginnst du davon zu träumen, deinen Rauswurf zu provozieren und mit der Abfindung einen Laden aufzumachen; und so geht es mehr oder weniger weiter, bis du in dreißig Jahren anfängst, die Jahre bis zum Ruhestand zu zählen. Hier kommt keiner lebend raus, Junge. Wenn du eine Alternative hättest, hättest du nie hier angefangen.«

»Mach dir um mich keine Sorgen«, sagte Ramírez in aggressivem Ton, als Gómez mit seiner Suada fertig war. »Bevor ich so ende wie du, jage ich mir lieber eine Kugel in den Kopf.«

Da fing eine junge Frau mit brünettem Haar und fliehendem Kinn, die bisher kein Wort gesagt hatte, plötzlich zu weinen an, und als Nidia fürsorglich fragte: »Was hast du denn, Dorita?«, da hatte Marroné endlich den Namen, der ihm noch fehlte.

»Ich mag es nicht, wenn sie streiten«, sagte sie mit tränenerstickter Stimme. »Diese ganze Gewalt, das vertrage ich nicht.«

»Hör gar nicht hin, Kleines. Du weißt ja, wie Männer sind. Wenn sie nicht über Politik streiten, dann über Fußball. Morgen ist es, als wäre nie etwas passiert, und sie vertragen sich wieder, du wirst schon sehen«, sagte Nidia tröstend, und an die beiden gewandt: »Ihr seid wirklich unmöglich!«

»Ich will nach Hause«, ließ Dorita, die in ihrer Rolle aufzugehen schien, nicht locker.

Marroné hielt den Augenblick für gekommen, sich einzuschalten. Es war ein Sprung ins kalte Wasser, aber er dachte sich: Jetzt oder nie.

»Habt ihr schon einmal Visualisierungstechniken angewendet?«

Sieben Augenpaare ruhten auf einmal auf ihm. Sie hörten ihm jetzt aufmerksam zu. Der erste Schritt war gemacht.

»Ernesto Marroné, ich bin bei Tamerlán & Söhne im Einkauf tätig«, sagte er und gab allen einzeln die Hand, wobei er ihnen lächelnd in die Augen sah, um durch diesen Kontakt eine persönliche Verbindung zu schaffen. »Ich erlaube mir, Sie an dieser Stelle zu unterbrechen, weil wir schließlich im selben Boot sitzen und vielleicht eher ans Ziel kommen, wenn wir alle in die gleiche Richtung rudern. Ich habe Ihre Unterhaltung aufmerksam verfolgt und musste dabei immer wieder an dieselben Begriffe denken: Frustration – fehlender Mut – Ohnmacht – Wut. Stimmen Sie mir zu, dass es nichts Schlimmeres gibt, als festzustecken und dabei überzeugt zu sein, nichts an seiner Lage ändern zu können? Manchmal fühlt sich das ganze Leben wie eine endlose Strafe an und unser Zuhause oder das Büro wie ein Gefängnis. Vielleicht stimmt es auch wirklich, dass dies nicht die beste Arbeit der Welt ist: Routineaufgaben, die schnell langweilig werden, und auch das Gehalt reicht nicht immer. Und was passiert dann? Es wird gemurrt, es wird protestiert, man verlangt mehr Lohn, andere Aufgaben oder gleich einen anderen Chef. Und wer das nicht bekommt, fühlt sich gleich wieder ausgeliefert und endet noch frustrierter. Aber ich frage euch: Was habt ihr unternommen, um *euch selbst* zu ändern? An eurer Arbeit könnt ihr vielleicht nicht sehr viel ändern, an eurer Einstellung aber sehr wohl. Und so könnt ihr, auch wenn ihr keinen neuen Chef bekommt, vielleicht eine Veränderung bei ihm herbeiführen. Schön, ihr seid unzufrieden mit eurem Chef ... Aber warum sollte *er* eigentlich mit euch zufrieden sein, wenn er jeden Morgen mutlose, lustlose Gesichter sieht?«

Hier legte Marroné eine Pause ein und taxierte, wie das bei seinen Zuhörern ankam. Bis auf Gómez, der, wie nicht anders zu erwarten, das Gesicht in »Das kenne ich alles schon!«-Manier verzog und mit unverhohlenem Desinteresse eine Zigarette rauchte, war ihm die volle Aufmerksamkeit der Gruppe sicher, zu der vier weitere Büroangestellte gestoßen waren, drei Männer und eine Frau, die wohl die positiven Vibes aufgefangen hatten. Marroné konnte mit sich zufrieden sein. Er hatte mehr als die Hälfte der Geiseln um sich geschart.

»Ich persönlich bin Optimist. Es gibt natürlich Menschen«, er schielte zu Gómez hinüber, der etwas verkrampft lächelte, »die an einen Traumtänzer denken, wenn sie das Wort Optimist hören. Es leitet sich aber vom Begriff ›optimal‹ ab und ist so gemeint, dass man, unter den jeweiligen Bedingungen, das Beste herauszuholen versucht. Ich habe vorhin über Gefängnisse gesprochen. Daher hoffe ich, dass Sie mir zustimmen werden, wenn ich sage, dass die schlimmsten Gefängnisse die in uns selbst sind: im Kopf, im Herzen, in der Seel... Und um uns daraus zu befreien, haben wir alle schon bei der Geburt eine Nagelfeile, einen Dietrich, einen Schlüssel in die Hand bekommen, der genau ins Schloss passt: unsere Kreativität. Es ist ein weit verbreiteter Irrtum, dass manchen Menschen – Erfindern, Künstlern, Denkern – ihre Kreativität ›angeboren‹ sei (Marroné zeichnete mit den Fingern zwei Gänsefüßchen in die

Luft) und den andern nicht. Da könnte man auch gleich sagen, dass dem einen seine Muskeln angeboren sind und er deshalb sportlich ist, und dem andern nicht. Jeder Mensch hat das Potenzial, kreativ zu sein; und man kann es mit speziellen Übungen hervorholen. So, wie man einen Schalter drückt, und dann geht dort, wo unsere Kreativität sitzt, in der rechten Gehirnhälfte, das Licht an. Die erwähnten Visualisierungstechniken sind so eine Übung. Möchtet ihr sie ausprobieren?«

»Danke, kein Bedarf!« Gómez gähnte ostentativ und stand auf. »Ich glaube, drüben haben sie eine Zeitung. Ich werde sie mal fragen, ob sie mir einen Teil geben, von mir aus den mit den Kleinanzeigen. Sagt mir später, wie es war«, sagte er zum Abschied zu den Kollegen, die gleich offener und entspannter wirkten, als sich Gómez mit seiner toxischen Energie entfernt hatte.

»Dann bitte ich euch, eine entspannte Sitzposition einzunehmen. Wenn die Kleidung dich zwickt, lockere sie bitte: Die Herren lösen ihre Krawatte, die Damen streifen die Stöckelschuhe ab, und alle zusammen achten darauf, dass ihre Gürtel nicht zu fest sitzen. Gut so. Und jetzt schließ bitte deine Augen und entspanne dich. Atme bewusst ein und aus. Tiefer. Guuut so. Aaaatmen. Eeeeinatmen – aaaausatmen. Du siehst einen blauen Himmel vor deinem inneren Auge, auf dem Wolken vorüberziehen. Jede Wolke symbolisiert eine deiner Sorgen, etwas, das dich beunruhigt. An schlimmen Tagen ziehen viele Wolken auf, sie bedecken dann den ganzen Himmel und kein Flecken Blau ist zu sehen. Aber heute ist nicht so ein Tag. Heute siehst du nur einzelne weiße Wolken über den Himmel ziehen. Du wirst iiimmer ruuuuhiger und entspaaannter. Jede Wolke ist kleiner als die davor. Bis keine Wolken mehr am Himmel sind und dein Blick sich im unendlichen Blau verliert. Weit und breit keine Sorgen zu sehen. Du bist mit dir im Einklang. Beginnen wir.«

Er unterbrach kurz, um einzuschätzen, wie es den Leuten damit ging, und konnte zufrieden sein.

»Dunkelheit«, sagte er nun unvermittelt, und auf den entspannten Gesichtern breitete sich plötzlich Besorgnis aus. »Du befindest dich an einem Ort, so dunkel, dass du die Hand nicht vor Augen siehst. Du berührst die Wände: Sie sind glatt und kühl, du findest keine Öffnung, wenn du mit den Händen darüberstreichst. Du fühlst dich gefangen. Du möchtest hinaus. Du kriegst keine Luft mehr.« Suárez' Stirn war nun wieder schweißbedeckt und er zerrte an seinem Hemdkragen, als müsste er ersticken. Es war Zeit, die Übung aufzulockern. »Da siehst du auf dem Boden einen Lichtschein. Eine Türe! Öffne sie!«, instruierte er, und die Augenbewegungen der Leute wurden wieder ruhiger, sie atmeten erleichtert auf. »Es wird hell, du siehst eine Wendeltreppe nach unten führen, weiter und weiter im Kreis, nach unten. Steige sie hinab, während ich zähle. Zehn, neun … immer weiter hinab …, acht, sieben …, tiefer …, sechs, fünf, vier …, weiter und weiter …, drei …, zwei …, eins … Du betrittst nun ein weitläufiges Gebäude, das in seiner Größe und Ausstattung einer Kathedrale gleicht. Durch die hohen Glasfenster dringt Licht herein. Du spazierst zwischen bunten Maschinen durch und würdest gern mehr über ihre Funktion erfahren. Dafür wird aber später noch Zeit sein. Jetzt gelangst du zu einer Metalltür. Öffne sie! Dahinter erstreckt sich ein großer Raum, in dem lange Holztische stehen, und Regale, die bis zur Decke reichen und auf denen sich Gipsfiguren befinden. Sieh dir alles genau an. Berühre die Figuren, wenn du möchtest. Fühlst du ihre seidige Oberfläche? Hast du dich schon einmal gefragt, wie man sie herstellt? Möchtest du es gern wissen? Ein Mann steht plötzlich neben dir. Keine Angst«, fügte er rasch hinzu, weil ein paar Leute zusammenzuckten. »Er ist dir wohlgesonnen. Er trägt einen weißen Overall und einen roten Helm und reicht dir die Hand. Nimm seine Hand und lass dich führen. Vor dir steht eine Wanne, bis zum Rand mit flüssigem Gips gefüllt. Tauch die Hände hinein. Spürst du, wie kühl, wie erfrischend der Gips ist? Rühr ihn gut um und fühl dich dabei wieder wie ein Kind.« Die Leute waren bei ihrer imaginären Aufgabe mehr und mehr bei der Sache, einige richtig hingebungsvoll, zum Beispiel Dorita, die mit den Händen ihren Rocksaum zerknüllte, die Schenkel aneinanderrieb und leise keuchte. »Der freundliche Arbeiter führt dich nun zu ein paar Gussformen. Von außen sehen alle gleich aus: Du könntest unmöglich erraten, welche Gipsfiguren sich in dieser Form verbergen. Möchtest du es gerne wissen? Gieße flüssigen Gips in eine Form. Langsam und vorsichtig! Dass sie nicht umfällt!«, sagte Marroné mit gespieltem Ernst, und mehrere Leute zuckten kurz zusammen, begannen aber sogleich wieder entspannt zu lächeln. »Gieß jetzt auf diese Weise alle Formen aus. Wenn du mit der letzten fertig bist, ist der Gips in der ersten Form bereits ausgehärtet. Der freundliche Arbeiter hilft dir, die Form vorsichtig zu entfernen, damit die Figur darin nicht zerbricht. Du öffnest langsam die Form und siehst eine Nase, dann Lippen, Augen … Wer das wohl ist? Wie aufregend! Du hast die Form jetzt vollständig entfernt und siehst die Gipsfigur deutlich vor dir. Es ist Eva Perón!

Ja, kann denn das sein? Du hast eine Büste gegossen, die Eva zeigt! Und nicht nur eine, mehrere! Als du in die anderen Formen hineinsiehst, ist da eine Eva nach der andern. Frisch und makellos. Sieh sie dir an … Sind sie nicht alle wunderschön? Und du hast sie gemacht! Kannst du nicht mit Recht stolz darauf sein? Lass sie hier stehen, damit sie trocknen können. Verabschiede dich von ihnen. Und von dem freundlichen Arbeiter. Kehre auf demselben Weg zurück, den du gekommen bist – ohne jede Hast –, durchquere die Kathedrale, da ist ja die Wendeltreppe. Geh sie hinauf. Eins … ohne jede Hast, zwei, drei, vier, immer weiter und weiter hinauf, fünf, sechs, sieben … du bist schon fast da, acht, neun und … zehn. Öffne jetzt deine Augen. Sei wieder wach. Dein Alltag hat dich wieder, aber es hat sich etwas verändert … oder nicht?«

Die Büroangestellten rieben sich, einer nach dem andern, die Augen, öffneten sie und sahen sich verwirrt um, als seien sie soeben wach geworden oder von einer langen Reise zurückgekehrt. Und irgendwie war das ja auch so. Nur Fernández, der alte Herr, war auf seinem Schreibtischstuhl eingeschlafen und sein Kopf hing nach hinten, während er leise vor sich hin schnarchte. Doch sie brauchten ihn nur kurz zu rütteln und schon war er wieder wach.

»Und? Wie fühlt ihr euch jetzt?«, fragte Marroné freundlich lächelnd.

»Wirklich gut«, gaben manche zur Antwort, andere nickten schweigend.

»Habt ihr etwas gesehen oder gespürt, das ihr der Gruppe mitteilen möchtet?«

Die Leute wechselten Blicke, die wohl etwas wie »Also, wer traut sich zuerst?« bedeuteten.

»Tja …«, sagte die Frau, die als Letzte zur Gruppe gestoßen war, sie war dreißig, sonnenverbrannt und trug ein blaues Schneiderkostüm und eine pfirsichfarbene Bluse. »Wisst ihr, beim Öffnen der Gussform kam meiner Eva so etwas wie Licht aus den Augen, und auch aus dem Mund und den Ohren. Und dann floss das Licht so irgendwie an ihr hinunter. Was das wohl zu bedeuten hat?«

»Bleib zunächst einfach bei dem Bild, es ist wichtig. Wir werden später noch über seine Bedeutung reden«, sagte er, um schnell von diesem Blödsinn abzulenken. »Sonst noch wer?«

»Der Arbeiter hatte das Gesicht meines Vaters«, sprach González mit brüchiger Stimme. »Er ist vor zwei Jahren gestorben«, fügte er noch hinzu. Ramírez legte ihm die Hand auf die Schulter, und González biss sich auf die Lippen und sah gerührt aus.

»Es war eine wunderbare Erfahrung!«, traute sich Dorita nun zu sagen und blickte ihn mit geweiteten Augen, an denen zwei zitternde Tränen der Rührung hingen wie verschüttetes Wasser an einer Tischkante, unverwandt an. »Niemals wäre ich auf den Gedanken gekommen, einmal in die Werkstatt zu gehen, um mir die Produkte, die wir erzeugen, mit eigenen Augen anzusehen.«

»Wie wahr!«, rief der Revoluzzer Ramírez, nach dieser Übung erst recht motiviert, seinen Kollegen zu. »Lasst uns gleich hinuntergehen! Schließen wir uns den Arbeitern an, unseren Brüdern!«

»Ich schlage Folgendes vor«, unterstützte ihn Marroné, der sich insgeheim ins Fäustchen lachte: »Ich gehe zuerst allein hinunter und handle etwas mit ihnen aus. Wenn sie wirklich bereit sind, dem Zusammenhalt von Arbeitern und Bürokräften zuliebe die Produktion wieder aufzunehmen und diese Ausnahme für unsere Genossin Eva zu machen, dann können wir nach dem Mittagessen loslegen. Bildet inzwischen am besten zwei Gruppen und denkt über neue, kreative und natürlich auch humorvolle Wege nach, mit unserer Situation umzugehen.«

»War doch ein Kinderspiel«, sagte sich Marroné im Lastenaufzug, mit dem ihn einer ihrer beiden schwarz behelmten Bewacher nach unten brachte, der dort auf die Frage nach ihren Anführern vage zum Tor wies und »die mit den weißen Helmen« brummte. Unterwegs begegneten ihm drei Arbeiter mit grünen Helmen, die ein halbes Rind, einen riesigen Sack Brot und eine Kiste Orangen in Richtung Kantine trugen, dann noch einer mit rotem Helm und Küchenschürze und zwei weitere mit gelben Helmen, die Besen und Schrubber schwangen. Die Wachen trugen, wie er bemerkt hatte, stets schwarze Helme auf dem Kopf. Er fand das klug von den Arbeitern: Statt die bunten Helme abzuschaffen und egalitär im Chaos zu versinken, hatten sie das Color Coding ihren Zwecken angepasst: ein Beispiel für die erfolgreiche Umschichtung vorhandener Ressourcen.

Über den Haupteingang zur Fabrik, an dem gipserne Nachbildungen von Michelangelos Moses und David wachten, hatte jemand ein weißes Leintuch gehängt, auf dem in roten, mit einem dicken Malerpinsel aufgetragenen Lettern »Fabrikbesetzung – Tag 2« geschrieben stand. Rund um das große Tor am Zaun herrschte fieberhafter Betrieb: Zu den Polizeiwagen waren seit der vergangenen Nacht zwei Panzer und ein Löschfahrzeug hinzugekommen und die Streifenpolizisten wurden von einer zwanzig Mann starken Sondereinheit mit Spezialhelmen und schweren Schlagstöcken unterstützt. Dazwischen wuselte es von Menschen, die den an sich grauen Arbeitstag durch ihre bunte Festtagskleidung verschönerten: Es fanden sich nicht nur die Lastwagen und Kleintransporter von Lieferanten ein, die Lebensmittel für die streikenden Arbeiter und ihre Geiseln heranschafften, sondern auch Zeitungsjungen, die die neuesten Schlagzeilen ausriefen; und die Frauen der Arbeiter, die ihre Kinder dabeihatten, brachten ihren Männern Essen und saubere Wäsche und ermahnten sie, sich nicht unterkriegen zu lassen. Und überall liefen Straßenhändler umher, um Zigaretten, Feuerzeuge, Rasierapparate und -klingen, Batterien, Spielkarten und allerlei Krimskrams feilzubieten; an einer Ecke stieg neben der brodelnden Menschenmasse Rauch von einem Imbissstand auf; an einer andern standen ein Popcorn- und ein Eisverkäufer; und den Platz am Tor nahmen zwei majestätische Indiofrauen aus Bolivien in Beschlag, von denen die eine Gemüse und die andere Damenunterwäsche verkaufte. Zudem waren zwei Pressewagen vor Ort, einer von Kanal 13 und einer von Radio Mitre; und eine Traube Journalisten, die sich immer, wenn ein Torflügel aufging, hineinzuschieben versuchten. Marroné ließ den Blick über das bunte Treiben schweifen und entdeckte schließlich, was er suchte: In der nördlichen Ecke des Areals fand eine große Versammlung statt, die Helme glänzten im Schatten der Bäume wie bunte Smarties auf einer mit weißem Zuckerguss überzogenen Torte, und er beschloss, dorthin zu gehen.

Kapitel 4

Ein Bürgerlicher als Proletarier

Im gedrungenen Schatten eines Ombu-Baumes, den der Gipsstaub geisterhaft verhüllte, sprach Marronés alter Bekannter Baigorria auf einer Kiste stehend zu den Arbeitern. Niemand mit weißem Helm war in Sicht.

»Genossen ...! Wir werden gerade Zeugen eines historischen Augenblicks im Gipswerk Sansimón ... Es ist uns gelungen, die Fabrik zu besetzen, alles ist gelaufen wie geplant ... Wir haben unserem Arbeitgeber gezeigt, dass wir durchaus können, wenn wir wollen, und was wir jetzt gemacht haben, können wir jederzeit wiederholen ... Wenn wir aber so weitermachen, Genossen, dann spielt das den Chefs nur in die Hände. Ihr wisst ja, die haben die Lager voll mit Waren, die sie gar nicht absetzen können. Wir tun ihnen mit dem Streik also einen Gefallen: So steht die Produktion und sie brauchen uns noch nicht mal zu bezahlen. Ich möchte gerne glauben – ja, wirklich –, dass diejenigen, die die Fabrik weiter besetzt halten wollen, in gutem Glauben handeln, dass sie das wirklich für das Beste halten, aber es wäre nicht das erste Mal, dass man uns ein X für ein U vormacht, Genossen, und dass diejenigen, die sich als Freunde ausgeben, sich bestenfalls als Marionetten und schlimmstenfalls als Spione der Arbeitgeber entpuppen; einmal abgesehen von den Unruhestiftern, die man bei uns bekanntlich eingeschleust hat, diesen Wölfen in Arbeitskluft ...«

Marroné war beeindruckt. Garaguso, der Personalchef, arbeitete nicht nur schnell, er ging auch subtil vor, geradezu machiavellistisch. Binnen weniger Stunden hatte er nicht nur einen streikenden Arbeiter für seine Zwecke eingespannt; er hatte ihn auch in einen geschickten Redner verwandelt, der die Zuhörer unbemerkt einwickelte. Marroné wäre nur zu gern hingegangen, um ihm ein paar Tipps zur Körperhaltung zu geben, zur Positionierung im Raum und erst recht im Verhältnis zur Lichtquelle, aber da taten die Arbeiter schon lautstark ihre Meinung kund:

»Halt's Maul, du Streikbrecher! Du Wendehals!«

»Für wie viel hast du dich von Garaguso kaufen lassen?«

»Geh doch heim zu deinem Babirusa, du Verräter!«

Baigorria ließ sich nicht beirren.

»Genossen, Genossen! Versteht mich nicht falsch! Ich will damit nicht sagen, dass die Fabrik zu besetzen ein Fehler war, und auch nicht, dass wir zu Kreuze kriechen sollten. Ich sage nur, dass es jetzt genug ist: Wir haben unsere Ziele erreicht. Ein jegliches hat seine Zeit, pflanzen hat seine Zeit, ausreißen, was gepflanzt ist, hat seine Zeit, und wenn wir das versäumen, werden uns die Pflanzen verdorren, Genossen. Wenn wir das Werk länger besetzt halten, riskieren wir nicht nur das Erreichte, sondern noch mehr. Sie werden Leute entlassen, und wir schlagen bestenfalls eine Lohnerhöhung für diejenigen heraus, die bleiben können. Wollt ihr diesen Preis zahlen? Dann nur weiter so! Nehmen wir zum Beispiel dich, Pampurro … Wirst du dich noch über deine Fußballtickets freuen können, wenn du weißt, dass Alfieris Kinder dafür hungern müssen? Oder du, Zenón, willst du deiner Frau ein neues Kleid kaufen, während Tuerto wieder wie früher Flaschen sammelt?«

Marroné zückte unbewusst sein Notizbuch und schrieb sich »Pampurro ... Alfieri ... Zenón ... Tuerto« nebst ein paar Eselsbrücken auf. Er war so darin vertieft, dass er zuerst nicht reagierte, als hinter ihm jemand rief:

»Hey, du! Was schreibst du denn da?«

Ganz automatisch versuchte er, den Satz zu beenden, bevor er hochsah, was in einem schwarzen Gekrakel endete, als ihm jemand die Hand wegriss.

»Hey, Leute, das ist ein Bulle, ein Spitzel!«

Er kam nicht dazu, sich zu erklären, denn ein halbes Dutzend kräftige Arbeiterhände packte ihn an den Armen und Schultern, und ein dunkelhäutiger Mann mit blauem Helm und dicken Brillengläsern sah sich die Notizen an, wobei er mit einem schwieligen Finger die Zeilen entlangfuhr und dazu die Lippen bewegte:

»Da haben wir's schwarz auf weiß, Genossen. Der hat uns alle aufgeschrieben. Wir haben einen Denunzianten geschnappt!« Dann näherte er sich bis auf wenige Zentimeter Marronés Gesicht und fragte: »Wer schickt dich, die Bullen oder Cerbero?«

»Aber nicht doch«, stotterte Marroné, sprachlos darüber, wie sehr sie sich täuschten. »Ich wollte mich doch nur beliebt machen. Ich hab *Wie man Freunde gewinnt* gelesen und da ...«

Eine Hand drückte sich auf sein Gesicht, sodass er nicht weiterreden und auch nichts mehr sehen konnte. Er erschrak aber weniger, als dass er beleidigt und wütend wurde. War er dem Tod im Kugelhagel gestern etwa nur entgangen, um heute wegen eines blöden Fehlers gelyncht zu werden?

»Wartet mal, Genossen, beruhigt euch wieder ...«

Marroné merkte, dass man ihn nicht mehr festhielt, als er plötzlich nur noch gegen die Luft und den harten Fußboden kämpfte. Er öffnete die Augen und sah einen Arbeiter mit weißem Helm – das wurde ja Zeit! –, der vor ihm hockte und ihn eingehend musterte, wobei er die Sonne so verdeckte, dass sich um sein Gesicht ein Strahlenkranz aus Feuerhaaren bildete. Marroné brauchte ein wenig, um seine Gesichtszüge zu erfassen und ihn zu erkennen.

»Was ist das für ein Notizbuch, Freundchen, von dem die Genossen mir da berichten?«, fragte der Mann mit natürlicher Autorität in der Stimme. Und ihr Klang beseitigte seine letzten Zweifel.

»Paddy? Paddy Donovan?«

Nun wechselte das Entsetzen in die honiggelben Augen des andern, und dessen milchiger Teint ging in ein Rot über, das dem seiner Haare in nichts nachstand. Er nahm sich sichtlich zusammen und stellte ein betont lässiges Lächeln zur Schau, als er sich an Marroné und nebenbei auch an die Anwesenden wandte.

»Schätze, du verwechselst mich mit irgendwem, Chef.« Und zu den andern sagte er: »Oh Mann. Für einen Spion stellt der sich ganz schön dämlich an.«

Marroné war inzwischen aufgestanden und klopfte sich mechanisch den Gipsstaub von Sakko und Hose, den er wohl auch im Gesicht hatte, weshalb Paddy ihn nicht erkannte. Die Sorge über seine Lage wich der Verblüffung wegen ihres unerwarteten Zusammentreffens.

»Nein, nein, ich bin ganz sicher«, sagte er und lächelte. »Ich bin's! Ernesto, Ernesto Marroné! Wir waren zusammen auf der St. Andrew's, weißt du das nicht mehr? Mein Sitzplatz war in der Reihe gleich hinter dir. Wir haben Rugby gespielt, du für Monteith und ich für die Dodds.«

Marroné kam auf einmal der verstörende Gedanke, dass Paddy bei einem Unfall sein Gedächtnis verloren haben könnte. Vielleicht hatte ihn eine Arbeiterfamilie gerettet und darum hielt er sich jetzt für einen von ihnen. Möglicherweise war hier ein simplerer Reiz erforderlich.

»Monteiths: grünes Trikot, Dodds: gelbes Trikot. Und ab ins Gedränge! *Push, St. Andrew's, push!*«

Marroné reckte die Fäuste und ließ seinen Schlachtruf in der Luft gefrieren. Paddy sah ihn mit offenem Mund an, während die Arbeiter, halb verdutzt, halb misstrauisch Paddys jetzt schon leicht verunsicherte Antwort verfolgten.

»K-k-keine Ahnung, was du da redest, Chef.«

Da er nicht hätte sagen können, ob Paddys Blick eher verwirrt oder beschwörend war, und seine dramatische Ansprache zwar in Paddys Gedächtnis nichts bewirkt, wohl aber die andern darüber ins Grübeln gebracht hatte, ob er wirklich ein gefährlicher Spion war oder nicht doch nur ein harmloser Spinner, trat er vorerst den Rückzug an.

»Entschuldige, ich hab dich wohl wirklich verwechselt.«

Dauerlächelnd wich er bis zu der Mosesfigur am Tor zurück und nahm in ihrem Schatten Platz, wobei er den Mann, den er für seinen Schulkameraden gehalten hatte, eingehend musterte. Er glich ihm aufs Haar, so wie die Nachbildung des Moses, die ihn beschirmte, dem echten Moses von Michelangelo …

Wenn Marroné in seiner Jugend einen heimlichen Helden gehabt hatte, dann Paddy Donovan. Er sah ihn in seiner Erinnerung stets lichtumstrahlt und vor dem sonnigen Postkartenpanorama des Rugbyfelds; ein Mannschaftskapitän, der nur deshalb im Grün von Monteith zu spielen schien, weil es so schön seine leuchtend roten Haare betonte. Monteith zu schlagen, fand Marroné das Schwierigste überhaupt, zumindest bis Paddy Donovan, zum Ärger der Teamchefs und Trainer, das Rugbytrikot an den Nagel hängte und ins weniger elitäre Fußballteam eintrat, nur um in der Fünften auch noch die kaffeebraun und türkisblau gemusterte Krawatte der Präfekten zurückzugeben und, wie das gemeine Volk, wieder eine in Marineblau und Silber zu tragen. Paddy, der als Erster Gras geraucht hatte, dessen Beiträge für die Schülerzeitung mit schöner Regelmäßigkeit von der Schulleitung zensiert wurden; Paddy, der die Rektorstochter flachgelegt hatte, eine emanzipierte, blonde Engländerin, auf die alle scharf waren, an die sich aber niemand heranwagte. Sie waren in ihrer Jugend nicht wirklich befreundet gewesen, was vor allem an Marroné lag, der in seiner Schüchternheit glaubte, Paddys Freundschaft nicht wert zu sein; möglicherweise wegen eines Vorfalls in der ersten Klasse. Damals war er in einer Pause allein in der Klasse geblieben und hatte, um der Lehrerin zu gefallen, die Buchstaben der Aufgabe an der Tafel einzeln mit Farbkreide nachgezogen, bis es aussah wie ein Regenbogen. Als das Fräulein jedoch mit gerunzelter Stirn forderte, der Schuldige möge sich melden, saß er wie gelähmt und mucksmäuschenstill hinten in der Bank und brachte kein Wort heraus. Als sie drohte, zur Strafe allen den Wandertag zu streichen, zeigte Paddy Donovan, der ihm bereits einige argwöhnische Blicke zugeworfen hatte, auf und bekannte sich zur Tat. Die Lehrerin bedankte sich bei ihm für die Ehrlichkeit und hieß ihn als Strafe nur die Tafel löschen, sodass Marroné sich noch schuldiger fühlte, denn nicht nur hatte er feige einen andern bezahlen lassen, es hatte sich auch nicht einmal gelohnt. Da er Paddy nie die Wahrheit gestanden hatte, konnte er sich auch nie bei ihm bedanken. Aber er war überzeugt, dass Paddy alles wusste und nur aus Rücksicht nie nachgefragt oder ihn dazu gedrängt hatte, es zuzugeben, was ihn gleichzeitig mit Dankbarkeit und Groll erfüllte. Ein anderes Mal, im Sommerlager der siebenten Klasse, wurde Marroné absolut sinnloser- und unfairerweise gemobbt: Er hatte einem aus der Sechsten versehentlich das Geschirrtuch abgefackelt und seine Klassenkameraden hatten sich sofort gegen ihn verschworen, denn in der Gruppe fühlten sie sich stark. Sie schlugen sich also geschlossen auf die Seite dieser Heulsuse, schubsten Marroné und behandelten ihn wie den letzten Dreck. Nur Paddy nicht, der rückte ihnen mit ein paar gezielten Bemerkungen den Kopf zurecht und trieb die Meute auseinander, aber auch damals hatte Marroné nicht die richtigen Worte gefunden, um sich zu bedanken. Gleich nach Ende der Schulzeit ging Paddy für ein Jahr auf Weltreise und Marroné hörte nie wieder von ihm, abgesehen von ein paar Gerüchten, die alle möglichen verruchten Begriffe enthielten: Hippies, Drogen, Kommunen, einmal auch versuchter Selbstmord. Sie sahen einander nie wieder, weil Paddy nicht kam, wenn die Absolventen sich einmal jährlich im Hotel Claridge zu einem feierlichen Dinner versammelten, und man wusste von ihm nicht mehr, als dass er schließlich doch vernünftig geworden war. Er hatte Jura studiert, Karriere in der Firma seines Vaters gemacht und ein Model aus dem Fernsehen geheiratet ... Nein, schloss Marroné, er sah wohl Gespenster und seine Ohren täuschten ihn, dieser Kerl, der da gerade in die Hand des bebrillten, blau behelmten Arbeiters einschlug, wie um eine Wette zu besiegeln, und mit großen Schritten auf ihn zukam, war niemals sein Schulkamerad.

»Wissen Sie«, setzte Marroné an, »ich wollte wirklich nicht, ich schwör's …«

»Ich bin's schon, Blödmann!«, raunte ihm Paddy zu, fast ohne den Mund zu bewegen, während er der Gruppe den Rücken zuwandte. »Spinnst du, mich so bloßzustellen? Willst du mich fertigmachen? Ich habe ihnen jetzt gesagt, dass ich erst mal darauf einsteige, um mehr über dich herauszufinden.«

»Ich hatte wirklich keine Ahnung, Paddy! Was ist denn passiert? Hättest du mir doch was gesagt, bei uns in der Firma gibt es immer etwas …«

Marroné wollte zum Portemonnaie greifen, aber Paddy gebot ihm mit einer energischen Geste Einhalt.

»Das fehlte gerade noch, dass sie auch noch glauben, du willst mich schmieren!«

»Entschuldige bitte, Paddy, aber … Was machst du hier?«

»Ich pr-l-t-r-sie-re mich«, murmelte Paddy.

»Was?«, rief Marroné. »Du problematisierst dich?«

»Proletarisiere«, stieß Paddy entnervt hervor. »Ich werde Proletarier.«

»Warum denn das? Hat deine Familie etwa alles verloren?«

»Nein, gar nicht. Mit denen rede ich nicht mehr. Ich habe mich dafür entschieden, weißt du, ich habe all dem abgeschworen. Ich stehe jetzt auf der Seite der Armen.«

»Bist du Priester geworden?«, wollte Marroné erleichtert wissen. Paddys Familie war seit jeher streng katholisch.

»Nein, Peronist.«

Paddy grinste von einem Ohr zum andern. Nun, da die unmittelbare Gefahr gebannt war, entdeckt zu werden, war er ganz wie früher. Ein Lächeln auf den Lippen. Charismatische Ausstrahlung. Anführer der streikenden

Arbeiter – so wie früher beim Rugby-Team. Er hakte sich bei Marroné unter.

»Lass uns ein Stückchen gehen!«

Sie schlenderten am Parkplatz vorbei, wo die Luft über dem hellen Kies und den Blechdächern der Autos dick wie Gelee in der Hitze waberte, während in der Ladezone einige Fahrer entspannt neben den geparkten Lkws grillten und aus dicken Korbflaschen Rotwein tranken. Paddy bedeutete Marroné mitzukommen und ging auf die Männer zu, die sie freundlich grüßten und ihnen Hotdogs und zwei Gläser Wein anboten.

»Hast du mal was von den andern gehört?«, fragte Marroné im Weitergehen mit vollem Mund. »Ich war kürzlich bei den *Suburban Players* und habe Robert Ermekian getroffen, mit Frau und Kind. Wie es der Zufall so will, hat er nach dir gefragt ...«

Paddy lächelte irgendwie mitleidig.

»Und du, Ernesto? Bist du auch verheiratet? Hast du Kinder?«

»Ja«, berichtete er stolz, »zwei Stück. Einen Sohn, der zweieinhalb ist, und eine kleine Tochter.«

Er holte die Brieftasche mit den Kinderfotos heraus. Cynthias Foto zeigte sie als Neugeborenes mit hochrotem, zerknautschtem Köpfchen, wodurch sie Herrn Tamerlán erst recht ähnlich sah. Er vergaß immer wieder, es durch ein neues zu ersetzen.

»Sie sehen aus wie du«, sagte Paddy ohne jede Ironie und gab ihm die Fotos zurück.

»Und du, Paddy?«

»Paddy gibt es nicht mehr. Der ist gestorben. Du kannst Colorado zu mir sagen, ›der Rote‹, so nennen mich alle hier.

Ich habe noch keine Kinder. Meine Partnerin und ich sind uns einig, damit bis nach der Revolution zu warten. Dann werden sie anders aufwachsen.«

»Versteh ich«, sagte Marroné und nickte (daher wehte also der Wind). Er beschloss, die Ratschläge aus *Wie man Freunde gewinnt* anzuwenden. »Im Sozialismus wird es mehr Kindergärten geben, oder? Das wird eine Wohltat sein, wenn man bedenkt, wie schwer es heutzutage ist, eine Nanny oder einen Babysitter aufzutreiben ...«

Paddy bedachte ihn mit einem schiefen Blick. Darum ging es wohl nicht. Er war ins Fettnäpfchen getreten.

»Sie sollen nicht so werden wie wir, Ernesto. Von klein auf erzogen, Menschen zu verachten, die wenig Geld haben oder keinen klingenden Namen oder dunkle Haut. Oder dazu, Menschen wie Dinge zu behandeln und Dinge wie etwas Heiliges. Großbritannien und die USA zu vergöttern und auf Argentinien und ganz Lateinamerika hinunterzuschauen. ›Zu gebieten und zu gehorchen‹«, schloss er mit verächtlichem Schnauben.

»Na ja, wir wurden zum Führen ausgebildet, oder? Also, was dich betrifft, muss ich sagen: *They didn't do such a bad job!*« Marroné zwinkerte verschwörerisch, was jedoch bei Paddy auf gerunzelte Brauen stieß.

»Du irrst dich gewaltig! Die Leute hier respektieren mich, weil ich einer von ihnen bin. Und das zu lernen, war das Schwierigste, woran ich mich je versucht habe.«

»Ich meine ja nur ... Könntest du für die Leute nicht mehr tun, wenn du Manager oder Politiker wärst? Oder ... ich weiß auch nicht ... könntest du nicht als Anwalt für die Gewerkschaft arbeiten? Du bräuchtest nur dein Studium abzuschließen!«

»Damit würde ich in die Falle des bürgerlichen Reformismus tappen«, entgegnete Paddy vehement. »Hör zu, Ernesto, vielleicht ist das für dich schwer zu glauben, aber die Tage des Kapitalismus sind gezählt. Eine Zukunft gibt es nur mit der Revolution, und die muss vom Volk ausgehen.«

»Wie, von denen da?«, fragte Marroné und beäugte skeptisch die Lkw-Fahrer, die, auf dem Boden der ersten Korbflasche angelangt, reihum Witze erzählten und gar nicht mehr aufhören konnten zu lachen. »Bist du sicher? Hast du sie mal gefragt?«

»Sie sind nur noch nicht auf die Idee gekommen. Sie wollen es, wissen aber nicht, dass sie es wollen. So etwas nennt sich Entfremdung. Ist schnell erklärt: Sie sind Proletarier, das ist ihr Klassenstandpunkt, und somit bleibt ihnen nur die Revolution, um ihrer Ausbeutung und damit der Klassengesellschaft ein Ende zu setzen. Das sind die objektiven Bedingungen. Durch ihre Entfremdung haben sie aber ein bürgerliches Klassenbewusstsein, weshalb die subjektiven Bedingungen nicht erfüllt sind: Sie wissen nicht, dass sie die Revolution ausrufen könnten und sollten. Diese Kluft zwischen objektiven und subjektiven Bedingungen verhindert derzeit noch die Revolution. Es ist wie mit Schwefel und Salpeter: Getrennt voneinander haben sie keine Wirkung; mischt man sie aber, erhält man Sprengpulver. Die alten Kommunisten hielten es für die Lösung, die Proletarier zum revolutionären Bewusstsein zu erziehen. Ein Riesenaufwand, der sich nur bedingt gelohnt hat. Unsere Lösung ist einfacher, wenn du so willst: das Ei des Kolumbus, die kopernikanische Wende der Revolution. Wenn der Berg nicht zum Propheten kommt, muss der Prophet eben zum Berg gehen.«

»War das nicht umgekehrt?«

»Nein. Der Prophet sind wir. Bei den Leuten hier sind die objektiven Bedingungen für die Revolution gegeben, die subjektiven aber nicht, während es bei uns genau umgekehrt ist. Wir wissen, dass die Revolution unvermeidlich ist, aber weil wir bürgerlich sind, bliebe es bei einer rein bürgerlichen Revolution, so wie in Frankreich, wenn wir sie allein anzetteln.«

»Aha. Damals sind aber haufenweise Köpfe gerollt, nicht?«

»Vergiss die Köpfe, Ernesto, das ist doch nicht wichtig! Hör zu: Wenn wir Proletarier werden, kommen Schwefel und Salpeter zusammen. In uns vereinen sich revolutionäres Bewusstsein und proletarischer Klassenstandpunkt, und wenn wir ernsthaft Proletarier geworden sind, werden die Massen uns folgen. Klar?«

Marroné nickte. Paddy wusste sich wirklich auszudrücken, ein Jammer, dass er hier nicht die technischen Möglichkeiten für eine audiovisuelle Präsentation hatte.

»Äh … und geht das denn?«

»Was meinst du?«

»Na, dieses … Proletarisieren.«

»Weniger bürgerlich zu leben ist das geringste Problem. Haben wir uns nicht alle zeitweise mit wenig durchgeschlagen? Als Hippies oder als Rucksacktouristen …«

Marroné brummte unverbindlich Zustimmung.

»Das ist aber erst einmal nur Theater. Die wahre Herausforderung besteht darin, weniger bürgerlich zu sehen, denken und fühlen. Das bürgerliche Bewusstsein überlistet einen wie ein böser Geist, versucht einen zu täuschen …«

Marroné musste an die weisen Zauberer aus *Don Quijote, der fahrende Manager von der Mancha* denken, ein exzellentes Beispiel für eine solche Situation. Aber Paddy war so in Fahrt, dass er ihn nicht zu Wort kommen ließ.

»Wer sich dem Volk anschließen will, muss eine Art Exorzismus durchlaufen, um den bösen Geist auszutreiben. Aber selbst dann ... Nimm mich: Ich lebe jetzt makellos proletarisch ... aber nachts träume ich noch immer wie ein Bürgerlicher. Nur so als Beispiel ... Ich war kürzlich mit den Genossen aus der Fabrik bei einem Fußballspiel und danach sind wir feiern gegangen ... Du kannst dir schon vorstellen wohin ... Erst habe ich gezögert und dann war nur noch eine übrig, sie kam aus dem Norden, war bestimmt unter dreißig, sah aber aus wie fünfzig, so ein Hals ... Du weißt, dass in der Puna-Hochebene viele einen Kropf haben? Mit etwas Jod im Essen könnte man das leicht ändern, aber wen kümmern die paar Colla-Indios ... Sie trug einen roten Minirock aus Lederimitat, löchrige Netzstrümpfe und eine blonde Perücke, und ihr Lächeln war schwarz, ihre Zähne von Karies zerfressen, sie hatte nicht mal Goldzähne ... Da versuchte ich, an die Unterdrückung ihres Volkes zu denken, die fünfhundert Jahre angedauert hat, an die fürchterlichen Verhältnisse, unter denen sie wahrscheinlich aufgewachsen ist, den Hunger und das Elend, die Ausbeutung durch die Grundherren in ihrer Heimat und die sexuelle Ausbeutung hier ... Ich rief mir in Erinnerung, dass äußere Schönheit ein bourgeoises Privileg ist und das einfache Volk sie sich nicht leisten kann, dass unser ästhetisches Empfinden uns anerzogen wird, dass Indiofrauen, vor allem wenn sie traditionelle Tracht tragen und nicht dieses Kunststoffzeug, das wir ihnen verkaufen, oft hübscher anzusehen sind als jedes schwedische Model ... Ich habe aber trotzdem keinen hochgekriegt, da war nichts zu machen, und letztlich habe ich, bevor sie mich bei den andern verpfeift, die Augen zusammengekniffen und die ganze Zeit, während wir's getrieben haben, an Monique gedacht, sonst hätte ich es nie geschafft«, schloss Paddy bitter, den Blick verloren auf den mondbleichen Rasen gerichtet.

»Seid ihr noch zusammen?«

Paddys Lachen klang wie ein verächtliches Schnauben.

»Logisch, bei Tag arbeitet sie als Fotomodell und am Abend kommt sie in meine bescheidene Behausung und wärmt mir auf dem Gaskocher ein paar Nudeln auf ... Als ich politisch aktiv geworden bin, haben wir uns getrennt.«

»Tut mir leid.«

»Mir nicht. Monique war auch so eine Falle. Man muss wirklich auf der Hut sein ... Aber sag mal, wofür hast du eigentlich das Notizbuch, mit dem dich die Genossen erwischt haben?«

Marroné setzte zu der kleinen Ansprache an, die er sich zurechtgelegt hatte.

»Ich hab mir die Namen nur notiert, weil die Arbeiter, die hier streiken, für mich Menschen sind und nicht nur eine anonyme Masse. Ich war ja genau dazu runtergekommen, um mit euren Anführern zu reden. Man könnte doch die Bürokräfte und die Arbeiter etwas gemeinsam machen lassen, so eine Art Workshop, denn wenn die beiden Sektoren sich besser kennenlernen, entdecken sie wahrscheinlich, dass ihre Vorstellungen, Sorgen und Prioritäten gar nicht so weit auseinanderliegen ... Konkret wollte ich vorschlagen, gleich heute Nachmittag, wenn du einverstanden bist, gemeinsam ein paar Gipsfiguren zu fertigen ...«, er holte tief Luft und sprang ins kalte Wasser, »Büsten von Eva Perón, gefertigt als Unterpfand des freundschaftlichen Verhältnisses zwischen Blue Collar und White Collar … Hier ist doch sowieso alles weiß, da ist ein erster Schritt ja schon getan«, schloss er mit einer überaus charmanten Pointe.

Paddy sah ihn unverwandt an, ohne auch nur zu blinzeln. Er schüttelte dabei den Kopf, als müsste er gleich seinem kleinen Sohn erklären, dass es keinen Weihnachtsmann gibt.

»Das wird nicht funktionieren, Ernesto. Die Bürokräfte sind typische Kleinbürger. Ihr Ziel ist es, dem Großbürgertum möglichst ähnlich zu werden und irgendwann dazuzugehören, während sie sich vom Proletariat – in ständiger Sorge, gesellschaftlich abzurutschen – eher abgrenzen wollen. Vielleicht gehen sie dann und wann lose Allianzen mit der Arbeiterschaft ein, wenn sie sich einen Vorteil davon versprechen, aber du wirst selbst sehen, sie werden ihren Arsch nicht riskieren, sondern klein beigeben. Und darum, lieber Ernesto, bleibt uns nur die Möglichkeit, uns zu proletarisieren. Wenn du möchtest, helfe ich dir dabei.«

»Äh … Danke für das Angebot …«, sagte Marroné, um Zeit zu schinden. »Ich überleg's mir.«

Mittlerweile standen sie am Fuß des Statuenfriedhofs, eines Bergs aus zerbrochenen und misslungenen Werkstücken, die in der Sonne glitzerten wie Schnee auf einem Gipfel. Marroné untersuchte die Trümmer, weil er – leider vergeblich – auf einen Schatz zu stoßen hoffte, auf ein paar Evas, die vielleicht ein paar Sprünge hätten, aber noch brauchbar wären. Einem solchen Fund am nächsten kam ein Torso von Marilyn, die versuchte, ihren Rock zu richten, um zu verbergen, dass sie darunter rein gar nichts hatte. Paddy rollte ihm das zerbrochene Kapitell einer korinthischen Säule hin und setzte sich selbst auf das einer ionischen.

»Schau«, sagte Paddy nach einer kurzen Pause und zeigte auf den Berg aus zerbrochenen Dekorationsstücken. »Was siehst du?«

Marroné ließ den Blick über die zusammengewürfelten Stücke schweifen: Gussformen, die kaputt gegangen, Säulen, die geborsten, Amphoren, die zerbrochen waren, ein David ohne Beine, ein Diskuswerfer, der aussah, als wollte er gleich seinen Armstumpf durch die Luft schleudern, die Masken von Komödie und Tragödie, auf Höhe des Mundes abgebrochen, sodass man nicht sagen konnte, welche welche war, eine Tänzerin, die ihren fehlenden Ballettschuh schnürte, ein Oberst Perón, der mit seiner abgeschlagenen Nase wie die ägyptische Sphinx aussah, eine Venus von Botticelli ohne Arme, die eher der von Milo glich, eine Venus von Milo ohne Kopf, die an die Nike von Samothrake gemahnte, nur ohne Flügel, ein aztekischer Kalender in zwei Hälften …

»Bei den Figuren gibt es eine hohe Ausschussrate. Für die Produktivität …«

»Jetzt fängst du schon wieder an. Betrachtest alles rein geschäftlich. Überlegst nicht mal, welchen Sinn die Arbeit der Menschen hier eigentlich hat. Welchen Sinn hat es, diese Nachbildungen anzufertigen?«

»Äääh …« Da ihm klar war, dass der böse Geist des Großbürgertums ihm die falsche Antwort einflüstern würde, musste er sich mit einem harmlosen Vokal Zeit verschaffen.

»Eben! Keinen! Wir leben in einer Kultur der Kopie, der Nachbildung, des Imitats; zu allem Überfluss auch noch

146

schlecht gemacht. Sieh dir das an«, sagte er und hielt eine Pietà hoch, bei der Christus nicht wie ein Sterbender aussah, sondern wie Mozzarella, der im Schoß der Muttergottes in der Sonne schmolz und auf den sie nicht erbarmungsvoll, sondern angeekelt blickte. »Wer würde eine Missgeburt wie diese je mit Michelangelos Werk verwechseln? Das kommt dabei raus, wenn man wie sie zu sein versucht«, rief er und warf das Ding wieder auf den Haufen zurück. »Dieser Trümmerberg, diese schadhaften, miesen Kopien, das ist eine Warnung, unsere Kultur nicht mehr aus Überresten der Herrschaftskultur zusammenzustückeln. Wir geben uns mit Bruchstücken zufrieden, mit der Kopie der Kopie, und solange das so bleibt, sind wir blind für die Wirklichkeit.«

Paddy hatte nicht ganz unrecht. Marroné starrte nun schon so lange auf die geborstenen Werkstücke, dass seine Augen geblendet waren und er nur mehr ein Kaleidoskop aus dunklen Schemen vor seiner Netzhaut kreisen sah.

»Wie schon Frantz Fanon gesagt hat, Europa hat endgültig ausgespielt, es muss etwas anderes gefunden werden … Gewöhn dich an den Gedanken. Wir dürfen unsere Fahrt nicht mit dieser Art Ballast beschweren. Und wenn wir am Ziel eintreffen, müssen wir die Schiffe hinter uns verbrennen.«

»Was willst du damit sagen?«

Paddy nahm die zwei Hälften des aztekischen Kalenders vom Schutthaufen und hielt sie an der Bruchstelle zusammen.

»Wenn wir einmal diesen Punkt erreicht haben«, sagte er andächtig, »müssen wir all den anderen Krempel vergessen.« Und er schielte mit seinen blauen Augen, wohin er gerade nicht zeigen konnte, weil seine Hände ja die Scheibe zusammenhielten: zum traurigen Berg, zum Grabhügel der zerbrochenen Bildnisse aus fünftausend Jahren nutzlos gewordener westlicher Kultur. »Paris, El Greco, Shakespeare …«, flüsterte er mit vorweggenommener Wehmut.

Marroné nützte die Gelegenheit, um die Konversation mit einer gesunden Dosis Widerspruch zu würzen.

»Aber Shakespeare hat dir immer gefallen!«

»Stimmt schon. Weißt du noch, als wir *Julius Cäsar* gelesen haben?«

»Ja, natürlich!«, bekräftigte er hocherfreut, in der Hoffnung, das Gespräch auf Mark Antons Rede bringen zu können, die Dale Carnegie, aber auch Theobald Johnson zufolge das Beste war, was Shakespeare je geschrieben hatte.

»Darin werden die Revolutionäre, die die Republik verteidigen, als böse dargestellt und der diktatorische Machthaber mit seinen Schergen als gut. Und das Volk? Das zeigt man uns als Haufen von Blödmännern, die sich narren lassen, oder als mordenden, brandschatzenden Mob. Fehlte nur noch, dass dort auch – wie bei uns die Arbeiter nach ihrem Protestmarsch auf der Plaza de Mayo – ihre schmutzigen Füße ungeniert in den Brunnen stecken und dann auch noch Kirchen anzünden. Sagen wir es mal so: Wenn Borges das geschrieben hätte und nicht Shakespeare, hätte es auch nicht amerikanisierter und antiperonistischer werden können.«

Marroné schluckte ein paarmal, bevor er zu einer Antwort ansetzte. Bei Paddy war es schwierig, Dale Carnegies Empfehlungen für die Gesprächsführung anzuwenden. Sehr schwierig.

»Aus der Lektüre von Shakespeares Stücken kann man viel lernen«, beteuerte er. »Zum Beispiel *Hamlet* …«

»Du hast recht. Wenn man den *Hamlet* kritisch liest, kann das durchaus förderlich sein, um den entscheidenden Schritt vom Zweifel des Intellektuellen zur Gewissheit des Revolutionärs zu tun. Würde Hamlet nämlich seine Nabelschau einmal unterbrechen, dann könnte er sehen, dass hinter den Palastmauern auch noch eine Welt ist: Vor den Toren wartet das Volk von Dänemark auf ihn. Hätte er sich auf die Seite des Volkes gestellt, so wären wie durch Zauberhand alle Zweifel von ihm abgefallen: Er hätte den Palast dem Erdboden gleichgemacht, aber nicht, um seinen Vater zu rächen – der schließlich nur ein weiterer Oligarch war –, sondern das unterdrückte Volk Dänemarks, die Massen«, schloss Paddy. Und fuhr nach kurzem Zögern fort: »Ernesto, ich möchte dich etwas fragen und ich bitte dich, mir die Wahrheit zu sagen. Was ist Eva Perón für dich?«

Die Frage erwischte ihn eiskalt. Er suchte nach irgendeiner Regel aus *Wie man Freunde gewinnt*, an der er sich festhalten konnte, aber sein Kopf war völlig leer.

»Ähm, geistige Mutter der Kinder Argentiniens ... Vorkämpferin der Arbeiter ... Erste Samariterin der Nation ...«, er kramte die Wendungen hervor, die ihm noch aus seiner Kindheit geläufig waren, und bemühte sich, sie von dem Geschmack nach Gift und Galle zu befreien, mit dem sein Vater sie früher ausgespuckt hatte. Es gelang ihm nicht ganz. »Die Frau an der Seite Peróns. Was weiß ich ... Niemand«, gab er schließlich zu.

»Und wozu«, fragte Paddy in einem Tonfall, als hätte er eine solche Antwort schon erwartet, »willst du die Büsten dann haben?«

»Ist mir aufgetragen worden«, erklärte Marroné und versuchte, seinen wachsenden Frust zu verbergen. »Ich bin

Einkaufsleiter einer Baufirma und soll sie besorgen. Ich muss mich um die Qualität, den Preis und in diesem Fall vor allem die rasche Lieferung kümmern, weshalb mich deine blöde Fabrikbesetzung in Verlegenheit bringt. Ich suche doch nicht den Heiligen Gral, ich brauche einfach ein paar Gipsbüsten aus Serienproduktion. Ist das zu viel verlangt? Können die Arbeiter den Blödsinn nicht sein lassen und sie produzieren? Um mir das Leben nicht noch schwerer zu machen? Nicht jeder von uns kann sich leisten, alles liegen und stehen zu lassen, um die Welt zu verbessern. Wir andern haben Verpflichtungen zu erfüllen, unseren Job zu machen, Familien zu ernähren … ähm … Entschuldige bitte«, unterbrach er sich und wischte sich mit der Hand über die schweißnasse Stirn. »Ich weiß nicht, was mit mir los ist, muss an der Hitze liegen.«

»Schon gut, Ernesto, nicht so schlimm. Das ist ein Anfang.«

»Ein Anfang?«, fragte Marroné leicht beunruhigt.

»Kuba ist auch nicht an einem Tag befreit worden. Als das erste Mal jemand gekommen ist, um mit mir darüber zu reden, habe ich ihn hochkant hinausgeworfen. Aber jetzt bin ich hier«, antwortete Paddy gelassen.

»Wer ist gekommen? Um worüber zu reden?«

»Ich muss jetzt los, alter Freund. Ich habe mich um vieles zu kümmern … Es ist wirklich wichtig, dass dieer Streik gut läuft, er ist nämlich die Generalprobe für etwas Größeres … Wenn uns das hier gelingt, werden die Arbeiter mehr wollen … Wir dürfen sie nicht enttäuschen.«

»Wer ist *wir*? Und was wollt ihr?«

»Heute Abend bringe ich dir was zu lesen, und wenn du dann immer noch wissen willst, wer wir sind, nehme ich dich mit. Ich sage jetzt nicht, dass wir nicht beißen. Aber entscheidend ist, *wen* wir beißen. Ach, und noch etwas«, sagte er und zwinkerte ihm zum Abschied komplizenhaft zu. »Sollten wir die Produktion wieder aufnehmen, werde ich alles in meiner Macht Stehende tun, damit die zweiundneunzig Büsten von Eva Perón Priorität erhalten, versprochen.«

Ihm war gleich klar, dass etwas nicht stimmte, als er das Schiff der Kathedrale betrat und sehen musste, dass Formulare, Bescheinigungen, Rechnungen, Durchschläge, Memos, Quittungsblöcke, Lieferscheine, Briefe, Kuverts, Aktenpapier, Ablagemappen, Schreibmaschinenbänder und anderes Büromaterial wie Konfetti von oben herabregneten oder als Luftschlangen und Girlanden an den Handläufen hingen, dass der Boden und die Maschinen davon bedeckt waren und die Fabrik aussah wie die Straßen von Buenos Aires am traditionellen ersten Ferientag der Büroangestellten, den sie immer auf die gleiche dämliche Art begingen. Neben dem Lastenaufzug lagen Alutabletts mit auseinandergefallenen Schinken-Käse-Brötchen auf dem Boden, und als er zur Galerie hinaufblickte, sah er ein weiteres Tablett inmitten einer Wolke fliegender Brötchen durch die Luft wirbeln und konnte sich gerade noch mit einem Satz retten. Je höher er die Wendeltreppe hinaufkam, desto lauter wurde das Geschrei, das zwischendurch von hysterischem Gelächter übertönt wurde, und als er oben angelangt war, sah er seine Vermutung bestätigt: Die Büroangestellten hatten sich auf der Galerie zusammengerottet und schleppten Karteikästen und Ablagemappen über die Stege und Plattformen, um sie unter Jubelgeschrei über die Brüstungen zu werfen. Gómez und Ramírez führten eine kleine Abordnung an, die gewaltsam in die Büros einzudringen versuchte, in denen sich die Manager mithilfe von Aktenschränken und anderem Mobiliar verbarrikadiert hatten. Dabei skandierten die Büroangestellten Schlachtrufe wie »Nieder mit den Privilegien!«, »Wir fressen keinen Dreck!«, »Freudenmädchen ja, Bücher nein!«, während die drinnen abwechselnd drohten und schmeichelten: »Lasst uns doch miteinander reden!« »Ihr werdet alle entlassen!« »Beruhigt euch doch, wir können darüber verhandeln!« Die zwei anwesenden Betriebsräte schienen die Lage nicht mehr unter Kontrolle zu haben, lehnten sich über die Brüstung und riefen ihre Genossen zu Hilfe.

Als Ramírez ihn sah, fiel er ihm um den Hals.

»Marroné, Sie hatten ja so recht! Man muss sich nur trauen! Dann kann man alles erreichen!«

Schockiert wollte Marroné erklären, dass sie da etwas Wesentliches missverstanden hätten; aber Ramírez war schon weitergelaufen und hörte ihn nicht. Manche Männer verbrannten ihre Krawatten, als wären es US-Flaggen, andere hatten sich der Hemden entledigt, sprangen im Unterhemd auf und ab und sangen im Chor »Sansimón, Sansimón, dein Arsch, der gehört uns schon!« und »Garaguso lässt sich ficken und mit fremden Federn schmücken!«. Die Frauen, allen voran Nidia und Dorita, stampften auf den Boden, um ihre Pfennigabsätze abzubrechen, und zwei völlig Durchgedrehte, von denen einer bezeichnenderweise der so untadelige González war, schleppten den Kessel mit heißem Kaffee zur Brüstung, den ihnen die Arbeiter gebracht hatten, doch bevor sie ihn hinunterkippen konnten, stolperten sie über eine auf dem Boden liegende Schreibmaschine. Und so ergoss sich alles auf den entgeisterten Marroné. Zum dritten Mal innerhalb von zwei Tagen glaubte er sein letztes Stündlein gekommen, bis er merkte, dass das Gesöff nur lauwarm war und ihm lediglich den Anzug von James Smart und die italienischen Schuhe ruinierte.

»Was soll das denn, ihr Idioten?«, entfuhr es ihm.

González riss, ehrlich besorgt, seine wasserblauen Augen auf.

»Du meine Güte! Geht es Ihnen gut, Ernesto? Warten Sie, ich helfe Ihnen!«, stammelte er und streckte die tollpatschigen Hände nach dem nassen Anzug aus.

»Nicht anrühren!«, kreischte Marroné mit hysterischem Unterton und schlug ihm auf die Finger. Es tat ihm aber gleich wieder leid, als González ihn mit feuchten Augen ansah.

»Verzeihung!«, flüsterte González und verzog weinerlich das Gesicht.

»Was ist denn los? Habt ihr nicht mit der Übung weitergemacht?«

»D-doch, wir haben in Gruppen gearbeitet, wie Sie's uns gesagt haben«, stotterte González, als bekäme er einen Rüffel von seinem Chef. »Und dabei haben wir die ganze Zeit riechen können, dass unten gegrillt wird ... Wir haben geglaubt, dass wir auch etwas abbekommen, wissen Sie? Wo wir doch jetzt alle an einem Strang ziehen ... Und als sie uns dann wieder die gleichen Brötchen und den verbrannten Kaffee gebracht haben ... da war das, also ... das war nur sehr schwer auszuhalten ...«

Paddy hatte recht gehabt, dachte Marroné und knirschte mit den Zähnen, während er um Zurückhaltung rang, man durfte von diesen Leuten nichts, *aber auch gar nichts* erwarten. Da probierte man es mit einer Visualisierungstechnik, einer einfachen, niederschwelligen Kreativitätsübung, und schon führte sich die Gruppe auf wie Abiturienten auf Klassenfahrt. Marroné blickte sich nach einem Sündenbock um, an dem er sein Mütchen kühlen konnte. Sein Blick fiel auf einen der beiden Betriebsräte. Mit schweren, nassen Kleidern, von denen immer noch warmer Kaffee troff und ihm in die Schuhe lief, die schon so voll waren wie zwei Tassen, stapfte er, zum Äußersten entschlossen, auf den Mann zu.

»Ihr!«, sagte er und zeigte mit einem zitternden Finger auf ihn. »Das ist alles eure Schuld! Mein bester Anzug! Maßgeschneidert! Und seht nur, wie er jetzt aussieht!«

Der junge Mann, der Wache schob, war vielleicht fünfundzwanzig und hatte schmale Augen wie ein Indio. Er musterte Marroné von Kopf bis Fuß, bevor er erwiderte:

»Ich hab nie so einen Anzug gehabt, den mir wer ruinieren hätte können.«

Das wollte Marroné ihm nicht durchgehen lassen.

»Kommt mir ja nicht so! Wirklich nicht! Jedes Problem wird mit der sozialen Ungerechtigkeit vom Tisch gewischt! Ihr wollt die Fabrik besetzen? Oder gleich das ganze Land? Schön! Aber diesen Anzug, den werdet ihr mir reinigen oder ersetzen! Man muss für seine Handlungen Verantwortung übernehmen. Ich verlange von euch eine Lösung!«

Der Arbeiter sagte achselzuckend:

»Wie wär's, wenn Sie im Lager vorbeischauen? Dort kriegen Sie bestimmt was anzuziehen.«

Gemeinsam mit dem Kaffee auf Marronés Haut kühlte auch seine Wut ab. Es blieb ihm unter diesen Umständen wohl nichts anderes übrig.

»Und wo ist das?«, fragte er schicksalsergeben.

»Aus dem Lastenaufzug raus und dann rechts …«

Dorita kam aus Richtung der Büros gelaufen.

»Herr Marroné, alles in Ordnung? Haben Sie sich verbrannt? Kann ich irgendwie behilflich sein?«

Obgleich Marroné Doritas Anwesenheit in erster Linie lästig fand, besänftigte ihn ihr Angebot dennoch. Es war albern, sich so aufzuregen, in seiner Lage konnte er sich keine Gefühlsausbrüche leisten.

»Danke, nicht nötig, Dorita. Der Herr war so freundlich, mir zu erklären …«

Als er mit dem Lastenaufzug nach unten fuhr, wurde Dorita in Scheiben zersägt: Erst der Kopf mit den merkwürdig glitzernden Augen, die sie bis zuletzt auf ihn gerichtet hielt, dann der Hals, der an ein gerupftes Huhn erinnerte, ihre flache Brust, die schmalen Hüften und die schlanken Beine, die man unter dem Bleistiftrock erahnen konnte. Unten lugten ihre bloßen Füße aus den Laufmaschen heraus, die ihr in dem ganzen Tohuwabohu die Beine hochgeklettert waren. Nicht übel, ihre Fesseln, dachte Marroné. Ob sie sich wohl in ihn verguckt hatte?

Für das Lager war ein alter Mann mit weißem Haar und blauen Augen zuständig, der ihn kurz taxierte und ihm dann einen säuberlich gefalteten, weißen Overall in seiner Größe über den Tresen reichte. Als der Mann fragte, ob er auch Strümpfe und Schuhe benötige, bejahte Marroné, der es leid war, auf zwei schmatzenden Schwämmen zu laufen, und die Schuhe auch lieber nicht mehr benutzen wollte, bis er sie zu einem guten Schuster bringen konnte.

»Sie können in der Umkleide duschen, wenn Sie möchten, die ist gleich dort«, sagte der Mann und reichte ihm ein Handtuch.

Das Wasser war kalt, aber das kümmerte ihn wenig, genauso wenig wie die billige, grobe Seife, mit der er sich genüsslich das stoppelbärtige Gesicht abrieb, die Arme, die behaarte Brust, dann Rücken, Gesäß und Genitalien, und dann sah er plötzlich *sie* und ließ die Seife fallen, um sich zu bedecken. Sie stand mit offenem Mund und großen Augen in der Tür und schaute ihm zu, während sie mit beiden Händen ihre Tasche und die darübergehängte Strickjacke festhielt. Just als Marroné die Schenkel zusammenpresste und sich wie eine prüde Statue die Hand vorhielt, verschwand sie aus der Tür, stolperte jedoch und ließ ihre Tasche samt Strickjacke fallen. Und als Marroné sich aus einem dämlichen Höflichkeitsreflex nach der Tasche bückte, steckte sie den Kopf wieder zur Tür herein, sodass sich die peinliche Situation wiederholte. Endlich hatte sie ihre Sachen und trat bestürzt ein weiteres Mal den Rückzug an, während Marroné sich fertig abduschte und sich besorgt umsah: Jetzt hatte er auch noch das Handtuch in der Umkleide gelassen und nichts dabei, um seine Blöße zu bedecken, als sein schmales Goldkreuz.

»Dorita?«, fragte er.

»Ja?«, antwortete eine Stimme aus dem Umkleideraum. Sie war also noch da. Verflucht.

»Könntest du … mir bitte das Handtuch reichen?«

»Ja, natürlich! Sofort.«

Das Handtuch schwebte um die Ecke der gefliesten Wand wie ein Geist in Miniatur und flatterte auf und ab. Er streckte die Hand danach aus, trocknete sich eilig ab und wickelte es sich um die Mitte. Er fand Dorita mit roten Wangen und gesenktem Blick auf einer der Holzbänke vor, wo sie auf ihn wartete.

»Verzeihen Sie, Herr Marroné. Ich war auf der Suche nach Ihnen und habe gehört, dass Sie hier sind ... Ich habe mir nichts dabei gedacht ...«

»Schon gut. Worum geht es denn?«

»Ich möchte ... Ihnen nur dafür danken, was Sie für uns getan haben ... Ich habe mich noch nie so ... wertvoll gefühlt ... oder von irgendwem gehört, dass ich etwas beitragen kann ... kreativ sein kann, wenn ich auf mein Inneres höre.«

Das Handtuch um Marronés Mitte begann sich zu heben, als wäre es ein Zirkuszelt und jedes von Doritas Worten ein Hauruck der Zwerge, die es aufstellten. Nichts war stimulierender, als nach der Leitung einer Kreativitätsübung Lob einzuheimsen; er konnte sich nicht kontrollieren, und dafür war es sowieso zu spät: Dorita vermochte offenbar auch nicht wegzusehen, und die Schlange unter dem Frottee begann hypnotisch zu pulsieren.

»Dürfte ich ... auch kurz duschen? Mir ist so heiß ... Würden Sie hierbleiben, damit niemand anderer hereinkommt? ... Vor Ihnen schäme ich mich nicht.«

Marroné konnte sich alles lebhaft vorstellen. Ihr ungraziöser Körper, mager und nass unter der Dusche, eine ungeschickte Fummelei als Vorspiel und dann die Eile, um wenigstens die Spitze hineinzubringen, bevor in zwei, drei unausweichlich kurzen Zuckungen seine Würde mitsamt der Erektion verpulvert wäre; und anschließend die besorgten Fragen, die peinlichen Ausflüchte, das gespielte oder sogar ehrliche Mitgefühl, der schwerer als Hohn zu ertragende Trost. Marroné schob Doritas Hand, die sie versuchsweise zum obersten Knopf ihrer Bluse geführt hatte, so weit wie möglich von der pulsierenden Mitte seines Seins weg, sah

157

ihr fest in die Augen und sagte: »Dorita ... danke für alles, was du gesagt hast und für ... für das hier ... Aber du musst verstehen, ich bin verheiratet und liebe meine Frau, wir haben einen Sohn, der zweieinhalb ist, und meine Kl... und eine Tochter, die ist gestern zwei Monate alt geworden ...« (»Und im Übrigen hast du dich, seitdem du hier bist, nicht mehr erleichtern können«, fügte seine lästige innere Stimme absurderweise hinzu, als ob das etwas damit zu tun hätte.)

Dorita nickte kleinlaut zu jedem seiner Worte, sie hatte es wohl kommen sehen und konnte nur mit Mühe die Tränen zurückhalten.

»Also ... wenn du kurz hinausgehen würdest ... Dann ziehe ich mich an ... Wenn du auf mich wartest, können wir auch gemeinsam zurück nach oben gehen.«

Dorita biss sich auf die Unterlippe, nickte aber und ging nach draußen, um zu warten. Marroné streifte den weißen Overall über die nackte Haut, weil nicht einmal seine Unterhose verschont geblieben war – eigentlich stieg er in den Overall eher wie in einen Taucher- oder Astronautenanzug hinein – und zog sich dann die Socken und die groben Arbeitsschuhe an. Irgendwie hatte seine neue Montur etwas Aufregendes, vor allem der raue Baumwollstoff an seinem noch erregten Glied – Marroné fühlte sich anders, gelöst, wagemutig, ja irgendwie ... männlich. Sein Blick fiel auf die zusammengeknüllte nasse Kleidung und die italienischen Schuhe, die nie mehr die alten sein würden, das war sicher, und auf einmal war er ganz müde. Er drückte die Schuhe gegen die Kleidung, bis Kaffee floss, umwickelte sie mit den Hosenbeinen und warf alles in den Mülleimer unter den Waschbecken. »Wir müssen die Schiffe hinter uns verbrennen«, schoss es ihm durch den Kopf, und als er hochsah, begegneten ihm im Spiegel ein stoppelbärtiges Gesicht, verwuschelte Haare und der mutige Blick eines Abenteurers, der zu allem bereit ist, um seine Mission zu erfüllen. Er öffnete die obersten Knöpfe des Overalls, sodass man seine muskulöse Brust und ein Stück von dem Sixpack sah, den er vom Rugby-Training hatte und sich mit zwei Fitnesscenterbesuchen pro Woche erhielt. Er runzelte die Stirn, legte die Hand auf die Brust, reckte die andere zur Faust geballt nach oben und lächelte in sich hinein: Suchte noch jemand ein Modell für die Statue des Descamisados auf dem Monument? Hier war er.

Als er hinauskam, war nichts von Dorita zu sehen. Auf dem Weg zum Lastenaufzug traf er einen Arbeiter mit weißem Helm, der aufgeregt zu ihm gelaufen kam.

»Sind Sie auf dem Weg nach oben, Genosse?«

»Ja«, antwortete Marroné mit unmerklichem Zögern.

»Richten Sie Zenón und Aníbal aus, dass sie die Leute freilassen sollen. Falls sie fragen: Das kommt von Trejo.«

»Alle?«

»Aber nein, die Chefs bleiben hier! Nur die Bürokräfte. Diese Idioten wollen sich dem Streik anschließen und bringen hier alles durcheinander.«

Oben auf der Galerie sprangen immer noch die Büroangestellten herum, warfen mit Papier und sangen im Chor: »Wer nicht hüpft, ist Sansimón-Fan! Wer nicht hüpft …!« Ramírez im durchgeschwitzten rosa Hemd war auf einen Stuhl gestiegen und versuchte sich als Einpeitscher, allerdings ging seine schon ganz heisere Stimme in dem allgemeinen Geschrei fast unter:

»Der Augenblick ist gekommen, unser Stigma loszuwerden, Leute! Ständig heißt es, wir seien Speichellecker und

Arschkriecher, würden uns in die Hose machen. Aber heute wird im Gipswerk Sansimón die Geschichte neu geschrieben, und diesmal stehen die Bürokräfte Seite an Seite mit den Werkarbeitern, komme, was da wolle. Wenn wir alle die Besetzung mittragen, Genossen, dann kann niemand uns aufhalten ...«

Als Marroné es den beiden Wache schiebenden Arbeitern, die er mit ihren Namen Zenón und Aníbal ansprach (aus dem Gedächtnis; das Notizbuch ließ er, aus Erfahrung klug geworden, lieber stecken), ausgerichtet hatte, sah er keinen Grund, es nicht auch gleich laut zu verkünden:

»Von unten kommt die Weisung, dass ihr gehen könnt!«

Es war, als hätte man einen Schwall kaltes Wasser in einen brodelnden Topf gegossen. Das Chaos legte sich, auf den Gesichtern breitete sich eine Verwunderung aus, die sich, wie jeder aus den Augenwinkeln beobachten konnte, in schuldbewusste Erleichterung, Betretenheit wegen des eigenen und fremden Betragens und schließlich stille Freude verwandelte. Wortlos machte sich erst einer – Suárez – und gleich noch einer – ein Unbekannter – zum Büro auf, um seine Sachen zu holen und abzuhauen. Ramírez versuchte, sie mit ein paar schwachen Argumenten zum Bleiben zu bewegen:

»Hey, Leute, wo wollt ihr hin? Sollen wir die Chance verstreichen lassen zu beweisen, dass das alles nicht stimmt? Dass wir keineswegs die Ersten sind, die bei Gefahr das Weite suchen und sofort umfallen, wenn uns jemand anhustet? Wäre es nicht besser zu bleiben, damit wir später erhobenen Hauptes nach Hause gehen und von uns sagen können, dass wir uns dieses Mal Respekt verschafft haben? Wenn wir jetzt gehen, Genossen ... Was erwartet uns dann? Dasselbe wie immer!«

Marroné ging zu ihm, weil er ihm leidtat.

»Hey, das bringt doch nichts. Dir hört niemand zu.«

Es lag kein Wiedererkennen in Ramírez' leerem Blick, als er sich auf seine Schulter stützte, um vom Stuhl zu steigen. Dann trollte sich auch Ramírez grußlos zu den Büros. Seine Kollegen bildeten bereits eine Schlange vor dem Lastenaufzug, um hinunterzufahren. Marroné entdeckte den Vertriebsleiter der Sansimón-Werke unter ihnen, der möglichst unauffällig tat. Er hatte schon am Vortag zu flüchten versucht.

»Hey, Papillon, willst du abhauen? Geh schön wieder rein zu den andern«, sagte Marroné warnend und tippte ihm auf die Schulter.

Mit betretener Miene gehorchte der Vertriebsleiter, wortlos und mit verwundertem Blick, als versuche er, sein Gesicht einzuordnen ... Marroné rieb sich die Hände. Dieses Rollenspiel machte ihm einen Riesenspaß und bestätigte die Regel, dass man sein wahres Potenzial erst erkannte, wenn man es ausschöpfte. In diesem Augenblick kam der Lastenaufzug wieder nach oben und Paddy entstieg ihm mit einer zusammengefalteten Zeitschrift in der Hand, begleitet von zwei weiteren Männern mit schwarzen Helmen. Als er Marroné sah, blieb Paddy der Mund offen stehen.

»Ernesto, was machst du denn hier?«, fragte er.

Marroné zuckte bloß mit den Schultern und sah ihn herausfordernd an.

»Wieso? Bist du hier etwa der Einzige, der sich proletarisieren darf?«

Der Arbeiter, dem Marroné die Weisung überbracht hatte, ließ die Büroangestellten in zwei Zehnergruppen mit dem Lastenaufzug nach unten fahren. Dorita befand sich in der zweiten Gruppe und wurde nun in umgekehrter Reihenfolge in Scheibchen zersägt: von den Füßen angefangen bis zu den Augen hinauf, die sie bis zuletzt auf ihn gerichtet hielt, die Tränen waren schon fast getrocknet. Er winkte ihr lächelnd, und als sie außer Sichtweite war, drehte er sich zu Paddy um, der ihn immer noch ungläubig ansah.

»Puh, jetzt sind wir die Kleinbürger los. Ein Problem weniger, was?«

»Und was ist mit dir, Ernesto? Was hast du jetzt vor?«

Es gab eine Sache, die er wissen musste, bevor er seine Entscheidung traf.

»Was ist mit dem Rest von Argentinien? Was tut sich in den anderen Gipswerken?«

Paddy grinste.

»Sie sind alle besetzt, Ernesto. Diesen Streik hält niemand auf!«

»Dann bleibe ich«, sagte Marroné ohne Zögern.

Als Paddy ihn innig umarmte, fühlte Marroné sich plötzlich richtig glücklich. Unglaublich, dass sein Herzenswunsch aus der Schulzeit sich so unerwartet erfüllte! Paddy und er, endlich Freunde. Nach der Umarmung faltete Paddy die Zeitschrift auseinander.

»Hier!«

»Was ist das?«, wollte Marroné wissen.

»Was ich dir versprochen habe. Lies das und morgen unterhalten wir uns darüber.«

Marroné sah sich das Titelblatt an. Eine feine Lady hielt, gespannt wie eine Gitarrensaite, eine flammende Rede vor grauen Schwaden, die zweifelsohne eine Menschenmenge verbargen. Über ihrem strengen Haarknoten stand in roten Lettern wie auf eine Wand gepinselt: »Evita Montonera«.

Die Autos entfernten sich eines nach dem andern: der Peugeot von Gómez, in dem auch González mitfuhr; der tadellos erhaltene Auto Union 1000, den Fernández lenkte; ein Fiat 600, in dem sich als Fahrgemeinschaft Suárez, Ramírez, Nidia und Dorita zusammenquetschten; und ein Fiat 1500, ein Citroën 3CV und ein Renault 4L, in denen sich die übrigen Bürokräfte befanden. Durch das große Fenster, das vom Mittelgang auf den Parkplatz hinauswies, sah Marroné sie einsteigen, die Motoren anlassen, die Scheinwerfer einschalten und im Konvoi aufs Haupttor zusteuern, das die bewaffneten Wachen ihnen öffneten. Es wurde schon dunkel, aber die Hitze hatte noch nicht nachgelassen, sie nahm eher noch zu. Die dichte Wolkendecke, die beim Sonnenuntergang in gedämpftem Weinrot erstrahlt war, glühte nur noch im Westen, während sich im Norden blei- und aschgraue Wolken zusammenballten wie eine wilde Indianerhorde vor dem Sturm.

Er brauchte einen ruhigen Ort, um sich hinsetzen und ungestört in dem Heft über Eva Perón lesen zu können, also holte er seinen Aktenkoffer aus dem großen, vom Sturm der Bürorevolutionäre völlig verwüsteten Büro und probierte dann die Türgriffe durch, bis einer sich drehen ließ und den Weg in einen verwaisten Raum freigab. Nach einigen Sekunden leuchteten die zu Anfang nur blinkenden Neonröhren gleichmäßig und er steuerte entschlossenen Schrittes die Toilette an.

1919. Das Land erlebt die erste demokratische Phase in seiner Geschichte, **doch es ächzt unter dem Joch des angelsächsischen Imperialismus und der Oligarchie der Großgrundbesitzer,** las er, während er sich mit den Hinterbacken bequem auf die Klobrille setzte. *Das Land ist gespalten in die europäische, zivilisierte und weiße Metropole* *und das südamerikanische, wilde und von Mestizen bevölkerte Landesinnere.* **Ein reiches Land, doch voll armer Leute, in dem Patriotismus bestraft wird und es denen am besten ergeht, die unser Land ans Ausland verschachern.** *In einem kleinen Dorf dieses Landes, wie so viele andere Dörfer in der Pampa auf Land erbaut, das die Soldateska den Indios, unseren Brüdern, abgejagt hat,* **erblickt am 7. Mai eine der größten Revolutionärinnen in der Geschichte Lateinamerikas das Licht der Welt: Eva Perón**, stand über dem Foto geschrieben, das eine Eisenbahnstation im englischen Baustil zeigte, dicht gedrängte, silbrig glänzende Silos sowie einen Schuppen mit dem Schriftzug »LOS TOLDOS« an der Wand. Auf dem folgenden Foto hielt eine Frau in Häkeljacke und Kopftuch stellvertretend für ein Neugeborenes eine Puppe hoch und rief mittels enthusiastischer Sprechblase: *Sieh nur, Juan! Ist sie nicht wunderbar?* Der Mann, an den sich die hoffnungsvolle Frage richtete, war ein älterer, geschniegelter Herr mit gestreiftem Zweireiher, glänzendem Haar und einem dünnen, wie aufgemalten Schnurrbärtchen über den verächtlich geschürzten Lippen. Er hatte keine Sprech-, aber dafür eine Denkblase, in der stand: *Das ist jetzt schon das Fünfte. Wird Zeit, dass ich das Weite suche.*

Den Gepflogenheiten seiner gesellschaftlichen Klasse gemäß, las Marroné im begleitenden Kästchen, *verlässt Evas Vater seine Frau (die ihm vielleicht nicht vor dem Gesetz angehört, doch sehr wohl durch ihre tiefe Liebe und Hingabe) und die fünf Kinder, um nach Chivilcoy zu seiner »rechtmäßigen« Familie zurückzukehren.*

Da sie am eigenen Leib gesellschaftliche Ausgrenzung erfuhr, **wusste Eva schon früh, auf welcher Seite sie stand**, war in der Bildüberschrift auf dem nächsten Foto zu lesen, auf dem ein kleines Mädchen mit Zöpfen und im getupften Kleid sich mit seinem zerbrechlichen Kinderkörper schützend vor einen zerlumpten, verängstigten Bettlerjungen stellte. Drei Jungen aus bürgerlichem Haus mit kurzen Hosen, Brillantine im Haar und Schnürschuhen hielten Steinbrocken in der Hand und einer sagte zu dem Mädchen: *Wofür hältst du dich? Für die Schutzherrin der Armen, der Vergessenen?* Und der andere rief: *Hau ab, du Waisenkind, bevor wir dich auch noch verprügeln!* Evas Denkblase hingegen riskierte eine erste kindliche Weisheit: **Von klein auf trieb jede Ungerechtigkeit einen bohrenden Splitter in meine Seele.**

Als er auf diese unerquickliche Stelle stieß, rutschte Marroné unruhig auf dem Toilettensitz hin und her, als fürchtete er, ein heimlicher Spitzel könnte nicht nur seine Taten – er hockte ja nur auf dem Klo –, sondern auch seine Gedanken sehen, was natürlich nicht möglich war. Er nützte die Lesepause, um ein wenig zu drücken, doch ohne Erfolg. Die nächsten Bilder boten ein Seifenopernklischee nach dem andern: Wie die Mutter aufopferungsvoll, mit gebeugtem Rücken, bis in die frühen Morgenstunden ihre Singer-Nähmaschine bediente; wie sie dann in Trauerkleidung, als schwarz gefiederte Glucke, schützend die Schwingen über ihre fünf Küken breitete, gesenkten Kopfes vor einem verschlossenen schmiedeeisernen Tor stehend, während aus dem Böse-Schwiegermutter-Gesicht einer in Nerz und Satin gehüllten feinen Dame eine empörte Sprechblase mit den Worten *Was fällt Ihnen ein? Schaffen Sie die Bastarde hier weg! Unverschämtheit!* aufstieg und der Begleittext unter dem Foto informierte: *Eva ist sieben, als Juan Duarte* bei einem Unfall sein Leben verliert und ihr die Schmach widerfährt, von seinem Begräbnis ausgeschlossen zu werden. Dann die kleine Eva, die in einem geliehenen Kleid zur Kommunion ging, Eva in der Schule, wo sie Rezitieren übte und davon träumte, Schauspielerin zu werden; die Avancen eines geschniegelten Verehrers der Fünfzehnjährigen und sein Versprechen, sie mit nach Buenos Aires zu nehmen und berühmt zu machen, während seine Gedankenblase böse Absichten und die ihre frühe Reife verriet: *Wenn der eitle Geck aus Buenos Aires wirklich glaubt, dass ich auf ihn hereinfalle, dann verschätzt er sich aber gewaltig.*

Marroné drückte noch einmal kräftiger, doch der einzige Erfolg war die Gewissheit, dass noch viel zu seinem ehrgeizigen Ziel fehlte. Also blätterte er um: Die jugendliche Eva war bereits in Buenos Aires angekommen, *mit ihren Hoffnungen im Gepäck, **wie so viele Tausende Männer und Frauen aus dem vergessenen, verarmten Landesinneren,** die in die Hauptstadt ziehen, in der vergeblichen Hoffnung auf ein besseres Leben, und hat ihre Karriere als Schauspielerin und Fotomodell begonnen. Doch wenn der letzte Scheinwerfer erloschen ist und sie die Traumwelt der Bühne verlassen muss, **stößt Eva auch in der Welt des Theaters auf die gleiche Ausbeutung und Ungerechtigkeit wie überall.** Im Augenblick kann sie wenig dagegen ausrichten. Wenn sie Verbesserungen verlangt und sich bei den Theaterbesitzern Gehör zu verschaffen versucht, wird sie umgehend entlassen,* und ein Foto zeigte Evas Rückansicht, einem Impresario gegenübersitzend, der fett wie eine Kröte war und, eine Havanna schmauchend, vor ihren Augen einen Vertrag zerriss, ein anderes zeigte sie, in ihren verschlissenen Sommermantel gehüllt, auf einer winterlichen Straße, wobei sie den gleichen zerlumpten Jungen wie in Los Toldos trotz ihrer eigenen Betrübnis nicht etwa übersah, sondern ihm eine Münze zusteckte und sagte: *Ich wollte das Unglück, das Elend, die Armut nicht sehen, ihr nicht ins Auge blicken, aber je mehr ich mich bemühte, sie zu vergessen, umso mehr umgab mich die Ungerechtigkeit. Vielleicht deswegen versuchte ich, vor mir selbst zu fliehen, dieses mein einziges Thema zu vergessen, und ich widmete mich intensiv meiner seltsamen künstlerischen Berufung.* Man sah sie in ihrer Zeit beim Radio, wo sie sich etwas wohler zu fühlen schien und das Mikrofon wie eine Waffe gepackt hielt, *und ihre Stimme erreicht jeden Winkel des Landes, auch noch den ärmlichsten und entlegensten Flecken … das Heim der ausgebeuteten Arbeiter, den Hof der mit Hunger geschlagenen Bauern … Die Unternehmer, die Bankiers, die Wohlhabenden, sie alle nehmen nicht wahr, wie sehr sich das Land verändert.* **Sie hören die Rufe nicht, die von ganz unten, aus den Fabriken, den Elendsquartieren immer lauter ertönen …** *Doch Eva hört alles und ist überzeugt, dass sie eines Tages für die Menschen sprechen wird. Eva ist nicht mehr die schüchterne junge Frau, die mit nichts als ihren fleißigen Händen in die Hauptstadt kam … Eva hat sich verändert.*

Diese Veränderung konnte man vor allem daran ablesen, dass eine andere Darstellerin Eva als Erwachsene verkörperte. Das war gleich auf dem ersten Bild unübersehbar, das sie im getupften Badeanzug zeigte, die langen Beine nackt und an den Knöcheln überkreuzt, während ihr das gelöste, kastanienbraune Haar auf die Schultern fiel und die Arme, die sie hinter dem Kopf verschränkt hielt, den Blick auf sorgfältig glatt rasierte Achselhöhlen freigaben. Ihre Körperhaltung mochte unnatürlich, verkrampft sein, *very camera-conscious,* doch die Fröhlichkeit hinter dem aufgesetzten Lächeln, in den Augen, die den Blick des Fotografen suchten und kindlich um Anerkennung heischten, war rein und unverfälscht. Auf den meisten anderen Bildern suchte man diesen Zauber vergebens, weil er der schlechten Druckqualität, der Unfähigkeit des Fotografen, der mangelnden Erfahrung der übrigen Darsteller und den dürftigen Kostümen und Kulissen zum Opfer gefallen war. Hier und da blitzte der Zauber jedoch kurz auf: Als *Eva das letzte Mal am Theater spielt,* in einem Stück mit dem prophetischen Titel *Bringt das Geld unters Volk,* sah man sie Geldscheine in die Luft werfen, dazu ihr perlendes Lachen. Ein weiteres Bild zeigte sie mit asymmetrischem schwarzem Hut und einem Schleier, der ihre helle Haut kaum verhüllte, wie sie den furchteinflößenden Eisenstab umfasste, ebenso entschlossen wie *all die großen Frauenfiguren der Geschichte, Elisabeth I., Katharina die Große, Isadora Duncan, Madame Chiang Kai-shek, deren Geschichten sie mit Leben erfüllt, ohne ahnen zu können, dass sie selbst eines Tages die größte von allen werden wird.* Schließlich erblickte man eine Eva mit offenem Haar, die in die Kamera schaute und direkt zu ihm, Ernesto Marroné, zu sprechen schien, als könnte sie ihn sehen: *In jedem Leben gibt es einen Augenblick, der entscheidend scheint. Es ist der Tag, an dem man glaubt, einen eintönigen Weg eingeschlagen zu haben, ohne Höhen und Tiefen, ohne neue Ausblicke. Man glaubt von diesem Augenblick an, man müsste nun das ganze Leben lang immer das Gleiche tun, und dass in gewisser Hinsicht die Richtung des Weges endgültig festgelegt sei. **Aber alle, oder fast alle, haben wir in unserm Leben einen »Tag des Wunders«. Für mich ...***

Mit diesen drei Punkten endete die Seite und Marroné blätterte eilig um, neugieriger, als er zugeben mochte, und las weiter: *Für mich war es der Tag, an dem mein Leben mit dem Peróns zusammenfiel. Diese Begegnung bezeichnete den Anfang meines wahren Lebens.* Diesmal waren es weder der Begleittext zum Bild, der ihn nachdenklich stimmte *(im Januar 1944 zerstört ein Erdbeben San Juan, einen von vielen vergessenen Winkeln in einem Argentinien, das vor allem auf seine Küsten und das Meer blickt, und bei einer Benefizveranstaltung für die Opfer des Bebens lernt Eva den Oberst Juan Perón kennen)*, noch die Bilder selbst (eines zeigte, wie Eva den allgegenwärtigen zerlumpten Jungen aus Los Toldos umarmte, diesmal auf einem Schutthaufen, ein anderes zeigte sie dabei, wie ihre behandschuhten Finger im Lunapark-Stadion schüchtern die Epauletten eines Mannes in Uniform berührten, der in der Reihe vor ihr saß), sondern allein Evas Gedanken.

Wann, wenn überhaupt, hatte er, Marroné (»**alle, oder fast alle**«, mahnte die Fettschrift, in der Evas Worte gedruckt waren, mit aufrichtiger Strenge), seinen »Tag des Wunders« erlebt? Es war recht unwahrscheinlich, dass es sich dabei um den Tag handelte, an dem er seine Frau Mabel getroffen hatte, flüsterte ihm etwas tief in seinem Bewusstsein zu. Und weil er sich gleich schuldig fühlte, begann automatisch ein anderer Teil, ihm Bilder des Familienglücks ins Gedächtnis zu rufen: das Haus mit Garten in Olivos, das Ehebett, die beiden Kinderbetten ... Und doch war er jetzt hier, in einer besetzten Fabrik, und las, als Arbeiter verkleidet, eine Fotostory über Eva Peróns Werdegang, während ihm alles so fern vorkam wie Gauguin damals auf Tahiti seine zahlreichen Kinder und seine rigide dänische Ehefrau. Vielleicht war sein »Tag des Wunders« ja der Tag gewesen, an dem er Herrn Tamerlán kennengelernt hatte, sagte er sich erschüttert. Sich das einzugestehen, tat in der Seele weh, aber möglich war es. Oder aber der Tag, an dem Govianus ihm diese Mission anvertraut hatte. Wer konnte das schon sagen? Vielleicht hatte er seinen »Tag des Wunders« bereits erlebt, **vielleicht passierte es aber auch gerade jetzt** – schob sich die Fettschrift der Fotostory in seine Gedanken – und er würde es erst später erkennen. Vielleicht kam ihm sein »Tag des Wunders« zunächst vor wie ein »Tag der Katastrophe«: Auch Lester Lucchesi hatte zum Beispiel, auch wenn er das erst viel später erkannt hatte, in dem Moment wirklich zu leben begonnen, als ihn der despotische Warren Holmes III. eiskalt aus der Michigan Real Estate Company hinauswarf: Hätten ihn nicht die erlittene Kränkung und seine Zukunftsängste angespornt, wäre er nie der Held geworden, der die Great Lakes Building vor dem Ruin bewahren sollte, nie der Verfasser von *Autobiography of a Winner*, der Mann, der weltweit als Siegertyp galt. Marronés »Tag des Wunders« konnte sehr wohl auch der heutige sein, selbst wenn es bislang noch nicht so aussah, weil er in der Patsche saß. Für Lucchesi hatte sich das Blatt auch erst gewendet, als er schon fünfzig gewesen war, und so war es auch bei Ray A. Kroc gewesen, bei Alonso Quijano … und bei Juan Domingo Perón, wie er feststellte, als er die nächsten Bilder überflog, auf denen Perón als neue Figur eingeführt wurde.

Wer ist der schmucke, doch undurchschaubare Oberst, der auf einmal in aller Munde ist?, wurde im Text gefragt, und sogleich folgte die Antwort in Form von ein paar mageren biografischen Angaben und einer langweiligen Liste seiner Großtaten an der Spitze des Sekretariats für Arbeit und

Fürsorge, die Marroné ohne größere Gewissensbisse übersprang. Er interessierte sich nicht für diesen geschminkten, grinsenden Lugosi, ihm stand der Sinn nach Eva – und nur nach ihr. Er fand sie im Gefolge eines unwahrscheinlichen, aber nicht unsympathischen Kaffeekränzchens, einer Zusammenkunft der ersten Widersacher, die der Oberst und seine junge Geliebte, zu jener Zeit bereits ein berühmtes Pärchen, hatten: ein Militär mit Schirmmütze, in dessen empörter Sprechblase stand: *Und er besitzt auch noch die Unverfrorenheit, dieses Flittchen zu unseren Paraden mitzunehmen!*, ein Großgrundbesitzer, der wie ein englischer Lord gekleidet war und Marroné an seinen Vater erinnerte *(Bevor sie ihnen diesen Floh ins Ohr gesetzt hat, waren die Landarbeiter mit ihrer Arbeit zufrieden)*, ein Brillenträger mit Ziegenbärtchen und Baskenmütze, die ihn als linken Intellektuellen verrieten *(Perón ist zweifellos ein Nazi, und ein Faschist dazu!)*, eine Dame aus den oberen Schichten, die ihre Nase rümpfte *(Ein Kleid macht noch keine Lady)*, und ein Geistlicher, der missbilligend schwieg, weil keine Sprechblase mehr Platz hatte. Gleich daneben folgte Evas scharfsinniges Urteil: *Schon bald bewarfen uns die mittelmäßigen Geister, die am Wegrand standen, mit Drohungen, Beschimpfungen und Verleumdungen. **Die mittelmäßigen Geister: Das sind die ewigen Feinde alles Neuen, jeder außergewöhnlichen Idee, und darum jeder Revolution.***

Marroné ging durch den Sinn, dass es bei den innovativen Vorschlägen, die er aus den USA mitgebracht hatte, auch immer so gewesen war. Mittelmäßige Geister wie Cáceres-Grey hatten ihn stets als Träumer bezeichnet, als Verrückten, hatten sich »bedauernd« und »mitfühlend« geäußert, sich in die typische Überlegenheitspose geworfen, die mittelmäßige

Menschen paradoxerweise häufig gegenüber ihren geistvolleren Zeitgenossen einnahmen. Auch Don Quijote war ja von den mittelmäßigen Geistern in seinem Dorf für verrückt erklärt worden, aber **sein** Name war in bronzenen Lettern verewigt worden, während die Namen der zaghaften »Vernünftigen« für immer im Nebel ihrer Halbherzigkeit verschwammen. *Sollen sie bellen, das wird mich nicht aufhalten,* sagte Eva dann noch hoch erhobenen Hauptes, eine Anspielung auf Don Quijotes berühmten Ausspruch »Ihr Bellen, Sancho, beweist nur, dass wir reiten«.

Aber das brachte die Hunde, die überkritischen Stimmen, nicht zum Schweigen, es gab sie auch auf den nächsten Bildern, diesmal in Gestalt von vier jungen Damen, die französische und britische Flaggen schwenkten und mit den Pelzen, den Hüten und dem Schmuck ihrer Großmütter ausstaffiert waren, und aus ihren Mündern führten gezackte Linien zu einer von der *Marseillaise* elektrisierten Sprechblase. Zwischen ihnen ragte als Hahn im Korb ein blonder Kerl mit Bierbauch, Cowboy-Hut und aufs Hemd aufgedruckter USA-Flagge in die Höhe, der sie großspurig umarmte. *Die Kräfte, die sich gegen das Volk richten, von der Oligarchie, die das Land ans Ausland verkauft, über die Kleinbürger, die sich gegen den Peronismus stellen, die sozialistischen und kommunistischen Intellektuellen, die noch nie einen Arbeiter aus der Nähe gesehen haben, bis hin zum US-Botschafter Spruille Braden, dem führenden Agenten des Imperialismus, **fordern alle Peróns Kopf und erreichen seine Verhaftung**,* hieß es im Text, und auf den folgenden Bildern wurde ein etwas eingeschüchterter, jedoch Haltung bewahrender Oberst Perón von der Polizei Evas Armen entrissen. Sie trug ein schlichtes, geblümtes Kleid, hatte zerzaustes Haar und wirkte zuerst weinerlich und verstört *(Niemals habe ich mich so klein, so gering gefühlt wie in jenen Tagen ...)*, hob sodann jedoch entschlossen das Kinn und blickte zornig in die Kamera *(Ich lief auf die Straße, um Freunde zu suchen, die noch etwas für ihn tun konnten)*, sprach mit Militärs, Geistlichen und Politikern, allesamt mit versteinerten Mienen, die nichts verrieten **(Oben begegnete ich nur den kalten, berechnenden, »klugen« Herzen der »mittelmäßigen Geister«, die unfähig sind, etwas Außergewöhnliches zu denken oder zu tun, Herzen, die mir Übelkeit, Ekel und Scham verursachten, wenn ich mit ihnen in Berührung kam)**; sogleich sah man Eva bei den Arbeitern mit ihren Helmen und Mützen, inmitten von Sprechblasen mit den Rufen *Hoch lebe Juan Perón! Hoch lebe Eva!;* bei Hausfrauen, die ihre Einkäufe an Ort und Stelle fallen ließen, um ihr zu folgen; in Armenvierteln, deren Bewohner ihre geballten Fäuste zum Himmel reckten. *(Aber als ich von den hochmütigen und reichen Vierteln zu den armen und schlichten hinabstieg, öffneten sich mir dort die Türen weit und mit größerer Herzlichkeit.)* Den Höhepunkt dieses Abschnitts bildete ein Bild im Querformat, das die ganze Breite der Magazinseite einnahm und Eva zeigte, die wie die *Liberté* von Delacroix, nur nicht mit nackter Brust, die argentinische Flagge schwenkte und die *grauen, aber* **hoffnungsvollen Arbeitermassen anführte, das Volk, das am 17. Oktober 1945 das erste Mal seiner Stimme politisches Gehör verschaffte**, und darunter sagte Eva: **Seit jenem Tag glaube ich, dass es nicht so schwer sein kann, für eine Sache zu sterben, die man liebt.**

Als Marroné umblätterte, sah er quer über die Doppelseite Peronisten auf die Plaza de Mayo strömen und in unzähligen Sprechblasen Peróns Freilassung fordern, während Menschen mit dunklen Gesichtern ungeniert, im Zentrum der Stadt, ihre Füße in den großen Brunnen auf dem Platz steckten – offenbar beides Archivfotos –, dann erschien in einem ovalen Rahmen wieder die Besetzung der Fotostory, der selig winkende Oberst Perón, der Eva um die Wespentaille fasste. *Wie Venus den Wellen,* hieß es knapp, doch mit überschäumender Rhetorik, *entsteigt Eva Perón einer Million Mündern, die für einen einzigen Mann die Freiheit fordern.*

Also hatte auch Eva Zweifel und Rückschläge erlebt, die dunkle Nacht der Seele, dachte Marroné und spannte die Bauchdecke an. Und doch hatte sie, auch in den bittersten Stunden, nie aufgegeben und am Ende triumphiert. Mit ihrer Schauspielkarriere war es in dem Moment vorbei gewesen, als ihr Förderer und sie in Ungnade gefallen waren. Ihre Widersacher hatten gewonnen, alle Türen waren verschlossen und einmal wurde sie sogar auf offener Straße vom Mob verprügelt. Von diesem Tiefpunkt aus erkämpfte sie, allein durch Entschlossenheit und Courage, all ihre Erfolge: Peróns Freilassung, die Heirat mit ihm und sein Antreten bei den Wahlen, das sie dann mit sechsundzwanzig Jahren zur Präsidentengattin machte. Sie wusste, was ihre Mission war: Perón zu retten, seine Freilassung zu erreichen, und sie ließ sich durch nichts und niemanden aufhalten. Bewundernswert, dachte Marroné. Man mochte ihre politischen Ansichten teilen oder nicht, aber ihr Führungsqualitäten abzusprechen, dazu wäre nur die Schäbigkeit eines »mittelmäßigen Geistes« imstande.

Aber ja, schoss es Marroné durch den Sinn, während er die Pobacken verschob, weil die Klobrille schon einen

Abdruck hinterließ, jetzt war ihm alles klar: Eva war den *Weg des Kriegers* gegangen, hatte Perón als weiblicher Samurai gedient: *Wer in diesen Seiten mein Bildnis sucht, der wundere sich nicht, wenn er viel eher die Gestalt Peróns findet. Denn ich habe aufgehört, in mir selbst zu leben. Er ist es, der in meiner Seele lebt, Herr all meiner Worte und meiner Empfindungen, unbeschränkter Herrscher über mein Herz und mein Leben.* Marroné fiel eines der *Samurai-Prinzipien für Manager* ein, das besagt, dass ein Samurai-Manager »seine Fehler stets sich selbst zurechnet, seine Erfolge aber seinem Herrn«. Oder um es mit Evas Worten auszudrücken: *Ich war und bin nicht mehr als eine einfache Frau. Ein Sperling in einem ungeheuren Schwarm von Sperlingen ... Und er war und ist der gewaltige Kondor, der hoch und sicher zwischen den Gipfeln steht. Wäre er nicht gewesen, der zu mir herabstieg und mich lehrte, auf eine andere Art zu fliegen, hätte ich nie verstanden, was ein Kondor ist ...*

Und er? Er wusste ebenfalls, was er zu tun hatte: Seine Mission war es, um jeden Preis Herrn Tamerlán zu retten. Er hatte die Botschaft verstanden: Alle haben wir im Leben einen 17. Oktober und der seine stand kurz bevor. Er würde Evas Beispiel folgen und sich, um Herrn Tamerlán zu befreien, wie sie an jenem anderen 17. Oktober der Arbeiter bedienen. Noch wusste er nicht wie, aber er würde sich etwas einfallen lassen. Er war keiner, der auf den begangenen Wegen blieb oder immer nur an derselben Stelle schürfte. Er würde seinen Weg machen, trotz aller Kritiker und ihrem Bellen.

Noch eine andere Idee arbeitete sich langsam von den Rändern ins Zentrum seines Bewusstseins vor. Da Eva Peróns bewundernswerte Taten an jenem 17. Oktober und davor ihm in seiner Lage Halt zu geben vermochten, da sie ihm einen Ausweg wiesen, wieso nicht ein Buch über sie schreiben, als Beispiel einer Persönlichkeit, der man nacheifern konnte? *Eva Perón für Geschäftsleute* vielleicht, oder bildhafter und weniger profan: *Der Kondor und der Sperling*. In dieser Biografie konnte er Ideologisches beiseitelassen und auf das Wesentliche eingehen: ihre Energie, ihren Biss, ihre kämpferische Einstellung, ihre Fähigkeit, über sich hinauszuwachsen, und ihre Führungsstärke. Wer konnte besser als Vorbild dienen als eine Frau, die alle Widerstände überwunden hatte, die aus dem Nichts gekommen war, sich einen Namen gemacht und ein Image geschaffen hatte, um dann blind daran zu glauben, bis alle Hindernisse überwunden waren und sie ganz oben stand? Eva Perón war die geborene Gewinnerin, eine Self-made Woman, und das Produkt, das sie geschaffen hatte (und das sie selbst war), hatten ihr Millionen Menschen in Argentinien und auf der ganzen Welt abgekauft und konsumiert. Es gab zugegebenermaßen gute Gründe dafür, dass vor ihm noch niemand auf die Idee gekommen war, die er so klar vor Augen hatte. Da waren ihre den Umständen geschuldete antikapitalistische Rhetorik und ihr Klassenhass, die sich im Laufe eines längeren, ihr leider nicht vergönnten Lebens gewiss abgemildert hätten. Zudem (es tat ihm in der Seele weh, das zu sagen, aber hier tat Ehrlichkeit not) die Tatsache, dass sie weiblichen Geschlechts war, während die Geschäftswelt noch immer männlich geprägt war und sich nur wenige Frauen dort durchsetzen konnten.

Marroné überflog die nächsten Seiten, die von Evas ersten unsicheren Schritten an der Seite des Präsidenten berichteten, von der allmählichen Verfeinerung ihres Geschmacks und der

Entwicklung ihres eigenen Stils – was man an den Kleidern und Frisuren ablesen konnte –, worauf als Höhepunkt die schillernde Reise ins zerstörte Nachkriegseuropa folgte, die aber in der Fotostory (vielleicht aus Gründen des knappen Budgets) nur kurz erwähnt wurde: *Genüsslich rieb Eva den imperialistischen Ländern ihren Reichtum unter die Nase, den sie glamourös zur Schau stellte.* Wie schade, denn die als Regenbogenreise bekannt gewordene Tour veränderte die junge Frau aus Los Toldos tief greifend; sie führte zu einer regelrechten Metamorphose. Vor der Reise, überlegte Marroné, hatte Eva Duarte, die spätere Eva Perón, nur die schon bekannten Rollen ausgefüllt: eine junge Frau aus der Provinz, die vom Ruhm träumt, die einflussreiche Geliebte eines mächtigen Mannes, eine Präsidentengattin … Und das stets mit den Mitteln, die ihr als Schauspielerin zur Verfügung standen: ihrer Kleidung, ihrer Frisur, dem Make-up, den einstudierten Bewegungen. Aber nach ihrer Rückkehr betrat sie Neuland. Aus Eva wurde Evita, und sie verkörperte damit keine Rolle mehr, sondern erschuf mit Evita etwas Neues. Wie einzigartig Evita gewesen war, konnte man besonders deutlich an ihrem sozialen Hilfswerk, der Sozialstiftung Eva Perón, ablesen. Das folgende Foto zeigte die neoklassizistische Fassade des Stiftungsgebäudes *(das heute die Fakultät für Ingenieurswissenschaften beherbergt)*, dann kam einer der vielen Briefe, die Evita Tag für Tag erhielt, denn es schrieben ihr *Mütter, die zehn, zwölf hungrige Mäuler zu stopfen hatten, Familienväter ohne Arbeit, Rentner, die kein Gebiss mehr hatten, heiratswillige junge Leute, fußballbegeisterte Jungen, die mit einem Lumpenball kicken mussten, Blinde, Syphilitiker und Lahme; es erreichten sie **Briefe jener Männer, Frauen und Kinder des Volkes,*** *die nun nicht mehr mit ihren Problemen allein waren*, sie hatten jemanden gefunden, der ihnen zuhörte und für sie nach Lösungen suchte, und alle richteten sie Gesuche an Evita, baten um *Arbeit, eine Wohnung, einen Fußball, um Kleidung, um Schuhe, um Möbel, um Zahnersatz, um Krücken oder Rollstühle, um Fahrräder, Nähmaschinen, Spielsachen, um Apfelwein und gezuckertes Brot zu Weihnachten oder um eine Aussteuer. Diese Gesuche wurden nicht unpersönlich von Beamten bearbeitet, jeder Bittsteller erhielt eine persönliche Audienz bei Evita:* Das zugehörige Foto zeigte Evita an einem solchen besonderen Tag an ihrem Schreibtisch mit einem Brief in der Hand, wie sie einen Descamisado hereinbittet, der gar nicht mehr aus dem Staunen herauskommt, wie sie ihn Platz nehmen lässt und ihm lächelnd zuhört, während er erzählt, worum er sie bitten wollte, an welchen Dingen es ihm mangelt, manchmal seine ganze Lebensgeschichte, denn die Arbeiter sehnten sich oft einfach nur nach Aufmerksamkeit und Wertschätzung, danach, wahrgenommen zu werden – kurzum: nach ein wenig Liebe. Evita hatte einen innovativen und in der Geschichte einzigartigen Kundenservice aus der Taufe gehoben: Die Sozialstiftung Eva Perón war nichts anderes als ein gut geschmiertes Räderwerk für die Kundenbindung, nur ein weiterer Beweis für die Richtigkeit der Aussage »Jede Firma produziert dasselbe: zufriedene Kunden«, die Marroné einmal in einer Marketingschulung gehört hatte. Außerdem war Evita äußerst geschickt darin, den Konsum anzukurbeln, indem sie statt zu knausern den Gesuchen Vorschub leistete: *Bittet um mehr! Nur um das Beste, Luxuriöseste, Teuerste! Macht euch nicht klein! Jetzt gehört alles euch! Bedient euch ruhig!* Wer um Leintücher bat, dem wurde eine Matratze dazugeschenkt; wer um eine Matratze bat, bekam ein Bett; wer um ein Bett bat, eine Wohnung. Bei den Bildern, die folgten, wäre ein jeder dahingeschmolzen: Evita empfing die Ärmsten der Armen, die Zerlumpten, die in langen Schlangen warteten und denen sie Geld aus ihrer Tasche zusteckte, wenn das aus der Schreibtischschublade verteilt war. Evita küsste einen Leprakranken, teilte ihren Mantel mit einem Bedürftigen, verschenkte ihren Schmuck ... *Aus Liebe zu meinem Volk würde ich meine ganze Stellung und meinen ganzen Besitz verkaufen und sogar mein Leben hingeben,* erklärte Evita, und Marroné hatte plötzlich einen Kloß im Hals, denn dieses Leben verbrannte, angefacht aus Millionen Kehlen, wirklich rasend schnell, und als hätte sie das Feuer, das sie innerlich und äußerlich verzehrte, geläutert, edler gemacht, wurden die teuren Prinzessinnenroben durch graue und schwarze Schneiderkostüme von republikanischer Schlichtheit ersetzt, wichen die verspielten Locken ihrer komplizierten Hochsteckfrisuren einem beinharten, fast schon marmornen Haarknoten, wurde sie wächserner und wächserner, lagen ihre Kleider eng auf der Haut und ihre Haut eng auf den Knochen; krümmte sich ihr Körper wie ein Bogen, den man spannte, wurde ihre Nase immer spitzer; bissen die entblößten Hasenzähne jedes Mal hungriger in die Luft. Der Oberst hingegen sah so wohlgenährt aus, als saugte er ihr die Kraft aus, die Schweinsäuglein versanken wie Rosinen in seinem teigigen Schildkrötengesicht, das nach unten zu breiter wurde und den Hals zu verschlucken drohte. Als Nächstes konnte man das unvergessliche Paar, das Gespann von Idealistin und Realist (wie Don Quijote und Sancho Panza), in jenem denkwürdigen Augenblick sehen, als über eine Million

Gefolgsleute die Kandidatur ihrer Evita als Vizepräsidentin forderte und sie auf diese Ehre verzichtete. *Meine Chinita, darauf hast du so lange gewartet,* sagte der zärtlich lächelnde Perón auf dem Balkon des Präsidentenpalasts zu ihr. *Sieh nur, sie sind aus allen Teilen des Landes gekommen … Niemals zuvor in der Menschheitsgeschichte wurde eine Frau von ihrem Volk so sehr geliebt …* Und sie erwiderte mit leidender Miene: *Juan, ich kann nicht,* worauf Perón aufgebracht entgegnete: *Was soll das heißen, du kannst nicht? Niemand verdient dieses Amt mehr als du.* Und Evita: ***Ich bin in keiner Hinsicht ein Regierungsbeamter oder dafür geschaffen, laut irgendeinem Protokoll zu repräsentieren … Wäre ich Beamter, würde ich aufhören, Volk zu sein,*** *und könnte weder sein, was ich bin, noch machen, was ich jetzt mache … Ich habe immer in Freiheit gelebt.* ***Ich bin für die Revolution geboren.*** *Sieh nur! Siehst du das? Hörst du, wie sie rufen? Das ist der herrlichste Anblick auf der Welt, die schönste Musik. Mein Platz ist beim Volk …* ***Ihm will ich als Brücke zu dir dienen … Ich wünsche mir nichts anderes. Doch wenn ich eines Tages nicht mehr für das Volk da sein kann … dann versprich mir nur eines: dass du ihm weiterhin zuhörst …*** Und dann wandte sie sich an die Massen, die im Chor ihren Namen riefen: *Was ich erreicht habe, ist nicht mein Verdienst, auch wenn ich Opfer dafür gebracht habe. Es ist nicht mein Verdienst, wer ich heute bin oder was ich habe. Nur ein Verdienst habe ich: meine Liebe zum Volk und zu Perón, die mir im Herzen und in der Seele brennt, die mir den Leib und die Nerven zermartert.* ***Würde das Volk mich auffordern, mein Leben hinzugeben, ich täte es mit Freuden, denn das Glück eines einzigen Descamisados ist mir mehr wert als mein ganzes Leben.***

Was für eine begnadete Rednerin, dachte Marroné und richtete für einen kurzen Moment den Blick auf die verschlossene WC-Tür. Das war nicht irgendeine Ansprache oder ein bloßer Versuch ... Es war die perfekte Verkörperung von Dale Carnegies *Die Macht des gesprochenen Wortes*. Nüchtern betrachtet, konnte man einzelne Punkte an Evitas Worten kritisieren, aber emotional rissen sie einen mit. Und das war es, woran ein Redner sich messen lassen musste, an seiner Fähigkeit, auch Menschen zu erreichen, die anderer Ansicht waren. Zu bewegen, dachte Marroné, ist noch nicht zu überzeugen, aber es ist ein erster Schritt. Er fand die Formulierung so gelungen, dass er sie so bald wie möglich (mit Gänsefüßchen und seinem Namen versehen) in sein Notizbuch schreiben wollte, auf eine der Seiten, auf denen er berühmte Aussprüche und Zitate sammelte.

Das Militär und die oligarchischen Landesverräter, die sich mit dem Imperialismus verschworen hatten, legten Peróns Vorsicht und Evitas Entsagung als Schwäche aus und wagten einen ersten Putschversuch, der nur durch die rasche Mobilisierung des Volkes vereitelt werden konnte, das auf die Plaza de Mayo strömte, um seinen Führer zu verteidigen. Evita begriff jedoch, dass es nun nicht mehr ausreichte, das Volk auf die Straße zu bringen. Ihre Descamisados sollten nicht wie Lämmer zur Schlachtbank geführt werden. **Das Volk musste nicht nur mobilisiert, sondern auch bewaffnet werden.** Da war sie wieder, wie sie in Tarnkleidung und mit offenem Haar, ganz Guerillakämpferin, eine 9-Millimeter-Pistole überprüfte, an einem Tisch, auf dem eine beeindruckende Auswahl von Waffen lag, und erklärte: *Wenn sich die erst in den Händen meiner Descamisados befinden, hat die Oligarchie ausgedient,* und im Begleittext zum Bild stand: *5000 Selbstladepistolen und 1500 Maschinengewehre, mit dem Geld der Stiftung bezahlt, sollten an die Arbeiter ausgegeben werden, um eine Volkswehr zur Verteidigung von Peróns Regierung auszurüsten.* *Wären diese Waffen angekommen, so hätte die Geschichte einen anderen Verlauf genommen. Es wäre nicht zur sogenannten »Befreiungsrevolution« und Absetzung Peróns gekommen, zu den Hinrichtungen und Folterungen, zur Ermordung von Volks- und Arbeiterführern ... Und Evita, die ohne Pause und in rasantem Tempo arbeitete, die oft nur zwei bis drei Stunden schlief, als wollte sie die Armen in nur wenigen Jahren für das jahrhundertelange Leiden entschädigen, sie kümmerte sich nur um die Bedürfnisse ihrer Descamisados und vergaß darüber ihre eigenen, und der Krebs, den die Oligarchen ihr schon lange an den Hals wünschten und dann feierten, als er sie befiel, über den das Volk jedoch bittere Tränen vergoss, bemächtigte sich ihres Körpers ...* Man sah Evita eine Gruppe von fünf Kindern an ihrem Krankenbett empfangen, unter denen sich schon wieder der Junge aus Los Toldos befand. Evita sprach zu den Kindern, die ihr aufmerksam zuhörten: *Liebe Kinder, ich möchte euch heute nur um eines bitten: Versprecht mir,* *Perón zu verteidigen und für ihn zu kämpfen bis zum Tod.* *Wenn ich nicht mehr da bin, müsst ihr dem Volk an meiner Stelle als Brücke zu Perón dienen, die Revolution schützen, denn* *ihr seid meine Erben,* sagte Evita mit solcher Leidenschaft, dass der Rahmen um ihre glühenden Worte sich ins nächste Bild schob, auf dem die fünf Kinder bereits erwachsen waren und, mit Gewehren in den Händen, *nie Evitas Worte vergaßen; denn auch heute sind, wo immer es hungrige Kinder gibt, wo immer die Arbeiter sich gegen ihre Ausbeutung wehren, wo immer das Volk für seine Freiheit eintritt,* *die Montoneros* *für sie da.*

Als Evita gestorben war, fuhr der Text nun ruhiger fort, *wurde ihr Leichnam in die Obhut von Dr. Pedro Ara gegeben, dem berühmten Spanier und Einbalsamierer Lenins, damit die sterbliche Hülle der Frau erhalten bliebe, die im Herzen des Volkes auf ewig weiterleben sollte, damit sie **immer für das Volk da wäre und es wie Jeanne d'Arc im Kampf gegen die Fremdherrschaft anführen könne.*** Auf dem nächsten Foto sah man den schemenhaften Umriss der mit einem Leichentuch bedeckten Evita, sie verschmolz mit dem Postament wie jene mittelalterlichen Grabstatuen, bei denen die Ritter auf ihren Särgen zu schlafen scheinen; ein kahlköpfiger Dr. Frankenstein im weißen Kittel wachte über das edle Fräulein aus Los Toldos und beäugte sein Meisterwerk durch die Brille auf seiner Nase. Nach dem Ende der *Begräbnisfeierlichkeiten, die **vierzehn Tage dauerten und in deren Verlauf sich der Himmel solidarisch mit den Besitzlosen zeigte, indem er ihnen durch fortwährenden Nieselregen sein Beileid ausdrückte,** schaffte man den Leichnam in die zweite Etage der CGT, des Gewerkschaftsbunds, wo er die Fertigstellung des geplanten Denkmals für die Descamisados abwarten sollte, des höchsten Denkmals der Welt – doppelt so hoch wie die Freiheitsstatue –, in dem Evita in einem silbernen Sarg ihre letzte Ruhestätte finden sollte.*

Marroné musste schmunzeln, denn da war sein alter Bekannter schon wieder, der Descamisado an der Spitze des Denkmals. Was Marroné auch tat – oder besser gesagt: wo er auch hinsah –, fand er auf den Bildern Verbindungen zwischen seiner Lebensgeschichte und der Evitas. Auch auf denen, die nun die Bombardierung der Plaza de Mayo und des Regierungssitzes zeigten, den darauf folgenden Staatsstreich und Peróns Absetzung sowie den Bildersturm, den die

Antiperonisten gegen alle Darstellungen Peróns und Evitas entfesselten. Da er während der Regierungszeit Peróns geboren war, erinnerte Marroné sich gut daran: Im Foyer seiner Schule hingen (gleich neben den dunklen Holztafeln, die in güldenen Lettern die »Dux Medalist Boys« auflisteten, die jeweiligen Jahrgangsbesten) Porträts des Präsidenten und seiner Gattin im Stil des Art pompier; und es kam ihm auch gleich wieder in den Sinn, mit welchen Wörtern er in der ersten Klasse lesen gelernt hatte: »Eva – Evita – Evita sieht das Mädchen. – Der Junge sieht Evita. – Perón liebt alle Kinder.« Und so weiter, aber nur bis zu dem Tag in der dritten oder vierten Klasse, an dem er die Lehrkräfte und Direktoren einander umarmen und herzen sah und anstelle der Porträts von Perón und Evita eines der Königin an der Wand hing, an dem sogleich die Lesebücher ausgetauscht und die beiden nie wieder erwähnt wurden. Im Schlepptau dieser Erinnerungen tauchte auch die Evita-Büste wieder auf, die einst über den Pausenhof der Schule gewacht hatte: eine Evita mit geflochtenem Haarknoten auf einem Sockel aus schwarz glänzendem Marmor, die ihnen beim Fangenspiel als »Aus« und beim Versteckspiel als Mal zum Anschlagen gedient hatte und die an jenem Tag plötzlich verschwunden war. Man hatte sie mitsamt dem Sockel geschleift und das Loch mit neuen Bodenplatten bedeckt. Dasselbe geschah an allen Schulen Argentiniens, auf den Ämtern, in den Kliniken, auf Polizeiwachen und Dorfplätzen. Hunderte, ja Tausende Büsten von Perón und Evita fielen den Vorschlaghämmern, Meißeln und Stahlrohren zum Opfer, die im ganzen Land wüteten. Ohren und Nasen wurden ihnen abgeschlagen, man zertrümmerte sie, ihre Köpfe rollten über den Boden wie zur Zeit der Französischen Revolution.

An dieser Stelle nahm Marroné ein Geräusch wahr, das zwar gedämpft war, ihn aber doch an die Rufe der Massen bei einem Fußballspiel erinnerte. Weil er so in die Lektüre vertieft gewesen war, glaubte er zunächst, sich die Rufe des Volkes einzubilden, das Evita beweinte, doch als er wenig später noch einmal genau hinhörte und das akustische Trugbild immer noch da war, machte er schicksalsergeben den Overall zu und drückte auf den Spülknopf, um den matthellen Urin, das einzige Resultat seiner Bemühungen, den Fluten zu überlassen. Dann trat er ans Innenfenster des Büros, von dem aus man die Fabrikhalle überblickte. Das Geräusch schien aus der Fabrik zu kommen, auf deren Zinkdach der Regen prasselte, und im selben Moment erschien ein greller Blitz in den Fenstern und Oberlichten. Gleich darauf erschütterte Donnerkrachen das ganze aus Eisen und Blech erbaute Gebäude, das wie eine große Trommel noch eine Weile nachschwang. Er trat auf den Hauptkorridor und der erste Wind blies frische Luft zum offenen Fenster herein, die sich kühlend auf sein Gesicht legte. Er streckte die Arme aus dem Fenster, fühlte die eiskalten Wassertropfen und das zarte Aufprallen einiger Hagelkörner, die ihm bald auf den Handflächen zerrannen, führte die Hände ans Gesicht und kühlte sich mit ihnen Stirn und Nacken, die Ohren, die müden Augen. Der Regen reinigte auch den Garten von der Gipsschicht, die seine saftigen Wiesen wie Schnee bedeckt hatte, sie sahen bei jedem Blitz grüner aus, während milchige Bäche die Gräben und Wege entlangrannen.

Das Regenwetter versetzte Marroné in eine nachdenkliche Stimmung, wie es bei manchen der Blick aufs Meer oder die züngelnden Flammen eines Lagerfeuers tun. Ihm wurde bewusst, dass sich etwas in ihm verändert hatte und weiter veränderte, seit er begonnen hatte, die Fotostory über Evita zu lesen. »Es ist nur irgendeine Bestellung«, hatte er zu Paddy gesagt und war damals auch davon überzeugt gewesen. »Diese Büsten aus Serienproduktion bedeuten mir nichts«, hatte er hinzugefügt und sich über sein Pech beklagt. Aber was, wenn es hier nicht um Glück oder Pech ging? Wenn er aus einem bestimmten **Grund** in diesen Streik hineingeraten war? Undeutlich erahnte er geheimnisvolle Zusammenhänge, von denen er im Augenblick nur ein paar lose Enden zu fassen bekam. War es das, was Paddy ihm zeigen wollte? Er, Marroné, war gekommen, um Büsten zu besorgen, am besten im Dutzend billiger, und das auch noch bei einem Landesverräter und Oligarchen. Büsten von Eva Perón durften aber nicht durch unzufriedene, geknechtete Arbeiterhände hergestellt werden: Das war die Lektion, die er lernen musste. Solche Büsten durften nur durch faire Arbeit entstehen, die wertgeschätzt und angemessen bezahlt wurde; durch die glücklichen Hände zufriedener Descamisados. Man konnte Evas Büsten nicht kaufen, man musste sie sich verdienen. Erst wenn er sich ihrer als würdig erwiesen hatte, würden sie ihm gehören.

Aber wie? Vielleicht kam ihm die Lösung, wie auch immer sie ausfiel, in den Sinn, wenn er es am wenigsten erwartete. Aus dem Nichts, nach Tagen oder Wochen, in denen er das Feld beackern und es immer wieder versuchen musste. Jedenfalls war er überzeugt, dass er nicht aufgeben durfte. Evas Büste war so etwas wie ein Orakel oder ein Talking Head, und wenn man ihr die richtigen Fragen stellte, würde sie auf alles eine Antwort wissen. Die Zweifel, die ihn plagten, liefen auf eine einzige, aber wichtige Frage hinaus: Was war er? Ein Kondor oder ein Sperling? Don Quijote oder der Pfarrer, der Barbier? Gehörte er zu den mittelmäßigen oder zu den brillanten Geistern? Möglich, dass er schon morgen oder in ein paar Tagen die Antwort haben würde, und einstweilen vertraute er darauf, dass sie bereits auf dem Grund seiner Seele schlummerte.

Kapitel 5

Sieben Helme zum Debattieren

Der Morgen nach dem Gewitter ließ sich klar und sonnig an, der Südwind hatte alle Wolken vom Himmel geblasen. Nun, da der Regen die Gipsschicht entfernt hatte, trat die Haut der Landschaft zutage, zart wie bei einem Neugeborenen, und Gras, Sträucher und Bäume erglänzten so sattgrün, dass einem die Augen schmerzten, und es war, als hätten jeder Trieb und jedes Blatt eben erst das Licht der Welt erblickt; die ehrwürdigen Eschen luden zum Verweilen in der dunkelgrünen Stille ein, die Pappeln ließen ihre Silbermünzen blitzen und die blühenden Riedgräser bauschten sich im Wind wie Segel auf dem offenen Meer. Der wolkenlose Himmel, der saphirblau schimmerte, die gesunde Luft, die einem die Lungen füllte, das Pfeifen und Trällern unzähliger Vögel, das nun, wo die Maschinen schwiegen, zu hören war, und die Arbeiter, die fröhlich ihren Aufgaben nachkamen, gaben einem das Gefühl, dass eine neue Welt geboren war. Man konnte diesen und die folgenden Tage wohl mit Recht zu den glücklichsten zählen, die Marroné je erlebt hatte.

Alle Pflichten wurden im besetzten Werk nach einem speziellen Rotationsprinzip zugeteilt, sodass niemand Langeweile hatte oder sich zurückgesetzt fühlte und sich die einfachen Aufgaben mit schwierigeren abwechselten; so werde, erklärte ihm Paddy, auch schon die soziale Ordnung der von Marx vorausgesagten Zukunft eingeübt, in der keiner einen ausschließlichen Kreis der Tätigkeit hatte, sondern sich jeder in jedem beliebigen Zweige ausbilden konnte, um morgens zu jagen, nachmittags zu fischen, abends Viehzucht zu treiben und nach dem Essen zu kritisieren, wie er gerade Lust hatte. Marroné fand sich allmählich in sein neues Leben ein. Er beteiligte sich freudig überall, suchte sich manche Aufgaben selbst aus, bekam andere zugewiesen, und jede wurde mit einer bestimmten Farbe des Sicherheitshelms kenntlich gemacht: Mit einem grünen Helm auf dem Kopf lud er Verpflegung von den Kleintransportern der Lieferanten ab, wofür er sich mit seinem rugbygestählten Körper ausgezeichnet eignete. Einen roten trug er, wenn er sich darum kümmerte, die Kantinenorganisation zu verbessern, Abwechslung in die Speisepläne zu bringen und den unerfahrenen Köchen das richtige Würzen zu erläutern. Nicht nur einmal versah er mit einem schwarzen Helm den nächtlichen Wachdienst, saß mit den andern am Lagerfeuer zusammen und sang zur Gitarrenbegleitung alle Lieder mit, von denen er schon den Text konnte, erzählte derbe Witze und schlüpfrige Anekdoten, die er ausschmückte oder gleich ganz erfand, unterhielt sich über Fußball oder Politik und richtete dabei seine Wortwahl und Meinung an den intellektuellen Fähigkeiten seines Gegenübers aus, die häufig höher entwickelt waren als erwartet. Manchmal blickte er auch nur versonnen in die Flammen, die zur Glut herunterbrannten, und dachte über den tief greifenden Wandel in seinem Leben nach. Er zog auch mehrmals mit den Männern los, die mit blauen Helmen rund um die Fabrik Propaganda betrieben und Flugblätter verteilten – immer in Grüppchen von mindestens dreien und von schwarz behelmten

Bewaffneten begleitet. Es waren nicht so sehr die Polizisten, denen sie über den Weg zu laufen fürchteten – die waren zwar bis an die Zähne bewaffnet und blickten drohend, ließen sie jedoch zurzeit unbehelligt passieren–, sondern die Schlägertrupps der Gewerkschaftsbosse und die parapolizeilichen Bürgerwehren, die in den letzten Wochen einige Betriebsräte hatten verschwinden lassen. Die einfachen Leute auf den Straßen klopften Marroné und den andern auf die Schulter und sagten aufmunternde Worte wie »Ohren steif halten, Sansimónianer!« oder »Nicht lockerlassen, Genossen!«. Hausfrauen brachten ihnen selbst gemachte oder gekaufte Limonade und gaben ihnen Obst, Kekse und Schnitzelbrötchen »für die Burschen drinnen« mit und Marroné konnte sich nun – denn manches versteht man erst, wenn man es selbst erlebt hat – gut vorstellen, wie die Liebe ihres Volkes Eva an den vielen Nachmittagen in ihrem Büro in der Stiftung, auf ihren Reisen in die Provinz und erst recht auf dem Balkon des Präsidentenpalastes gewärmt haben musste. Auf dieses neue Leben hatte man ihn weder an der St. Andrew's noch in Stanford vorbereitet. In dem erfrischend brüderlichen Klima hielt ihn sein Ekel auch nicht vom Putzdienst ab; widerspruchslos, wenn auch nicht begeistert, setzte er sich den gelben Helm auf und verrichtete ihn fleißig und gewissenhaft. Ebenso verbrachte er, mit dem braunen Helm des Beschaffungstrupps ausgerüstet, ganze Nachmittage damit, Bolzen und Schraubenmuttern als Munition für die Steinschleudern zusammenzutragen oder mit dem Lastenaufzug Büromöbel nach unten zu bringen, die sie bei dem drohenden Angriff der Polizei als Barrikaden nutzen wollten. Nur die weißen Helme ihrer Anführer blieben vorerst für ihn außer Reichweite: Sie

waren mit besonders verantwortungsvollen Aufgaben verbunden und wurden nur bei den Versammlungen vergeben.

Vielleicht, weil alle gemeinsam ihre Pflichten spielerisch
und mit Freude erfüllten; gewiss, weil Paddy Donovan mit
seinem unerschütterlichen Optimismus von früh bis spät
half – und das wie folgt erläuterte: »Der Helm der Anführer
ist weiß, weil er alle anderen Farben enthält, und das bedeutet
ein Mehr an Pflichten, nicht an Privilegien« –, vielleicht aber
auch, weil hier eher körperlich als geistig gearbeitet wurde und
er das draußen mit freiem Oberkörper tun konnte, erinnerte
Marroné das alles an die glücklichen Tage im Feriencamp am
Lago Mascardi. Seine Begeisterung, seine Offenheit und seine
Freundlichkeit, sein Lächeln, das manchmal zu einem breiten Strahlen wurde, sorgten dafür, dass man ihn schätzte und
er bald allseits beliebt war. Wenn er über das Fabrikgelände
schlenderte, grüßte ihn ein jeder, riefen ihm die Genossen,
die ihn mit Namen kannten, und mit der Zeit waren das
immer mehr, »Hallo, Ernesto!« oder »Ernesto, der Beste!«
zu und die andern »Weiter so, Genosse!« und »Heute ist ein
schöner Tag!«, worauf er lässig zu antworten pflegte: »Ein guter für den Peronismus!« Nun war er erstmals froh über seinen olivbraunen Teint, die vollen Lippen und das gelockte,
schwarze Haar. Wenn man noch seinen Arbeitsoverall, den
Dreitagebart und sein betont lässiges Auftreten berücksich-
tigte, ging er spielend als einer von hier durch. Und Dale
Carnegies Regeln zur Gesprächsführung waren im Gipswerk
so gut anwendbar wie in der Wirtschaftswelt, für die sie eigentlich gedacht waren. Was das weniger leicht Kaschierbare
betraf – seine bürgerlich gepflegte Artikulation und den körperlichen Habitus –, war es für seine Tarnung förderlich, dass
derzeit viele junge Mittelschichtler in die Fabriken geschickt

wurden, um in die Reihen der Arbeiter einzutreten und sich in ihrem Milieu zu proletarisieren. Dass er bereits gut integriert war, bewies er, als bei seiner ersten Wache am Haupttor zum Gelände ein Wagen von Kanal 13 hielt und ihn jemand von den Abendnachrichten interviewte:

»Wie beurteilen Sie am fünften Tag der Besetzung des Gipswerks Sansimón die Lage?«

»Schaun Sie, die Genossen in der Fabrik und im ganzen Land stehn da voll dahinter, wir haben eine hohe Streikmoral und ziehn das durch, um jeden Preis.«

»Wie steht es mit den Geiseln? Wann werden sie freigelassen?«

»Schon geschehn, nur die Chefs müssen dableiben. Die solln erst mal unsre Forderungen erfüllen, diese durchtriebene Drecksbande! Sansimón hat uns ja nicht zuhören wolln, der hat geglaubt, er kann uns ignoriern. Das hat der jetzt davon; jetzt muss er sich gedulden.«

»Es heißt, dass subversive Elemente den Aufstand unterwandert hätten: professionelle Aufwiegler, Kommunisten, Guerillakämpfer …«

Marroné tat entrüstet, griff in seinen Overall und holte das Kreuz hervor, das er an einer goldenen Kette trug:

»Soll das heißen, ich bin ein Kommunist? Bitte, welcher Kommunist würde so ein Kreuz tragen? Wetten, Sie und Ihre feinen Kollegen finden hier keinen Ziegel, der nicht durch und durch peronistisch ist – und wenn Sie jeden Stein umdrehn? Wetten?«

»Und wenn die Firmenleitung nicht nachgibt? Wollen Sie das Gipswerk dann ewig besetzen?«

»Wenn die nicht nachgeben, na, dann werden die schon noch sehn. Dann stehn die bald mit leeren Händen da! Wir können auch selbst produziern, wenn wir wolln. Denen zeigen wir's, den Schmarotzern – nur von der Ausbeutung von uns Arbeitern leben, nix da, da sind wir ohne die viel besser dran!«

»Was werden Sie tun, falls die Polizei das Werk stürmt?«

»Solln die sich nur traun! Solln die nur kommen! Wir sind nämlich vorbereitet, da werden die ihr blaues Wunder erleben.«

Es war bis zu einem gewissen Grad verständlich, dass die Journalisten, verblendet von ihrem bürgerlichen Bewusstsein, einen falschen nicht von einem echten Arbeiter unterscheiden konnten und sich von seiner Redeweise täuschen ließen. Weniger verständlich war es, dass auch die Frau auf ihn hereinfiel, die mit ihren dicken Stampfern auf ihn zugewackelt kam, ihm ein Tablett mit Empanadas hinhielt, ihre fünf, sechs verbliebenen Zahnstummel zeigte und sagte: »Hier, für euch, Burschen. Brav durchhalten, ja? Wir sind hier alle auf eurer Seite. Macht weiter so, ihr habt sie an den Eiern! Jetzt nur nicht loslassen – gerissen, wie sie sind, kommen sie euch sonst von hinten. Und passt gut auf euch auf, ja? Tüchtig essen und schlafen … Damit ihr bei Kräften seid, wenn's losgeht. Das sage ich euch, mein Mann, Gott hab ihn selig, war auch so. Hat den Antiperonisten eins auf den Deckel gegeben, und auch sonst jedem, der was Schlechtes über Perón gesagt hat.« Wenn Marroné wirklich ehrlich war, erfüllten ihn seine Fortschritte zwar mit Stolz, nagten aber auch an ihm, weil es auf gewisse Weise verstörend war. Reichten denn Dale Carnegies Ratschläge, Marronés bewährte Situationsgeschmeidigkeit und sein neu entdecktes Schauspieltalent wirklich aus um zu erklären, wie nahtlos er sich hier einfügte? Oder steckte noch etwas anderes dahinter? Aus Paddys Erzählungen zu schließen, hatte dieser doch ziemlich zu kämpfen gehabt, Marroné hingegen ... Er hatte früher versucht, sich bei seinen Managerkollegen und Mitarbeitern besser zu integrieren, und auch dort die Regeln aus *Wie man Freunde gewinnt* angewandt, jedoch hatte das nicht einmal halb so gut funktioniert wie nun bei Evas geliebten Söhnen. Vielleicht war der Einfluss des Erbguts eines Menschen ja doch größer, als man allgemein annahm, vielleicht schlug Marronés Herkunft durch, obwohl er im Schoß einer wohlhabenden angloargentinischen Familie erzogen worden war und St. Andrew's und Stanford besucht, Europa und die USA bereist und den Sommer immer in Punta del Este verbracht hatte. Konnte er die Tatsache, dass er adoptiert war, vielleicht nicht verbergen? Schimmerte seine Herkunft durch die Masken hindurch? Ließ sie sich ebenso wenig einhegen wie sein Haar, das nur Tage, nachdem der letzte Friseur daran Hand angelegt hatte, zur wilden Mähne wurde, die seine plebejische Abstammung verriet? »Da sieht man, dass du ein Mischling bist!«, hörte er innerlich, sooft er an dieses Thema dachte, wieder seinen Vater schreien, als dem einmal die Geduld riss. Danach tat es ihm sofort leid und er entschuldigte sich, aber der damals zehn- oder elfjährige Marroné hatte es ihm weder verziehen noch jemals diese geringschätzigen Worte vergessen, die sich ihm eingebrannt hatten. Auch in der Schule hatte ihn das Stigma seiner Herkunft mit der Zähigkeit eines Schweißhundes verfolgt: »Du bist nicht *marron*, sondern kackbraun!« »Ab in die Slums mit dir!« Solche und ähnliche Beleidigungen stießen seine Klassenkameraden im Streit aus. Was seine Verwirrung erklärte, als die Arbeiter und einfachen Leute hier ihn ohne viele Fragen akzeptierten und er einfach dazugehörte. Und seine Verstörung, als ihm zudem dämmerte, dass er weder sein Zuhause noch seine Arbeit so richtig vermisste. Er konnte ja telefonieren, sooft er wollte, und pflegte auch wenigstens einmal am Tag seinen ihn sehr vermissenden Sohn anzurufen und seiner Frau ein paar beschwichtigende Worte zu sagen. Sie war nur dank Govianus' Vermittlung nicht mehr der Meinung, dass er die ganze Geschichte lediglich erfunden hatte, um ihr Hörner aufzusetzen. Bei Govianus meldete er sich auch täglich, um sich über die Verhandlungen mit den Entführern zu informieren und von den neuesten Vorkommnissen im Werk zu berichten. Er hätte sich auch ins Auto setzen und nach Hause oder ins Büro fahren können, weil er jederzeit gehen konnte. Aber wie er bei dem Interview selbst gesagt hatte, war die Streikmoral der Arbeiter wirklich hoch, standen die Genossen im ganzen Land dahinter, weshalb es niemandem in der Firma gelungen war, die Büsten anderweitig aufzutreiben und die Arbeiter hier ihre letzte Hoffnung waren. Daher ließ er sowohl im Gespräch als auch bei den alltäglichen Versammlungen immer wieder einfließen, dass doch jeder Streik eine Ausnahme vertrage und sie zumindest ein paar Probebüsten herstellen könnten, oder er bemühte sich, den weniger Festgefahrenen die Vorzüge eines japanischen Streiksystems näherzubringen, bei dem man die Arbeitgeber mittels doppelt so harter Arbeit und der Erzeugung großer Überschüsse in Bedrängnis brachte. Auch wenn seinen Anträgen nie stattgegeben wurde, wusste er doch aus Gesprächen, dass seine Worte nicht bei allen auf taube Ohren stießen, und vertraute darauf, dass die Saat schon irgendwann aufgehen würde.

Aber sämtliche Rechtfertigungen praktischer Art täuschten nur notdürftig darüber hinweg, wie sehr es ihm widerstrebt hätte, zum Büroalltag und in den Schoß seiner Familie zurückzukehren. Um seinem bürgerlichen Bewusstsein diese Tatsache schönzureden, sagte er sich, dass die Urlaubsstimmung vielleicht nur davon herrührte, weil hier sein gewohnter Tagesablauf und all die zugehörigen Verpflichtungen wegfielen. Er erlebte die besetzte Fabrik wohl als eine Art All-Inclusive-Ressort mit Unterhaltungsprogramm. Es bedrückte ihn nur, seit einigen Tagen weder Stuhlgang noch Sex gehabt zu haben. Im Rückblick tat es ihm leid, dass er nichts mit Dorita angefangen hatte. Gerade weil Dorita ihm nicht besonders gefiel, wäre seine sexuelle Funktionsstörung, der Grund für seine tief sitzende Scheu vor Geschlechtsverkehr, so wie mit Mabel vielleicht wirksam bekämpft worden. Welche unheilvolle Laune der Natur, so grübelte er zuweilen voller Selbstmitleid, hatte es bloß gewollt, dass sein Nervensystem in beide Richtungen fehlgeleitet war? Würde sein Darm seine Funktion nur ein einziges Mal so schnell erfüllen, wie das bei seiner Männlichkeit geschah, und nähme sich seine Männlichkeit einmal so viel Zeit wie seine Verdauung, dann wäre alles gut.

Unterdessen nahten entscheidende Stunden, die zum Schlüsselmoment werden konnten, vielleicht zu *seinem* 17. Oktober, auf den er seit der Fotostory wartete. Denn auch wenn die Arbeiter, ihre Familien und sogar die Anrainer begeistert mithalfen, war zunehmend die Luft aus der Besetzung raus, durch kleine Löcher verschiedenster Art entwichen. Es war enorm viel zu erledigen und die Leute maulten, dass ihre normale Arbeit nicht so anstrengend gewesen sei. Da hätten sie zumindest einen Dienstplan und einen Lohn gehabt, wenn auch die Ruhezeiten nicht immer eingehalten wurden. Ständig fanden Versammlungen statt, bis zu zwei oder drei am Tag, und meistens gaben dabei die Linken den Ton an. Sie schwafelten endlos von der Revolution in China oder in Kuba oder forderten die nächste Schweigeminute für Che Guevara oder einen anderen Guerillakämpfer, der gerade wieder das Zeitliche gesegnet hatte. Die meisten echten Arbeiter hatten Familien zu ernähren und wollten lieber in ihren eigenen Betten schlafen, damit sie morgens ihren Kindern ein Küsschen geben und jederzeit ihre Frau bumsen konnten. Zudem war Sansimón ihnen bereits entgegengekommen, denn er hatte ihnen die geforderte Lohnerhöhung, bessere Arbeitsbedingungen und faire Überstundentarife zugesichert, dazu Garagusos und Cerberos Kopf. Er weigerte sich lediglich, alle seit 1955 wegen ihres gewerkschaftlichen Engagements gefeuerten Arbeiter wieder einzustellen. Allerdings hatte sich das Verhandlungsklima gerade wegen seiner Bemerkungen abgekühlt: »Und den Schwanz soll ich ihnen auch noch lutschen, oder was?«

Es ging das Gerücht um, dass Sansimóns Zugeständnisse eine Falle seien, damit sie sich zurückzögen, ihn freiließen, er Insolvenz anmelden und sie alle auf die Straße setzen könnte. Viele hielten es für wahr, weil Baigorria und seine Vertrauten sie so umschmeichelten. Bei diesen Aussichten plädierten die friedlichsten unter den Arbeitern dafür, einzulenken, bevor die Lage eskalierte, während andere zunächst noch einen Zeitplan für die Wiedereinstellungen ausverhandeln wollten und die Dritten, moderaten, dafür waren, zwar weiterhin zu streiken, das Werk jedoch nicht länger zu besetzen (dann könnten sie ihre Zeit zu Hause mit Fernsehen verbringen, das war doch der Sinn eines Streiks). Nur die Hardliner, die sich aber in der Minderheit befanden, forderten, den Einsatz durch die Enteignung der Fabrik zu erhöhen, damit Sansimón sah, was er mit seinem Verhalten aufs Spiel setzte. Auch die Leute mit gemäßigten Ansichten tendierten mit der Zeit zu einem der beiden extremen Standpunkte und so schien es auf eine Richtungsentscheidung bei der nächsten großen Versammlung hinauszulaufen.

An jenem bewölkten Morgen, der bereits das nächste Gewitter verhieß, versammelten sie sich in der großen Halle der verwaisten Fabrik. Sie erinnerte nun noch mehr an eine Kathedrale, weil in der Stille bloß noch Schritte hämmerten – aber eine von den Gläubigen aufgegebene Kathedrale, Boden, Maschinen, Materialsäcke und halb fertige Werkstücke von einer grauen Staubschicht bedeckt, die an den Fingern haften blieb, wenn man darüberstrich. In der Luft lag so etwas wie die gespannte Aufmerksamkeit einer Raubkatze vor dem Sprung, und im durch Wolken und Oberlichten gefilterten Licht konnte man sich kaum vorstellen, dass hier vor einer Woche noch alles geglänzt hatte und präzise wie ein Uhrwerk gelaufen war. Plötzlich fühlte Marroné sich schuldig, in den letzten Tagen so gedankenlos das Leben als Streikarbeiter genossen zu haben. Das nämlich kam dabei heraus, wenn Menschen ihre Bedürfnisse über alles stellten, sich nicht länger als Teil eines Organismus begriffen, der als Ganzes gesund zu halten war. Möglicherweise ging es bald dem ganzen Land wie dem Gipswerk Sansimón, falls die Negativspirale nicht unterbrochen wurde, falls weiter das Chaos regierte, Strukturen zusammenbrachen und sich Konflikte verschärften. Aber vielleicht konnte Marroné etwas dagegen tun. Er beschloss, alles auf eine Karte zu setzen und auf der Versammlung das Wort zu ergreifen. Und falls er dabei mit den Büsten nicht weiterkam, konnte er die Mission bei Sansimón beenden und es woanders versuchen. Er hatte keinen festen Plan, sondern beschloss, zu warten und alles genau zu beobachten, bis er einhaken konnte.

Zwischen der blauen und der braunen Fertigungszone, dort, wo das Hauptschiff in die Apsis überging und sich normalerweise der Altar befunden hätte, hatten die Männer ein behelfsmäßiges Podium errichtet, das wie eine oben abgeknabberte und somit eher aztekische als ägyptische Pyramide aussah und aus aufgestapelten Paletten bestand, was auch den Vorteil hatte, dass man über die Stufen an der Seite problemlos hinauf- und hinuntergelangte. Vor der Pyramide warteten etwa zweihundert Arbeiter, weil alle zu der wichtigen Abstimmung gekommen waren, auch diejenigen, die eigentlich gerade Heimaturlaub bei ihren Familien machten. Sogar Vater und Sohn Sansimón durften zuhören. Man konnte sich in eine Rednerliste eintragen, die Trejo, einer von Paddys Stellvertretern, verwaltete, während dieser mit einem blendend weißen Helm auf dem Kopf und einem breiten Lächeln im von kupferfarbenen Bartstoppeln gezierten Gesicht das Wort führte.

Es begann enttäuschend, wie zu erwarten war. Erst lange Solidaritätsbekundungen vonseiten Delegierter benachbarter Fabriken; von klassenkämpferischen Gewerkschaften; von Politikern jenes Schlags, die sofort mit aufspringen, wenn sie eine gute Gelegenheit wittern, aber genauso schnell wieder verschwunden sind, sobald Sand ins Getriebe kommt;

von Studentenvertretern, politischen Jugendorganisationen und Guerillakämpfern. Dann die üblichen Zitate von Marx bis Lenin, Ho Chi Minh bis Mao, Brecht, Che Guevara, Fidel Castro und natürlich Eva Perón … Viele Werkarbeiter begannen bereits ostentativ, sich zu räuspern und zu gähnen, standen mit dem Rücken zum Podium in kleinen Gruppen beisammen und tratschten. Marroné fand das verständlich. Immerhin sollte hier erörtert werden, wie es mit den Menschen und ihrer Arbeit weiterging, eine Frage, die sie ganz direkt betraf, aber sie mussten einem nervenden Wicht mit sich überschlagender Fistelstimme zuhören, der so aufgewühlt über St. Petersburg 1917 redete, als handelte es sich um die Neuigkeiten vom Tag. Auch Marroné machten die hölzernen Gesten und hohlen Phrasen ungeduldig. Als hätte sich seit Demosthenes und Cicero in der Kunst der Rede nichts weiterentwickelt, als hätte von Dale Carnegie bis heute niemand je über dieses Thema geschrieben. Sie versuchten nicht einmal, sich in den andern hineinzuversetzen, sie hörten sich am liebsten selbst reden, und anstatt Überzeugungsarbeit zu leisten, nahmen sie zu gebrüllten Parolen Zuflucht. Ach, wäre doch Raum, eine Kreativitätsübung mit ihnen durchzuführen … Aber welche hätte das sein sollen? Ein Brainstorming oder Brainsailing konnte man bei der Unruhe hier vergessen – bei einer solchen Gruppengröße förderte es die Auflösungserscheinungen. Am besten wäre es, mit einem Mindmapping gegenzusteuern, für das ihm jedoch wesentliche Hilfsmittel wie ein Overheadprojektor mit Folien zum Beschriften oder eine große Tafel fehlten … Es gab hier zwar Farbkreide in Hülle und Fülle, und im Büro stand auch noch das Flipchart, aber die Filzstifte waren ausgetrocknet und überhaupt … Nein, es musste etwas sein, das Eindruck machte: eine mündliche Übung vielleicht, die sie mit dem ganzen Körper forderte, bei der sie ein wenig schauspielern mussten, wobei ein paar Mitwirkende – der Großteil der Leute würde wohl in der Zuschauerrolle bleiben – zumindest kurz ihren gewohnten Standpunkt verließen und sich in den andern hineinversetzten. Ein Rollenspiel also. In Windeseile überschlug er alle Möglichkeiten, die er aus Besprechungen, Workshops und Büchern kannte. Von ihnen würde ihm hier keine nützlich sein und diese Erkenntnis barg auch schon die Lösung; Kreativität in ihrem besten Sinn fing nämlich bei einem selbst an, also musste er kreativ werden: Er würde etwas erfinden, das noch nie dagewesen war. Aber was, was konnte das nur sein, zermarterte er sich das Hirn, während er den Blick über die bunte, heterogene Menschenmenge schweifen ließ. Wie konnte er am besten ihre Aufmerksamkeit fesseln, zu ihnen durchdringen, wo sie doch keine Erfahrung damit hatten? Da fiel sein Blick auf die bunten Helme.

Plötzlich ahnte er, wie sich Moses beim Anblick des brennenden Dornbuschs gefühlt haben musste, Archimedes, als er Heureka rufend aus der Badewanne sprang, und Newton, als der Apfel sein Haupt traf. Zunächst wie gebannt von der verblüffenden Erkenntnis, die ganz von selbst in ihm aufstieg, riss er sich sogleich am Riemen, stieß Trejo zu seiner Rechten an und sagte:

»Setz mich auf die Liste.«

Als Paddy das hörte, fragte er irritiert:

»Was hast du vor?«

Ohne auch nur aufzublicken, sagte Marroné mit so fester Stimme, dass er ganz verändert klang, wie der neue Mensch, zu dem ihn seine geniale Idee machte:

»Überlass das nur mir, ich sorge dafür, dass es hier im Handumdrehen in die richtige Richtung geht.«

Er musste noch seine Vorredner abwarten, und obwohl er vor Ungeduld fast wahnsinnig wurde und ein Kribbeln am ganzen Körper verspürte, war es ein Segen, noch etwas Zeit zu haben, um seine Idee zu durchdenken und sich eine passende Strategie zurechtzulegen. Wie in anderen Schlüsselsituationen seines Lebens liefen seine Hirnwindungen heiß wie Glühdraht, ließ sein fiebriger Blick ihm alles ringsum verändert erscheinen, als hätte sich das Licht selbst verändert und nicht seine Wahrnehmung. Als er an der Reihe war, erklomm er federnden Schrittes und mit Entschlossenheit die Palettenstufen zum Podium und selbst die leichte Unsicherheit seiner ersten Worte war keiner wirklichen Nervosität geschuldet, sondern dem Oxford Stuttering, das sympathisch wirken sollte.

»Genossen …«, fing er an und setzte sofort eine Pause, um sich ihrer vollen Aufmerksamkeit zu vergewissern. »Bei den Reden hier wird ständig wiederholt, dass jetzt endlich wir alle gefragt werden, dass wir Arbeiter entscheiden. Aber dann wollen doch wieder dieselben bestimmen.« (Zustimmendes Murmeln.) »Kann es sein, dass sie Angst haben, wir könnten etwas sagen, was ihnen nicht passt, wenn sie uns zu Wort kommen lassen?« (Lautere Zustimmung, erster, verhaltener Applaus, Rufe: »Recht so!«) »Werte Genossen … das ist ja nicht unsere erste Versammlung, wir wissen, wie das üblicherweise läuft: Es reden immer dieselben Leute, sie reden und reden, bis die andern sich entnervt verziehen, und erst dann wird abgestimmt – oder besser gesagt, alles unter ihnen ausgemacht.« (Lauter Applaus, Rufe wie »Genau!« oder »Meine Rede, Genosse!«.)

Paddy runzelte sorgenvoll die Stirn, aber Marroné zwinkerte ihm beruhigend zu.

»Oje, jetzt rede ich schon genauso viel.« (Gelächter und Applaus. Die Zeit war reif, alle hörten zu.) »Kommen wir also zur Sache: Bei der Baufirma Tamerlán, von dort bin ich, haben wir solche Versammlungen besser gestaltet, unterhaltsamer, und dafür solche bunten Helme benutzt. Ja, genau! Die, die ihr auf dem Kopf habt«, fügte er hinzu, als manche unwillkürlich ihren Sicherheitshelm berührten. »Ich bitte nun sieben Genossen, sieben Freiwillige, aufs Podium zu kommen, jeder mit einer anderen Helmfarbe, wenn möglich. Also, wer macht mit?«

Das Gros der Arbeiter blickte sich unschlüssig um, aber ihre strahlenden Augen und das Lächeln mancher ließen nicht an Skepsis denken, sondern eher an eine leichte Befangenheit, trotz der Lust am Mitmachen, so wie auch Kinder nie den Anfang machen wollen, wenn man sie auf einer Geburtstagsfeier zu einem Spiel auffordert.

Ein Mann mit grünem Helm und ausladendem Kinn wie Edmundo Rivero, der Tangosänger – der Mann war an jenem schon so weit entfernt scheinenden Morgen, als alles begann, gemeinsam mit den andern in Sansimóns Büro hereingeplatzt –, hob eine klobige Hand, bei der er unweigerlich an einen mit Stahl verstärkten Asbesthandschuh dachte. Marroné bat ihn aufs Podium. Es folgten Saturnino, Baigorrias finster dreinblickender Begleiter beim Gelage im Chefbüro, mit einem schwarzen Helm, Baigorria selbst mit einem in Gelb, dann noch der junge Arbeiter mit den schmalen Augen, bei dem Marroné sich wegen seines ruinierten James-Smart-Anzugs beschwert hatte (er hieß Zenón und trug einen roten Helm), und ein Dickwanst, den jedermann

Tuerto, den Einäugigen, nannte, weil eines seiner Augen milchig getrübt war, mit einem braunen Helm. Marroné trug heute den blauen Helm der Propagandatruppe, weil er am Vormittag einige Radiosender angerufen und sie über die Gründe der Besetzung und den aktuellen Stand aufgeklärt hatte. Nun fehlte nur noch ein weißer Helm. Aber der letzte Arbeiter, der aufs Podium stieg, Pampurro, trug einen grünen.

»Oh Mann, das geht nicht: zwei grüne Helme und kein weißer. Unsere Anführer haben wohl Schiss.« (Einhelliges Lachen.) »Hey, Pa… Colorado, kannst du uns einen weißen Helm borgen? Du kriegst ihn wieder, keine Sorge.« Bemüht lächelnd, tauschte Paddy seinen Helm mit Pampurro, und Marroné schmunzelte, weil die grüne Farbe des Helms auf Paddys rotem Haar ihm die Trikotfarben von Monteith aus ihrer Schulzeit in Erinnerung rief.

»So, Leute, jetzt wird's interessant. Hört gut zu: Als hier noch Sansimón das Sagen hatte …« (Lautes Gelächter, spöttische Blicke in Richtung des Genannten und dessen saure Miene, während er Marroné musterte und dabei die Stirn runzelte, als käme er einfach nicht drauf, woher er ihn kannte. Zum Glück sah er mit den freilich nicht sehr üppigen Bartstoppeln ziemlich verändert aus.) »… da gab es eine Farbe für jeden Bereich: weiß die Bosse, rot die Arbeiter in der Werkstatt, schwarz das Reinigungspersonal. Nach der Besetzung hat sich das umgedreht: weiß für die, die das Sagen haben …« (Nur der junge Bildhauer aus der Werkstatt lachte auf, den andern war die feine Ironie wohl entgangen.) »… blau für die Leute, die Propaganda machen, gelb für diejenigen, die gerade Putzdienst haben, nur tauschen *wir* die Helme allentha… immer wieder miteinander, wechseln uns ab. Mein Vorschlag geht eher in diese Richtung als in die des alten Systems. Bei unserer Debatte bekommt jeder Helm eine bestimmte Aufgabe. Weiß gilt als Farbe der Neutralität, weshalb sich, wer den weißen Helm trägt, an den Tatsachen orientieren soll, und zwar unabhängig davon, ob sie ihm zusagen oder nicht. Rot gilt als Farbe der Leidenschaft, weshalb derjenige mit dem roten Helm uns aus dem Bauch heraus alles mitteilen soll, was er fühlt, was ihn ärgert, was ihm gegen den Strich geht oder wovor er sich fürchtet.« Marroné improvisierte, die Gedanken kamen ihm beim Sprechen, fügten sich jedoch perfekt zusammen, und er fand die richtigen Worte. Von der Muse geküsst, so wie damals Eva Perón, wenn sie zum Volk sprach. »Gelb ist die Farbe der Sonne, Genossen, und wer den gelben Helm trägt«, er tippte Baigorrias Helm an, »muss positiv denken und immer optimistisch bleiben, derjenige mit dem schwarzen Helm hingegen«, er sah Saturnino an, der mit seiner mürrischen Miene für die Rolle wie gemacht schien, »soll das Schlimmste befürchten und uns alle auf mögliche negative Konsequenzen der Beschlüsse und Handlungen hinweisen, dabei am besten alles so schwarz sehen wie möglich. Grün ist die Farbe …«

»… der Hoffnung!«, rief ihm eine begeisterte Stimme zu. Es bestand kein Zweifel, dass er die Leute abgeholt hatte.

»Aber ja«, sagte Marroné zustimmend und lächelte wie ein Fernsehmoderator. »Und die Farbe jedes frischen Keims, alles in der Natur neu Entstehenden, weshalb der Träger des grünen Helms eine besondere Aufgabe zu erfüllen hat.« Er wartete kurz, bis der Mann mit dem Edmundo-Rivero-Kinn den entsprechenden Ernst in seine Miene legte. »Er soll *kreativ* sein, neue Ideen einbringen. Dabei ist egal, ob sie einem zunächst absurd oder lächerlich erscheinen oder scheinbar aller Vernunft und Erfahrung widersprechen.« Er hätte auch sagen können, der mit dem grünen Helm solle sich des lateralen Denkens bedienen, aber er bezweifelte, dass seine Zuhörer mit dem Begriff vertraut waren. »Jetzt bleibt uns nur noch der braune Helm.« Er hatte nicht die leiseste Ahnung, was er mit der übrig gebliebenen Farbe anfangen sollte, ihm gingen die Ideen aus. Puh … die andern konnten doch auch ein bisschen kreativ sein … »Überlegt mal, Genossen: Was könnte der mit dem braunen Helm machen?«

»Scheiße ablassen!«, rief jemand spontan und wurde mit großem Gelächter belohnt.

»Aber ja! In Meetin… auf solchen Versammlungen gibt es immer einen, der alles torpediert, weil er es scheiße findet. Und das …«, als er das sagte, klopfte Marroné Tuerto auf die Schulter, dessen dicker, haariger Bauch vor Lachen wackelte, »… bist heute du. Aber vergiss nicht: Das ist nicht dasselbe, wie auf Gefahren zu achten, zu sagen, was schiefgehen könnte, wie unser Freund mit dem schwarzen Helm.« Ein schiefes Lächeln von Saturnino. »Gut, dann wären wir wohl so weit, was?«, fragte er in die Runde, gespannt, ob seine Zuhörer etwas bemerkten.

Mehrere zeigten wild gestikulierend auf ihn.

»Der blaue! Der blaue, Ernesto!«

»Ja, was? Was denn?«, Marroné tat erst verwirrt und dann so, als würde er des blauen Helms auf seinem Kopf eben erst gewahr. Er schlug sich die Hand vor die Stirn.

»Ach ja, genau! Blau ist die Farbe des Himmels und der Himmel sieht alles und steht über allem. Wer bei unserem Spiel also den blauen Helm trägt – im Moment ich –, ist der Dirigent des Orchesters und für den geordneten Ablauf verantwortlich. Er soll auch am Ende der Debatte ein Fazit liefern, aber dazu später. Wie jedes Spiel begreift man auch dieses am schnellsten, indem man es ausprobiert, deshalb schlage ich vor, wir beginnen einfach und den Rest sehen wir dann schon. Fangen wir mit dem weißen Helm an: Pampurro, wie ist deiner Meinung nach unsere Lage?«

»Äh … hm … na ja … Wir haben das Werk jetzt schon seit einer Woche besetzt und haben die meisten Forderungen durchsetzen können … Die Streikmoral ist immer noch hoch, auch wenn wir, um ehrlich zu sein, auch schon genug haben …«, sagte Pampurro und trat dabei die ganze Zeit scharrend von einem Fuß auf den andern.

»Warte mal«, schaltete Marroné sich vorsichtig ein, »ich glaube, wir geraten da schon auf das Gebiet des roten Helms. Zenón?«

»Ich finde ja, wir sind zu lax vorgegangen … Gegen diesen Sansimón, der seit zwanzig Jahren die Arbeiterklasse ausbeutet … Wenn *er* acht Stunden am Tag im blauen Sektor arbeiten müsste, bei einem Maschinenlärm, bei dem man keinen klaren Gedanken fassen kann, wenn *er* jeden Tag so viel Staub schlucken würde, dass er nachts vor Husten nicht zum Schlafen kommt, wenn man *ihn* durchs Megafon auffordern würde, schneller zu arbeiten, und ihm dabei jedes Teil, das er zerbricht, vom Lohn abzöge … ja, dann, Genossen, würde es wohl keinen Tag dauern, unsere Forderungen umzusetzen.«

»Ein großartiger Vorschlag, der könnte auch vom grünen Helm stammen!«, rief Marroné dazwischen. »Seht ihr? Wir haben erst angefangen und schon ist eine neue Idee entstanden. Sollen unsere Arbeitgeber doch einmal unsere Arbeit machen, dann sehen sie selbst, was wir heutzutage aushalten müssen. Möchtest du etwas hinzufügen, Genosse?«, fragte er Edmundo Rivero, der dastand wie ein Esel. Er war wohl nicht der richtige für den grünen Helm, Marroné musste schleunigst für einen Tausch sorgen.

»Das fängt sehr gut an! Sorgen wir für ein wenig Stimmung: Traust du mit dem gelben Helm dir das zu?«

Er fragte nicht von ungefähr nach, denn Baigorria hatte sich bisher als erbittertster Gegner der Besetzung präsentiert. Würde er sich in einen anderen Standpunkt hineinversetzen, alles einmal anders betrachten können?

»Also, wenn ihr mich fragt, Genossen, läuft es doch phänomenal«, sagte Baigorria nonchalant. »Seht euch Herrn Sansimóns freudiges Strahlen an oder winkt unseren Freunden und Helfern von der Polizei durch den Zaun zu, die natürlich nur dort stehen, um uns zu schützen. Ich glaube ja nicht nur, dass sie alle unsere Forderungen erfüllen werden, sondern auch, dass da noch was geht. Wir sollten die Zwanzigstundenwoche verlangen, drei Monate bezahlten Urlaub, vier kostenlose Mahlzeiten am Tag und ein Mittagsschläfchen in der Arbeitszeit. Und wer kein Mittagsschläfchen mehr hält, weil er schon groß ist, sollte von der Firma eine Nutte spendiert bekommen …«

Manche fanden es witzig, andere riefen Buh. Zumindest hatte Baigorria trotz seines Sarkasmus begriffen, wie das Spiel funktionierte. Garagusos Einfluss hatte den zuvor so ideen- wie teilnahmslosen Mann aus seinem Dornröschenschlaf geweckt, er schien echte Führungsqualitäten zu entwickeln. Besser, er machte ihn sich nicht zum Feind.

»Lasst uns«, sagte Marroné, wobei er sich insgeheim die Hände rieb, »nun die andere Seite hören. Den schwarzen Helm.«

Saturnino bedachte seinen Orgienkumpan mit einem bösen Blick:

»Eins sage ich euch, wenn wir die Fabrik noch lange besetzen, reißen uns die den Arsch auf, und alles, was wir erreicht haben, ist wieder weg. Die Regierung hat am Anfang ein offenes Ohr für uns gezeigt und uns diesen Abgeordneten und die zwei Schleimer aus dem Arbeitsministerium vorbeigeschickt. Aber wenn wir jetzt dort anrufen, geht keiner ans Telefon. Im Radio bezeichnen sie uns als Anarchisten oder Kommunisten, sagen, Aufrührer hätten sich bei uns eingeschlichen. Eines Nachts werden sie uns einfach überrennen, und wenn die Polizei es nicht allein schafft, schicken sie das Militär vor. Dann können wir von Glück reden, wenn wir hier nur rausfliegen und es nicht noch Tote gibt, viele Tote.«

Die Reaktion der Leute kam postwendend: »Du feiger Arsch!«, »Du Verräter!« oder »Du Dreckskerl!« waren noch die netteren Bezeichnungen.

»Moment«, grätschte Marroné dazwischen, »so was würde nur der mit dem braunen Helm sagen.«

»Du hast dich von unseren Arbeitgebern kaufen lassen!«, schrie Tuerto unvermittelt und zeigte mit dem Finger auf Saturnino. Und dann auf Baigorria: »Und du auch! Ihr habt die Arbeiterbewegung verraten!«

»Was, ich ein Verräter? Sag das noch mal, wenn du dich traust!« Saturnino stürzte sich auf Tuerto, der sich provokant in die Brust warf (beziehungsweise den Bauch herausstreckte), und es gab nur deshalb keine Schlägerei, weil jemand dazwischenging. Marroné beschloss, alles auf eine Karte zu setzen:

»Gut, dann führe ich euch jetzt den tieferen Sinn des Spiels vor: Tauscht eure Helme, ihr zwei!«

Beide sahen ihn entgeistert an.

»Hört ihr schlecht? Du, Saturnino, setz dir den braunen Helm auf, und du, Tuerto, den schwarzen.«

Diesmal kamen sie der Aufforderung nach. Darüber hinaus taten sie aber wenig.

»Na, was ist?«

»Du Scheiß-Arsch!«, stieß Saturnino als neuer brauner Helm hervor.

»Und ich sage, mit dir nimmt es ein böses Ende!«, erwiderte Tuerto, rückte sich den schwarzen Helm zurecht und sagte zu den andern: »Und mit euch allen auch.«

Beim allgemeinen Heiterkeitsausbruch, der nun folgte, mussten auch Tuerto und dann Saturnino mitlachen. Sie reichten einander die Hand und die Menge ließ sie hochleben. Sie hatten es begriffen; die Übung war ein voller Erfolg: Eine Meinung war bloß eine Meinung, sie sagte nichts über den Charakter aus. Man konnte sie ebenso leicht ändern wie seine Kopfbedeckung. Aber das war längst nicht alles. Einen anderen Standpunkt einzunehmen, etwas einmal anders zu betrachten, war nur die Aufwärmübung gewesen. Das eigentliche Ziel des Spiels war es, sich für Vorschläge des grünen Helms zu öffnen, auf kreative neue Lösungen für die alten Probleme zu kommen. Selbst Paddy sah ihn nun mit anderen Augen, wie es schien. Marroné wurde warm ums Herz.

»Gut, erweitern wir das Spiel. Jeder kann sich zu Wort melden, auf dem Podium oder im Publikum, ihr müsst euch nur überlegen, was ihr sagen wollt, und den entsprechenden Helm aufsetzen.«

Es hoben sich ein paar Hände. Auch die des alten Sansimón, der seit geraumer Zeit mit dem jungen Bildhauer aus der Werkstatt tuschelte. Marroné beschloss, das Wagnis einzugehen, und bat ihn aufs Podium.

»Welche Farbe, Genosse?«

»Weiß«, sagte der alte Sansimón. Die Arbeiter machten erstaunte Gesichter, wirkten aber nicht feindselig. Nur Sansimóns Sohn schmollte. Der alte Sansimón sah sich kurz die Helme an, die sich zu seinen Füßen wie ein ganzer Meeresgrund voller bunter Muscheln ausbreiteten, und begann dann zu sprechen:

»Ich habe den weißen Helm gewählt, weil er für Information steht und ich euch etwas mitteilen möchte. Wie ihr wisst, war ich einer von euch, als ich das Gipswerk Sansimón gegründet habe. Es war nur eine kleine Werkstatt in einem Wohnhaus in Constitución, drei Helfer und ich kümmerten sich um alles. Durch unsere fleißige Arbeit und Gottes Beistand sind wir gewachsen und geworden, was wir heute sind. Der jetzige Direktor des Gipswerks, der auch hier ist, tut gern so, als hätte er das Unternehmen von seinen bescheidenen Anfängen bis hierher gebracht, aber das glaubt auch nur er. Ich weiß, dass es ganz anders war. Ich weiß, dass ihr es wart, die das Gipswerk Sansimón groß gemacht haben.«

In der ersten Pause, die er machte, brandete Beifall auf. Der Alte hatte unverkennbar das Zeug zum Redner.

»Ein Chefsessel ist kein Königsthron«, fuhr er fort, als der Applaus verebbt war, »und eine Fabrik kein Königreich. Sie geht nicht automatisch vom Vater auf den Sohn über. Als die Zeit gekommen war, mich zurückzuziehen und die Leitung des Werks in fähige Hände zu geben, hatte ich eine andere Vorstellung davon, wie es weitergehen sollte. Ich habe in meiner Jugend Proudhon, Bakunin und Kropotkin gelesen und diese Hand hier hat einmal die von Buenaventura Durruti geschüttelt, einem wahren Helden des Spanischen Bürgerkriegs ... Damals habe ich etwas gelernt: dass der Mensch dem Menschen kein Wolf sein darf und dass Menschenwürde mehr zählt als ein voller Magen ...«

Marroné wurde ungeduldig. Wenn der Alte sich jetzt ewig über seine sozialistische Vergangenheit ausließ, wäre es um die erreichten Fortschritte wieder geschehen. Da sah er den jungen Bildhauer, sich einen Weg durch die Menge bahnend, mit einem Stapel Papieren auf sie zukommen. Doch erst, als er ihn lächeln sah, wurde Marroné klar, dass der alte Sansimón nur Zeit geschunden hatte.

»Vor allem habe ich gelernt, dass der Boden den Bauern gehören sollte, die ihn fruchtbar machen, und die Fabrik ihren Arbeitern!«, schloss er nun und streckte die Hand nach den Papieren aus, die der Junge ihm hinhielt. »Und das hier ist der Beweis!«, rief er und wedelte mit den Schriftstücken. »Diese Aufzeichnungen belegen, dass ich die Fabrik euch, den Arbeitern, überschreiben wollte! Und dass dieser Ausbeuter, mein eigenes Fleisch und Blut, den ich nur seiner Mutter zuliebe nicht mit ganz anderen Namen belege, vor Gericht gezogen ist, um mich entmündigen zu lassen. Er hat geistige Verwirrung ins Feld geführt und als Beweis diese Papiere vorgelegt. Vor dem sowieso geschmierten Richter haben seine Anwälte vorgebracht, dass nur ein Geistesgestörter seine Fabrik den Arbeitern geben würde.«

Marroné staunte nicht schlecht. Es war, als liefe vor seinen Augen die Testamentsszene aus Shakespeares *Julius Cäsar* ab. Und doch kam es in der Welt der angewandten Kreativität tagtäglich zu weit Erstaunlicherem. Wenn man die Schleusen öffnete, konnte eine Menge geschehen.

»So hat er sich alles unter den Nagel gerissen!«, fuhr der alte Sansimón fort, der sich nun nicht mehr zurückhalten konnte. »Aber jetzt kommt die Wahrheit ans Licht! Meine Kinder, meine Erben, das seid ihr! Ihr holt euch nur zurück, was euch gehört!«

Jubelstürme, Helme, die in die Luft geworfen wurden, Arbeiter, die sich umarmten und drückten, und niemand, oder fast niemand, nahm davon Notiz, als der junge Sansimón mit glitzernden Augen und trauriger Stimme seinen Vater, der überlebensgroß und mit verschränkten Armen auf dem Podium stand, fragte:

»Auch du, Vater?«

Eine Hand legte sich auf Marronés Schulter. Paddy war aufs Podium gestiegen. Schweigend betrachteten sie die Szenerie.

»Siehst du?«, sagte Paddy dann. »Das habe ich gemeint. Das ist ein Musterbeispiel für revolutionäres Bewusstsein. Sansimóns Vater löst sich von den Familienbanden und der Konditionierung durch seine Klasse und kämpft an vorderster Front für die Arbeiter.«

»Meinst du?«, fragte Marroné mit größerer Wehmut, als ihm lieb war. »Für mich sah es so aus, als hätte er seinen Sohn nur demütigen wollen.«

»Du brauchst dich nicht mehr zu verstellen, Ernesto. Bei dir steckt mehr dahinter, als man auf den ersten Blick sieht, das hab ich schon gemerkt. Wirklich, du überraschst mich immer wieder! Hast du das gemeinsam mit dem Alten ausgeheckt?«

Marroné schüttelte den Kopf. Er heftete den Blick auf den alten Sansimón, das Ebenbild eines Patriarchen, ja fast eines Propheten, und war geistig zu sehr mit seiner jüngsten Idee beschäftigt, um zu antworten.

214

»Holt mir den Moses!«

»Was?«

»Den großen Moses vom Fabrikeingang. Bringt mir die Figur her. Ach ja, und einen Vorschlaghammer.«

»Was hast du vor?«

»Zeit, den grünen Helm aufzusetzen!«

Während der Wartezeit versuchte Marroné, mit ausgebreiteten Armen für die nötige Ruhe zu sorgen. Was bald gelang, weil die so unversöhnlich streikenden Arbeiter ihm mittlerweile aus der Hand fraßen. Mark Anton hätte es nicht besser gekonnt.

»Genossen«, sprach er, und seine Stimme beruhigte die Anwesenden wie ein Ölfilm das bewegte Meer. »Wir haben das Privileg, im Gipswerk Sansimón eine neue Gesellschaft und ein neues Argentinien erstehen zu lassen. Ein Land, in dem das Kapital und die Arbeit sich die Hand reichen und ihren Konflikt begraben, so wie es sich der Oberst und Genossin Eva stets erträumt haben. Herr Sansimón hat hier und heute einen Meilenstein markiert. Wir sollten uns alle ein Vorbild an ihm nehmen, vor allem sein Sohn, der, nebenbei bemerkt, schon mal glücklicher gewirkt hat.« Allseits hämisches Grinsen, nur die Zielscheibe von Marronés Spott beobachtete diesen mit Argusaugen, als er sprach. Ob er ihn gleich erkennen würde? Selbst wenn, konnte er nichts mehr unternehmen. Es war zu spät. »Dies, Genossen, ist der tiefere Sinn des Wortes Revolution: Wenn diejenigen, die gestern noch miteinander verfeindet waren, sich heute als Brüder gegenüberstehen. Und wirklich, Genossen, gehört die Fabrik jetzt uns. Aber auch wenn wir Herrn Sansimóns großzügige Geste zu schätzen wissen, so wurde die Fabrik uns gar nicht geschenkt, sondern nur zurückgegeben – ihren eigentlichen Besitzern. Ein Werk der Gerechtigkeit, nicht der Nächstenliebe, das ganz im Sinn unserer Genossin Evita gewesen wäre. Nun geht es lediglich darum, was wir mit der Fabrik machen sollen: Eine Fabrik in der Hand ihrer Arbeiter ... Kann sie bleiben, wie sie war? Uns eröffnen sich viele Möglichkeiten. Was werden wir daraus machen? Soll alles gleich bleiben ... oder wollen wir etwas noch nie Dagewesenes erschaffen? Zeit, kreativ zu sein, Genossen. Setzen wir uns doch alle für einen Augenblick den grünen Helm auf!«

Verwirrt sahen die Arbeiter sich – beziehungsweise ihre Helme in allen Farben – an.

»Das war bildlich gemeint«, erläuterte Marroné. »Stellt euch einfach vor, ihr hättet ihn auf.«

Da platzte der junge Sansimón heraus:

»Ich kenne dich! Du bist doch Macramé! Der Einkaufsleiter von Tamerlán & Söhne!« Und an die andern gewandt: »Glaubt ihm kein Wort, er will euch nur reinlegen, mit seinen dunklen Machenschaften!«

Totenstille. Die Arbeiter blickten wie bei einer Tennispartie erst zu Sansimón, dann zu Marroné und wieder zu Sansimón. Die Menge erwachte erst aus ihrer Starre, als eine Hand nach oben ging und eine Stimme schüchtern vorbrachte:

»Das passt aber nicht zum grünen Helm!«

Zustimmendes Murmeln und vereinzeltes Beklatschen der schlauen Bemerkung. Der schmale, junge Mann, der sie gemacht hatte und der ebenso schüchtern wirkte, wie seine Stimme klang, lächelte stolz und mit roten Wangen. Doch wieder stiftete Sansimón Unruhe:

»Was soll der Scheiß mit dem grünen Helm? Dieser Kerl arbeitet für die Konkurrenz, er ist dort Manager! Jetzt verstehe ich! Sie wollen uns erst ruinieren und dann für ein Butterbrot kaufen! Er nutzt euch nur aus! Kapiert ihr das denn nicht?«

»Den braunen Helm! Den braunen Helm für ihn!«, forderten ein paar Männer lautstark. »Wer Scheiße verbreitet, soll sich den gefälligst aufsetzen!«

Eilfertig stülpte jemand Sansimón einen braunen Helm über, so schwungvoll, dass er ihm tief ins Gesicht rutschte und der Schirm auf seiner Nase aufsaß. Wie bei einer Clownsnummer im Zirkus zerrten nun gleich mehrere Leute daran herum, bis sie ihn wieder abbekamen und er ihn sich ordentlich aufsetzen konnte.

Sansimón wollte schon wieder losschimpfen, doch Marroné hatte die humoristische Einlage genutzt, um mit ausgebreiteten Armen um Ruhe zu bitten, und ein paar Ellbogenstöße in die Seite sorgten dafür, dass dies auch bei Sansimón ankam.

»Und jetzt eine Erwiderung mit weißem Helm«, verkündete Marroné und tauschte mit Pampurro, der immer noch auf dem Podium stand, den Helm. »Was Herr Sansimón sagt, ist wahr, Genossen!«

Ein enttäuschtes Raunen ging durch die Menge. Aber das wollte er ja gerade erreichen. »Das geht ja wirklich leicht«, dachte er bei sich.

»Es ist schon wahr, aber wie jeder geschickte Manipulator tischt Sansimón euch Halbwahrheiten auf. Es ist zwar wahr, dass ich im Schoß einer wohlhabenden Familie aufwuchs ... Es ist aber auch wahr, dass ich adoptiert wurde, dass ich aus einem ärmeren Haus stamme als viele von euch. Es ist wahr, dass ich als Manager von Tamerlán & Söhne kam ... Habe ich je einen Hehl daraus gemacht? Aber bei der Besetzung mitzumachen hat mich verändert, ich fühle mich als einer von euch! Seht mich an … Sehe ich so aus, als ob ich auf der Seite der Arbeitgeber stünde? Sehe ich wie ein Oligarch, ein Ausbeuter des Arbeiterstands aus?« (»Nein!«, »Nein!«, riefen ein paar.) »Ja, es ist wahr, dass ich auch einmal so ein reicher Sack war … ein bourgeoiser Snob …, ein …, ein … was würde der braune Helm sagen?«

»Aufgeblasener Fatzke, Geldaristokrat, überheblicher Affe!«, riefen die Leute von einem Ohr bis zum andern grinsend.

»Ich danke euch, Genossen … Nichts anderes habe ich erwartet! Das ist also wie gesagt wahr … Es ist aber auch wahr, dass Oberst Perón ein Militär, Evita Schauspielerin und Che Guevaras Familie viel reicher als meine war«, schloss er, und gerade rechtzeitig, denn der Gapelstapler näherte sich schon dem Podium, und auf seinen metallenen Beißern hielt sich wackelig die imposante Moses-Statue im Gleichgewicht.

Der Vorfall mit Sansimón war zur rechten Zeit gekommen, so war etwas Aufregendes passiert und die Wartezeit war nicht fad gewesen. Alle auf dem Podium, auch Paddy, dem der Mund offen stand, halfen beim Abladen der großen Gipsfigur; vorsichtig, damit sie nicht umkippte und in tausend Stücke zersprang. »Wenn die wüssten …«, frohlockte Marroné innerlich. Er bedankte sich bei ihnen und bat dann alle, das Podium zu verlassen, damit er Platz hätte. Ein Genosse stellte den Vorschlaghammer neben ihn. Sämtliche Blicke richteten sich auf ihn, nun wieder Träger des grünen Helms. Er trat einen Schritt vor und krempelte die Ärmel des Overalls hoch. Der Augenblick war gekommen, diesen Amateuren zu zeigen, worauf es bei einer guten audiovisuellen Präsentation ankam. Wenn Herr Tamerlán mich jetzt nur sehen könnte, schoss es ihm durch den Kopf, bevor er mit seiner Ansprache loslegte:

»Ihr kennt diese Figur, ihr seht sie, wenn ihr morgens zur Arbeit kommt und abends nach Hause geht, viele von euch seit Jahren. Bestimmt wissen einige, dass es sich um eine getreue Reproduktion, also eine Kopie, von Michelangelos berühmter Mosesstatue handelt, die in Rom steht. Moses war der Prophet, der sein Volk aus der Sklaverei ins Gelobte Land führte, auch wenn er es selbst nie erreichte. Euch ist anzusehen, dass ihr schon zu erraten meint, warum ich ihn holen ließ. Ihr erwartet wohl, dass ich nun einen Bogen von Sansimón zum Pharao und von der Befreiung des Volkes Israel zu jener der Arbeiter im Gipswerk schlage. Gut, das ist wahr und auch wieder nicht, so wie das der echte und nicht der echte Moses ist. Wisst ihr, worin sich der Moses in Rom von diesem hier unterscheidet, Genossen?«

Während seiner rhetorischen Pause hob der junge Bildhauer die Hand.

»Der andere ist aus Marmor.«

»Ganz genau!«, rief Marroné und zeigte auf den Mann. »Der Genosse weiß, wovon er spricht, er hat völlig recht. Der andere Moses ist aus Carrara-Marmor gefertigt, und Michelangelo, der große Michelangelo, ist persönlich den Berg hinaufgestiegen, um einen makellosen Block auszuwählen. Dieser hier aber …« Er spuckte in die Hände, rieb die Handflächen aneinander, packte den Vorschlaghammer am Stiel, holte aus und ließ ihn auf den Bauch des Urvaters des Christentums hinunterkrachen. Als die Gipswolke sich verflüchtigt hatte, sah man das eingedrückte Drahtgitter und die Gipsstücke, die noch daran baumelten, und dahinter ein riesiges Loch.

Der linke Unterarm und der Bauch der Monumentalfigur waren in ihrem hohlen Inneren verschwunden.

»Habt ihr das gesehen? Er ist hohl! Wie alles, was die uns aufdrücken wollen. Dort mögen das große Kunstwerke sein, aber hier bei uns, Genossen, sind sie hohl. Das soll das Gelobte Land sein, das uns das ausländische Kapital verkaufen will? Eine hübsche Fassade … und dahinter? Nichts! Darum hat Oberst Perón gesagt: »Weder Yankees noch Marxisten – Peronisten.« Hört ihr, Genossen? Wir brauchen hier keine fremden Ideen, die am Ende so hohl sind wie diese Vogelscheuche …« (bei der sich Marroné insgeheim entschuldigte). »Weg mit den Moses, den Davids, den Venus von Milo, den Eiffeltürmen! Man will uns hier eine französische Katze im Sack als argentinischen falschen Hasen verkaufen, Genossen! Konzentrieren wir uns darauf, was uns ausmacht! Und was ist das, Genossen? Ich brauche nichts zu sagen, schon die Kleinsten wissen es, ihr braucht nur eure Kinder zu fragen, Genossen! Martín Fierro, der Obelisk, Carlos Gardel, Oberst Perón und unsere heilige Difunta Correa! Vor allem aber Evita, die erste Arbeiterin der Nation, Genossen, und Hüterin der Revolution!«

Hätte er die letzten Worte nicht laut hinausgeschrien, sie wären in den Rufen aus zweihundert Kehlen untergegangen. Na also. Das war sein Tag. Ein Sieg auf voller Linie.

»Lasst sie uns zerbrechen! Zerstören wir die fremden Statuen!«, riefen einige so stürmisch, als stünden sie schon mit brennenden Fackeln da. Jetzt musste die Begeisterung nur in die richtigen Bahnen gelenkt werden.

»Genossen! Genossen! Nicht so eilig. Habt ihr meinen grünen Helm nicht gesehen? Ich habe euch doch noch gar nicht verraten, was meine Idee ist.«

Allseits Gelächter. »Aber ja, deine Idee – passend zum grünen Helm!«

»Ich schlage vor, das befreite Gipswerk in ›Gipswerk Eva Perón‹ umzubenennen, zu Ehren der ersten Arbeiterin der Nation. Zur Feier sollten so rasch wie möglich zweiundneunzig Büsten von Eva Perón produziert werden und die Einnahmen daraus in die Taschen der Arbeiter wandern; und zwar ohne dass sich die Blutsauger einen Großteil davon abzwacken, so wird uns unsere gute Fee, unsere Eva, ein Geschenk machen, genauso wie damals, als sie noch unter uns weilte, zu Zeiten ihrer Sozialstiftung. Und ich, ich werde euch, im Namen von Tamerlán & Söhne, die sofortige Abnahme und Bezahlung dieser Büsten garantieren.«

Nachdem die jubelnden Arbeiter Marroné auf ihren Schultern einmal durch die Halle getragen hatten, setzten sie ihn neben dem lädierten Moses beim Podium ab und marschierten geordnet zur Werkstatt, um die Arbeit aufzunehmen. Die Arme in die Seiten gestützt, blickte Marroné ihnen zufrieden nach, und Paddy, der nach der feierlichen Runde das Podium erklommen hatte und abwechselnd ihn und den durchlöcherten Moses ansah, schien um Worte zu ringen:

»Entschuldige, Ernesto! Ich dachte wirklich … Ich habe noch nie erlebt, dass jemand eine Versammlung so herumgerissen hat. Du bist ein Kader, der aus einem besonderen Holz geschnitzt ist.« Paddy lächelte verlegen. »Und ich erkläre dir noch den Unterschied zwischen den subjektiven und objektiven Bedingungen und du stellst dich einfach dumm. Also, dein Gesicht dabei, das war ja …« Obwohl sich niemand in Hörweite befand, senkte er die Stimme zu einem Flüstern: »Du hast dich hier eingeschlichen, was? Wer schickt dich? Der ERP oder wir, die Montoneros?«

»Also …«, begann Marroné widerstrebend.

»Ich verstehe, du brauchst nichts zu sagen«, sagte Paddy und legte den Zeigefinger an die Lippen, »aber eines wüsste ich gern, falls du es verraten darfst. Wo wurdest du ausgebildet? Auf Kuba?«

»Was? Nein, nein …«, antwortete Marroné, der gerade stark abgelenkt war und nicht auf seine Umgebung achtete, weil sich sein Körper energisch meldete.

»Hast du was?«, fragte Paddy, als er ihn so abwesend sah.

»Nein. Oder doch«, gab er zur Antwort, und als Reaktion auf das seltene Wunder, das er nun schon zum zweiten Mal in einer Woche erlebte, zeichnete sich ein leichtes Lächeln auf seinem Gesicht ab. Zweifellos hatte sich einiges in seinem Leben verändert. Und er sagte, halb zu sich selbst, aber nicht so leise, dass sein Freund es nicht hören konnte: »Wie seltsam. Plötzlich muss ich mal.«

Kapitel 6

Der »Sansimonazo«

Die Kunde von der Enteignung des Gipswerks Sansimón (nunmehr Gipswerk Eva Perón) durch seine eigenen Arbeiter verbreitete sich rasant im Viertel und den benachbarten Fabriken und aufgrund der reißerischen Schlagzeilen der Radio- und Fernsehsender, die die Nachricht als »Beginn einer argentinischen Sowjet-Ära« einstuften, bald auch im ganzen Land. So war es nicht verwunderlich, dass die Zahl der Polizisten und Mannschaftswagen um das Gelände verdoppelt wurde und alle Arbeiter, die bei der Fertigung der Evas nicht gebraucht wurden, von den Genossen mit den weißen Helmen, denen jetzt auch »El Negro« Ernesto Marroné angehörte, zum Befestigen und Verteidigen des Werks eingeteilt wurden. Auch er selbst nahm, wenn er beim entzückenden Anblick der wachsenden Sammlung noch feuchter Evas auf den Trockenregalen nicht gerade die Zeit vergaß, den braunen Helm zur Hand und half den Männern, Material zur Abwehr zu suchen und vorzubereiten. Er füllte Flaschen mit Glasmurmeln und Schrot, lernte Krähenfüße und Molotow-Cocktails zu basteln (sowohl mit chemischer als auch mit mechanischer Zündung), rollte vorsorglich Fässer mit Treibstoff und Lösungsmitteln zu den Eingängen, beschlagnahmte allen Pfeffer aus der Küche und schnorrte sich den noch benötigten aus den umliegenden Läden zusammen, oder aber er überprüfte die Feuerlöscher und Löschschläuche, was einmal an einem heißen Nachmittag in ein Cowboys-gegen-Banditen-Scharmützel ausartete, bei dem sie die Schläuche aufeinander richteten und, ausgelassen hüpfend, dem brettharten Wasserstrahl auszuweichen versuchten, bis sie, nass und fröhlich, von dem spontanen Rollenspiel wieder genug hatten.

Dies war bezeichnend für die Atmosphäre in der befreiten Fabrik: Allen war bewusst, dass möglicherweise bald jemand versuchen würde, das Gipswerk Eva Perón zu stürmen, doch derzeit rechneten sie nicht damit. Erstens waren sie zu viele und zweitens zum Äußersten bereit, um es zu verteidigen. Die gestapelten Fässer mit Treibstoff und Lösungsmitteln an den vier Eingängen hatten sie dem vermittelnden Richter gezeigt, um ihm zu veranschaulichen, dass der Polizei bei einem Angriff wohl nur eine rauchende Ruine in die Hände fallen würde. Und dann waren da noch die Geiseln. Denen wollten die Arbeiter ja nichts tun, aber bei einem Angriff könnte man sie als menschliche Schutzschilde gebrauchen. Und wer sollte sich bei der Regierung für die wiedererlangte Fabrik bedanken, wenn keiner von den Arbeitgebern und Managern am Leben blieb? Die Arbeiter hatten außerdem das Volk auf ihrer Seite, was deutlich wurde, wenn ihnen die Leute beim Ausschwärmen zujubelten, sie für Lebensmittel nicht bezahlen ließen, sondern ihnen das wenige, was sie besaßen, schenkten (es war ein einfaches, an manchen Ecken ärmliches Viertel) und ihnen Mut machten. Noch immer stießen Arbeiter aus benachbarten oder auch weit entfernten Fabriken zu ihnen, boten Vertreter verschiedener Studentenorganisationen und politischer Parteien Unterstützung an, fanden sich zu jeder Tages- und Nachtzeit selbst ernannte Redner vor dem

224

großen Tor ein, um das Gipswerk Eva Perón als Speerspitze des Proletariats und der Revolution zu rühmen. Obendrein konnte sich Marroné in dieser Phase auf dem Klo so regelmäßig erleichtern wie schon lange nicht. Wahrscheinlich transportierte er die allgemeine Euphorie, als er mit dem Buchhalter Govianus telefonierte.

»Ist irgendwas, Marroné? Sie sind ja kaum wiederzuerkennen ...«

»Ich freue mich nur so, weil ich bald mit den zweiundneunzig Büsten komme«, antwortete er überschwänglich.

Zum Teil stimmte das ja. Bei dieser Eile würden die Büsten am 24. Dezember fertig verpackt und verladen sein, wenn auch einen Tag nach dem ursprünglichen Liefertermin und fast ohne Puffer, denn am Vierundzwanzigsten wurde nur bis mittags gewerkt; aber da die Arbeiter dafür gestimmt hatten, die Übernahme der Fabrik durch ihre rechtmäßigen Besitzer mit einem großen Grillfest zu feiern, bei offenen Türen (außer für Polypen und andere Staatsdiener), fand Marroné es wenig ratsam, der Spielverderber zu sein, der auf die Erledigung der Arbeit pochte und damit seine Glaubwürdigkeit verlor.

Am Vierundzwanzigsten war das Wetter schon morgens strahlend schön, wenn auch recht warm, und die Arbeiter begannen in aller Frühe, das Fest vorzubereiten. Sie verteilten die Tische aus der Kantine und der Werkstatt auf der Rasenfläche zwischen dem großen Tor zum Areal und dem Haupteingang des Fabrikgebäudes, an dem nur noch die einsame Davidfigur stand. Weil das immer noch zu wenig war, benutzten sie die Böcke aus der Fabrik und legten Bretter darüber, oder Türen, die sie aus den Angeln hoben, stellten Schreibtische aus den Büros auf und bedeckten diese mit Tüchern in allen möglichen Mustern und Farben, die ihnen die oft mit streikenden Arbeitern verheirateten Frauen aus der Nachbarschaft liehen. Die Grillroste wurden ebenfalls ergänzt: Siebe, Zaungitter und Maschendraht wurden u-förmig aneinandergereiht, darunter glühende Kohlen geschichtet und das Grillgut darauf verteilt, das ihnen die Arbeiter eines Kühlhauses freundlicherweise per Transport geschickt hatten: Schon bald zischte und knisterte es, wenn das Fett in die Glut tropfte, dass es eine Freude war, und der Rauch trug das Grillaroma in alle Himmelsrichtungen, Rinderhälften schmorten vor sich hin, darum herum Girlanden aus Blutwurst, Paprikawurst und Kalbsdärmen, Divisionen von Grillhühnern, denen man förmlich beim Braun-und-knusprig-Werden zusehen konnte, Spanferkel, deren Schwarte wie poliertes Leder glänzte und die beim Gedanken an ihre eigene Schmackhaftigkeit selig zu lächeln schienen. Wie ein Zyklop überwachte der breit grinsende Tuerto das tierische Gemetzel mit einem riesigen Grillbesteck in den Händen. Vor Sonnenwärme geschützt, waren unter ein paar Weidenbäumen Korbflaschen aufgestapelt, eine Pyramide mit weißem, eine mit rotem Wein, den die örtlichen Händler ihnen teils geschenkt und teils zum Selbstkostenpreis verkauft hatten. Auch Brötchen wurden in großen, von jeweils zwei Männern getragenen Weidenkörben angeliefert und nun von einer Brigade Brotschneidern für die Bratwurst- und Blutwursthotdogs mittendurch gesägt. Das Salatkomitee spritzte mit dem Schlauch Salatköpfe ab und schnitt Tomaten und Zwiebeln in Scheiben. Dann wurde alles in große Tröge gekippt, in denen flaschenweise Maisöl und Weinessig schwammen, und mit Holzspaten und -spachteln umgerührt. Die blau

behelmte Propagandatruppe hatte schon am Vortag überall Flugzettel verteilt und Plakate angebracht sowie das Fest
von einem Fiat 600 aus angekündigt, der mit Megafonen
an beiden Seiten vor der örtlichen Bahnstation seine Kreise
gezogen hatte. Dazu noch die Mundpropaganda, und
wer nichts von der Veranstaltung gehört hatte, roch immerhin den verführerischen Duft, den der Wind zu den
Behausungen aus Ziegelsteinen oder Blech wehte und der
sich dort durch die Fensterritzen stahl. Angeblich stiegen
sogar Fahrgäste aus dem Zug aus, die eigentlich nur hier
durchfahren wollten. Und so trafen schon bald Grüppchen
von Arbeitervertretern, Studenten und Sympathisanten ein,
von Leuten aus der Nachbarschaft und andern, die sich da-
zwischenschummelten, an den dampfenden Grillrosten vor-
beispazierten, an Tischen oder auf dem Rasen Platz nahmen
und einen ersten Schluck Wein im Pappbecher schnorrten.
Dutzende Kinder, die Sprösslinge der Werkarbeiter, liefen
zwischen den Bäumen umher oder hingen an den Beinen
ihrer Papas, die sie schon tagelang nicht gesehen hatten,
was Marroné ein wenig neidisch machte. Denn als er am
Vorabend Mabel angerufen hatte, um sie mit den Kindern
zu einem Tag an der frischen Luft einzuladen, damit sie
seine neuen Freunde kennenlernen konnten, hatte sie
nicht nur schockiert abgelehnt, sondern ihm auch noch
eine Szene gemacht und heulend darauf hingewiesen, seit
wie vielen Tagen er sich zu Hause schon nicht mehr hatte
blicken lassen, nur um gleich im Anschluss doch noch auf
die Feiertage zu sprechen zu kommen: »Papa und Mama
erwarten uns wie jedes Jahr am Vierundzwanzigsten, und
mit deinen Eltern hab ich abgemacht, dass wir …« Marroné
reagierte wenig begeistert, Mabel holte kurz Luft, und dann

folgte der zweite Ausbruch: »Hab ich's doch gewusst! Alles nur ein Vorwand, um meine Eltern vor den Kopf zu stoßen! Ich durchschaue dich, Ernesto!« – »Nein, tust du nicht«, schnitt er ihr das Wort ab, »und wenn du denkst, alles läuft so weiter wie bisher, wenn ich zurückkomme, *falls* ich zurückkomme, dann wirst du dein blaues Wunder erleben.« Doch alles zu seiner Zeit, erst einmal spazierte er unter bunten Papierdrachen umher, die als Farbtupfer das strahlende Blau des Himmels schmückten und raschelten, sooft der Polizeihelikopter, den die Leute jedes Mal mit ohrenbetäubenden Pfiffen empfingen, über ihren Köpfen wieder abdrehte. Dort, wo weniger Bäume standen, wurde gekickt, in bis zu drei Spielen gleichzeitig, und das Podium, auf dem sich Marroné durch Ruhmestaten hervorgetan hatte, war hier draußen, im Schatten der Kiefern, neu aufgebaut worden. Unter Zuhilfenahme einer langen Reihe zusammengesteckter Verlängerungskabel hatte man darauf ein Mischpult und Lautsprecher für die Bands installiert, die auftraten, um die Besetzung der Fabrik zu unterstützen. Gerade spielte ein Quartett aus dunkelhäutigen Burschen auf, die Ponchos mit Motiven aus dem argentinischen Norden wie Vikunjas und Kakteen trugen. Sie hießen *Die Atahualpas* und spielten Pan- und Andenflöte, Charango-Mandoline und Pauke:

Ein fahrender Ritter
kämpft im Urwald Boliviens
mit der Waffe in der Hand.
Er ist der Comandante
und er macht Revolution
im ganzen Land.
Und wisst ihr, wie er heißt?

Fragten sie und zeigten ins Publikum, worauf aufgeweckte, junge Langhaarige mit Brotbeuteln im Chor »Che Guevara!« und »Hurra!« riefen. Noch so ein seltsamer Zufall, vielleicht ein Zeichen, überlegte Marroné wegen der musikalischen Anspielung auf seinen alten Bekannten, den fahrenden Ritter, den geistvollen Hidalgo von der Mancha.

Marroné spazierte umher und genoss es, dass sich das Volk auf dem Fabrikgelände wie in einem öffentlichen Park tummelte. Dazwischen gab er Anweisungen und beantwortete Fragen, die von den Arbeitern an ihn herangetragen wurden: Mal erinnerten ihn die Genossen von der Wache daran, dass es Zeit für ihre Ablöse war (Wie wahr, musste er zugeben); mal fragte ihn jemand, ob er den Geiseln (Die hatte er ja schon ganz vergessen!) auch etwas zu essen bringen oder sie zur Feier holen sollte (Scheiß auf die, das sind alles Parasiten); oder ob die Besucher sich die Löschschläuche nehmen und sich etwas abkühlen dürften (Das Volk hat das Sagen). Alles Mögliche fragten sie, baten auch um persönlichen Rat und schlossen immer mit der Frage »Und was machen wir da, Ernesto?«, wie ein Refrain, eine Phrase, mit der man den neuen Ernesto Marroné bald assoziierte. Hin und wieder sah er Paddy in der Menge, der, so wie er, unablässig hin und her lief und sich um allerhand kümmerte. Für einen Augenblick betrachteten sie gemeinsam das imposante Schauspiel.

»Verstehst du jetzt, warum ich Proletarier geworden bin?«, rief sein Freund überglücklich aus. »Sieh dir das an! Wo sonst erlebt man solche Begeisterung?«

Marroné fiel die Zuschauertribüne der St. Andrew's ein, damals, als die Schüler Paddy für seinen Try gegen die St. George's hochleben ließen, er fand es aber unpassend, das gerade jetzt zu erwähnen.

Paddy umarmte ihn freudig, drückte ihn und hob ihn in die Luft. Marroné hatte plötzlich einen Kloß im Hals. Fast hätte er ihm das mit der Farbkreide erzählt, wollte den Moment aber nicht zerstören, und so verstrich die Gelegenheit zur Beichte ungenutzt.

»Mit dem Volk an unserer Seite besiegen wir diese Ärsche, Ernesto! Wir und das Volk! Da kommt niemand mehr an uns vorbei, scheiße noch mal!«

»Genosse …«

Sie drehten sich beide gleichzeitig um. Der Mann, der da sprach, trug seine feine Lederjacke trotz der Hitze bis zum Hals geschlossen, verbarg seine Augen hinter einer verspiegelten Sonnenbrille und sein nach hinten gegeltes Haar ringelte sich im Nacken zu Locken, so dicht wie bei einem Persianerpelz.

»Miguel!«, rief Paddy, freudig überrascht. »Wie geht's?«

Er machte Anstalten, den andern zu umarmen, doch der hielt ihm nur kühl die Hand hin und ignorierte Marroné, der ihn ebenfalls begrüßen wollte, gleich ganz.

»Was soll das hier, Colorado?«, fragte er Paddy.

»Wieso? Das Volk feiert.«

»Aber Colorado … Ich konnte ungehindert durchs Haupttor spazieren. Niemand hat mich aufgehalten. Kümmert sich hier überhaupt noch wer darum, das Areal zu sichern? … Es sieht mir nicht so aus. Sind dir etwa die vielen Polizisten draußen entgangen?«

Paddy deutete auf den Außenbereich der Fabrik, der wie eine Promenade an einem Feiertag aussah. Der ohrenbetäubende Lärm des Helikopters, der schon wieder über ihren Köpfen kreiste, verschluckte Paddys Antwort teilweise:

»… wenn so viel Volk hier ist.«

Marroné stand immer noch still daneben und zog die Augenbrauen hoch. Da nahm der Neuankömmling das erste Mal Notiz von ihm.

»Und wer ist der da?«

»Ich dachte, den hättet ihr geschickt?«, sagte Paddy und sah Marroné verwundert an. Dieser musste nun die Initiative ergreifen.

»Ernesto«, stellte er sich knapp vor, da ihm schon aufgefallen war, dass ein Guerillaführer nie seinen Nachnamen nannte, und hielt dem ungehobelten Kerl mit einem breiten Grinsen wie aus *Wie man Freunde gewinnt* die Hand vor die Nase, sodass diesem nichts anderes übrig blieb, als sie zu schütteln. Ein nervöses Lächeln zeichnete sich auf dem Gesicht des Mannes ab.

»Aha, freut mich, Genosse! Ich habe viel von dir gehört. Du hast doch die Fabrikbesetzung in die Verlängerung gerettet. Du kommst wohl von der Kolonne im Norden?«

Da er in Olivos wohnte und seine Eltern in Vicente López, fand Marroné, dass er das getrost bejahen konnte. Wenn schon, denn schon … Der Mann wandte sich wieder Paddy zu und sagte mit harter Miene und in schärferem Ton:

»Tja, Colorado, du sagst dem Volk jetzt auf der Stelle, dass es sich wegscheren soll, die Party ist vorbei.«

»Aber …«

»Willst du einen direkten Befehl verweigern?«

Marroné sah an Paddys Hals und Wangen die Röte emporklettern. So hatte er zu Schulzeiten auch immer ausgesehen, wenn ihn Lehrer oder Erzieher gemaßregelt hatten. Marroné musste lächeln. Der Neuankömmling überschätzte sich wohl. Paddy hatte sich noch nie etwas gefallen lassen und das würde er auch heute nicht tun, wo das Volk hinter ihm stand.

»Natürlich nicht«, sagte Paddy und senkte den Kopf.

Marroné war sprachlos, dass er wirklich klein beigab. Unglaublich, so etwas war seines Wissens noch nie vorgekommen. Paddy befolgte einen Befehl, ohne aufzumucken.

»Na hör mal, was glaubst du eigentlich, was es da zu feiern gibt? Ja, ihr habt eine Fabrik befreit ... Aber 99,9 Prozent des Landes werden auch weiterhin von Kapitalisten und Bürokraten regiert. Wenn ihr aus den Arbeitern Fabrikbesitzer macht, entproletarisieren sie sich außerdem ... finden Geschmack am Kapitalismus. Diese typische kleinbürgerlich-liberale Verirrung beweist, wie oberflächlich du dich proletarisiert hast ... Kaum kratzt man am Lack, kommt die englische Privatschule zum Vorschein. Du verlierst die strategischen Ziele der Organisation aus den Augen, Colorado, weil du zu lange an der Gewerkschaftsfront aktiv warst. Es geht nicht mehr um Teilziele. Den Luxus, für ein angenehmeres Leben der Arbeiter einzutreten und in Kauf zu nehmen, dass sie uns verbürgerlichen, können wir uns jetzt nicht leisten. Sie müssen gestählt und auf die Machtübernahme eingeschworen werden. Es geht hier nicht mehr um Seife auf dem Klo, sondern um die Revolution, eine, von der alle was haben, nicht nur ein paar wenige«, sagte er und zeigte weit ausholend auf die bunt gemischte Menge, »die Revolution für alle. Wenn dir dazu der Mumm fehlt, sag es einfach, kein Problem, wir haben Hunderte Genossen in unseren Reihen, die mit Freuden an deiner Stelle sterben würden. So ein Streik ist eine ernste Angelegenheit, Colorado. Solange es noch einen Argentinier gibt, der leidet, haben wir die

Pflicht, mit ihm zu leiden. Erklär mir also bitte mal, was ihr hier eigentlich feiert? Etwa, dass in den Zuckermühlen von Tucumán Kinder verhungern, während ihr euch den Bauch vollschlagt? Oder dass die Genossen in Kolonnen wie der von Che Guevara beim Urwaldkampf immer wieder in Ohnmacht fallen, weil sie nicht einmal einen Schluck Dreckwasser zu trinken haben, während ihr euch volllaufen lasst?«

Paddy schien sich in der Zwischenzeit gesammelt zu haben.

»Zu streiken, das Werk zu besetzen, es sich zurückzuholen, all das wurde bei Versammlungen gemeinsam beschlossen. Und so sollte es auch sein, wenn wir das Fest absagen wollen. Ich denke aber nicht, dass sich viele Stimmen dafür finden werden …«, ging er zum Gegenangriff über. »Jedenfalls ist es nicht meine Aufgabe, hier irgendwem Befehle zu erteilen.«

»Schon klar, Colorado. Die erteile nämlich ich. Pass mal auf …«, sagte Miguel und legte seinen Arm schwer auf Paddys Schulter, der zusammenzuckte, als hätte er ihm ein Messer in den Rücken gerammt: »Da ich weiß, dass ihr hier einiges erreicht habt, trotz eurer Fehler und Verirrungen, die ja unabsichtlich passiert sind, erkläre ich dir jetzt ausnahmsweise mal was. Also, falls Ernesto nichts dagegen hat?«

Marroné nickte und bedankte sich mit einem dünnen Lächeln für die Nachfrage.

»Unsere Führung plant was Großes … Wir kassieren die Gewerkschaft, verstehst du … Babirusa von der Gewerkschaft hat mehr dafür getan, die Besetzung scheitern zu lassen, als Regierung und Arbeitgeber zusammen …

Zwischen den netten Leuten, die hereingekommen sind, als ihr dem Volk die Türen geöffnet habt, spazieren auch die Schmeißfliegen von der Gewerkschaft umher und markieren alle Zugänge, alle Schwachpunkte in unserer Verteidigung und unsere Anführer, weil die wollen sie ja als Erste erledigen, dich auch, oh ja. Deshalb hat dieser Zirkus jetzt ein Ende, er bedeutet ein enormes Sicherheitsrisiko. Aber dagegen können wir was tun. Ich habe ein paar Spezialisten bestellt, die vor Einbruch der Nacht hier sein werden. Aber wir müssen auch dringend etwas dagegen unternehmen, dass du dir solche Sachen herausnimmst. Ich entbinde dich hiermit von der Leitung der hiesigen Gruppe, Colorado. Du kommst an die vorderste Front. Dort kannst du dich dann für die alle einsetzen …« Er zeigte lapidar aufs Fabrikgebäude, um anzudeuten, dass er damit die Arbeiter meinte, »nur eben anders. Betrachte es ruhig als Beförderung. Jetzt geht es los, Colorado, jetzt kommt die nächste Phase. Da gibt es keine Spezialisierung mehr, da brauchen wir Kader, die alles machen können. Jedes aktive Mitglied ist auch ein Soldat und muss bereit sein, sein Leben zu lassen.«

Marroné hätte das gern durch ein Zitat aus *Samurai-Prinzipien für Manager* gestützt, überlegte es sich jedoch anders. Nicht, dass er sich noch verriet. Paddy fragte, nun mit eher besorgtem als verärgertem Stirnrunzeln, erst nach langem Zögern nach:

»Ihr wollt Babirusa erledigen? Und ich soll mitmachen?«

»Hast du ein Problem damit?«

»Nein … aber … muss das denn sein? Bei den nächsten Wahlen wird er ohnehin in der Bedeutungslosigkeit versinken, sieh dich hier doch mal um!«

»Ja, ja. Das haben sie letztes Mal auch schon gesagt. Und dann legt er sich zwei Tage vor der Wahl mit den Arbeitgebern ins Bett und sie lassen alle Kandidaten der Gegenliste feuern. Babirusa hat die Arbeiter und ihre Anliegen verraten. An seinen Händen klebt das Blut unserer Genossen, falls du das vergessen hast.«

Diese Bemerkung schien Paddy aufzuregen.

»Natürlich habe ich das nicht vergessen. Willst du mir wirklich vorwerfen …«

»Na also! Oder bist du zu feig dazu?«

»Nein, Miguel. Nur macht es dann keinen Unterschied. Ein Verräter, der durch saubere Wahlen entfernt wird, ist – selbst wenn er nicht das Feld räumen will, erst recht, wenn er Blut vergießt – als Verräter entlarvt. Einfach so kaltmachen kannst du jeden. Einen rechtschaffenen Agustín Tosco genauso wie einen falschspielenden Augusto Vandor.«

»Siehst du, wie bourgeois du bist? Jetzt bräuchtest du mir nur noch damit zu kommen, dass ein Menschenleben heilig ist. Weißt du was, Colorado? Falls du es noch nicht kapiert hast, wir wollen nicht, dass die Moral siegt, sondern die Revolution. Da kann man nicht zimperlich sein, krieg das erst mal in deinen Kopf. Aber ich habe jetzt genug davon. Wenn du es durchdiskutieren willst, dann gerne mal beim Tee, aber nicht heute. Heute hast du um fünf Uhr eine andere Verabredung: letzter Waggon im Zug Richtung Zentrum. Und wir zwei schieben in der Zwischenzeit dem bunten Treiben hier einen Riegel vor. Kommst du, Ernesto? Da die Leute mich noch nicht kennen, wird es das Beste sein, wenn du redest.«

Marroné nickte, da er ja schlecht Nein sagen konnte, obwohl er lieber mit seinem Freund mitgegangen wäre, der nun den Kopf hängen ließ. Zum Ausgleich drückte Marroné ihm den Arm und klopfte ihm aufmunternd auf die Schulter, hatte gleich darauf aber den Drang, nachzusehen, ob Paddys weißer Overall dadurch nicht etwa Farbkreideflecken bekommen hatte.

»Colorado ist mir eigentlich sympathisch«, sagte Miguel im Gehen zu Marroné. »Aus ihm wird einmal ein guter Kader werden. Nur war er leider schon zu alt, als er zu uns gestoßen ist, weißt du. Da sitzen manche schlechten Angewohnheiten bereits tief ... Das Stigma einer englischen Privatschule kann man auch mit Maschinenöl nicht so leicht entfernen. Es dauert Jahre, einen echten Arbeiterführer auszubilden, wie du weißt. Sei's drum ... Es wird ihm nicht schaden, ein wenig im Dreck rumzurobben. Du kannst völlig beruhigt sein, hier läuft alles wie am Schnürchen, wie du siehst ...«

Bei dieser Bemerkung ging Marroné ein Licht auf. Darum ging es hier! Miguel dachte, dass Marroné von oben zum Kontrollieren geschickt worden war, und nur deswegen hatte er es mit der Strafe so übertrieben. Das Ganze war ihm gleich bekannt vorgekommen. In der Wirtschaftswelt waren solche paranoiden Vorstellungen weit verbreitet. Die Leute biederten sich für gewöhnlich bei jedem an, der irgendwo neu auftauchte. Tja, dank des Missverständnisses befand er sich nun in einer günstigen Position. Solange er in kein Fettnäpfchen trat, blieb er im Vorteil.

»Du bist also bei Tamerlán & Söhne?«

Marroné stockte das Herz. War das ein Test, oder was?

»Um dort alles aus der Nähe zu verfolgen«, murmelte er.

»Brillant«, sagte Miguel. »Man sollte immer einen Mann drinnen haben. Die Aktion ist von Anfang an reibungslos abgelaufen ... wie ein Uhrwerk. War der Plan von dir?«

»Ich berichte nur«, antwortete Marroné mit genau jener falschen Bescheidenheit, die seinen Gesprächspartner todsicher das Gegenteil vermuten ließ.

Gemeinsam mit Miguel, der ihm wie ein Schatten überallhin folgte, weckte Marroné die Arbeiter, die unter den Bäumen ihren Rausch ausschliefen, und sagte, sie sollten Kaffee trinken und sich die richtigen Helme aufsetzen. Dann ordnete er an, das Haupttor zum Gelände zu schließen und nur noch Leute hinauszulassen. Er wies die Arbeiter auch an, Wasser auf die Glut zu schütten; alle Korbflaschen einzulagern, in denen noch Wein war; die Fußbälle aufzusammeln; die Papierdrachen an ihren Schnüren einzuholen und sodann Pappbecher und Pappteller, Servietten, Verpackungsmüll und Zigarettenstummel aufzuheben; eben alles, was beim Fest in dichten Schauern auf den Rasen niedergegangen war. Keine besonders angenehme Aufgabe, doch jemand musste sie erledigen, und dabei zeigte sich einerseits, wie diszipliniert die Arbeiter waren, und andererseits, welchen Einfluss er mittlerweile hatte, denn auch wenn manche murrten oder gequält fragten: »Was, jetzt schon, Ernesto?«, so fing doch niemand eine Diskussion an oder versuchte sich zu drücken. Sein Begleiter schien immer beeindruckter zu sein und Marroné sah sich schon bei einem Leadership-Seminar diese wertvolle Erfahrung stolz mit einer begeisterten Zuhörerschaft teilen. »Der geborene Anführer weiß auch unter widrigen Umständen, wo's langgeht«, fiel ihm spontan ein Kraftsatz ein, den er sich in einer Verschnaufpause aufschreiben wollte.

Die Leute, die Miguel versprochen hatte, trafen gegen Abend in einem Kombi ein. Sie waren zu sechst, vier Männer und zwei Frauen; ziemlich jung, wie Marroné fand, allerdings sah er sie nur aus der Ferne: Sie waren mit Jeans oder groben Leinenhosen bekleidet, trugen Turnschuhe und Shirts, einige auch offene, grobe Arbeitshemden darüber. Ihre länglich geformten Tragtaschen zerrten an ihren Armen und klirrten beim Abstellen metallisch. Miguel unterhielt sich minutenlang flüsternd mit einem von ihnen, dann schwärmten sie aus und verschmolzen mit den Schatten um sie herum.

»Wenn es dir recht ist«, sagte Miguel, als sie fort waren, »übernehme ich den militärischen Oberbefehl, damit wir uns nicht in die Quere kommen. Und die Gesamtstrategie legen wir gemeinsam fest.«

Sie beschlossen, die Kommandozentrale in Sansimóns Büro einzurichten, denn auf Marronés Vorschlag hin waren dieser und die anderen Geiseln mittlerweile ins große Büro verlegt worden, nach dem Motto »Schluss mit den Privilegien«. Als sie den Raum betraten, roch es nach abgestandener Luft, Schweiß, Zigarettenrauch, verschüttetem Bier, verdorbenem Essen und auch säuerlich nach männlichem Samen: Offensichtlich hatte das höhere Management im Laufe der Tage sämtliche Kulturtechniken verlernt, unter anderem, auf die Körperhygiene zu achten. Das Reinigungskomitee bekam dafür einen Rüffel von Marroné: Dass das ihre Arbeitgeber, die Unterdrücker der Arbeiterklasse, waren, rechtfertige nicht solche menschenunwürdigen Bedingungen. »Wir wollen ja nicht wie die sein«, sagte er, auch wenn er sich insgeheim diebisch freute. Dann rissen sie die Fenster auf und ließen Luft herein, entsorgten den Müll, versprühten Raumspray und saugten den Boden. Miguel und er saßen bis zum Abendessen zusammen und tranken Matetee, aus Sicherheitsgründen ohne Licht, weil das große Fenster nach vorne wies und sie ein leichtes Ziel für die Scharfschützen draußen abgeben hätten. Dieses Gespräch, dachte Marroné, verlangte wie kein anderes, dass er sein Wissen aus Kursen, Büchern und Vorträgen einsetzte; also sprach er wenig und hörte aufmerksam zu, fragte präzise und antwortete mehrdeutig, während er sich immer wieder vorsagte, dass nicht er hier geprüft wurde, sondern der andere, wovon auch sein Gesprächspartner überzeugt zu sein schien. Denn um sich bei den Guerillabossen beliebt zu machen, die ihm den Spion geschickt hatten, redete er wie ein Wasserfall:

»Es ist vorgesehen, jede besetzte Fabrik zu einer Falle für die Schläger von der Gewerkschaft, die Triple A und die Polizei zu machen. Wir schleusen dazu jeweils eine getarnte Kampfeinheit ein. Dann machen wir einen beliebigen Funktionär der Gewerkschaftszentrale kalt, um sie zu reizen. Und wenn sie ihn dann rächen wollen, erleben sie ihr blaues Wunder, weil sie nur mit einfachen Arbeitern rechnen, die eine Handvoll Pistolen haben und nicht schießen können. Noch einmal werden sie uns nicht überrumpeln. Diesmal wird es für sie im Massaker enden, so wie für uns in Ezeiza, verlass dich drauf! Und wenn das Volk sieht, wie sie davonrennen, wird es erkennen, dass nur wir ihm Sicherheit bieten können.«

Marroné wirkte beim Zuhören nicht nur völlig überzeugt, er lehnte sich auch aus dem Fenster, indem er durchblicken ließ, dass dies bei der nächsten Beförderungsrunde des Genossen durchaus ins Gewicht fallen könne. Aber am Abend, als er geduscht und einen frischen Overall angezogen hatte – das Kleidungsstück, an das er bereits so sehr gewöhnt war, als hätte er nie etwas anderes getragen – und sich auf dem Schlafsofa in Garagusos ehemaligem Büro ausstreckte, wohin er sich manchmal zurückzog, um seine Ruhe zu haben, fiel ihm das Einschlafen schwer: Jedes noch so leise Geräusch ließ ihn hochfahren, weil er es für Stiefelknirschen hielt, das Entsichern eines halbautomatischen Gewehrs, das Rollen einer Granate über den Boden. Also beschloss er aufzustehen, die Runde zu machen und zu kontrollieren, ob die Arbeiter, die Wachdienst hatten, alle auf ihrem Posten waren. Die Nacht war, passend zum strahlenden Wetter bei Tag, frisch und klar, und der Gedanke, dass morgen Christtag war – eigentlich schon heute, denn es hatte bereits vor Längerem zwölf geschlagen –, ließ ihn den Blick nach oben richten und den Himmel nach einem Stern wie dem von Bethlehem absuchen, nach einer Verkündigung von … ja, von wessen Geburt denn? Der des neuen Ernesto?

Die bewaffneten Gestalten am Haupttor waren im Gegenlicht der Polizeischeinwerfer gut sichtbar, die gedämpften Stimmen der Wachposten an der Ost- und Nordseite drangen zu ihm, außerdem sah er ihre Feuer lodern, nur im Süden schrie die tiefschwarze Stille förmlich nach einer Überprüfung: Und wirklich waren Tuerto und Pampurro, die beim Fest ordentlich getrunken hatten, eingeschlafen, der eine wenigstens noch mit dem Rücken an einen Baum gelehnt und somit irgendwie den Anstand wahrend, der zweite jedoch die Beine von sich gestreckt und mit weit offenem Mund, mitten auf dem nassen Rasen. Marroné bückte sich und hob die Waffe vom Boden auf, die dem Schlafenden aus der Hand geglitten war, Sansimóns Smith & Wesson. Er spannte den Hahn dicht an Tuertos Ohr, was diesem jedoch nur ein lautes Schnarchen entlockte. Also stieß er ihn ein paarmal mit der Fußspitze, dass er hin- und herrollte und schließlich ein schläfriges Auge öffnete.

»Dir ist was runtergefallen, Genosse«, sagte Marroné und ließ die Waffe am Zeigefinger baumeln. Tuerto richtete sich auf, und wie ein Lausbub, den man bei einem Streich erwischt hat, streckte er ihm mit einem Lächeln beide Handgelenke hin, wie um sich abführen zu lassen. Marroné zog den Finger aus dem Abzug und reichte Tuerto die Waffe. Er deutete einen militärischen Gruß an, indem er sich mit zwei Fingern an die Schläfe tippte, und als er sich mit einem Victory-Zeichen pfeifend entfernte, hörte er hinter sich ein geflüstertes »Danke, Ernesto!«. Es waren ja keine schlechten Männer; sie müssten nur ein bisschen besser ausgebildet werden.

Noch war Marroné keinem von Miguels Montoneros begegnet, was kaum verwunderlich war, denn Profis geben sich nicht so leicht zu erkennen. Wobei Ausnahmen die Regel bestätigen, wie Marroné beim Vorbeigehen am Eingang des rechten Querschiffs feststellen musste: Hinter einer grünen Maschine sah er, mit dem Rücken zu ihm, eine Gestalt unter einer der von Insekten umschwärmten Deckenlampen sitzen. Er schlich sich heran, um niemanden zu erschrecken, und erkannte eine der beiden Montonero-Frauen, der das kastanienbraune Haar offen auf die Schultern fiel. Und als er sie umrundet hatte, um sich von vorne zu nähern, sah er auch, was sie so ablenkte: Sie hatte ein offenes Buch auf den Knien und las darin. Die erste Leserin, die er hier antraf, und wahrscheinlich gab er einen überraschten Laut von sich, denn sie ließ das Buch mit einem erstickten Schrei fallen und zielte mit einem FAL-Sturmgewehr auf seinen Kopf. Aber nicht aus diesem Grund stand Marroné starr vor Schreck und mit offenem Mund da, sondern wegen des Gesichts der jungen Frau, die ihn mit weit aufgerissenen Augen anblickte. Er hatte sie auf den ersten Blick erkannt. Es war Eva. Und auch sie schien ihn zu erkennen, als sich ihre Blicke trafen; sie ließ eilfertig die Waffe sinken und salutierte vor ihm.

»Ich bitte vielmals um Entschuldigung!«

Marroné sagte das Erste, was ihm in den Sinn kam:

»Stehen Sie bequem, Genossin!« Er zeigte auf das zu Boden gefallene Buch. »Was lesen Sie denn?«

Eva wollte instinktiv nach dem Buch greifen, aber Marroné hielt sie am Arm zurück und bückte sich selbst danach. Ein Taschenbuch, dessen weinroter Einband ein Dickicht von Händen zeigte, die sich zum Himmel reckten, teils mit offener Handfläche, häufiger jedoch mit erhobenem Zeigefinger. Bei diesem Anblick begann sich Marroné körperlich unwohl zu fühlen und er suchte sogleich bange in Evas Gesicht nach Anzeichen, ob sie es bemerkt hatte. Es schien sie aber nur das Buch zu beschäftigen, dessen Titel – *Die Verdammten dieser Erde* – Marroné, wenig überraschend, nichts sagte, auch wenn ihm der Name des Autors, Frantz Fanon, irgendwie bekannt vorkam. Aus reiner Neugier schlug er es an einer beliebigen Stelle auf.

»Geben Sie es mir bitte wieder«, bat Eva flehentlich und streckte die Hand nach dem Buch aus. »Ich verspreche, dass das nie wieder vorkommt!«

»Keine Sorge«, sagte Marroné gnädig und ging gleich zum Du über. »Ich verstehe ja, dass man sich bei einer so langen Wache langweilt. Aber du weißt selbst, was passiert wäre, wenn ich der Feind gewesen wäre.«

Eva nickte kleinlaut und strich sich die Haare zurück: Kein Zweifel, sie war die Eva aus dem Fotoroman. Mit ihrem offenen, kastanienbraunen Haar sah sie dabei der jungen Eva am ähnlichsten, die, eben erst in Buenos Aires angekommen, strahlend im adrett getupften Badeanzug vor der Kamera posiert hatte. Am liebsten hätte er ihr ein Kompliment gemacht, nur damit sie wieder so lächelte, diesmal vor seinen Augen.

»Wie heißt du?«, fragte er.

»María Eva«, antwortete sie nach kurzem Zögern.

Aber klar, dachte Marroné, ein Deckname – einen andern würde er wohl nicht von ihr erfahren, denn als Guerillaführer konnte er sie ja schlecht nach ihrem Klarnamen fragen.

»Aha, unsere María Eva ist eine Leseratte!«, sagte er. Es sollte kumpelhaft wirken, klang aber leider belehrend, wie er zu spät bemerkte. »Keine Sorge«, bemühte er sich um Schadensbegrenzung. »Diesmal bleibt es unter uns. Ich lese selbst auch gern, eigentlich ständig, wann immer ich die Zeit finde, sogar beim ... ähm ... Busfahren«, vermied er es gerade noch, sich ungeschickt, wie er war, zu verraten. »Darf ich mal sehen?«, fragte er dann, klappte das Buch ganz auf und begann zu lesen:

Schon die Unmöglichkeit, bei einer Frau zu verweilen, die drohende Gefahr, ihr nie wieder zu begegnen, verleihen ihr plötzlich den Reiz, den ein Land in unseren Augen durch Krankheit oder Armut bekommt, die uns unmöglich machen, es aufzusuchen, oder die letzten überschatteten Tage, die uns zu leben bleiben, durch den Kampf, in dem wir zweifellos unterliegen werden. So müßte, wäre nicht die Gewohnheit dafür ein Hindernis, das Leben denen köstlich erscheinen, die täglich vom Tode bedroht sind – allen Menschen demnach.

Auch ist der Schwung der Phantasie, vom Verlangen nach dem beflügelt, was wir nicht haben können, noch nicht durch ein vollkommenes Erfassen der Wirklichkeit eingeengt, wenn es sich um solche Begegnungen handelt, bei denen denn auch die Reize der Vorübergehenden im allgemeinen im direkten Verhältnis zu der Schnelligkeit ihres Entschwindens stehen. Wenn es dunkelt und der Wagen fährt rasch, gibt es in Land und Stadt keinen weiblichen Torso, verstümmelt wie ein antikes Marmorbild durch unser rasches Vorüberfahren und die ihn im Nu verschlingende Dämmerung, der nicht an jedem Kreuzweg im Feld oder aus der Tiefe eines kleinen Ladens Pfeile der Schönheit in unser Herz entsendet, jener Schönheit, um derentwillen man manchmal versucht ist, sich zu fragen, ob sie in dieser Welt überhaupt etwas anderes ist als das Kompliment, das einer fragmentarisch geschauten flüchtig Vorübereilenden durch unsere von unerfüllter Sehnsucht überreizte Phantasie jeweils hinzugesetzt wird.

Marroné las verwirrt die Kopfzeile der Seite: »Im Schatten junger Mädchenblüte«. Neugierig geworden, blätterte er an den Anfang: Seite 909. Auf einmal war ihm alles klar: Das hier war lediglich ein Teil eines dickeren Buchs, der aus dem Original herausgelöst und zwischen neue Buchdeckel geklebt worden war.

»Bitte sagen Sie es meinem Vorgesetzten nicht«, hörte er María Evas Stimme. »Das letzte Mal, als er mich beim Proust-Lesen erwischt hat, musste ich zur Strafe einen selbstkritischen Aufsatz schreiben. Wenn er sieht, dass ich rückfällig geworden bin ...«

»Versteckst du das Buch deshalb in einem anderen Einband?«, fragte Marroné lächelnd. María Eva strahlte ihn das erste Mal an, halb schüchtern, halb spitzbübisch. Sie war zweifellos die Evita aus dem Fotoroman. Sobald sie sich etwas besser kennengelernt hätten, wollte er sie danach fragen.

»Und? Gefällt dir das Buch?«

»Das von Fanon? Also, er hat schon recht mit seinen Aussagen über die Kultur der Kolonisatoren und die der Kolonisierten, doch. Natürlich war die Situation in Afrika eine andere … Na ja, damals, als er sein Buch verfasst hat, war Afrika ja wirklich kolonisiert …«

»Nein, das von Proust«, unterbrach er sie.

Sie redete schnell und wirkte dabei fast so, als schämte sie sich, als müsste sie sich für ihre Begeisterung entschuldigen.

»Ach sooo! Aber ja doch! Na ja, es ist eben waaahnsinnig bürgerlich, weißt du, im Grunde sogar waaahnsinnig oligarchisch, mit den ganzen Prinzessinnen und Marquisen auf ihren herrschaftlichen Gütern … Die ganzen Snobs … Man muss sich eigentlich für sie schämen. Als hätte es die Französische Revolution nie gegeben. Es ist auch ziemlich europäisch … Ich verstehe ja, dass mich die Genossen schief anschauen, aber ich weiß auch nicht, ich habe eben diese Schwäche dafür … Und er schreibt ja noch über andere Dinge … die Beziehung zu seiner Mutter, von der er immer ins Bett gebracht werden möchte, Swanns Liebe zu Odette, die langen Spaziergänge in Méséglise und Guermantes … Beim Lesen fühlt man sich, als wäre man dort, auf dem Land … Ach, Entschuldigung … Ich rede ja so über das Buch, als würde es jeder kennen. Wie furchtbar unsensibel von mir, ständig passiert mir so was. Haben Sie es einmal …?«

»Sag ruhig du zu mir, ich bin Ernesto«, sagte er beschwichtigend. Er versuchte sich zu erinnern, was er alles über Proust wusste: Er hatte *Auf der Suche nach der verlorenen Zeit* geschrieben, mehrere Bände, irgendwas mit Erinnerung … Seines Wissens gab es unter den gängigen Wirtschaftsratgebern keinen, der dieses Thema aufgriff, etwa: *Auf der Suche nach dem verlorenen Geschäft* oder *Im Schatten junger Märkte Blüte.*

»Nein, das wäre zu viel verlorene Zeit«, sagte er mit einem Augenzwinkern. »Bei uns gibt es keine Teilzeitkader, wie du weißt … ähm … Aber irgendwann braucht jeder mal eine Pause, was? Man kann ja nicht nur Marx oder Lenin lesen. Ich zum Beispiel lese gerade …«, er holte tief Luft, »… den *Don Quijote.*«

Diesmal lächelte María Eva genau wie auf dem Foto: breit und strahlend, ein Lächeln für die Ewigkeit.

»Das gibt's doch nicht! Den habe ich vor zwei Monaten ausgelesen! Ich kann mich noch genau an diesen Tag erinnern. Als er einfach so starb, so kläglich, hat mich das wirklich mitgenommen … Ich habe geweint wie ein Kind.«

Mit ernster Miene sagte Marroné:

»Jetzt hast du mir das Ende verraten.«

María Eva schlug sich mit entsetzten Augen die Hand vor den Mund.

»Nur ein Witz. Ich wusste schon, wie es ausgeht«, schwindelte er, um sie zu beruhigen. Plötzlich schien María Eva wieder einzufallen, wo sie sich befanden, und sie sah sich besorgt nach allen Seiten um.

»Ich muss wohl wieder auf meinen Posten, nicht? Wenn Miguel kommt, dann …«

»Lass das nur meine Sorge sein«, sagte Marroné mit breiter Brust.

»Danke.« Wieder dieses Lächeln. »Aber er ist nicht nur mein Vorgesetzter ... Er ist auch mein Freund, verstehst du?«

Marroné verstand, und in seinem Gesicht arbeitete es, während er sich bemühte, sein Lächeln beizubehalten.

»Tja«, machte er verzagt und versuchte zu überspielen, dass das ein Dämpfer war. »Wir können ja morgen weiterreden oder so. Nur noch eine Frage: Bist du die Eva aus dem Fotoroman?«

Diesmal reagierte sie nicht so wie bei seinen übrigen Fragen: Sie wurde vor Scham so rot wie die biblische Eva, nur dass sie nicht ihren Körper mit den Händen zu bedecken suchte, sondern ihr Gesicht.

»Sag bloß, du hast ihn gelesen«, flüsterte sie zwischen den Fingern hindurch.

»Ja. Du spielst darin Eva, nicht?«

María Eva nahm die Hände herunter und nickte schmallippig.

»Wieso schämst du dich denn? Du machst darin eine gute Figur.«

María Eva beobachtete ihn genau, als versuchte sie abzuschätzen, was er hören wollte.

»Ich weiß, ich weiß. Eva zu verkörpern war eine Ehre! Ich bewundere sie wirklich und habe mir Mühe gegeben – stell dir vor, für den Teil, wo sie krank wird, habe ich sogar Diät gehalten ... Andererseits liest sich ihre Biografie *Der Sinn meines Lebens* stellenweise ein wenig albern, wie ein Märchen. Jeder weiß doch über die Eingriffe in den Text Bescheid, als sie schon krank und schwach war ... Wir wollten uns der wirklichen Eva annähern. Das Originaldrehbuch war richtig gut, hast du das vielleicht mal gesehen? Das hat ein Genosse geschrieben, Marcos, weißt du. Später haben sie es geändert, militanter gemacht, mehr Parolen und so.« Da schien ihr klar zu werden, dass Marroné als Mitglied der Führungsriege vielleicht selbst diese Änderungen angeordnet hatte, und sie unterbrach sich und sagte: »Ich will das nicht kritisieren, ich weiß ja, dass wir keine Literatur für die Hängematte, sondern eine für den Schützengraben brauchen. Aber solche Fotoromane sind nichts für mich. Ich schleppe da bestimmt ein bourgeoises Vorurteil mit mir herum, aber als Kind wurde mir eben gesagt, dass die Schund sind, was fürs ungebildete Volk, weil alle Welt sie liest. Klar, warum soll eine gut gemachte Fotostory weniger wert sein als ein Film, bei anderen Bildergeschichten sagt man das doch auch nicht. Na ja, bei schlechten schon, aber nicht bei Graphic Novels von Oesterheld, nur als Beispiel. Oder?«

Marroné nickte, obwohl ihm nicht ganz klar war, wovon sie redete. Es befremdete ihn: Seine bisherige Erfahrung hatte ihn in keinster Weise darauf vorbereitet, nun von einer hübschen jungen Frau in grober Leinenkleidung etwas über Proust erzählt zu bekommen, während sie ein FAL-Sturmgewehr in der Hand hielt.

»Von einem Arbeiter kann man nicht erwarten, so etwas zu lesen, weißt du«, sagte sie und hielt zur Erklärung den Fanon hoch, obwohl sie vermutlich das darin verborgene Werk meinte. »Aber ich finde es auch unlogisch … Weißt du, da sagt man mir, ich solle nicht Proust lesen, weil der bürgerlich sei, europäisch, und dem Volk zu hoch … Aber in Kuba liest alle Welt José Lezama Lima und Alejo Carpentier, und die sind doch auch weit von der Lebensrealität der Arbeiter entfernt … Deshalb unterstützen wir ja die Revolution. Die Russen haben die Eremitage auch nicht niedergebrannt. Sie haben dem Volk Zugang dazu verschafft. Ich weiß auch nicht … Vielleicht müssen wir zuerst auf Proust verzichten, um ihn nach der Revolution wiederzuentdecken, diesmal ernsthaft, weil er dann von allen gelesen wird und nicht nur von einigen wenigen. Als ich noch am Theater war, ging es mir ganz ähnlich.«

»Ach so, bist du Schauspielerin?«

»Na klar, was denkst du? Die Fotogeschichte?«, fragte sie und lachte kokett.

»Hast du im Fernsehen gespielt? Oder in einem Kinofilm?«

»Nein, nur am Theater.«

»Warum hast du es denn aufgegeben?«

»Na hör mal, so viel Freizeit bleibt einem in diesem Verein ja nicht. Nichts für ungut, war nur ein Witz. Hm … wie beschreibe ich es am besten … Eines Tages … da habe ich das Publikum durchschaut. Ich spielte die Nora: Und habe Abend für Abend an den Gitterstäben meines Gefängnisses gerüttelt, alles nur, damit die Damen im Publikum danach zufrieden nach Hause zu ihren Ehemännern gehen konnten. Oder als Antigone: Da begrub ich meinen Bruder doch nur, damit die Zuseher weniger erschraken, wenn sie am nächsten Morgen in der Zeitung wieder von Verschwundenen und Ermordeten lasen. Dann begann ich, Brecht zu lesen, und erkannte, dass ich eigentlich nur auf der Bühne stand, damit die bürgerlichen Schichten nicht so ein schlechtes Gewissen hatten. Also habe ich in den Slums Theater gespielt; ich hatte aber immer noch dieses Gefühl … Auch was ich dort tat, erreichte die Menschen nicht, weil mein Spiel immer noch bürgerlich war. Da ging mir ein Licht auf: Ich musste das Theaterspielen aufgeben, egal wie sehr ich es liebte … Die Revolution wird uns bald für alles entschädigen, worauf wir jetzt verzichten müssen, meinst du nicht? Ich habe die Schauspielerei aufgegeben, um etwas zu unternehmen. So wie Evita. Jetzt muss ich aber wirklich auf meinen Posten zurück. War nett, mit dir zu plaudern … ähm …«

»Ernesto«, musste Marroné sich ein zweites Mal vorstellen, aber er hatte ja auch nicht viel geredet; diesmal jedoch nicht wegen der sechsten Regel aus *Wie man Freunde gewinnt*, sondern weil sie ihn einfach sprachlos machte. Er deutete wie vorhin einen militärischen Gruß an, aber möglichst lässig, so à la »Das brauchen wir doch eigentlich nicht«, und stieg, um den ziemlich lauten Lastenaufzug zu vermeiden, zu Fuß die Wendeltreppe hoch. Er blätterte ein wenig in der Fotostory und suchte die Fotos heraus, die *sie* zeigten, streichelte sachte das im getupften Badeanzug und das im Military-Look, löschte dann das Licht und ließ ihre Unterhaltung noch einmal Revue passieren; erst als die Morgenröte die schmalen Himmelsstreifen erhellte, die man durch die Jalousie sah, fiel er in einen unruhigen Schlaf.

Am nächsten Morgen saß er schon früh im Kantinengebäude und ließ sich mit den übrigen Genossen das Brot und den aufgebrühten Matetee schmecken, als plötzlich Zenón, mit einem Kofferradio am Ohr, über den Lärm hinweg rief:

»Sie haben Babirusa kaltgemacht!«

Sogleich erhob sich ein Triumphgeheul wie bei einem Tor im Fußballstadion; so laut, dass die Fenster wackelten und allen die Ohren dröhnten. Helme wurden in die Luft geworfen und trafen beim Herunterfallen Köpfe, Arme und Beine, zerschlugen Teller und Tassen. Die Arbeiter umarmten und drückten sich oder zwickten einander in die Wangen und die Überschwänglichsten stiegen auf die Sitzbänke wie auf die Bretter einer Bühne, sprangen auf und ab und riefen:

»Der Verräter Babirusa folgt gleich Vandor auf dem Fuße!«

Ist ihm bereits auf dem Fuße gefolgt, hätte Marroné sie am liebsten verbessert. Aber wer war er, sich in ihre Tradition einzumischen. So gingen ihre Sprechchöre eben. Zenóns Ohr klebte immer noch am Radio und er rief neue Informationen in die jubelnde Menge:

»Sie haben ihn durchsiebt, als er das Haus verließ. Einen Bodyguard hat es auch erwischt. Er ist zwar nicht tot, aber angeblich wird er es nicht überleben.«

Das störte die Stimmung nicht, die Leute jubelten weiterhin und Sprechchöre brandeten auf. Wenigstens, dachte Marroné, zeigten sie freimütig ihre Gefühle. Er glaubte nicht, dass in seiner Firma irgendjemand den Mut hätte, das zu tun, falls Herrn Tamerlán etwas passierte, selbst wenn die Leute ihm insgeheim nur Schlechtes wünschten.

Gut gelaunt begaben sich die Arbeiter auf ihre Posten zurück, wobei sie witzelten: »Weißt du, wie Babirusa noch genannt wird?« und den einen oder anderen Schmähgesang anstimmten. Wenn die Evas fertig waren, wollten sie heimgehen und sich für Weihnachten fein machen, ein Fest, das nun endlich den Arbeitern gehörte. Wenn das vorbei war, würden sie sich zurückmelden, und das Werk würde wieder voll produzieren, diesmal ohne Ausbeuterei, Aktiengewinne oder entfremdete Arbeit. Das Gipswerk Eva Perón sei eine befreite Zone, die sozialistische Heimat sei hier bereits Realität geworden. Das sagte Marroné den Arbeitern, von denen er sich der Reihe nach verabschiedete, mit einem Klaps auf die Schulter oder, wenn er sie gut kannte, auf den Po. Als alle fort waren und er gerade selbst gehen wollte, stand plötzlich eine geisterhafte Erscheinung vor ihm: Paddy, dessen Blick leer und dessen Miene todernst waren.

»Pad… Colorado! Komm, setz dich! Hast du schon gefrühstückt? Möchtest du etwas essen?«

»Ich bin nicht hungrig. Gib mir nur was zu trinken.«

Marroné schnippte mit den Fingern und Pampurro, der heute Küchendienst hatte, brachte eine Tasse Matetee herbei. Paddy trank mit großen, gierigen Schlucken, sein Kehlkopf hüpfte dabei auf und ab.

»Alles in Ordnung bei dir?«

Paddy schüttelte stumm den Kopf.

»Willst du darüber reden?«

Wieder dieselbe Kopfbewegung.

Marroné blieb ein paar Minuten neben seinem Freund sitzen, um ihm Gesellschaft zu leisten. Ihn so zu sehen, betrübte ihn, obwohl er ihn, wenn er ehrlich war, auch irgendwo beneidete. Er hatte dem Kugelhagel getrotzt, seine Waffe auf andere gerichtet; vielleicht sogar jemanden *getötet*. Besäße er selbst in einer ähnlichen Lage die nötige Courage? Er glaubte es ja nicht, aber manchmal wurde man im Leben überrascht. Hätte ihm damals, als er das Haus morgens ganz normal verließ und sich auf den Weg zum ehemaligen Gipswerk Sansimón machte, jemand prophezeit, dass er binnen Tagen Streikführer sein und dazu noch für einen Kommandanten der Guerilla gehalten werden würde … Was hätte er da wohl erwidert? Dass sein

Gegenüber in die Klapse gehörte, vermutlich – mindestens. Das war eine der Lehren, die er aus der Lektüre von Eva Peróns Lebensgeschichte gezogen hatte. Wer war man wirklich? Wie sollte man auch vorher wissen, wozu man fähig sein würde, wenn die Umstände es verlangten? Vielleicht fragte sein Freund sich das auch gerade. Oder er hatte, korrigierte er sich, als er dessen Miene sah, darauf schon eine Antwort gefunden. Eine, die ihm nicht sonderlich zusagte.

»Na schön … Ich werd mal nachsehen, wie die Produktion läuft«, sagte Marroné schließlich und klatschte die Hände auf die Oberschenkel. Paddy blickte kaum auf und sagte nur mit gebrochener Stimme:

»Sie haben mich gesehen, Ernesto. Babirusas Leute sind schon auf der Suche nach mir. Und leider …«, fuhr er fort und deutete mit einer vagen Handbewegung auf seine feuerrote Bart- und Haartracht, »… wird man mich überall erkennen. Ich werde eine Weile verschwinden müssen.«

»Hier bist du sicher«, sagte Marroné mit Nachdruck, um den Freund zu beruhigen. »Jeder Genosse hier wird dich schützen. Und Miguel hat sechs Spezialisten kommen lassen …«

»Das weiß ich doch. Ich wollte aber nie in den Untergrund. Dafür bin ich zu großmäulig. Aber wenn ich jetzt bleibe, kriegen sie mich dran.«

»Du darfst das nicht so dramatisch sehen«, sagte Marroné, der aufrichtig begeistert war. »Die sind doch angezählt, genauso wie der Kapitalismus, meinst du nicht?« Er klopfte ihm auf die Schulter.

Als er kurz darauf ins Freie trat, wurde Marroné Zeuge eines unerwarteten Schauspiels – sogar gemessen an den außergewöhnlichen Erlebnissen der vergangenen Tage. Ein riesiger Schmetterlingsschwarm überflog das Fabrikgelände. Es musste sich um eine Wanderung handeln, weil alle Falter in dieselbe Richtung unterwegs waren, von Ost nach West. Die Schmetterlinge stiegen hinter den einfachen Behausungen des Arbeiterviertels jenseits des Werktors empor und glitten dann entweder in Bodennähe durch die immer dichtere Barriere aus Polizeimannschaftswagen und -beamten oder flatterten über deren Köpfe hinweg bis zum Maschendrahtzaun, auf dem sie meist einen Augenblick flügelschlagend sitzen blieben. Wenn sie hindurchgeschlüpft waren, segelten sie über das Fabrikgelände und verschwanden an der Rückseite, hinter dem Zaun und einem Abwasser führenden Rinnsal, in den Ausläufern eines ausgedehnten Elendsviertels. Soweit er das erkennen konnte, waren alle Falter gleich groß und gleich geformt, nur die Farben variierten: hier einer in Orange, das ins Rostbraune spielte, dort ein zitronengelber, ein grünlichgelber, ein blütenweißer oder himmelblauer. Und nachdem er einen davon gefangen hatte – es war nicht schwierig; sobald er die Hand ausstreckte, flogen sie klatschend dagegen –, sah er sich dessen pelzigen Körper aus der Nähe an, die schillernden Augen, die grün glänzenden Knöpfe an den Fühlerenden und den grauen Streifen am Scheitelpunkt der Flügel. Er ließ den Schmetterling davonflattern und blickte verwundert auf den farbigen Staub auf seinen Fingerkuppen, als weckte dieser uralte Erinnerungen. Dann wischte er die Hände am Overall ab und machte sich zur Werkstatt auf. Unterwegs begegnete er zwei Arbeitern, die im Gehen die Schmetterlinge mit den Händen verscheuchten wie lästige Fliegen, und auch jenem, den er insgeheim Edmundo Rivero getauft hatte und der alles liegen und stehen ließ, um die Schmetterlinge mit weit offenem Mund zu betrachten (wohl auch, weil sein massiges Kinn nach unten zog), während seine Arme schlaff herabhingen.

In der Werkstatt schien es zu laufen. Die Arbeiter begrüßten ihn freudig, ohne ihre Aufgaben zu vernachlässigen, nun, da alles ihnen gehörte und sie mit frischen Kräften ans Werk gingen; und der alte Sansimón, der weiterhin für den Ablauf verantwortlich war, kam auf ihn zu, hieß ihn persönlich willkommen, hakte sich bei ihm unter und führte ihn zu den Arbeitsstationen. Soeben war die letzte Eva vom Trocknen gekommen und wartete neben neunzehn weiteren Genossinnen darauf, in einem kuscheligen Nest aus Werg in eine Holzkiste verpackt und zu den übrigen zweiundsiebzig auf einen kleinen Lastwagen geladen zu werden. Marroné zog mit der Fingerkuppe ihren schlanken, zarten Hals nach, das rundliche Kinn, dann ganz langsam die Kontur ihres geheimnisvollen Lächelns, bevor sein Finger über die sanft geschwungene Nase zu ihrer hohen Stirn hinauf fuhr und zu ihrem Haar – das, streng zu einem festen, aufwendigen Knoten gefasst, demjenigen, der diesen zu lösen vermochte, Argentiniens Zukunft verriet. Die Büsten gehörten ihm. Er hatte es geschafft. Spätestens in ein paar Stunden würde er wieder in der Firma sein, Govianus würde ihn beglückwünschen, sie könnten Herrn Tamerlán befreien und Cáceres-Grey feuern, sodass er seine Stelle oder auch jede andere, die er wollte, haben konnte. Doch das war zu schön, um wahr zu sein, begriff er in der nächsten Sekunde, denn er hörte ein dumpfes, hallendes Geräusch, und was das hieß, musste ihm niemand erklären: dass nämlich alles beim Alten blieb, in permanentem Katastrophenzustand. Auf den ersten Schuss folgten weitere und dann hörte man Glas splittern, als zwei, drei Rauchbomben mit Karacho durch die Scheiben schlugen und zwei Evas trafen, eine riss es mitten auf dem Tisch in Stücke, die andere fiel hinunter und zersprang. Die Arbeiter liefen kopflos in der Werkstatt umher wie ein Ameisenvolk, dessen Hügel zerstört wurde. Manche banden sich gegen den Rauch Taschentücher um, und weil sie bei ihrer tastenden Suche nach einem Ausgang alles umwarfen, was ihnen in die Quere kam, fiel auch die eine oder andere Büste vom Regal und wurde zertrampelt. Tuerto trug den schwarzen Helm der Wachmannschaft und versuchte heldenhaft, Ordnung in das Chaos zu bringen, kletterte dazu jedoch auf den großen Tisch und stampfte wie der leibhaftige Godzilla auf den dort abgestellten Büsten herum.

»Nur mit der Ruhe, Genossen! Zieht euch geordnet zurück! Und dann verteidigt das Werk!«

Marroné schrie das, so laut es bei dem Husten, der ihn immer wieder plagte, nur ging. Durch seinen Kopf ging ihm ein einziger hämmernder Gedanke: der Kleinlaster! Er musste ihn in Sicherheit bringen! Sich auf den Fahrersitz schwindeln, das Gaspedal durchtreten und, übers Lenkrad geduckt, es irgendwie durch den Kugelhagel schaffen; wenn notwendig, den Zaun durchbrechen und erst wieder abbremsen, wenn er die Colón-Promenade Nummer 300 erreicht hatte und die zweiundsiebzig verpackten Evita-Büsten abliefern konnte – um die zwanzig, die noch fehlten, konnte er sich später kümmern. Aber an der Tür sah er, dass ihm auch dieses Glück nicht vergönnt war: Vielleicht hatte ein Projektil den Kleinlaster getroffen, vielleicht hatten ihn gar die Arbeiter in Brand gesteckt, um den Feind abzuhalten – jedenfalls war er ein Feuerball und die wertvolle Fracht verbrannte in dem trockenen Werg und Holz wie auf einem Scheiterhaufen.

»Sie schicken Flugzeuge! Wir werden bombardiert!«, schrie ein vorbeilaufender Junge mit schreckgeweiteten Augen. Aber soweit Marroné erkennen konnte, stimmte das nicht, jedenfalls waren weder Kondensstreifen am Himmel zu sehen noch Motorengeräusche zu hören. Nur ein paar orientierungslose Falter taumelten dahin, halb betäubt vom Rauchgas der Brandherde, das sie zu Boden plumpsen ließ, als diente es nur dazu, sie auszuräuchern.

So stark hustend, dass er das Gefühl hatte, seine Lunge auszuspucken, tastete sich Marroné mit geschwollenen Augen in die Werkstatt zurück, wo niemand mehr war. Ein paar Büsten würde er immer noch retten können, überlegte er, wenn er inmitten des Kugelhagels und der Explosionen ein paarmal zwischen hier und seinem Auto hin und her lief – immer eine Eva links und eine rechts unterm Arm. Doch sein Gedankengang wurde von einem Panzer unterbrochen, der durch die Außenwand aus Ziegeln krachte und eine riesige Bresche schlug, wobei er eines der vollen Regale umriss und die andern so erschütterte, dass die Werkstücke wie monströser, weißer Hagel hinunterfielen und von seinen Ketten zermalmt wurden.

»Rüber in die Fertigungshalle! Los!«, drang eine einzelne Stimme aus dem Nebel, und Marroné, der keinen klaren Gedanken fassen konnte, gehorchte und robbte bäuchlings hinaus.

Unterwegs traf er auf Ramírez, den jugendlichen Rebellen unter den Büroangestellten, der mit einem Maschinengewehr im Anschlag die Außenwand des Querschiffs entlanglief. Sie suchten beide dort Deckung, wo sich der

Zwickelraum zwischen linkem Querschiff und Hauptschiff befunden hatte, und warfen sich zu Boden.

»Was machst *du* denn hier?«, fragte Marroné entgeistert.

»Sterben für Madrid«, erwiderte Ramírez kryptisch, stützte das Knie auf und nahm den Panzer ins Visier, der sich, auf der Suche nach seinem nächsten Ziel, gerade um sich selbst drehte. Da kamen aus dem Nichts zwei Flaschen geflogen, zerschellten an seiner gepanzerten Außenhaut und übergossen ihn mit Benzin, aber es schien etwas schiefgegangen zu sein, von Flammen keine Spur.

Um nicht neben Ramírez zu stehen, wenn dieser in tausend Fetzen geschossen würde, entfernte Marroné sich stolpernd und wie ein Betrunkener mit den Armen rudernd vom Geschehen. Was war hier nur los? Hilflos und desorientiert wie ein Boxer, der einen Schlag nach dem andern abbekommt, versuchte er, sich einen Reim darauf zu machen. Was hatte der Bürohengst Ramírez hier verloren, den er im rosaroten Hemd mit grüner Schottenkaro-Krawatte kennengelernt hatte und der jetzt mit seinem Maschinengewehr auf den Panzer schoss? Wie war Marroné nur in diesen schlechten Film hineingeraten?

Gerade als die Rauchschwaden sich einigermaßen verzogen hatten und er die Tür erkennen konnte, traf ihn der Faustschlag eines Riesen auf die Brust. Er überschlug sich, landete auf dem Rücken und versuchte strampelnd, sich dem Griff wieder zu entwinden. Da merkte er, dass er komplett nass war.

»Hey, hört auf! Das ist Ernesto!«

Die eigenen Leute hatten einen Löschschlauch auf ihn gerichtet. »Immerhin haben wir dich nicht abgeknallt!«, sagten sie, während hilfreiche Hände ihm unter die Arme fassten und ihn in die Halle schleppten. Bevor er wieder ganz bei sich war, umringte ihn schon ein halbes Dutzend Arbeiter, die auf Anweisungen warteten, aber hinter dem Halbkreis, den ihre Köpfe bildeten, erblickte er María Eva, die mit ihrem FAL-Sturmgewehr im Anschlag den Eingang bewachte und ernst salutierte, als sich ihre Blicke trafen. Zum Kämpfen trug sie das Haar zusammengebunden und sah der Eva aus dem Fotoroman noch ähnlicher.

»Die Genossin befehligt unser Verteidigungsmanöver«, sagte er in der Absicht, schnellstmöglich das sinkende Schiff zu verlassen, und fügte, nun schon gefasster, hinzu: »Folgt ihr in allem so, wie ihr mir folgen würdet!« Er selbst machte sich davon, um irgendwo in der Fabrik einen sicheren Ort zu finden, an dem er sich verstecken konnte, bis der Wahnsinn vorüber wäre. Mit dumpfer Regelmäßigkeit flogen Granaten durch die Oberlichten oder Fenster, und die herunterrieselnden Glassplitter konnten einen blind machen, wenn man nach oben sah, oder böse am Kopf verletzen, wenn man keinen Helm trug. Da half es auch nicht, dass die Wurfgeschosse, sobald sie auf dem Boden auftrafen, von wachsamen Arbeitern mit Lappen hochgehoben und, noch dazu gut gezielt, wieder nach draußen geworfen wurden, oder dass kleine Feuer das Kampfgas verdrängten, weshalb man gerade noch atmen konnte. Eigentlich wollte er sich in einen Büroraum flüchten, unter irgendeinen Schreibtisch oder ein Sofa kriechen, doch da tauchten vor seinem inneren Auge die Treibstofffässer und Girlanden aus Granaten auf und er erinnerte sich an Miguels Aussage, das Gipswerk bei einem Angriff in die Luft zu jagen, und seine Begeisterung für die Idee verflog. Mit solchen Überlegungen beschäftigt, durchquerte er das Hauptschiff und hielt auf die Apsis zu, als ihm jemand eine mit Murmeln und Schrotkugeln gefüllte Flasche in die Hand drückte und ihm ins Ohr schrie:

»Die Kosaken kommen! Die Kosaken!«

An diesem Punkt kam ihm bereits alles so unwirklich vor, dass es ihn auch nicht überrascht hätte, beim Umdrehen Säbel schwingende, wilde Männer mit dichten Bärten und in Fellen hinter sich zu erblicken. Und wieder übertraf das reale Geschehen seine kühnsten Erwartungen: Durchs Atrium, wo der Panzer die Barrikaden aus Möbeln und Holzbalken zur Seite geschoben hatte, stürmte auf monströsen, braunen Rössern berittene Polizei auf sie zu, Stöcke oder, das war nicht genau zu erkennen, Peitschen schwingend. Marroné blickte fassungslos auf die unwirkliche Szene und blieb mit seiner Flasche voller Kügelchen reglos mitten im Kirchenschiff stehen, als erwartete er, dass die Männer, wenn er sie einfach nur anstarrte, zerplatzten wie ein böser Zauber oder wie Seifenblasen. Waren denn alle verrückt geworden? Wieso bitte ritt die Kavallerie auf ihn zu wie im tiefsten Mittelalter, auf ihn, einen Absolventen der St. Andrew's und Einkaufsleiter bei Tamerlán & Söhne? Zu seinem Glück schleuderte ein praktisch veranlagter, nicht so vergeistigter Mensch ein Geschoss aus Papier auf die geschlossene Front heranstürmender, wilder Bestien, das beim Platzen eine Pfefferwolke in die Luft entließ, sodass die Pferde sich tänzelnd aufbäumten und die Ritter den Angriff stoppten, um sie wieder unter Kontrolle zu bringen.

Das, und ein weiterer, hilfreicher Befehl, ließ ihn endlich reagieren. Er lief in Richtung der Apsis.

»Wirf die Murmeln!«

Marroné gehorchte blind, möglicherweise allzu blind, denn anstatt die Flasche hinter sich zu werfen, zwischen sich und die Pferde, warf er sie nach *vorne* und rutschte, als sie zersprang und die bunten Glasmurmeln in alle Richtungen rollten, selbst wie auf Schlittschuhen dahin, bis er schließlich auf die Nase fiel. Er spürte einen brennenden Schmerz, dann etwas Hartes und eine dickflüssige Suppe in seinem Mund. Zuerst dachte er an Murmeln; erst als er es in den Schutz der braunen Maschinen geschafft hatte und reichlich Blut in seine hohle Hand spuckte, erkannte er, dass vermutlich seine Lippe aufgeplatzt war und er sich in die Zunge gebissen und ein paar Zähne ausgeschlagen hatte. »So eine Zeitverschwendung, ausgerechnet jetzt im Wartezimmer des Kieferorthopäden sitzen zu müssen! Ich habe so viel Besseres zu tun!«, dachte sein altes Selbst, das in seinem leeren Oberstübchen wie ein geköpftes Huhn weiterhin im Kreis rannte und sich an den Schädelwänden stieß.

Einige Murmeln waren aber wohl doch bis vor die Hufe der Pferde gerollt, die nun einen eher steifbeinigen Tanz wie bei *Holiday on Ice* vollführten, gegeneinanderstießen oder geräuschvoll zu Boden fielen, wobei mindestens zwei Reiter auf den Zementboden oder gegen eine Maschine gequetscht wurden.

»Gut so, Ernesto! Bravo!«, hörte er jemanden rufen, und weil die Neugier kurz seine Angst überwog, wagte er es, aus dem Winkel, in den er sich geflüchtet hatte, herauszulugen. Eine Faust packte ihn, stahlhart wie ein Fangeisen, am Arm, und ihm blieb nichts anderes übrig, als sich aufzurichten.

»Tut mir nichts! Ich bin eine Geisel!«, wollte er schon rufen; als er jedoch Saturnino erkannte, sparte er sich die Ausflucht lieber für jemand andern auf.

»Ernesto! Bist du verletzt?«, fragte Saturnino besorgt, und als er Marroné schweigend Blut spucken sah, rief er: »Komm mit mir, wir sind auf dem Rückzug!«

Saturnino führte ihn zum Verteidigungswall, der entlang der blauen Maschinen mitten durch das Kirchenschiff verlief. Sie kamen nur geduckt vorwärts, weil jetzt auch in der Fabrik geschossen wurde, und nicht mit Gummischrot. Ein paar Arbeiter hinter dem Wall hatten Handfeuerwaffen, ein Guerillakämpfer auch ein leichtes Maschinengewehr, die meisten jedoch nur Steinschleudern und Bolzenschussgeräte. Drei Männer lagen auf dem Boden; ihre weißen Overalls waren blutverschmiert. Zwei rührten sich überhaupt nicht mehr, wobei das Gesicht des einen bis zur Unkenntlichkeit verbrannt war und nach verkohltem Fleisch roch, während der andere die Fäuste ballte, als befände sich darin eine Kostbarkeit, die er nicht hergeben wollte, und die Zähne bleckte, als wollte er noch einen letzten Atemzug aus der Luft beißen. Marroné brauchte eine Weile, um zu begreifen, dass der Mann tot war. Und noch länger, um ihn als den jungen Arbeiter Zenón zu erkennen. Der dritte Mann auf dem Boden war groß und von stattlichem Leibesumfang, hatte die Augen halb geschlossen, Schaum vor dem Mund und ruckelte mit den Armen wie die Spielzeugfiguren zum Aufziehen, die in der Lage sind, durch ein Waschbecken zu paddeln. Marroné kannte ihn, mittlerweile kannte er die meisten hier zumindest vom Sehen: Da sie beide Fans des Fußballclubs *River* waren, hatten sie sich einmal einen ganzen Vormittag über die Aussichten auf einen Sieg bei der Meisterschaft unterhalten, der eine achtzehnjährige Pechsträhne beenden würde. »Diesmal lassen wir uns den Titel nicht durch die Lappen gehen«, hatte ihm der blonde

Riese damals versichert und ihn mit seinem Schulterklopfen beinahe von den Füßen gerissen. Neben ihm kniete Edmundo Rivero und hielt sich weinend die massigen Hände vors nicht minder massige Gesicht.

»Vorwärts, Genossen! Wir beweinen die Gefallenen nicht, wir ersetzen sie!«, brüllte der Guerillakämpfer, und Marroné hatte gute Lust, seinen Rang geltend zu machen und ihm das Maul zu stopfen. Etwas in ihm bewegte sich beim Anblick der niedergestreckten Körper, als wäre er schwanger und kämpfte mit Morgenübelkeit. Er spürte die Blicke der Männer, die zu fragen schienen, wieso er nichts unternahm. Auf absurde und unpassende Weise schoss ihm Herrn Tamerláns abwesende Miene beim Überstreifen des Latex-Fingerlings durch den Kopf. Und nun auch noch das? Wegen diesem Arsch? Unter seinen widerstreitenden, wirren Gefühlen kristallisierte sich eines heraus, stark und glühend in seiner Brust, dann seiner Kehle, bis ihm die Arme wie von Ameisen kribbelten: Er wurde richtig wütend.

»Her mit einer Waffe, zum Teufel!«

Schon hielt er sie in der Hand, eine Browning 9 mm, wie er mühelos erkannte. Da sein Vater ihn als Jugendlichen zum Schießstand des *River*-Sportklubs mitgenommen hatte, wusste er damit umzugehen. Es fiel ihm nicht schwer, flink wie eine Eidechse über die Barrikaden zu schauen, mit Augen, so scharf wie die eines Adlers, die Polizisten anzuvisieren, die sich im Schutz der Maschinen vorarbeiteten, und dann halb aufs Geratewohl die letzten verbliebenen Patronen auf sie abzufeuern. Als er, wieder in Deckung, mit leicht zitternden Händen das Magazin gegen ein neues tauschte, das ihm der Guerillakämpfer zuwarf, begriff er erst, was geschehen war. »Ich habe es geschafft. Also kann ich es auch. Ich bin ja doch mutig!« Das musste er gleich Paddy erzählen, wenn er ihn das nächste Mal sah.

Jetzt hatte er sich aber um anderes zu kümmern. Sein Nebenmann schrie plötzlich auf und kippte vornüber, während um sie herum irgendetwas Kleines einschlug, das mit Karacho vom Gebälk herunterkam.

»Sie schießen aus der Luft auf uns! Bloß weg von hier!«

Marroné brauchte nur hochzusehen, um zu wissen, was los war. Ihre Angreifer hatten die Schwebesitze wieder in Betrieb genommen, fuhren damit kreuz und quer durch die Halle und schossen um sich, als jagten sie Kaninchen. Und wenn der nach oben ziehende Rauch ihnen nicht die Sicht genommen hätte, wäre es für sie ein Leichtes gewesen, alle unten abzuknallen, so schnell, wie man mit einem Zahnstocher Oliven aufspießt. Marroné gab ein paar Schüsse ab, jedoch ohne feststellbaren Treffer, und robbte dann auf der Flucht vor der tödlichen Gefahr unter eine schwere Maschine. Aus seinem Versteck sah er Bewaffnete herannahen, die von einem erschrocken blickenden Baigorria angeführt – oder auch nur geführt? – wurden. Schwere Jungs, die in Formation marschierten und wie Hooligans wirkten, die meisten von ihnen mit Stöcken und Eisenketten bewaffnet, ein paar aber auch mit Revolvern und zumindest einer mit einer abgesägten Schrotflinte. »Dieser Mann dort!«, sagte Baigorria unvermittelt und streckte einen zitternden Finger aus. Die Männer hinter Baigorria – er konnte nun sehen, dass sie ihn schubsten, auch dass ihr eindeutiger Kommandeur (ein Mittfünfziger, dessen Gesicht rot und fleischig wie ein rohes Steak war, mit dem weißen Haar als Fettrand) seinen Arm so fest hielt wie in einem Schraubstock –, stürzten sich nun auf einen

264

verwundeten Arbeiter, der, auf dem Bauch kriechend, zu entkommen versuchte, aber an den Haaren in die Höhe gezogen wurde und den Marroné als den Betriebsrat Trejo erkannte. Er war stets mit einem weißen Helm herumgelaufen, trug nun aber gar keinen, wohl um nicht entlarvt zu werden – eine List, die Baigorria, der willfährige Handlanger, vereitelt hatte.

»Wo steckt Colorado, du Hund?«, drangen die Männer auf Trejo ein, und dessen Antwort, falls sie überhaupt eine erhielten, schien sie nicht zufriedenzustellen. Denn ohne weiteres Nachfragen ließen sie seine Haare los, und noch ehe sein Kopf auf den harten Boden knallte, waren sie über ihm und prügelten mit Stöcken, Ketten und Rohren auf ihn ein, mit Schlagringen, die jedes Mal funkelten, wenn sie ausholten, und einer verwendete sogar einen herumliegenden Spaten.

»Nimm das! Für Babirusa, du verdammter Pseudolinker!«, schrie der Weißhaarige nach einer Weile, und Marroné schloss die Augen und hielt sich die Ohren zu, um den Gewehrschuss nicht mit anhören zu müssen, mit dem er dieser Aussage Nachdruck verlieh.

Als die Männer weitergezogen waren, winkelte Marroné die Knie an und untersuchte, ob seine Beine so nass waren, weil er blutete. Er betastete sie, besah sich seine Hand, roch daran. Nein, er hatte sich nur in die Hose gemacht. Eher überrascht als beschämt nahm er alles wie von fern wahr, als widerfahre es einem andern und er erführe es nur aus zweiter Hand, während er auf dem Bauch zur Apsis kroch, zu dem Ausgang, von dem aus man am schnellsten zum Haupttor gelangte, oder, falls das nicht ging, zu den Lastenaufzügen, um zu den Büroräumen hochzufahren und sich dort zu verstecken, bis das Gröbste überstanden wäre. Jetzt bereute er, sich von seinem James-Smart-Anzug und den italienischen Schuhen getrennt zu haben, denn selbst in ihrem schlechten Zustand wären sie ihm nützlich gewesen, um sich als Geisel auszugeben – und war er das nicht auch? Das hätte das Risiko verringert, über den Haufen geschossen zu werden, ohne dass man ihn zu Wort kommen ließ.

Aber ausgerechnet dort schienen sich alle Angreifer aufzuhalten, was auch Sinn ergab: Sie hatten den blauen Sektor gesichert, die Geiseln befreit und die Schwebesitze unter ihre Kontrolle gebracht, weshalb es nun in der Apsis von Mitgliedern der Sondereinheit zur Aufstandsbekämpfung wimmelte, die mit ihrer Schutzkleidung wie riesige Käfer wirkten, von Häschern der Gewerkschaft und von Anzugträgern, die Polizisten in Zivil oder private Sicherheitsleute sein konnten und von denen ihm zwei, drei bekannt vorkamen, weil sie zur Belegschaft gehört hatten, aber noch am Tag der Fabrikbesetzung durch ihre Ungeschicklichkeit aufgeflogen waren. Sie scharten sich wie eine Prätorianergarde um den befreiten Sansimón, der kahl und ohne seine Frisur – er hatte wohl sein Haarteil verloren –, mit rußgeschwärztem Gesicht, zerrissenem Hemd und nur einem Schuh, lauthals schrie:

»Bringt mir Macramé! Lieber tot als lebendig! Nein, lieber lebendig, damit ich ihn foltern kann!«

Marroné konnte nur eines tun. Auf seiner Flucht aus der Werkstatt hatte er im gelben Sektor aus dem Augenwinkel ein großes Becken mit frischem Gips gesehen, das schon auf die erste Produktionsserie in der befreiten Fabrik wartete, die es jetzt nicht mehr gab. Auf den Gängen patrouillierten

Feuerwehrleute und bekämpften mit Feuerlöschern die vielen kleinen Brandherde. Im Schutz der weißen Wolken, die dabei aufstiegen, lief Marroné von Maschine zu Maschine bis zum gefüllten Becken, dessen riesige Oberfläche vor lauter Asche und anderem Schmutz nicht mehr richtig weiß war. Die oberste, hauchdünne Gipsschicht war schon hart, und Marroné drückte sie mit dem Stiefel ein wie die Zuckerschicht auf einer Crème brûlée, um sich sodann in die frische, weiße Flüssigkeit hinabgleiten zu lassen, die ihn bald umgab. Er nahm ein Rohr von einem Zentimeter Durchmesser, das er auf dem Weg vom Boden aufgesammelt hatte, und biss mit den Zähnen darauf, um es als Schnorchel zu benutzen. Dann tauchte er ganz unter und legte sich auf dem Boden des Beckens auf den Rücken. Sein Plan sah vor, sich bis zum Einbruch der Nacht in dem weißlichen Schlamm zu verbergen, aber er hatte nicht bedacht, wie zum Teufel er auf dem Grund, mit geschlossenen Augen, wissen sollte, wann es dunkel war. Er beschloss, die Sekunden zu zählen, um ungefähr abschätzen zu können, wie viel Zeit verstrich. Allerdings geriet er bald durcheinander, als er versuchte die Sekunden herunterzuzählen und sich gleichzeitig die Minuten zu merken. Auch das Atmen fiel ihm mit der Zeit immer schwerer, wobei er nicht wusste, ob der Gips auf seine Lungen drückte, weil er dichter als Wasser war, oder ob er gar schon fest wurde, und diese Möglichkeit jagte ihm eine Heidenangst ein. Was, wenn er sich zu spät zum Heraussteigen entschloss und hier verreckte, bei lebendigem Leib in einen Sarkophag aus Kalziumsulfat eingeschlossen? Die klaustrophobischen Schübe wurden durch den Luftmangel und seine langsam einsetzende Panik verstärkt. Kniend und auf die Ellenbogen gestützt, drückte er mit dem Kopf nach oben, bis die harte Kruste nachgab, und kletterte vorsichtig heraus wie ein alter Mann aus einer rutschigen Badewanne. Als er, triefend wie ein Butterstück in der Sonne, zwei Schritte tat, hörte er plötzlich Stimmen näherkommen. An Flucht war also nicht zu denken, er bot ein perfektes Ziel, als hätte man ihm lauter Pfeile auf die Brust gemalt und seine Stirn mit der Aufschrift »Bitte abschießen« versehen, und so verharrte er wohl oder übel reglos, eine Hand auf die Brust gelegt, die andere zur Faust geballt, die stolze Stirn mit geschlossenen Augen der Zukunft entgegengehoben. Wenn er es schaffte, die Augen geschlossen zu halten, hatte er eine kleine Chance, zwischen den Konsolen, Amphoren und Säulen, die ihn umgaben, als Modell der Statue des armen Taglöhners an der Spitze des Denkmals für die Descamisados durchzugehen.

Seine List schien zu funktionieren; die Patrouille, oder wer immer da auch kam, ging weiter, ohne von ihm Notiz zu nehmen, während einer von ihnen wie ein Mantra wiederholte: »So ein Mist! So ein Mist!«, woraus er nicht schließen konnte, was die Männer eigentlich suchten. Marroné öffnete die Augen einen Spalt: Die Luft war rein. Binnen weniger Minuten war der Gips ausgehärtet, was seine Tarnung zweifellos verbesserte; wenn er reglos verharrte, wie eine jener lebenden Statuen, die man oft in der Innenstadt auf den Plätzen stehen sah, würde der Putz nicht abblättern und er nicht entdeckt werden. Zum Glück blutete er nicht mehr aus dem Mund.

Da sah er die Männer und ihren Anführer zurückkehren, den Weißhaarigen, der aussah wie ein Arcimboldo aus rohen Steaks, und kniff die Augen zu, damit sie ihn nicht bemerkten. Das taten sie auch nicht. Doch sie blieben schnaufend vor ihm stehen, er hörte sie reden, zischen: »So, nimm das, du Arschloch, du Scheißlinker! Fröhliche Weihnachten!« Dazu hörte er jeweils ein Geräusch, leise, wie von Stöcken, die durch die Luft sausten, und manchmal lauter, wie von Ketten, die geschwungen wurden, und am Ende stand unweigerlich ein dumpfer Laut, gefolgt von einem Stöhnen, manchmal auch einem Schrei oder Knacken. »Na los, gebt ihm den Rest!«, feuerte jemand die Männer heiser vor Hass oder Anstrengung an, und noch jemand rief: »Hey, Moment, lasst uns auch noch was übrig!«

Da konnte Marroné sich nicht mehr zurückhalten und löste die Anspannung in seinen Lidern, ohne sie wirklich zu bewegen, öffnete dann minimal die Augen, bis er einen zarten Lichtschimmer wahrnahm, wie am frühen Morgen durch die Jalousien. Er atmete langsam und flach, wobei er zu verhindern suchte, dass sich die Brust hob oder senkte. Bei jedem dumpfen Schlag, auf den in eintöniger Regelmäßigkeit stets ein Keuchen folgte, zuckte er innerlich zusammen, während ihm äußerlich, so hoffte er zumindest, nichts anzumerken war. Inzwischen kam bereits so viel Licht durch den Spalt zwischen seinen Lidern, dass er wie durch einen Schleier schemenhafte Bewegungen und Farben wahrnahm. Um mehr zu erkennen, musste er die Augen weiter öffnen. Er meinte, einmal gehört oder gelesen zu haben, dass Raubtiere Bewegungen instinktiv bemerkten, außer wenn diese sehr langsam, wie in Zeitlupe, erfolgten. Wenn er sich also genügend Zeit ließ, konnte er, ohne ein Risiko einzugehen, die Augen öffnen und sich umsehen. Bald schon sah er die rot verschwitzten Gesichter der Männer, deren Kondition wohl nicht besonders gut war, weil ihnen beim Prügeln fast die Luft ausging, weil sie fluchten und ausspuckten; zum Glück ganz auf das konzentriert, was auf dem Boden vor ihnen lag – was das war, konnte er leider nicht erkennen, weil er im Bemühen, wie der Descamisado auszusehen, seine Stirn und seinen Blick erhoben hatte, der Zukunft entgegen, weshalb er jetzt langsam den Kopf senkte, bis sein Blick von ihren Gesichtern zu ihren Schultern, zur Brust, zum Bauch, zu den Knien und schließlich zu den Füßen und zu dem glitt, was dort lag.

Der Mann lag mit dem Gesicht nach unten, sein blutverschmierter, weißer Overall erinnerte an die Schürze eines Schlachters, doch Marroné erkannte den unverwechselbaren Kupferton seines Haars. Fast hätten ihm die Knie versagt und er vermeinte, sich selbst erschrocken keuchen zu hören, aber entweder hörten die Schläger es nicht, weil sie so schwer atmeten, oder er hatte doch nur innerlich aufgestöhnt. Paddy bewegte sich noch, zog abwechselnd Arme und Beine an und streckte sie wieder, aber er kam nicht vom Fleck, da ihn die Schläge an den Boden nagelten. Die brachten Paddy vor seinen Augen um und er durfte sich nicht rühren.

Die Männer hatten keine Eile. Sie gingen methodisch vor, und als müssten sie sich, wie bei einer schweren, langwierigen Arbeit, ihre Kräfte einteilen, richtete sich zwischendurch einer auf, streckte sich, die Arme in die Seiten gestützt, und wischte sich mit dem Unterarm oder einem Taschentuch den Schweiß von der Stirn, bevor es weiterging. Der Arcimboldo schlug nicht zu: Er stemmte die Arme in die Seiten und sah den andern beim Prügeln zu, wobei er hin und wieder ein paar knappe Anweisungen gab oder seine fette Armbanduhr konsultierte, die wie eine Rolex aussah. Ein Polizeibeamter kam auf seinem Kontrollgang vorbei.

»Wie lange werdet ihr noch brauchen?«

»Nur mehr fünf Minuten.«

Für Marroné fühlten sich die fünf Minuten wie fünf Jahrhunderte an. Er konnte die Augen nicht schließen, weil ihm sonst unweigerlich die Tränen übers Gesicht gerollt wären und breite, hautfarbene Streifen im weißen Gips hinterlassen hätten, und wenn das geschah, war es aus mit ihm. Wenn er stillhielt und nach Kräften versuchte, bloß nicht stärker zu weinen, flossen die Tränen nach innen, in seine Nasenhöhle, und er konnte den flüssigen Schleim mit vorsichtigen Atemzügen und wenig Risiko einsaugen und schlucken. Seine größte Sorge war, dass ihm wegen der Hitze und dem anstrengenden Stillstehen der Schweiß ausbrach, und in seinem Kopf (nicht in seinem Herzen) entstand der Gedanke, dass sein Risiko, entdeckt zu werden, mit jeder Minute, die Paddy am Leben blieb, wuchs.

Der Arcimboldo sah schon wieder auf die Uhr, wahrscheinlich um Wort zu halten, und das, obwohl der Polizist längst weg war, dann befahl er den Männern aufzuhören. Er ging in die Hocke, um dem Mann, der nun reglos auf dem Rücken lag, den Puls zu fühlen. Beim Versuch, wieder aufzustehen, ruderte er zuerst mit den Armen und ließ sich dann von seinen Leuten aufhelfen. Plaudernd entfernten sie sich vom Ort des Geschehens, streiften Schlagringe ab, rieben sich die geschwollenen oder wund gescheuerten Fingerknöchel und sahen sich nach etwas um, an dem sie sich die Hände abwischen konnten. Marroné blieb reglos stehen wie eine Statue, so reglos wie noch nie, als Denkmal für den Arbeitermärtyrer vor ihm auf dem Boden, dessen Gesicht bis zur Unkenntlichkeit entstellt war, dessen eines Auge geschlossen, dessen anderes nur ein blutiger Brei war, während sein zahnloser Mund offen stand.

Marroné begann sich vorsichtig zu bewegen, wobei es bei jedem Schritt knirschte und der Putz bröckelte. Er näherte sich dem Freund und berührte mit einem Finger sein Gesicht. Plötzlich klappte das verbliebene Auge auf. Marroné fuhr zusammen und konnte nur mit Mühe einen Schrei unterdrücken. Verzweifelt blickte er sich um, es war wie verhext: Weder konnte er Paddy hier rausschaffen noch Helfer zu ihm hereinholen; er selbst wurde ja auch gesucht, sollte ja ebenfalls dran glauben. Aber eine Sache schuldete er seinem Freund, und dies war die letzte Gelegenheit dafür.

»Paddy ...« Er kniete sich hin und flüsterte in Paddys Ohr. »Das mit der Farbkreide damals ... das war ich. Hast du mich verstanden? Das war ich!«

Paddys einzelnes Auge, das ihn anstarrte, weitete sich ungläubig, bevor es sich für immer schloss.

Marroné suchte hinter verschiedenen rauchenden Trümmern Schutz, mimte dazwischen eine Statue und schaffte es auf diese Weise zum rechten Querschiff. Von der dortigen Türe waren es nur wenige Meter bis zum Zaun, in den ihre Angreifer einige Breschen geschlagen hatten. Er zwängte sich gerade vorsichtig zwischen den grünen Maschinen und den Säcken mit Gips durch (die, so aufgestapelt, wie ausgebombte Schützengräben wirkten), als ihm Tuerto über den Weg lief, der sich bei seinem Anblick bekreuzigte.

»Keine Sorge, ich lebe noch, du Idiot«, flüsterte Marroné, als er den Grund dafür begriff.

»Oh Scheiße, Ernesto! Ich habe dich echt für einen Geist gehalten«, stieß Tuerto aus und fasste sich ans Herz.

»Sie haben Paddy erschlagen.«

»Wen?«

»Colorado«, verbesserte sich Marroné.

»Ach so, das weiß ich schon. Trejo und Zenón auch. Und noch mindestens zwei andere.«

»Schöner Scheiß … Und was ist mit den sechs Montoneros?«

»Ach, denen haben sie das Licht ausgeblasen.«

Marroné blieb fast das Herz stehen.

»Den Frauen auch?«

»Die haben sie als Erste gekillt.«

»Alle beide?«

»Eh besser, denn alle, die sie lebend erwischen … Du weißt schon. Sie haben jeden mitgenommen. Nur wir beide sind noch hier.«

»Sollen wir uns besser ergeben?«, fragte Marroné.

»Soll das ein Scherz sein? Die prügeln uns windelweich! Dich zuallererst!«

Marroné schluckte. So etwas hatte er schon befürchtet.

»Und was sollen wir dann tun?«

»Es wird bald dunkel. Ich wohne auf der anderen Seite des Abwasserkanals. Wenn wir es ungesehen dorthin schaffen, können wir uns in dem Viertel verstecken.«

Sie schoben ein paar Säcke zur Seite, um eine Höhle zu schaffen, krochen hinein und schoben die Säcke wieder vor den Eingang. Wortlos lagen sie nebeneinander, bis das Licht, das durch einen kleinen Spalt hereinfiel, schwächer wurde und sich erst gelb, dann blau und schließlich violett färbte, woraufhin sie die Säcke zur Seite schoben und die Nase hinausstreckten wie Gürteltiere aus ihrem Bau. Der Wind blies und wirbelte immer wieder eine Handvoll Gipsstaub aus geplatzten Säcken durch die Luft, sodass sie kaum die Hand vor Augen sahen und dauernd husten mussten, aber wenigstens waren so auch ihre Bewegungen nicht so leicht zu verfolgen. Der Rasen vor dem Fabrikgebäude hüllte sich, so wie in den ersten Tagen, in Weiß und die Landschaft wirkte in den gleißenden Scheinwerferkegeln der Polizeiautos tief verschneit. Zum Glück reichte der Schatten der Fabrikmauer an einer Stelle bis zum Zaun, und als sie vorsichtig, sich durch Staubwolken tastend, in denen sie kaum etwas erkennen konnten, dorthin gelaufen waren, fanden sie bald eine Lücke unter dem Zaun, die gerade groß genug war um hindurchzurobben. Tuerto probierte es als Erster, blieb mit seinem großen Bauch aber stecken, woraufhin Marroné die Beine in den Boden stemmte und schob.

Danach mussten sie durch das Rinnsal waten, in das Industrieabwässer geleitet wurden und das daher mehr Öl als Wasser zu führen schien. Von seinem schlammigen Grund stiegen bei jedem ihrer schmatzenden Schritte stinkende Gasblasen auf. Mühselig erklommen sie die steile Böschung auf der anderen Seite, die (wie Marroné feststellte, indem er an der Hand roch, mit der er sich abstützte) aus unendlich vielen Schichten übereinandergelagerten Mülls bestand, der unter seinen Füßen wegbrach. In einiger Entfernung sahen sie zitternde Lichter, nicht von elektrischen Lampen, sondern von Kerzen hinter Fensterscheiben, und Marroné stolperte, von seinem Begleiter an die Hand genommen, damit er sich nicht verirrte, einen Fuß vor den andern setzend, darauf zu.

Kapitel 7

Eine peronistische Kindheit

Als das erste Morgenlicht durch den körnigen Sand drang, der ihm die Wimpern verklebte, wurde der Mann wach und fragte sich, wer er war. Die zwei Wörter, die ihm in den Sinn kamen, »Ernesto Marroné«, erklärten nicht viel, warfen aber eine weiterführende Frage auf: Wo war er hier eingeschlossen? So, wie er dasaß, an einer gewölbten Wand, drückten ihm die Knie gegen die Brust. Die Wand war ungleichmäßig geriffelt, und als er mit den Fingerknöcheln dagegenklopfte, entstand ein metallischer Klang. In der flachen Decke über ihm befand sich ein rundes Loch von der Größe einer Teetasse, durch das etwas Licht und Luft hereinkamen. Wenn er den Arm langmachte, konnte er ein paar Finger hinausstrecken, die er sich in einer kurzen Bewusstseinsspaltung von außen wahrgenommen vorstellte: Würmer, die aus einer Büchse krochen. Der Boden war weich, seine oberste Schicht zerkrümelte unter seinen Fingern wie feuchter Blätterteig, und wenn er die Füße in den matschigen Untergrund bohrte, stieg ein ekelerregender Gestank auf, der einem den Atem verschlug. Er vermochte in dem Ding nicht aufzustehen, konnte es jedoch, wie er bald bemerkte, hin- und herschaukeln, indem er die Hände gegen die Wände stemmte. Mit immer stärkeren Bewegungen gelang es ihm schließlich, es umzuwerfen und rückwärts hinauszukriechen – auf den unbekannten Planeten, auf den es ihn verschlagen hatte. Weder die von Kratern und Pfützen übersäte Oberfläche dieser Mondlandschaft, deren schwarz schillerndes Wasser alles Tageslicht zu schlucken schien, noch ihre Erhebungen, von denen trotz des Sprühregens Rauch aufstieg, schienen natürlichen Ursprungs zu sein. Sie waren von Menschen geschaffen. Wie Marroné an den Unmengen Plastiktüten, schmutziggrauen Zeitungen, Kunststoffverpackungen und zerbrochenen Flaschen sowie an dem Schneetreiben aus zerkrümeltem Styropor erkannte, befand er sich vermutlich auf einer Müllkippe. Er blickte sich um: Soweit er das bei dem Nieselregen überhaupt erkennen konnte, gab es hier weder Haus noch Strauch, nur die abschüssigen Ausläufer der Müllberge, die in der Ferne im Nebel verschwanden. Marroné hielt auf einen Hang zu, von dem sich über sanfte Stufen aus geblähtem Polyethylen ein paar schlammige Wasserfälle ergossen. Ihm tat der ganze Körper weh, als hätte sich die gegnerische Mannschaft nach einer Partie Rugby nicht damit zufriedengegeben, gesiegt zu haben, sondern wäre auch noch in den Umkleideraum gestürmt, um ihn und sein Team mit Stöcken zu verprügeln. Da ihn seine Erinnerung im Stich ließ, versuchte Marroné sich wenigstens vorzustellen, wie um alles in der Welt er in ein Paralleluniversum wie dieses und in eine so missliche Lage geraten sein mochte. Auch seine Kleidung erkannte er nicht wieder: ein zweireihiges Wollstoffjackett mit Zippverschluss, den er kaum zubekam, ein verwaschenes Shirt, dazu eine ausgebeulte Trainingshose mit Steg, zu kurz, um seine zerschundenen Knöchel zu bedecken, und zerfranste Hanfschuhe, deren aufgeweichte Bastsohlen sich auflösten, sodass ihre Enden beim Gehen wie Luftschlangen hinter ihm herschleiften. Trug er sonst nicht Anzüge aus Kaschmir, Seidenkrawatten, italienische Schuhe? Nein, das war wohl in einem anderen Leben gewesen. Oder einen weißen Overall, Turnschuhe, einen Helm? Ebenfalls Fehlanzeige. Die Erinnerungsbilder zerflossen wie in den schillernden Schlieren von Pfützen, sobald er die Hand danach ausstreckte, und beim Versuch, den Abhang hochzuklettern, trat er auf der Stelle, während der Müll immer wieder unter ihm wegbrach. Er konnte nicht mehr tun als weiterklettern; diese sich wiederholende Bewegung fühlte sich wie das Echo von etwas schon Dagewesenem an, und oben wurde ihm auch klar, weshalb: Er war erst kürzlich schon hier gewesen, auch wenn er damals bei Nacht die hügelige Ansammlung baufälliger Holzbehausungen nicht sehen konnte, die sich im grauen Regen auf einer spiegelnden Wasserfläche zusammendrängten wie Vieh auf einer überfluteten Weide. Erst jetzt, da die Krusten an seinen Augen in den Krusten der Landschaft ihr Ebenbild fanden, erkannte er den Ort wieder, fiel ihm nach und nach alles wieder ein.

Paddy war tot, die Büsten bis zur letzten zerstört, und er selbst hatte sich nur durch ein Wunder retten können. Wie eine Stoffpuppe hatte ihn Tuerto (der treue Knappe, der nach einer Niederlage den Ritter in Sicherheit brachte) die Wege durch das Labyrinth des Elendsviertels entlanggeschleift; Wege, die alle gleich aussahen, gesäumt von bellenden Hunden und auseinanderstiebenden Kindern und der Chamamé- und Cumbia-Musik, die aus nachbarschaftlichen Radios um die Wette tönte. »Hier lang, Ernesto! ... Kopf runter! ... Weg da, ihr Köter!«, hatte Tuerto zwischendurch keuchend hervorgestoßen. Dann hatte er ihm an einer Wegbiegung einen plötzlichen Schub gegeben und sie waren durch eine aus Autoreifen gemachte Schwingtür in einen Raum gestolpert.

Die Behausung war teils aus Hohlziegeln, teils aus Wellblech und Holz zusammengezimmert. Im von Kerzen erleuchteten Wohnzimmer befand sich auf einer Kommode ein Schwarz-Weiß-Fernseher. Der Lichtschein darin stammte, wie er später bemerkte, von einer Kerosinlampe im ausgeschlachteten Inneren. Außerdem sah er einen Kühlschrank mit halb offener Türe und Chromgriff, ein Motorrad der Marke Gilera, dessen Hinterreifen nebst einigen Teilen auf dem Boden lag (Tuerto war im Gipswerk als Mechaniker beschäftigt worden), und eine dicke Frau in einem langen Kittel mit mausgrauem Blümchenmuster, eher schlampig darin eingewickelt als gekleidet, dazu zwei Mädchen im Alter von etwa sechs und zehn Jahren, die auf dem nackten Lehmboden mit toten Babys spielten. (Bei genauerem Hinsehen stellte sich heraus, dass es sich um kahlköpfige Puppen handelte, denen mindestens ein Arm oder Bein fehlte.) Die Frau briet auf einem Gaskocher, der in der Mitte des Raums auf dem Boden stand, Schnitzel in einer wackeligen Pfanne und wandte sich nur kurz um, als die zwei aufgeregten Gestalten hereinplatzten.

»Ach, du bist zurück ... Und? Wie war der Streik?«, fragte sie (wobei ihr boshafter Unterton ihre Unschuldsmiene konterkarierte) und wendete ein rohes Schnitzel mehrmals in Ei und Semmelbröseln. »Seid ihr fertig damit? Haben sie euch gegeben, was ihr verlangt habt?«

»Halt's Maul, Pipota, schau lieber nach, ob uns wer gefolgt ist«, wies Tuerto sie an und knöpfte sich den Overall auf. Sie ignorierte ihn geflissentlich und wandte sich wieder den brutzelnden Schnitzeln zu. »Hey, Ernesto, worauf wartest du?«, rief Tuerto, und erst da reagierte Marroné und zuckte zusammen. Tuerto trug nur noch seine Unterhose, von der man unter seinem haarigen Männerbauch ein Stück Rot hervorblitzen sah, und war im Begriff, seine Stiefel aus dem Overall zu befreien, der zusammengeknüllt auf dem Boden lag.

»Zieh dich aus! Wenn die Bullen oder die Schläger von der Gewerkschaft hier auftauchen, machen sie Hackfleisch aus dir.«

Marroné gehorchte, so schnell er konnte, doch beim vierten Knopf (er tat sich schwer, weil der getrocknete Gips die Knopflöcher verklebte) fiel ihm ein, dass es da ein kleines Problem gab. Er nahm Tuerto zur Seite und flüsterte ihm ins Ohr:

»Äh, ich hab dunter nichfff an.« Er wies auf die Frau und die zwei Mädchen.

»Was?«, erwiderte Tuerto. »Ich verstehe kein Wort.«

»Ich hab keine Unterhofe an«, versuchte er es noch einmal und zeigte nachdrücklich auf seinen Schritt. Nun fiel ihm auch auf, dass er mit seiner angeschwollenen Zunge und den tauben Lippen nicht richtig reden konnte.

Tuerto sprang hin und her wie beim Sackhüpfen, um in seine engen Jeans zu schlüpfen, über denen er ein Huracán-Fußballtrikot trug.

»Ach so! Keine Sorge, wird nicht der erste Schniedel sein, den die Kleinen zu Gesicht kriegen. Solange du ihn dort lässt, wo ich ihn sehen kann ... Und sie hat sowieso schon den Überblick verloren, was, Pipota?« Tuerto lachte schallend. Er wühlte in der offenen Kommodenschublade und warf Marroné nacheinander einen blauen Lycra-Slip, eine ausgebeulte Trainingshose, ein doppelreihiges, knopfloses

Sakko und ein verwaschenes Shirt zu. »Probier das an, das müsste dir passen. Ich hätte auch was Schöneres; aber wenn du dich zu sehr herausputzt, merken sie gleich, dass du nicht von hier bist. Na gut, geh halt ins Schlafzimmer, wenn es dir peinlich ist.«

Das Zimmer lag hinter einer mit Reißnägeln an den Türrahmen gehefteten Wolldecke verborgen und war vollgestellt. Ein hohes Ehebett samt Bettdecke der Marke Suplesa, ein dreitüriger Schrank, an dessen Ecken das Furnier abstand, ein Nachttisch, auf dem sich statt einer Leuchte ein Kerzenhalter befand, sowie eine kleine Pritsche, auf der ein verhutzelter Alter so müde und bewegungslos schlief, dass er auch hätte tot sein können, füllten den Raum komplett aus. Durch den Vorhang hörte Marroné die Unterhaltung mit, während ihm das Ausziehen einiges abverlangte, da der Overall so steif wie ein Gipsverband war. Er fühlte sich eher wie ein schlüpfendes Küken als wie ein Mann, der nur seine Hose ablegen möchte.

»Du stehst also wieder ohne Job da!«

»Aber diesmal bin ich nicht gefeuert worden, Pipota. Diesmal war der Streik schuld!«

»Und wie lange hast du durchgehalten? Zwanzig Tage? Was habe ich dir gesagt? Dass es keinen Monat dauert.«

»Ach, komm … Die haben uns fertiggemacht. Weißt du, wie viele Genossen ins Gras gebissen haben? Für mich war es auch arschknapp.«

»Na, mach dir keine Sorgen! Wir halten uns schon mit den Schnitzelbrötchen über Wasser. Da mach ich doch gleich noch welche, jetzt, wo du wieder da bist und mir den Korb schleppen kannst. Und was hast du da für einen Vogel mitgebracht? Soll ich den etwa auch noch durchfüttern?«

Da begann Tuerto zu flüstern, und was er sagte, schien seine Frau zu beeindrucken, denn ab diesem Augenblick flüsterte sie ebenfalls. Marroné fiel auf, wie sehr es ihn schäbigerweise erleichterte, seine Gastgeber so reden zu hören. Während des gesamten Streiks waren ihm nur Proletarierfrauen über den Weg gelaufen, die opferbereit waren, mit anpackten, tapfer alles ertrugen, die ihre couragierten Männer schätzten, sie nach Kräften unterstützten und ihnen den Rücken stärkten und sich dabei niemals beklagten. Natürlich hatte er nur die Frauen gesehen, die zur Fabrik kamen. Wie er jetzt bemerkte, gab es aber auch andere, nur blieben die eben zu Hause und brieten da, unter Verwünschungen, ihre vergifteten Schnitzel.

Vorsichtig, weil sich sein ganzer Körper so zerbrechlich anfühlte wie ein Arm oder Bein, von dem man gerade erst den Gips abgenommen hatte, setzte er sich aufs Bett, um sich dort fertig umzuziehen. Es war so hoch (unter jedem Bettpfosten lagen noch drei Ziegelsteine), dass er mit den Beinen nicht auf den Boden kam. Und dann döste er offenbar ein, denn als Nächstes erwachte er von einem leichten Klaps auf die Wange.

»Ernesto … Ernesto … Da ist wer, der dich sprechen will«, hörte er Tuertos Stimme.

Die Männer, die gekommen waren, waren zu dritt. Der eine war wohl zwischen vierzig und fünfundvierzig, ein hochgewachsener Kerl mit dunklem Teint, zusammengewachsenen Augenbrauen und tief liegenden Augen. Er trug eine Schlaghose, aus der nur die Spitzen seiner Slipper herausschauten, sowie ein kurzärmeliges Safarihemd und rauchte überlange Zigaretten, von denen er eine um die andere aus den vielen Taschen mit Schnallenverschlüssen

hervorkramte. Sekundiert wurde er von einem hochauf-
geschossenen Kerl mit langen Haaren und Schnurrbart
in einem eng anliegenden, fleischfarbenen Rolli, der am
Arm und um die Stirn Schweißbänder trug, als käme
er soeben vom Tennis; dann war da noch ein junger
Mann von bestenfalls zwanzig Jahren in einem in allen
Brauntönen schimmernden Cordsamtjackett, dessen blü-
tenweiße Hosen messerscharfe Bügelfalten hatten. Seine
wilde Lockenmähne hatte unter Einsatz von Kamm und
Haarspray die geschwungene Form eines Wellblechdachs
angenommen. Mit ausgesuchter Höflichkeit schüttelten
die drei ihm die Hand und stellten sich als Herr Gareca,
Malito und Bebe vor. Tuerto hatte ihnen Stühle geholt
und nahm selbst auf einer Obstkiste Platz. Nun kre-
denzte er ihnen lauwarmen Weißwein aus einer Flasche
ohne Etikett und schickte die Kinder ins andere Zimmer
spielen. Pipota war weiterhin mit ihren Schnitzeln zu-
gange, weshalb das bisschen Luft im Raum durch dichte
Schwaden von Kerosin und verbranntem Öl verpestet
wurde.

Herr Gareca äußerte sich eingangs dankbar über die
Arbeit im Viertel, erwähnte dabei besonders die Verteilung
von Apfelwein und gezuckertem Brot zu Weihnachten
und erklärte, man wolle sich gern erkenntlich zeigen,
»eine Hand wäscht die andere«, auch wenn man kaum die
Mittel dazu habe. Ein paar Dinge stünden jedoch außer
Frage: Ihr gemeinsames Ziel sei, die Leute aus der Armut
zu holen. (Pipota, die unter verächtlichem Schnauben und
mit grimmiger Miene auch die bisherigen Aussagen kom-
mentiert hatte, sagte an dieser Stelle wie zu sich selbst,
doch deutlich vernehmbar: »Aber nur, solange sie selber

die Armen sind!«, woraufhin sie ihr Mann mit seinem trüben Auge, das je nach Gemütslage wie ein Stimmungsring die Farbe zu wechseln schien, bitterböse anfunkelte.) Und dann seien da ja auch ihr gemeinsamer Feind, redete Herr Gareca unbeeindruckt weiter, und ihre Zugehörigkeit zu den Peronisten. Malito flüsterte Herrn Gareca etwas ins Ohr, der ein verärgertes »Jetzt nicht, warte doch!« hervorstieß. Bisher, fuhr er dann fort, sei man doch gut miteinander ausgekommen (»Einer für alle und alle für einen«), habe einander ausgeholfen und kleine Reibereien oder Missverständnisse stets mit gutem Willen ausgeräumt (»und mit gegenseitigem Respekt«). Er drückte sich vorsichtig aus, wog jedes Wort sorgfältig ab und ließ seine umständlichen Sätze oft mit »Ist klar, oder?« enden, was ihm Marroné durch heftige nonverbale Signale bestätigte, obwohl ihm das Ganze immer weniger klar war. Dann unterbrach sich Herr Gareca mit zufriedener Miene, zündete sich eine neue Zigarette an und gab ein vielversprechendes »Worauf ich hinauswill, ist Folgendes … « von sich, nur um sich dann wieder in Worthülsen zu versteigen, ohne je zum Punkt zu kommen. Vieles habe sich verändert, man könne sich nicht mehr nur um seinen eigenen Kram kümmern, jetzt gelte es, mit vereinten Kräften etwas Größeres anzupacken. »Er will mit der Firma ins Geschäft kommen«, dachte Marroné, der sich einen Reim auf das alles zu machen versuchte. Seit Herrn Tamerláns Entführung hatten sie massenhaft Lebensmittel in den Slums verteilt. Er war als Einkaufsleiter selbst dafür zuständig gewesen, den Billigfraß zu besorgen, und konnte sich gut vorstellen, dass von dem Apfelwein und dem gezuckerten Brot auch hier etwas gelandet war; seltsam nur, dass es hier offenbar eine Firma gab, die mit ihnen Geschäfte zu machen versuchte, und dass ein Bursche wie dieser Gareca der CEO oder Eigentümer sein sollte. Es sei denn, die Firma verwertete den Abfall und planierte anschließend die Deponie, das ergäbe Sinn: So erwarben sie den Grund für einen Spottpreis, rissen die Elendshütten einfach ab, und der Wert vervielfachte sich. Herr Tamerlán hatte ähnliche Investitionen getätigt. »Also: Wir haben die Leute, wir haben die Kontrolle über das Gebiet und wir haben die nötige Erfahrung. Um Sie nicht mit Details zu langweilen, sei nur so viel gesagt: Zwei Fabriken, eine Poliklinik und ein Holzplatz gehören uns.« Ach, es handelte sich also um eine Baufirma, und der Mann schlug einen Merger vor oder gleich die Übernahme seiner Firma. Dann stimmte wohl, was überall gemunkelt wurde: Die Elendsviertel waren mehr als ein Abladeplatz für Menschenmüll, dunkle Flecken auf der Landkarte, an denen sich das Brackwasser der nimmermüden Großstadt sammelte. Sie waren Staaten in Miniatur, die unterentwickelte Entsprechung europäischer Fürstentümer, prosperierende Gebilde jenseits der erstickenden Reglementierung, die in großen Nationen die Wirtschaftstätigkeit behindert. Angeblich bildeten die Elendsviertel einen gigantischen Schwarzmarkt, einen Archipel aus Freihandelszonen, ähnlich den Steuerparadiesen der Karibik, nur eben inmitten eines Asphaltmeers. Hier bekam man alles, hier wurden auch Waren gehandelt, die man sonst nirgends mehr kriegte, weshalb er bei nächster Gelegenheit nach Wegwerfwindeln fragen wollte. In einem solchen inoffiziellen Gewerbegebiet fand man Textilfirmen, Möbelfabriken, Betriebe, in denen von Flaschensammlern angekarrte Markengläser mit irgendwelchen Scheußlichkeiten gefüllt wurden, Schlachthöfe für verseuchtes Vieh und Reisebüros, die illegal Eingewanderten ihren Heimaturlaub organisierten. Er hatte davon schon gehört, die Geschichten aber für erfunden oder übertrieben gehalten. Nun sah er es mit eigenen Augen: Ein hiesiger Unternehmer, der keinerlei Kontrollen unterworfen war und keine Steuern bezahlen musste, was ihm eine sensationelle Kostenstruktur und hohe Gewinne bescherte, sah sich auf Augenhöhe mit einem Branchenriesen.

»Die Apotheke nicht zu vergessen«, sagte der junge Mann im Cordsamtjackett zu Herrn Gareca, der die Information sogleich seiner mündlichen Bewerbung hinzufügte. Tuerto schenkte fleißig Wein nach und seine Frau briet weiterhin ihre Schnitzel, und sooft sie eines auf den höher werdenden Stapel klatschte, murmelte sie etwas wie: »Na super. Wenn sich die Linken mit den Ausnützern zusammentun, sind wir bedient ...«

Irgendwann warf Marroné ein: »Eigendlich ein inderefanter Vorflag«, woraufhin die Atmosphäre sich merklich entspannte. Die drei sahen sich an, ihre Mundwinkel zeigten nach oben und Tuerto rief: »Hab ich's nicht gesagt?« Herr Gareca steckte sich die erste Zigarette einer neuen Packung an (er schien in jeder Tasche eine zu haben, und Taschen hatte er sogar auf den Hemdsärmeln). Dann kam er paffend auf die Details zu sprechen. »Wir können euch hier aufnehmen und ihr könnt euch ungehindert im Viertel bewegen. Wir haben auch Kontakte in andere Viertel. Und wir können Männer bereitstellen, wenigstens fünfzig. Wir können doch auf dich zählen, Tuerto?« Tuerto nickte und Pipota ätzte: »Aber klar doch. Und auch darauf, dass er als

Erster türmt, wenn's brenzlig wird.« Die drei Männer beachteten sie nicht, sondern sahen ihren Ehemann an, als forderten sie ein Machtwort von ihm. Der ahnte wohl, dass er es sonst mit etwas Spitzerem zu tun bekäme als der Zunge seiner Frau, und war mit einem Satz bei ihr, diesmal ohne ein Wort.

»Was ist denn? Was schaust du mich so an?«, motzte Pipota in fast unverändertem Tonfall. Immer noch schweigend packte Tuerto ihre von Ei triefende rechte Hand und drückte sie in die Semmelbrösel. Erst als er ihr das Handgelenk umdrehte und auch die andere Seite panierte, ging Pipota ein Licht auf – doch zu spät, sie konnte nicht mehr verhindern, dass seine Mechanikerpranke ihr die Hand ins spritzende Fett drückte. Ganz kurz, sodass sie nicht durchgebraten, sondern nur leicht angeschwitzt wurde, und zwar eher die Semmelbrösel und das Ei als das Fleisch. Aber es war trotzdem ziemlich eindrucksvoll: Pipota brüllte, dass man es mit der Angst bekam, und als ihr Mann sie losließ, wobei der Gaskocher umkippte und das Öl verschüttet wurde, rannte sie aus dem Haus. Die Miene Herrn Garecas und der andern beiden drückte Anerkennung aus und Malito klopfte Tuerto sogar auf die Schulter, während dieser die Sachen vom Boden auflas. Herr Gareca machte mit seiner Firmenpräsentation weiter, wo sie stehen geblieben waren: »Wir haben den Willen, wir haben den Biss und wir haben die Leute. Uns fehlt lediglich das Drumherum, verstehen Sie? Die Ausrüstung.«

Er überreichte Marroné ein zusammengefaltetes, kariertes Blatt Papier aus einem Spiralblock, auf dem mit der Schreibmaschine getippt stand:

10 Pistolen Ballester-Molina, 11,25 mm; je 20 Magazine
10 Pistolen Browning, 9 mm; Magazine wie oben
10 Gewehre Ithaca; Munition
5 Maschinenpistolen Halcón; 10 Magazine
5 Maschinenpistolen P. A. M.; Magazine wie oben
20 Sturmgewehre FAL; 10 Magazine für jedes
3 Leichtmaschinengewehre UZI-PA3; 1000 Schuss
1 schweres Maschinengewehr M. A. G.; 2000 Schuss
500 kg Sprengstoff; 20 elektrische Zünder
50 Granaten, beliebiger Typ
1 Flugabwehrkanone (Modell noch offen)
20 Antipersonenminen
10 Panzerabwehrminen
1 Bazooka

Marronés Augen wurden beim Lesen immer größer, während Herr Gareca sich zu Erklärungen bemüßigt fühlte. »Wie ich das sehe, sind wir jetzt so weit: Statt isolierter Einzelaktionen können wir in großem Maßstab zuschlagen, und zwar lieber koordiniert und an mehreren Fronten gleichzeitig. Was haben wir davon, uns mit einzelnen Bullen anzulegen? Übernehmen wir lieber eine Polizeistation, schnappen uns deren Waffen und jagen alles in die Luft. Lassen wir die kleinen Lebensmittel- und Gemischtwarenhändler in Ruhe, die sind doch unsere Brüder. Wir sollten sie dort treffen, wo es denen wirklich wehtut: große Supermärkte, Banken, große Firmen … Nicht um zu stehlen, sondern um uns zurückzuholen, was man uns genommen hat; das sagt ihr doch auch immer.

Was ist ein Einbruch in eine Bank gegen die Gründung einer Bank?« Seine Zunge schien sich zu lockern und er fühlte sich augenscheinlich wohler. »Genau deshalb wollen wir uns dem bewaffneten Kampf anschließen. Aber ihr müsst uns ein paar gute Ausbilder schicken, wir können ja nicht einfach jedem Trottel eine Waffe in die Hand drücken.« Malito hatte Herrn Gareca zwischendurch immer wieder etwas ins Ohr geflüstert, bis der entnervt auf seinen Wunsch einging.

»Der Genosse Malito lässt fragen, ob die Sonderaktion zur Exekution von Polizisten noch läuft? Er würde gern teilnehmen und zwei hätte er gerne angerechnet: einen von der Poliklinik und einen von dem Überfall auf den gepanzerten Lastwagen im September.«

Marroné blickte von der Liste auf, die ihm in den Händen zitterte, und sah Malito sein schönstes Lächeln präsentieren, ganz so, als ob er unbedingt ins Team wollte und versuchte, demjenigen zu gefallen, der darüber entschied. Marroné quälte sich ein pfeifendes »Kein Plobem« ab und wandte sich wieder der Liste zu.

»Wofu braucht ihr die Bafuka und die Minen?«, fragte er. Als Einkaufsleiter hielt er Bestellungen grundsätzlich für zu umfangreich, eine Berufskrankheit.

Herr Gareca, Malito und Bebe sahen sich verwundert und etwas verunsichert an. »Na, wir müssen doch unser Viertel verteidigen, wenn die mit ihren Panzern anrücken. Wir haben gedacht … also, wenn ihr nichts dagegen habt … wir würden hier eine befreite Zone ausrufen. Nach und nach, wenn sich andere arme Viertel anschließen, schaffen wir dann einen Gürtel, der die Hauptstadt vom Nachschub abschneidet.«

»Und die Flugabwehrkanone?«, hakte Marroné nach. »Findet ihr die nicht ein biffchen überdieben?«

Wieder verständigten die drei sich mit Blicken und jetzt klang Herrn Garecas Stimme vorwurfsvoll:

»Genosse, wenn ihr über die Stränge schlagt, müssen wir es ausbaden. Erst vor zwei Tagen haben sie das Iapi-Viertel und die Gegend um die 25 de Mayo dem Erdboden gleichgemacht, mit Jagdbombern und Kampfhubschraubern. Darum geht's, Genosse. Tut, was ihr nicht lassen könnt –, aber lasst uns dann nicht im Regen stehen!«

Die übrige Unterhaltung verlief entspannt und ziemlich vorhersehbar: Marroné, der fast im Sitzen einschlief und dem immer wieder der Kopf nach unten kippte, ging den Rest der Einkaufsliste durch, stellte überflüssige Fragen und äußerte dann und wann einen Einwand, damit alles so echt wie möglich wirkte. Irgendwann kam Pipota zurück, die Hand mit Lumpen bandagiert, und verzog sich ins Schlafzimmer, wo die beiden Mädchen schliefen. Dann setzte über ihren Köpfen ein merkwürdig anhaltender Trommelwirbel ein und Herr Gareca bemerkte mit einem Blick Richtung Blechdach, der Regen sei gar nicht schlecht; bei der geringen Sichtweite, den schlammigen Wegen und Überschwemmungen wage sich die Polizei nicht so leicht ins Viertel. Er hatte noch nicht ausgeredet, als Hundegebell, laute Rufe, Schüsse und blendendes Scheinwerferlicht, das durch die Ritzen der Wände hereindrang und ein weißes Tigermuster über die vor Schreck starren Anwesenden warf, eine Razzia ankündigten.

Die drei Besucher zückten ihre Waffen und schubsten Marroné übers Bett, in dem Pipota sich kreischend die Decke bis zum Kinn hochzog, während die beiden Mädchen sich weinend an sie klammerten. Dann traten die Männer eine Bretterwand ein und schlüpften auf den schmalen Weg hinaus, der sich zwischen den Elendsbehausungen hindurchschlängelte. Binnen Sekunden war Marroné nass bis auf die Knochen und ließ sich, halb blind von dem in Bächen von den Wellblechdächern herunterströmenden Wasser, die Wege entlangzerren, die alle gleich aussahen. Sie rannten kreuz und quer, schlugen Haken und warfen sich in den Dreck, sooft Scheinwerferlicht und Mündungsfeuer vor ihnen auftauchten (Malito – schon allein wegen des Gewichts konnte nur er es sein – legte sich dabei jedes Mal schützend auf ihn). Sie hetzten durch schmale Durchgänge, in die kein Licht fiel und die unter ihren Schritten wegbrachen, bergauf war es so glitschig, dass man kaum vom Fleck kam, und bergab so rutschig, dass man ungebremst im nächsten Wasserloch landete. Die ganze Zeit wies Herr Gareca ihnen den Weg, gab Bebe ihnen Feuerschutz und zog Malito Marroné wie einen Papierdrachen hinter sich her; und dann war über ihnen plötzlich freier Himmel und sie kamen vor einem Abgrund zu stehen. Gareca packte ihn am Arm und schrie ihm über den Regen, das Hundegebell und die Schüsse hinweg ins Ohr: »Verstecken Sie sich, wir lenken sie ab!« Er versetzte ihm einen kräftigen Schubs, sodass Marroné sich überschlagend den Abhang hinunterrollte. Zwischendurch hüpfte er dabei wie ein Gummiball in die Luft, wenn er auf aufgequollene Plastiktüten, harte Gegenstände oder scharfe Kanten prallte. Als er schließlich den Fuß des Hügels erreicht hatte, erbarmte sich ein Blitz seiner, und er erkannte in dem grellen Licht die Wölbung eines Fasses ohne Boden, das auf der Seite lag und in dem er sich bibbernd zusammenkauerte. Bald kam er darauf, das Fass hin- und herzuschaukeln, bis es aufrecht zu stehen kam. Da fühlte er sich weniger ungeschützt und der

Rücken tat ihm nicht so weh. Die kreisrunde Öffnung oben diente ihm zugleich als Atem- und Guckloch, und wäre ihm nicht der Regen so aufs Gesicht geprasselt, hätte er die ganze Nacht ein Stückchen Himmel rot flackern sehen. Stattdessen rutschte er, wie schmelzendes Speiseeis in einer Waffel, langsam nach unten und verharrte dort, die Beine an die Brust gezogen, bis er einige Stunden später erwachte und beim Blick nach oben helles Morgenlicht durch das kreisrunde Loch dringen sah.

Nun lief er schon seit einer Weile durch die engen Gassen zwischen geduckten und windschiefen Elendsbehausungen hindurch, während ihm das Wasser bis zu den Knien reichte, er bei jedem Schritt knöcheltief in weichem Schlick versank und in seiner nassen Kleidung vor Kälte schlotterte; aber noch war ihm keine Menschenseele begegnet. Vor einem Ziegelhaus fasste er sich ein Herz, klatschte laut in die Hände und rief einen Gruß, wie es draußen auf dem Land üblich war. Niemand kam heraus, auch nicht, als er mit der flachen Hand an die Blechtür schlug und »He, aufmachen!« schrie. Dafür schaute ein kleiner Junge in einer kurzen Hose von undefinierbarer Farbe aus der höhlenartigen Behausung daneben. Sein T-Shirt war so kurz, dass sein aufgetriebener Bauch hervorlugte wie bei einer Schwangeren, und sein weizenblondes Haar ging wohl eher auf Mangelernährung als auf seine Vorfahren zurück. Die Füße des Jungen steckten in Regenstiefeln, die ihm so viel zu groß waren, dass ihr Rand ihm in die Leisten drückte, und die dennoch kaum aus dem Wasser herausschauten.

»Iff die Mama da, Kleiner?«, fragte Marroné und erschrak selbst beim Klang seiner Stimme: wie ein Frosch, der durch den Regen quakte.

Der Junge schüttelte den Kopf und musterte ihn misstrauisch. Marroné scheuchte die Fliegen weg, die sich hartnäckig auf seine Wimpern und Lippen setzen wollten, und versuchte es noch einmal:

»Niemand fu Haufe?«

Als hätte er zufällig das Zauberwort gesprochen, schwappte Wasser aus dem Eingang der Höhle, verdrängt von einer zahnlosen alten Indiofrau in einem Pepsi-T-Shirt und viel zu großen Männerjeans, die sich an den Grotteneingang heranschob. Der Frau genügte ein Blick auf ihn.

»Hau ab, du Faulpelz! Geh woanders betteln!«, schrie sie, packte den Jungen am Arm und verschwand in ihrem grottenartigen Wasserschloss.

Dafür zischte jemand ein Stück weiter vorne aus einer Art bunten Arche, die wie im Dreck gestrandet wirkte:

»Pssst, junger Mann!«

Eine Bolivianerin mit traditionellem schwarzem Hut und Zöpfen winkte ihm aus einer Luke der Arche.

»Versteck dich, Junge! Die durchsuchen hier immer noch alles!«

»Entfuldigen Fie«, sagte er etwas schwer von Begriff. »Ich fuche daf Hauf von Tueto. Kennen Fie Tueto?«

Die Bolivianerin schüttelte so heftig den Kopf, dass ihre Zöpfe flogen.

»Biboda?«

Wieder kein Glück.

»Herrn Gareca? Malido? Bebe?«

Da nickte sie plötzlich so energisch, dass ihr Hut verrutschte, und zeigte Marroné beim Lächeln einen goldenen Schneidezahn, um den er sie eine bittere Sekunde lang beneidete.

292

»Wo find fie?«

Die Indiofrau zeigte nach oben und freudig hob Marroné den Blick, als ob die drei wirklich am wolkenverhangenen Himmel schweben könnten. Als ihm der wahre Sinn dämmerte, revoltierte sein Magen, und er brachte die nächste Frage fast nicht heraus:

»Waf if paffiert?«

Die Bolivianerin hielt die Hand hoch und tat, als würde sie eine Waffe abdrücken.

»Alle dei?«

»Herr Gareca war noch nicht ganz hinüber. Der hat noch versucht wegzukommen«, und sie imitierte eine Meerjungfrau, die über die Wellen tanzt. »Bebe, er ist der Neffe meines Mannes, ist mausetot, hat man mir gesagt. Die drei wollten einen wichtigen Mann beschützen, einen von der Guerilla, einen Anführer. Jetzt sind sie weg.«

Wie ein Lamm, das man zur Schlachtbank führt, bedankte sich Marroné bei ihr für den Todesstoß und suchte schleunigst das Weite, in einem Zickzackkurs durch die Strömung watend, die Treibholz vorbeitrug, ersoffene Ratten, kleine Inseln aus Exkrementen und sogar eine männliche Leiche, die mit dem Gesicht nach unten auf dem Wasser trieb. Er musste schnellstens aus diesem nassen Labyrinth herausfinden, diesem Venedig der Pappkartons und des Blechs. »Ich bin nicht von hier, das ist nicht meine Heimat, das ist ein schreckliches Versehen, holt mich hier raus«, flehte er sämtliche imaginären Fürsprecher an. Wie im Märchen war hier ein kleiner Junge aus seiner Wiege entführt worden, Zauberkräfte hatten ihn durch die Luft getragen, er war in einer fremden, monströsen Welt gelandet, einer Welt, die bis ins Detail das Gegenteil von allem verkörperte, was ihm lieb und teuer war, in der es keine Schönheit und kein Licht gab. Und nun musste er, auf sich allein gestellt, daraus entkommen, um nicht zu ertrinken und als Leiche, mit dem Kopf nach unten, hinter jenem anderen Mann herzuschwimmen und am Fuß des Hügels mit dem übrigen Abfall auf einem Haufen zu landen. Marronés Angst, an einem Ort wie diesem zu sterben, im Müll, im Schlamm, war noch größer als seine generelle Angst vor dem Tod. Er wünschte sich auf die goldenen Rugbyfelder seiner Jugendzeit zurück, sehnte sich danach, die Sonne auf seinem Gesicht zu fühlen und den Duft zertretener Kleeblätter einzusaugen. Wenn schon, dann sollte sein Blut auf ein schmuckes Dodds-Trikot vergossen werden, sauberes Rot auf gelbem Stoff, ein prächtiger Sonnenuntergang, und nicht von dreckigen Lumpen aufgesaugt werden oder in einem Abwasserstrudel versinken. Wenn er sich doch nur eine Minute hinsetzen und durchatmen könnte, vor Regen geschützt die Füße aus dem Wasser ziehen, wieder ein einigermaßen menschliches Aussehen erlangen. Vielleicht käme ihm dann eine rettende Idee.

Ein rostiges Werbeschild für Mirinda-Orangenlimonade, an eine Bretterwand genagelt, eine blaue Plastikplane, auf zwei Stöcke gespießt und unter ihrer Wasserlast zum Baldachin gebogen, und eine Holzbank – festgebunden, damit sie die Strömung nicht forttrug –, das alles geriet in sein Blickfeld, als er sich einem der größeren Kanäle näherte, ein Zeichen, dass sein Flehen nun endlich erhört wurde. Müde drehte er die im Wasser treibende Bank um, stellte sie wieder auf ihre Füße und setzte sich. Nun befand sich auch sein Hintern unter der Wasseroberfläche. Als er sein Gleichgewicht wiedergefunden hatte, entdeckte er ein

Gesicht mit schmalen Augen, einen Mann, der ihn aus einem vergitterten Fensterloch ohne Scheibe beobachtete.

»Ich hätte gern was zu trinken. Was Starkes«, sagte Marroné und hätte ihm am liebsten die Hände geküsst.

Der Mann verschwand im Halbdunkel seiner Bude und tauchte mit einem Glas farbloser Flüssigkeit wieder auf, das er Marroné jedoch sogleich wegzog, als dieser danach griff. Marroné wühlte in seinen Taschen und förderte aus deren Untiefen einen weißen, steinharten Brocken hervor, der annähernd rechteckig war. Als er ihn mit einiger Mühe an den Gitterstäben des Fensters zerschlug, klappte er auf wie eine Muschel und gab das Geld frei, das die Gipshülle davor bewahrt hatte, im Wasser Schaden zu nehmen. Marroné zog ein weißliches Geldbündel heraus, löste vorsichtig einen der feuchten, klebrigen Scheine, reichte ihn dem Mann und stürzte das Getränk, das er dafür erhielt, in einem Zug hinunter. Es war irgendein billiger Fusel, vielleicht verdünnter Putzalkohol; aber obwohl er in der Kehle brannte und ihm die Tränen in die Augen trieb, konnte er fühlen, wie die Wärme in seine starren Glieder zurückkehrte, das Blut in seine müde Pumpe und die Seele an ihren geschundenen Sitz. Er bestellte gleich noch ein Glas und bezahlte es mit dem Wechselgeld des ersten. Dann fragte er nach etwas zu essen, weil ihm langsam schwindlig wurde, und zwischen den Gitterstäben erschien eine Empanada mit Fleischfüllung, die ihm vorzüglich mundete, obwohl sie kalt und feucht wie Froschlurch war – wahrscheinlich, weil er nicht näher hinsah, sondern einfach hineinbiss. Er bestellte noch zwei davon bei dem Mann, der kein Wort sagte und den er stets vorab bezahlen musste. Nach dem Essen fühlte er sich besser, optimistischer und weniger niedergeschlagen. Er würde warten, bis es dunkel wurde, und dann diesen Ort verlassen; im Schutz der Nacht wäre es leichter, seinen Verfolgern zu entgehen. Marroné fragte den Stummen, wo er sich für ein paar Stunden ausruhen könne. Der winkte ihn zur Rückseite der behelfsmäßigen Bar und durch die Hintertür, wo er einen weiteren Schein kassierte, und überließ Marroné das erhöhte Bett, das dort zu treiben schien wie ein Ruderboot auf dem Wasser (deshalb also hatten hier alle Leute Ziegelsteintürmchen unter ihren Bettpfosten). Binnen Minuten lag er entkleidet unter der trockenen Wolldecke und war fest eingeschlafen. Im Traum gewann er mit seiner Mannschaft die Liga, und als der gegnerische Kapitän, dessen flammend rotes Haar in der Abendsonne leuchtete, fröhlich kam, um ihm zu gratulieren, erwachte er mit tränennassem Gesicht, geweckt von lauten Schluchzgeräuschen.

Die Tränen waren seine, aber das Schluchzen kam aus einem anderen Raum oder sogar aus einer anderen Behausung. (Wie bei den Revieren von Hunden war hier mit den Augen nicht zu erkennen, wo ein Bereich endete und der andere begann.) Marroné zog sich die noch feuchten Kleider an und stellte erfreut fest, dass sich das Wasser zurückgezogen hatte und nur Schlammsedimente zurückgeblieben waren, der Grund eines Sees, in den seine Hanfschuhe quatschend einsanken, während er sich zuerst im Haus und dann draußen nach der Quelle des Schluchzens umsah. In der Richtung, aus der es zu kommen schien, erspähte er hinter einem Fenster einen Lichtschein. Der Wind war kühl und zwischen bleigrauen Wolken funkelten einzelne Sterne am Himmel über der Stadt. Marroné stieß eine Holztür auf, die den Türrahmen nicht ausfüllte, und sah eine behelfsmäßige

Krippe vor sich, in einer Pappschachtel, mit Lumpen statt Betttüchern, nur schwach vom Licht einer Kerze erleuchtet, und daneben einen Strauß Blumen – bescheidene Margeriten und Jelängerjelieber – und ein Eva-Bildchen. Da kreuzten ihre Wege sich also wieder, da umkreiste er sie wie eine Motte das Licht, geblendet von ihr, und wenn er sich losreißen wollte, brachte ihn das ihr nur näher. »Was verlangst du von mir?«, fragte er zaghaft. »Was soll ich tun? Wieso hast du mich hierhergeführt?« Er ergriff die Kerze, die auf dem Deckel einer Farbdose klebte, und hielt sie nah ans Gesicht des kleinen Wesens: ein Junge, nur Tage oder Wochen alt, die schmalen Augen halb geschlossen, Mund und Wangen dreckverschmiert, auf dem Kopf ein zerzauster Haarschopf. Wer ließ ein so kleines Kind allein? Was waren das für Leute, wie sehr mussten sie durch Unwissenheit und Armut verroht sein, dass sie ein Baby seinem Schicksal überließen? Da fiel ihm eine andere Erklärung ein und er schlug sich die Hand vor den Mund. Vielleicht waren sie festgenommen worden. Marroné fühlte sich ein wenig schuldig, zumindest nicht unbeteiligt daran. Und ihm fiel wieder ein, dass Herr Gareca (als hätte er so etwas geahnt) ihn gebeten hatte, er möge Verantwortung für seine Taten übernehmen. Ja, das würde er. Marroné hob das Baby hoch und wiegte es im Arm, wie er es immer mit der kleinen Cynthia tat – nur dass Cynthia in einem geflochtenen Stubenwagen mit Volants schlief, mit Bettwäsche aus holländischem Leinen und einer rosaroten Tagesdecke aus Satin. Er spürte, wie sich der warme und zarte Kleine an seine Brust schmiegte, und seine Augen füllten sich mit Tränen; gleich darauf begriff er den Grund dafür: Dieser kleine Junge, das war er selbst, er erkannte in ihm ein Stück seiner eigenen

Vergangenheit. Auch er war wohl so zur Welt gekommen, wäre fast so aufgewachsen wie der Kleine, auch ihm wäre so eine Zukunft bestimmt gewesen, wenn ihn das Schicksal nicht aus der ärmlichen Hütte in einen Palast geführt hätte. Nicht dasselbe Los, korrigierte er sich, der Junge hatte es weitaus schlechter getroffen, denn im vergleichsweise privilegierten Leben Ernesto Marronés (der dann aber nicht Marroné geheißen hätte) wäre eine Eva aus Fleisch und Blut dagewesen, um ihre schützende Hand über ihn zu halten, und nicht nur eine aus Pappe. Vor seinem inneren Auge tauchten Bilder einer alternativen Vergangenheit auf, einer peronistischen Kindheit, ganz von Evas allgegenwärtiger Fürsorge geprägt: erst die hygienische und sichere Geburt in einer brandneuen, nach Evita benannten Poliklinik, die ersten Lebensjahre an der Seite der Mutter (der Vater blieb in seiner Vorstellung zunächst schemenhaft), ein Heim für berufstätige Mütter, wo er auf Satinkissen schlief und in weitläufigen Salons unter prächtigen Kronleuchtern, die mit großen Glastropfen verziert waren, mit anderen Kindern spielte (ein peronistisches Kind war niemals einsam), seine Milch auf Louis-quinze-Stühlen mit heller Brokatpolsterung trank – bis zu jenem »Tag des Wunders«, an dem seine Mutter auf ihren Bittbrief an Evita Antwort erhielt. »Mein kleiner Ernesto, jetzt werden wir Evita treffen«, sagte sie begeistert, hob ihn hoch und drehte sich mit ihm im Kreis. (Ob er wohl schon vor der Adoption Ernesto geheißen hatte? Oder hatten seine Zieheltern ihn auf diesen Namen getauft?) Als dann der wirkliche »Tag des Wunders« gekommen war, der Tag, an dem sie Eva tatsächlich besuchten – der andere, an dem sie die freudige Nachricht erhalten hatten, war nur ein Vorgeschmack gewesen –, zog ihm seine Mutter ein kurzärmeliges Hemd an, dazu eine Krawatte, kurze Hosen und Halbschuhe, kämmte ihn mit Pomade, zog ihm einen akkuraten Scheitel und legte sein pechschwarzes Haar sorgfältig in Wellen. Dann stiegen sie am Mayo-Boulevard in die Straßenbahn und fuhren bis zum imposanten Säuleneingang der Sozialstiftung an der Kreuzung der Colón-Promenade mit der Independencia-Straße. Der kleine Ernesto war damals vier oder fünf Jahre alt. Nein, das ging nicht, fiel ihm beim Nachrechnen auf, denn als er in diesem Alter gewesen war, hatte Eva nicht mehr gelebt. Also drei Jahre, das Alter, in dem sich die Identität entwickelte, entweder die eines Bürgerlichen oder die eines Arbeiters: Der Besuch bei Eva musste seine früheste Erinnerung sein und das Klassenbewusstsein sich tief in ihm einbrennen. Ihre immerzu lächelnden Sekretärinnen und Lakaien in schmucken Livreen wiesen ihnen höflich den Weg. »Sie haben eine Audienz? Hier entlang, bitte!« Sie kamen an einer langen Reihe von Herren in Uniform, Soutane oder Maßanzug und an brillantgeschmückten Damen vorbei und seine Mutter murmelte mit gesenktem Blick: »Die Herrschaften waren, glaube ich, vor uns da.« – »Was, die?«, schnaubte Evas Privatsekretärin verächtlich. »Das sind doch nur Botschafter, Militärs, Unternehmer, Damen der Hautevolee und kirchliche Würdenträger. Die sind jahrzehntelang zuerst gekommen und das Volk musste warten. Jetzt sollen sie sich einmal gedulden. Bei Eva brauchen die Letzten nicht aufs Himmelreich zu warten, um die Ersten zu sein.« Damit stieß sie die mächtige Flügeltür zu Evas Büro auf.

Eva saß hinter ihrem Schreibtisch, die Beine untergeschlagen, in einem wie angegossen sitzenden Schneiderkostüm mit Samtaufschlägen, das Haar straff zu einem Knoten gefasst, der wie ineinander verschränkte Finger geflochten war. Ein besonderer Glanz umspielte sie: Von Augen, Stirn, Mund und Ohren ging ein Leuchten aus, das sie wie ein Heiligenschein umgab. Ernestos Mutter wollte sich hinknien, um ihr die Hände zu küssen, und stupste ihn an, es ihr gleichzutun. Aber Eva hielt sie davon ab, kam hinter dem Schreibtisch hervor und küsste seine Mutter auf beide Wangen. »Du bist Eulalia, nicht?«, fragte Eva, ohne irgendwo nachsehen zu müssen. (Eulalia? Wie kam er bloß auf diesen Namen?) »Ich habe dich ein paarmal im Heim für berufstätige Mütter gesehen. Du bittest also um ein eigenes Zuhause. Warum? Gefällt es dir nicht dort, wo du wohnst? Wirst du etwa nicht gut behandelt? Vermisst du irgendetwas?« Seine Mutter versuchte sich stotternd zu erklären: Der Vater des Jungen arbeite bei der Zuckerrohrernte in Tucumán und sein Lohn reiche für Besuche nicht aus; wenn er einen Platz hätte, wo er schlafen könnte, vielleicht käme er … Eva Perón hörte aufmerksam zu und nickte lächelnd, dann wandte sie den Kopf abrupt ihrem Hofstaat aus Ministern und Gewerkschaftsbossen zu, den Marroné der Szene erst jetzt, da ihm ihre Anwesenheit notwendig erschien, hinzufügte, und sagte beschwörend: »Ein Haus, Möbel, Kücheneinrichtung, einen Eisschrank und für den Ehemann eine Arbeit in Buenos Aires. Ihr seid doch verheiratet?«, warf sie ein, und Ernestos Mutter senkte beschämt den Kopf und verneinte. »Dann auch noch eine Aussteuer.« Und einen Tag später bewohnten sie in Ciudad Evita, dem peronistischen Modellviertel von Buenos Aires, einen schmucken, kleinen Bungalow mit eigenem Vorgarten, zwei möblierten Schlafzimmern und einem Eisschrank im Esszimmer, aber keinem neumodischen mit scharfen

Ecken und Kanten, sondern einem kurvigen Siam, der wie eine Mutterbrust schier vor Nahrung überquoll und auf dem ein kleiner Altar mit Bildern von Oberst Perón und Eva aufgebaut war. Bald darauf die Hochzeit seiner Eltern: Sie ganz in Weiß, er zum ersten Mal in seinem Leben in einem dunklen Anzug, etwas verlegen, aber glücklich seine Schnurrbartenden zwirbelnd, eine proletarische Massenhochzeit, der Eva persönlich beiwohnte, als Trauzeugin für alle, und seine Eltern hielten sich lächelnd an den Händen, in einer langen Reihe anderer Paare, die allesamt wie in Reih und Glied aufgestellte Tortenfiguren aussahen. Und dann das glückliche Großwerden in dem einfachen, aber sauberen und gemütlichen Haus, die Spiele mit den anderen Kindern seiner Schicht im öffentlichen Park (niemals allein oder nur mit Fernsehapparat oder Haushälterin zur Gesellschaft, denn anders als in der düsteren Wohnung in Belgrano gab es hier keine elendslangweiligen Sonntagnachmittage, keine hellhäutigen Kinder, die ihm an der St. Andrew's »Du bist nicht *marron*, sondern kackbraun!« nachriefen). Und noch etwas: Im Unterricht lasen die Lehrer ihnen aus *Der Sinn meines Lebens* vor, ohne dabei spöttisch das Gesicht zu verziehen, und er durfte die Kinderstadt mit ihren Häuschen, kleinen Läden, Kirchen und Schwimmbädern im verkleinerten Maßstab besuchen, die Republik der Kinder, die Walt Disney zu seinem Disneyland inspirierte; die Jugendfußballmeisterschaft, bei der, wie immer, Evita den Ankick vornahm und am Ende die Medaillen überreichte (und für den kleinen Ernesto, der für seine Mannschaft das Siegestor geschossen hatte – er spielte in diesem Leben den Nationalsport Fußball und nicht das ausländische Rugby –, blieb die Goldmedaille aus ihren

Händen, in die ihr Profil eingraviert war, stets seine wichtigste Trophäe); die peronistische Weihnacht: Spielzeug von der Stiftung unter dem Weihnachtsbaum und auf dem Tisch mit dem karierten Wachstischtuch der obligatorische Apfelwein und das gezuckerte Brot; die staatlich organisierten Kinderferien, zuerst die Fahrt in einem Zug, in dem es nur Abteile erster Klasse gab, dann der Aufenthalt in einem der acht Hotelkomplexe, die von den Klippen Chapadmalals aus über das Glück des einfachen Volkes an den Stränden wachten, immer zusammen mit anderen Kindern, die, so wie er, dank Evita zum ersten Mal das Meer sahen. Ja, so wäre seine Kindheit verlaufen, wenn ihn die zwei Oligarchen in fortgeschrittenem Alter nicht darum gebracht hätten, wenn sie ihn nicht seiner Mutter entrissen hätten, weil sie (ob nun aus Egoismus oder Trägheit) nicht selbst beizeiten ein Kind bekommen hatten –, nur um ihn dann, wie einen Welpen aus der Tierhandlung, einfach mitzunehmen, als sie es sich später doch in den Kopf setzten. In diesem emotionalen Moment wurde Marroné endlich die Gnade zuteil, das Gesicht seiner richtigen Mutter vor sich zu sehen, nicht das Gesicht der zwar freundlichen, aber stets ein wenig distanzierten Dame, die sich nur von Zeit zu Zeit sehen ließ, um den Hausangestellten Anweisungen zu erteilen, wie er zu baden, zu füttern und anzukleiden sei, sondern das Gesicht der tapferen dunkelhäutigen Frau, die ihn neun Monate unter ihrem Herzen getragen hatte. Bestimmt war sie weite Strecken zu Fuß gelaufen, um in die Stadt zu kommen (irgendwie hatte er die Vorstellung, dass sie vom Land stammten, aus Tucumán, und mit jeder Minute war er sich dessen sicherer), mit einer Hand ihren Bauch stützend und mit der andern darüberstreichelnd, während sie sanft zu ihm sprach. Aber der Traum seiner Mutter zerplatzte: Sie kannte niemanden in der großen Stadt, war schrecklich allein, hatte keine Möglichkeit, ihn zu versorgen. Warum hatte sie sich nicht an Evita gewandt? Die hilfreiche Hand ergriffen, die sich nach ihr ausstreckte? Das war nun nicht mehr festzustellen. Oder vielleicht doch, dachte er bei sich, und die niedergeschlagene Stimmung wich einer neuen Entschlossenheit, denn er fand, es war an der Zeit, endlich Fragen zu stellen: Er würde seine Eltern damit konfrontieren, und wenn sie nicht redeten, gab es immer noch Kataster und öffentliche Dokumente: seine Geburtsurkunde, die Adoptionspapiere. Wenn seine Mutter noch am Leben war, konnte er sie ausfindig machen, zu ihr fahren und sie alles fragen. Obwohl er ihre Gründe nicht kannte, zweifelte er keinen Augenblick an ihr: Er sah sie deutlich vor sich, von Schluchzen geschüttelt, nachdem sie die Papiere unterzeichnet hatte, die ihr jemand in die Hand gedrückt hatte, ohne diese anzusehen geschweige denn durchzulesen (vielleicht konnte sie gar nicht lesen); er sah sie gleich darauf reumütig umkehren, um ihn zurückzuholen, doch der starke Arm einer Oberschwester hielt sie fest, und eine andere, freundlichere und jüngere Schwester begleitete sie hinaus und sagte immer wieder »So ist es besser!«, während Marroné angesichts dieser erfundenen Szene heiße Tränen übers Gesicht strömten. Das Baby war, in Marronés warmen Schoß gekuschelt, eingeschlafen, und er gelobte ergriffen, es nicht dem schrecklichen Schicksal zu überlassen, in einer Welt ohne Evita als Waise aufzuwachsen: Da sie nicht mehr unter ihnen weilte, musste er sich um den Kleinen kümmern. Er wollte ihn zwar nicht an Kindes statt, jedoch als Mündel annehmen, stets auf ihn achtgeben und im Bilde bleiben, Sorge dafür tragen, dass es ihm gut ging und an nichts fehlte. Denn Marroné war soeben klar geworden, dass er trotz seiner bürgerlichen Erziehung tief in seinem Herzen kein Bürgerlicher, sondern ein Peronist der ersten Stunde war. Die Zeit war gekommen, seine amerikanisierte Maske abzulegen und wieder er selbst zu sein. Ihm war nun sonnenklar, warum es ihn an diesen merkwürdigen Ort verschlagen hatte, der ihm am Anfang so schrecklich feindselig und fremd erschienen war, den er nun aber als die verlorene Heimat seiner Kindheit erkannte. Sein Weg hatte ihn nicht zufällig in dieses Viertel, zu diesem Haus geführt, sondern weil er hier etwas zu erledigen hatte. Alles, wirklich alles (dass man Herrn Tamerlán den Finger abgeschnitten hatte, dass er selbst im Zuge der Fabrikbesetzung gefangen genommen worden war und, zum Arbeiterführer aufgestiegen, Seite an Seite mit den Arbeitern die Feinde des einfachen Volkes bekämpft hatte; auch dass so viele gestorben waren, sich vielmehr geopfert hatten, wie er nun erkannte – Paddy, María Eva, Bebe und die andern –, seine Flucht durch Schlamm und Wassermassen, die Tatsache, dass reiche Bezirke wie Olivos neben Elendsvierteln existierten und Männer wie Herr Tamerlán neben linksperonistischen Revolutionären) hatte nur den einen Sinn gehabt, ihn hierherzuführen, damit er sich selbst kennenlernte. Er würde nie erfahren, wie er wirklich war, wenn er sich nicht endlich seine verdrängte dunkle Vergangenheit zu eigen machte, seine Wurzeln, die tief in diesen Müll und Morast hineinführten. Nun erkannte er den tieferen Sinn seiner Mission (und vielleicht seines Lebens): Mehr als alles andere ging es dabei darum, den Geist Evas – den ihre Büsten verkörperten – in die Firma zu tragen. Er war prädestiniert für diese Aufgabe, war dafür auserwählt worden, weil er weder ganz zu der einen noch ganz zu der anderen Welt gehörte. So konnte er, so wie Eva, als Brücke zwischen beiden dienen. Eva in die Firma bringen, dafür sorgen, dass diese sich ihr gegenüber öffnete. So würden sich Kapital und Arbeit die Hand reichen, stünden sich nicht mehr feindselig gegenüber, und der törichte Konflikt, der so viele Opfer forderte, würde beigelegt. In diesem Augenblick (als sei ihr Erscheinen seine Belohnung, ein Unterpfand für die Wahrheit all dessen, was sich ihm offenbart hatte) sah er sie am Fenster vorbeigehen.

Kapitel 8

Die Stiftung

Marroné legte den Säugling so abrupt in die Pappschachtel zurück, dass dieser aufwachte und zu brüllen begann, doch ohne darauf zu achten, rannte er hinaus auf die Straße in die tiefschwarze Nacht, um der Frau zu folgen, die sich als violetter Lichtschein vom Dunkel abhob. Man konnte sie gar nicht aus den Augen verlieren. Ihr Kleid war mit Strass und Pailletten verziert, an Handgelenken, Hals und Ohren glitzerten weiße Steine, und das platinblonde Haar war, wie gewohnt, zu einem strengen Knoten geschlungen. Obwohl sie über schlammigen Grund voller übel riechender Pfützen schritt, die sich in zahllosen Fußabdrücken gesammelt hatten, blieb ihr weißer Spitzensaum ohne jeden Makel – ihre Füße schienen den Boden kaum zu berühren. Kein Zweifel, das war sie, und eher um seiner Verblüffung Ausdruck zu verleihen, als um sich das Offensichtliche bestätigen zu lassen, sagte er zur einzigen Menschenseele, die ihm hier am Rand des Elendsviertels über den Weg lief, einem etwa zwölfjährigen Jungen:

»Das ist ja Eva!«

»Klar, wer sonst?«, antwortete dieser ohne besonderes Erstaunen.

Anfangs vermeinte Marroné, María Evas Geist vor sich zu sehen, die nach ihrem Heldentod in aller Herrlichkeit auf die Erde zurückgekehrt war, um die Massen in die Schlacht gegen ihre Unterdrücker zu führen, gegen die Feinde des Volkes. Doch als sie sich an einer unübersichtlichen Kreuzung im Gewirr der verwinkelten Gassen umwandte und sich ihr Profil von der es umgebenden Schwärze hell abhob, konnte er eindeutig erkennen, dass es nicht ihre Gesichtszüge waren. Wenn aber die Eva, die da im Dunkeln zu strahlen und über den Boden zu schweben schien, nicht seine María Eva war, konnte es sich nur um die echte Eva handeln, Eva Perón, Evita. Geblendet folgte er ihr wie eine Motte dem Licht. Das Armenviertel blieb hinter ihnen und sie gingen in der Dunkelheit zunächst übers freie Feld und erklommen dann eine Böschung, sie ohne merkliche Anstrengung, er immer wieder auf den Schlammpfaden aus tonhaltiger Erde und dem vom Wasser glatt gestrichenen Gras ausrutschend. Nun kam zum Froschgequake, Grillengezirpe und sporadischen Hundegebell ein regelmäßiges, monotones Brausen hinzu, das nicht schwer einzuordnen war: das Geräusch von Gummireifen auf Asphalt bei hoher Geschwindigkeit. Sie befanden sich also an der Autobahn.

Vor dem dunklen Nachthimmel sah er ihre Gestalt, oben angekommen, elegant die Leitplanke überwinden und kurz auf dem Randstreifen verharren, nicht wegen der Autos, sondern aus Furcht vor der Wirkung ihrer eigenen, gespenstergleichen Erscheinung auf die ahnungslosen Fahrer; doch schon trat ein von Diamantstaub glitzernder Schuh auf die Fahrbahn hinaus, und sie machte sich an die Überquerung der Straße. Die Fahrer der Autos, die wie Geschosse auf sie zuflogen, blendeten verzweifelt die Scheinwerfer auf, was die Frau immer wieder kurzzeitig in einen Nimbus hüllte, der ihren ganzen Körper wie den Schweif eines herabstürzenden Kometen erglühen ließ. Wenn die Wagen ihr auswichen und sich ihre Rücklichter als rote Augen im sanft wabernden Nebel verloren, hallten ihre Huptöne wie Schiffssirenen noch lange nach. Als wäre sein Bewusstsein in zwei Hälften geteilt wie ein mittendurch geschnittener Apfel, sah er sich, während er, vorsichtig in ihre Fußabdrücke tretend, ihrer Spur folgte, auch selbst – mit schreckgeweiteten Augen und bis zum Hals schlagendem Herzen – am Steuer eines Wagens sitzen und mit weiß hervortretenden Fingerknöcheln das Lenkrad umklammern. Woran sind wir da eben vorbeigefahren? Habt ihr das auch gesehen? War das eine Frau oder ein Geist?

Als Marroné über die Leitplanke auf der anderen Seite stieg, erkannte er, noch bevor er wieder über glitschiges Gras abwärtsrutschte, wohin der Weg sie führte: In etwa fünfzig Metern Entfernung erblickte er die monumentale Fassade eines von Figuren gesäumten Tempels in neoklassizistischem Stil, strahlend hell vor den düsteren Zypressen, die im Halbkreis darum herum standen. Eva umrundete die Autobahnabfahrt und -auffahrt großräumig, hielt unbeirrbar auf eine verborgene Pforte in der Ligusterhecke zu, die die Anlage umgab, und ließ sie ohne abzusperren hinter sich zufallen. Als Marroné sie aufstieß, lag ein Pfad aus weißem Kies vor ihm, der unter den Sohlen der Hanfschuhe leise knirschte. Auch der Pfad war von so hohen Ligusterhecken gesäumt, dass man nicht sah, was sich rechts und links davon befand. Der Kies schimmerte im spärlichen Licht des abnehmenden Mondes mattweiß; dazu strahlten alle zwanzig Schritte kleine Reflektoren die Hecke neongrün von unten an. Marroné ging schneller, da er fürchtete, sich in dem Gewirr von Pfaden zu verlaufen, wenn er Eva aus den Augen verlöre. Hin und wieder bog sie scharf ab und verschwand hinter einer Ecke, aber solange sie sich nicht zu weit entfernte, konnte er über dem Liguster noch ihren Nimbus wahrnehmen und sich davon leiten lassen. Leider wollte es das Pech, dass sich, gerade als er sie in seinem Leichtsinn ein paar Schritte hatte vorauseilen lassen, ein Vorhang aus grauen Wolken vor die Mondsichel schob und das zarte Phosphoreszieren, das von Evas Körper ausging, erlosch, als hätte man eine Kerze ausgeblasen. Er rannte los, bog irgendwo rechts ab, nur um sogleich umzudrehen und nach links zu laufen, schneller und schneller, während die Ligusterzweige ihm die Arme zerkratzten; plötzlich stürzte er in vollem Lauf aus dem Labyrinth auf eine Parklichtung mit kunstfertig in Form geschnittenen Büschen hinaus, auf deren anderer Seite Eva mit ihrem schwingenden Bauschrock dahinglitt wie auf einem Gemälde von Monet, auf den griechischen Säulentempel zu, dem sie schon so nahe waren, dass die imposanten dorischen Säulen sich ihnen gefährlich entgegenzuneigen schienen. Von hier aus betrachtet, fiel die Ähnlichkeit sofort ins Auge: Es handelte sich um eine vereinfachte Nachbildung der Fakultät für Ingenieurswissenschaften, in verkleinertem Maßstab, und beim Anblick des neonblauen Schilds über dem Giebel fiel ihm wieder ein, dass bis zu Juan Domingo Peróns Sturz die Stiftung in diesem Gebäude ihren Sitz gehabt hatte, benannt nach der Frau, deren Geist gerade die Freitreppe hoch auf ein massives Bronzetor zuschwebte. Der Mond zeigte sich für einen Augenblick und Marroné konnte die Liguster besser erkennen: Die frei Stehenden waren kunstfertig im Sinne einer typisch peronistischen Ikonografie zurechtgestutzt: Juan Domingos und Eva Peróns Profile, so wie sie einst auf Ehrenmedaillen geprangt hatten, ein

Parteiwappen, Hände, die sich nach oben reckten. Das alles lenkte ihn nur sehr kurz ab, doch als er den Blick wieder nach vorne wandte, war Eva spurlos verschwunden. Sie hatte sich mitsamt ihrem glänzenden Nimbus in Luft aufgelöst: Marronés Schritte hallten zwischen den nackten Säulen wider, die nicht aus Marmor oder einem anderen Stein, sondern aus Gips gemacht waren. Die ganze Fassade mit ihren Statuen in luftiger Höhe – unter ihnen die Venus von Milo, aber eine mit beiden Armen, die Venus von Botticelli, jedoch bekleidet, eine Madonnenfigur sowie die Nike von Samothrake samt Kopf und Lächeln auf den Lippen – wirkte irgendwie vertraut: Zweifellos hatten hier die Sansimóns ihre Finger im Spiel gehabt. Er stieg ein paar Stufen hinunter, um besser sehen zu können, und ihm fiel auf, dass alle Figuren Evas unverwechselbare Gesichtszüge trugen. Diese Erkenntnis nährte in ihm eine zarte, fast schon erloschene Hoffnung: Wenn Eva wirklich zurückgekehrt war, um ihm nun, da er alles verloren glaubte, zu erscheinen, dann doch gewiss, um ihm den Weg zu weisen. Dabei ließ sie sich entweder von seinem derzeitigen Erscheinungsbild eines Ärmsten der Armen täuschen, wie es den Normalsterblichen passierte, oder sie sah, weil sie nicht mehr von dieser Welt war, durch diese Äußerlichkeiten hindurch auf den Grund seiner Seele, erkannte in ihm das peronistische Kind, das er hätte sein können.

Dieser Gedanke gab ihm Kraft, um zwei-, dreimal mit dem Türklopfer ans massive Tor aus Bronze zu schlagen, das sich als bemaltes Holz entpuppte, welches ebenfalls einschlägige Motive trug. Sogleich öffnete sich im Tor ein Fensterchen, das hinter Juan Domingo Peróns Antlitz gut getarnt gewesen war, und das misstrauische Augenpaar, das hervorspähte und ihn musterte, erschien ihm als das des Generals höchstpersönlich.

»Wen möchten Sie sprechen?«, fragte eine Stimme.

»Eva«, antwortete Marroné ohne Zögern.

Als wäre dies das Zauberwort, hörte er, wie ein schwerer Riegel zurückgeschoben wurde und das Tor sich kreischend bewegte.

»Kommen Sie! Sie werden von Eva schon erwartet. Stellen Sie sich hier an.«

Der Lakai, der ihm geöffnet hatte, trug eine peronistische Livree: einen himmelblauen, goldbestickten Trachtenanzug, ein weißes Hemd mit Volants und großem Ausschnitt, links auf der Brust das Parteiabzeichen, Seidenstrümpfe und blank polierte schwarze Lederschuhe mit Hanfsohlen. Marroné gesellte sich zu den Leuten, die schon in der Schlange standen. Es erstaunte ihn, welch unterschiedliche Leute hier warteten: Manche waren, wie er, zerlumpt, und man sah, dass sie Bettler waren oder im Elendsviertel hausten, aber da waren auch noch Bauern und Landarbeiter, sogar ein Gaucho mit rustikaler Pumphose und der typischen ziselierten Silberschnalle am Gürtel, ein paar Arbeiter in Overalls, die Schutzhelme trugen, ein stämmiger Mann in Lederjacke, der aussah wie von der Gewerkschaft, und dazu ein, zwei Typen in lässig gestylten, aber perfekt sitzenden Maßanzügen. Alle jedoch hielten einen Brief in der Hand. Zudem verwunderte ihn, dass es sich ausschließlich um erwachsene Männer handelte, weit und breit waren weder Frauen noch Kinder zu sehen. Wahrscheinlich, überlegte Marroné, dem die Parteislogans wieder einfielen, waren Frauen und Kinder zuerst gekommen. Die Schlange führte im Korridor einmal um die Ecke und sodann eine Treppe hoch, an deren oberem Ende sie gewiss Eva erwartete. Anfangs ging es nur langsam voran, was ihn nicht weiter überraschte, denn er wusste ja, Eva war eben erst eingetroffen, doch nach ein paar Minuten schien sie bereits an ihrem Schreibtisch zu sitzen, weil die Schlange jetzt rasch vorrückte.

Dann waren sie also wahr, dachte Marroné. All die Legenden, die Gerüchte. Evita war unter ihnen, Evita war zurückgekehrt. Evita lebte, genau so, wie es die zahlreichen Sprüche an Haustoren, Plakatwänden und Häusern behaupteten, die ihm immer so absurd vorgekommen waren. Sie war 1952 gar nicht gestorben, sondern irgendwie gerettet worden – vielleicht wollte sie sich damals nur aus den Klauen ihrer Feinde befreien –, und der berühmte Leichnam, der überall gezeigt wurde, war nur ein Scheinbild gewesen. Doch wenn das stimmte, müsste Eva jetzt weit über fünfzig sein, aber die Frau, der er durch die engen Gassen des Elendsviertels gefolgt war, hatte kein Jahr älter gewirkt als Eva in ihrem Todesjahr, sogar etwas jünger: Andererseits hörte man ja öfters, dass ihr Leiden sie hatte kindlicher wirken lassen. Nun ja, hier war sie jedenfalls. Hatte man sie damals etwa eingefroren? Vielleicht war der berühmte Dr. Ara in Wahrheit damit beauftragt worden, sie zu konservieren, bis ein Heilmittel entdeckt würde. Und wenn es andersherum war? Wenn sie doch gestorben war und ihr perfekt konservierter Leichnam mithilfe der Umbanda-Praktiken von José López Rega, dem »Minister für Zauberei«, wieder zum Leben erwacht war? War die schlafwandelnde Eva, der er gefolgt war, ein Zombie? Er wusste, wie aberwitzig diese Gedanken waren; noch aberwitziger war jedoch die Realität vor seinen Augen, die er sich verzweifelt zu erklären suchte.

Während er seinen Gedanken nachhing, war er schon oben an der Treppe angelangt und hatte Evas Büro betreten. Und hier saß sie hinter ihrem imposanten Mahagonischreibtisch, mit untergeschlagenen Beinen, auf einem Louis-quinze-Stuhl, die Haare im Nacken zu einem Knoten gebunden, und hörte sich strahlend lächelnd die Anliegen an, die ihr die einzelnen Bittsteller ins Ohr flüsterten, oder las ihre Briefe, und alles war genau so, wie er es sich im Elendsviertel ausgemalt hatte, bis auf eine Kleinigkeit: Statt im Schneiderkostüm mit Samtrevers saß Eva da, wie Gott sie geschaffen hatte.

Marroné betrachtete die Männer vor ihm in der Schlange und die, die nach ihm kamen. Keinem schien etwas aufzufallen oder vielleicht taten sie auch nur aus Höflichkeit so, oder aus Scham. Er blickte wieder nach vorn und beobachtete das Geschehen. Die Männer trippelten in einer Reihe langsam vorwärts, als wären sie Galeerensträflinge, deren Hälse an einer langen Eisenkette wie Perlen am Rosenkranz aufgereiht waren, den Blick hielten sie gesenkt und den Hut, so sie einen besaßen, in der Hand: Sie strahlten eine Demut aus wie Schäfchen bei der Kommunion. Der erste in der Reihe reichte Eva jeweils den mitgebrachten Brief, sie öffnete ihn, las ihn und schrieb etwas auf ein Kärtchen, das sie dem Mann lächelnd in die Hand drückte. Nur die Männer in den italienischen oder englischen Maßanzügen wurden anders behandelt, auf ihre Briefe reagierte sie nicht mit einem Strahlen, sondern sie sah sie empört an, und dann wurden sie nicht wie die andern zu ihr gebeten, sondern mit einem strengen Wink in eine Ecke verwiesen, wo sich schon viele von ihrer Sorte drängelten. Der Mann vor Marroné, ein Penner mit verfilztem Haar, stinkend und mit schmutzstarrenden Kleidern, warf sich vor Eva zu Boden und bat, ihre Hand küssen zu dürfen, was sie ihm bereitwillig gewährte. Nun, endlich, war Marroné dran, und allein nach seiner Verwirrung und ihrer Gelassenheit zu schließen, hätte nicht sie, sondern er splitterfasernackt vor all den Menschen stehen müssen.

»Willkommen in der Sexualstiftung Eva Perón. Wir erfüllen hier jeden Wunsch. Hast du deinen Brief dabei?«

Marroné bemühte sich, ihr ins Gesicht zu sehen, doch der Blick entglitt ihm immer wieder und wanderte zu ihren Brustwarzen mit den rosigen Vorhöfen, zu dem dunklen Kräuselhaar zwischen ihren übereinandergeschlagenen Oberschenkeln. Außer diesem offensichtlichen gab es aber noch einen weiteren Grund für seine Verwirrung: Die Frau war nämlich nicht die Eva, der er durch die Gassen des Elendsviertels gefolgt war. Den dunkleren Teint hätte man noch damit erklären können, dass sie jetzt von künstlichem Licht beschienen wurde und nicht von dem des Mondes; auffallend waren jedoch ihre abstehenden Ohren, wie die eines Schimpansen, die von dem im Nacken zusammengefassten Haar noch betont wurden, und auch ihre Frisur war anders: Diese Eva trug nicht den unruhigen Knoten der ineinander verschränkten Finger, sondern, zu ihrer Aufmachung passend, einen lockeren, weniger strengen Chignon.

»Nun?«, ermutigte Eva ihn zu sprechen.

»Ach so, der Brief … ähm, ich habe keinen.«

»Aber das macht doch nichts«, beschwichtigte sie ihn gekonnt. »Du kannst mich um alles bitten, was du möchtest, hab keine Scheu! Falls es dir peinlich ist, darfst du es mir auch ins Ohr flüstern«, sagte sie zum Abschluss und richtete eine ihrer riesigen Ohrmuscheln auf ihn aus.

»Büsten«, stieß Marroné schließlich hervor. »Ich suche Büsten, die von Eva.«

Eva schrieb etwas auf ein Kärtchen mit dem Emblem der Stiftung und überreichte es Marroné lächelnd. Er ging zur Tür, durch die die Männer vor ihm verschwunden waren.

Dahinter erwartete ihn erneut eine Überraschung, denn er fand sich in einem geräumigen Salon wieder, dessen Stil man als Peronismus-Kitsch beschreiben konnte, stellenweise beeinflusst vom sowjetischen Konstruktivismus und peronistischen Sozialbau, und mit ein wenig neoklassizistischem Stuck verziert, Springbrunnen, Topfpalmen – und in diesem fantastischen Dekor spazierten circa eineinhalb Dutzend Evas in verschiedensten Variationen umher. Es gab welche mit Chignon und Kostüm im Prince-of-Wales-Muster, welche mit Hutschleier, Sommerkleid und offenem Haar, eine über und über mit Juwelen behängte Göttin in Dior, eine in üppige Pelze gehüllte Eva, eine in schwarzem Lack, eine nur in Strapsen und Strümpfen und eine sogar ohne die, wobei diese beiden den typischen strengen Haarknoten trugen. Wenn man genauer hinsah, fiel auf, wie stark sie sich in Körperbau und Gesichtszügen voneinander unterschieden; dass sie alle wie Eva aussahen, schien nur von den Stöckelschuhen mit unterschiedlich hohen Absätzen zu kommen, die sie alle mittelgroß wirken ließen, von dem Make-up, das ihren natürlichen Hautton aufhellte, einer Kleidung, die all denen mit großer Oberweite den Busen platt drückte, und vor allem von ihrer Haarfarbe und Frisur: Es war kein Zufall, dass gerade die Evas, die nackt waren und somit über kein anderes Erkennungsmerkmal verfügten, den bekannten strengen Haarknoten trugen. Wie sehr er sich auch umsah, nirgends entdeckte er die Eva, die ihn hergeführt hatte. Aber jede wurde von mehreren Männern umschwärmt wie eine Bienenkönigin von ihren Drohnen.

Marroné roch billiges Kölnischwasser und nahm eine Stimme wahr, die ihm etwas ins Ohr kreischte, bevor er erkennen konnte, woher sie kam.

»Sie sind wohl zum ersten Mal hier?«

So fließend wie ein Butterstück in eine Pfanne glitt ein Lakai an seine Seite. Er trug eine etwas eigenartige peronistische Livree: Die mit üppiger Reliefstickerei verzierte Jacke bedeckte nur knapp seinen Hintern, seine Torerohose war hauteng und an den Füßen trug er schimmernde Satin-Slipper, die, wie die ganze Aufmachung, in goldbesticktem Hellblau und Weiß gehalten waren. Marroné nickte, immer noch staunend.

»Und? Wie gefällt es Ihnen?«

Benommen suchte Marroné nach einer möglichst unverfänglichen Antwort.

»Ähm ... Nun ja ... Wenn das Volk damit glücklich ist.«

Ein Arbeiter bedrängte eine Eva, indem er immer wieder seine Nase unter die Volants ihres Dior-Glockenrocks steckte und darunterzukriechen versuchte, während sie amüsiert kicherte, mit Walzerschritten um ihn herumtanzte, ihm dabei stets auswich und ihm tadelnd mit dem Fächer auf den Rücken klopfte.

Marronés Begleiter lachte gekünstelt und streckte die behaarte Hand aus:

»Aníbal Vitelo mein Name, ich stehe, wie alle hier, ganz zu Ihrer Verfügung.«

»Ich würde gerne ... mehr erfahren.«

»Gestatten Sie mir, Sie herumzuführen.«

In diesem Augenblick kam eine von drei Kellnerinnen zu ihnen gelaufen, die hier eilfertig Apfelwein aus Flaschen ausschenkten, auf deren Etikett das Profil des früheren Präsidentenpaars prangte. Von vorn betrachtet, trug sie hohe Stöckelschuhe, ein schlichtes Kostüm und straff zurückgefasstes Haar, während man von hinten lediglich ihren Haarknoten sah, dazu zwei gekreuzte Satinbändchen, die das Vorderteil der Jacke zusammenhielten, und einen String, sodass ihr nackter Rücken, der ganze Po und die Beine frei blieben. Marronés Begleiter nahm zwei Gläser und reichte ihm eines davon, um auf Eva Perón anzustoßen.

»Zum Wohl … Auf diesen Ort … Was haben Sie sich denn von ihr gewünscht? Dürfte ich Ihr Kärtchen sehen?«

Marroné streckte es ihm hin, und so völlig neben sich, wie er sich fühlte, sah er erst im selben Moment, was da geschrieben stand. »Brühste von Evita« hatte die nackte Eva in schiefen Großbuchstaben hingekritzelt wie eine Analphabetin. Aníbal klatschte in die Hände. Die drei Evas, die ihnen am nächsten standen, drehten sich um.

»Aufgepasst, meine Damen …«

Eine der drei war von Kopf bis Fuß in einen prächtigen Zobelpelz gehüllt, der auf ihrem Körper verschwenderische Falten warf wie bei diesen Hunden, die zu viel Haut haben. Marronés Blick tastete über die marmorne Bleiche ihrer Haut, ihre purpurfarbenen Lippen und die kleinen Füße, die in noch kleineren Schuhen steckten. Die zweite und größte der drei Evas schwebte in einem Goldlamékleid daher, das wie aus einem Metro-Goldwyn-Mayer-Film entlehnt wirkte: breite Schleppe, ärmelloses, enges Oberteil und ein besticktes Korsett, das ihre Brüste nach oben drückte. Sie trug dazu perlenbesetzte goldene Sandalen und hatte das gelockte Haar zu einer Banane hochgesteckt. Die Dritte stand in einem einfachen, geblümten Frühlingskleid da, und kurz hoffte Marroné, in ihr seine María Eva wiederzuerkennen, doch bei genauerem Hinsehen war sie eindeutig eine andere.

»Dieser Ärmste der Armen möchte Evas Brüste sehen!«

Die Eva im Pelz brauchte nur ihren Mantel weit zu öffnen, sie trug nichts darunter. Ihre Brüste waren groß und marmorn, von zarten blauen Äderchen durchzogen, noch recht drall trotz leichter Dehnungsstreifen und birnenförmig. Die Eva im geblümten Kleid half zuerst ihrer Hollywoodkollegin beim Öffnen des engen Korsetts, und während diese nacheinander zwei schneeweiße Brüste aus den Formschalen hob und ihm präsentierte, brauchte sie selbst nur noch die Träger ihres Blumenkleids von den Schultern zu streifen und es bis zur Mitte hinunterfallen zu lassen, und ihre festen, kleinen Brüste wurden sichtbar.

»Na, was meinen Sie, Genosse? Löst Eva ihre Versprechen ein, oder was?«

Marroné war unfassbar müde und außerdem verwirrt; er schien sich regelrecht in seine Komponenten aufzulösen, die sich verselbstständigten: auf der einen Seite sein Verstand, der hilflos auf dem Rücken lag wie ein Käfer und mit den Beinchen strampelte, während er um Worte rang, die das schreckliche Missverständnis aufklärten; auf der anderen Seite sein Unterleib, der angesichts des nackten Fleisches, das sich ihm darbot, mit einer Erektion und heftigen erotischen Wallungen reagierte, die ihn rot werden ließen und ihm die Sinne vernebelten. Er klammerte sich an sein Pflichtbewusstsein wie an den Felsvorsprung über einem gähnenden Abgrund.

»Aber nein, ich meinte ihre Büste … So was wie eine Statue von ihr … eine Büste aus Stein … oder aus Gips …«, sagte er mit ersterbender Stimme.

Sein Begleiter warf ihm einen perplexen Blick zu, wies dann jedoch sogleich mit wissender Miene die drei Evas an, sich zu bedecken und Luft schnappen zu gehen.

»Tja … also so eine Büste im eigentlichen Sinn … Du meinst doch so eine, wie sie früher in jeder Schule stand, nicht? So was haben wir hier nicht …, das hat noch nie wer verlangt. Aber wir haben eine Statue. Willst du sie dir ansehen? Ich bringe dich hin.«

Marroné nickte und war irgendwie erleichtert, auch wenn er nicht wusste, weshalb. Vielleicht, weil in seiner Vorstellung eine solche Statue inmitten der Verwirrung, die er fühlte, etwas Greifbares, Begreifbares war.

In der Mitte des runden Springbrunnens, der mit bunten Mosaiksteinchen verziert war, stand eine Statue der nackten Eva, ihr langes Haar wehte im Wind, eine Hand bedeckte locker ihre Scham und die andere hob unschuldig einen Apfel über ihren Kopf, und das daraus hervorquellende Wasser hüllte als transparentes Kleid ihren Arm ein, die kleinen, sich kaum wölbenden Brüste, die harmonische Rundung ihres Bauchs, die zum Hineinzwicken einlud, die herrlichen Pobacken und die traumhaften Beine. Schon der Anblick ihres Körpers war ergreifend, und erst recht ihr Gesicht, ihr strahlendes Lächeln, das darüber hinwegtäuschte, dass es aus hartem Marmor war, und an dem sein Blick hängen blieb. Denn er erkannte sie: Hier stand eindeutig seine María Eva vor ihm.

»Das … Das ist doch …«, stammelte er.

»Ja, sie sieht ihr wirklich ähnlich, was? Unser ganzer Stolz. Und sie hat ihre Verehrer. Es gibt Männer, die nur kommen, um sie zu sehen. Nicht nur einer wollte sie schon mitnehmen. Aber sie steht nicht zum Verkauf. Carrara-Marmor, schau!«, sagte er und klopfte mit dem Fingernagel auf die rechte Hinterbacke. »Fühl mal!«

Marroné streckte zitternd die Hand nach ihr aus, aber sein Begleiter hielt ihn am Arm zurück.

»Statuen haben wir also. Komm mit, ich glaube, ich weiß schon, was dir gefällt.« Jetzt, wo er Marronés Vorlieben als leicht pervers einordnete, riskierte er plötzlich das Du. »Du suchst das Ausgefallene.«

Marroné nippte an seinem Apfelwein und nickte. Vielleicht lag es an seiner Müdigkeit und der damit einhergehenden Bewusstseinstrübung, aber das perlende Getränk stieg ihm zu Kopf, als wäre es Champagner, und eine irre Euphorie erfasste ihn, was sich, obgleich fehl am Platz, angenehm anfühlte.

»Hier …«, sagte sein Begleiter und zeigte auf ein ausladendes rotes Brokatsofa, auf dem ein paar parfümierte feine Pinkel an Unterhöschen und Stöckelschuhen schnupperten, das Gesicht in schwere Nerze vergruben oder zärtlich über Seide streichelten, »… findest du unsere Fetischistenecke. Wir bieten nur das Beste. In diesem Zobelmantel erhielt Eva damals den Orden von General Franco. Und dieses exklusive Cape mit Federn in Lachsrosa und Himmelblau ist von Dior.«

»Ist das alles echt?«

»Ja, oder ein perfektes Imitat. Nicht einmal Christian Dior würde den Unterschied erkennen. Die Anzugträger dort«, sagte er und zeigte auf sie, »sind Masochisten. Sie kommen zu uns, um sich erniedrigen zu lassen. Sie haben es besonders gern, wenn Eva sie stundenlang warten lässt und jeden buckligen Landarbeiter oder armen Schlucker vor ihnen drannimmt. Sie würden am liebsten ewig da hocken, weshalb das Reinigungspersonal sie bei Tagesanbruch mit dem Besen verscheuchen muss. Was ihnen natürlich auch wieder gefällt.«

Ein Glatzkopf mit Schnurrbart und behaarter Brust wiegte sich, auf den Zehenspitzen tänzelnd, hin und her, er trug ein blaues Oberteil mit Perlenbesatz und ein Ballettröckchen; ein Brillantdiadem zierte seine Stirn und in der Hand hielt er einen Zauberstab, mit dem er die andern von Zeit zu Zeit antippte, die jedoch grummelnd nur kurz von Evas Unterwäsche aufblickten, um gleich wieder die Nase hineinzuwühlen.

»Das ist auch alles von Dior. Manche Gäste wollen die Sachen nicht nur anfassen. Das Gute-Fee-Kostüm zum Beispiel ist so beliebt, dass wir um die fünf Nachbildungen haben anfertigen lassen. Wenn es das ist, was du magst, kommst du hier auf deine Kosten. Wenn du mich fragst, empfehle ich dir aber die Evas aus Fleisch und Blut. Wir haben für jeden Geschmack etwas da, wie du sehen kannst. Ich sage dir mal die Preise: die mit Peitsche zehntausend; ja genau, die da drüben, in schwarzem Leder und hohen Stiefeln. Eine Eva im Pelz, wie die, die du vorhin gesehen hast, zwölftausend. Die im Reitkostüm mit plissierter Bluse, mit Gerte und Reitstiefeln samt Sporen, zehntausend … Hast du gesehen, wie schön fest ihr Knoten ist? Die Gouvernante mit schmal geschminkten Lippen, Bleistiftabsätzen und Zeigestock auch zehntausend – da ist im Preis Unterricht in peronistischer Doktrin an der Parteiakademie inbegriffen. Käpt'n Evita, das ist die hier – nein, nicht die, sondern die in der Jacke mit goldenen Knöpfen, Borten und Epauletten – achttausend, die rundet unser strenges Angebot ab. Kommen wir jetzt zu den Prinzessinnen und Hollywoodsternchen: Die Titelheldin aus *Die Verschwenderin*, das ist die dort in Samt, mit den dunklen Locken, zwölftausend – das Kleid ist authentisch, sieht sie nicht genau wie Hedy Lamarr aus? Und die dort, die wie eine Bäuerin gekleidet ist, mit den Schlaufenzöpfen, die stammt aus dem Film *Der Zirkusritt*, ein bisschen fad, wir haben sie zwar im Angebot, für siebentausend, ich würde sie dir aber nicht empfehlen. Die in Goldlamé kostet zwölftausend, hast du ihren Wahnsinnsbusen gesehen?«

»Und ... die im geblümten Kleid?«

»Aha, die gefällt dir also ...? Ihre schmale Büste ist wirklich toll. Das ist Peróns junge Geliebte, das Modell ›Insel im Tigre-Delta‹, zehntausend, wirklich zum Anbeißen. In der Serie ›Evita Duarte‹, unserer preisgünstigsten Kategorie, findest du das aufstrebende Filmsternchen, eine, die ihre Augen verdreht wie Betty Boop, total Zwanzigerjahre, die kostet achttausend. Die Kleine im Boca-Juniors-Trikot mit Hotpants ist besonders beliebt, die kostet auch achttausend, ein wahres Schnäppchen. Und dann haben wir noch die kleine Chinita – ›Womit kann ich der Herrschaft dienen?‹ –, viertausendfünfhundert. Was noch ... Die Kollektion ›Santa Evita‹: eine Madonna der Armen mit Heiligenschein für zwölftausend, sie ist unter ihrem Umhang splitterfasernackt. Die mit dem Haarteil und der Mantille über dem schwarzen Seidenkleid, die den Orden Isabellas der Katholischen auf der Brust trägt, kostet dreizehntausend – in dem Aufzug ist sie damals beim Papst zur Audienz erschienen ... Und ich glaube, das war's auch schon, abgesehen von den Specials.«

»Specials?«

Sein Begleiter senkte die Stimme um ein paar Dezibel und flüsterte ihm ins Ohr:

»Die Krebskranke. Zwanzigtausend. Dreiunddreißig Kilo.«

Marroné stieß einen Pfiff aus.

»Na so was aber auch!« Er war bereits etwas angeheitert und das Mitspielen fiel ihm immer leichter.

»Sie hat wirklich Krebs. Mit dem Geld, das sie bei uns verdient, bezahlt sie ihre Behandlung.«

»Sind eure Preise nicht ganz schön hoch? Ein normaler Arbeiter kann sich das doch niemals leisten.«

Sein Begleiter sah ihn an, als wüsste er nicht, ob er ihn belächeln oder sich zur Brust nehmen sollte, schien sich dann aber für Ersteres zu entscheiden.

»Das nenne ich Realismus, du versetzt dich ja wirklich in deinen Charakter hinein!«, sagte er zu Marroné, rieb ein Stück Stoff seiner Jacke zwischen zwei Fingern und roch naserümpfend daran. »Tja, ich will dir ja nicht zu nahetreten …« Er musterte ihn ostentativ von oben bis unten. »Aber das mit den Hanfschuhen ist etwas übertrieben. Das ist doch nicht mehr aktuell. Für den Elendslook sind Adidas-Turnschuhe besser. In welchem Unternehmen arbeitest du?«

»*The game is up*«, dachte Marroné seufzend, er war aufgeflogen. Sinnlos, sich zu fragen, welches Detail ihn verraten hatte, vielleicht hörte man ihm auch einfach die englische Privatschule an.

»Tamerlán & Söhne.«

»Wieso sagst du das nicht gleich! Unsere Stammkunden! Wenn euer Direktor uns bloß die Treue gehalten hätte …

Dann bräuchten wir jetzt nicht sein trauriges Schicksal zu beklagen. Unsere Security ist nämlich erstklassig. Obwohl viele ihre eigenen Leibwächter mitbringen, die hast du ja draußen gesehen. Schau, ich glaube, da ist ein Kollege von dir!«

Marroné sah hin und konnte es kaum fassen: Kein Geringerer als der geschniegelte Aldo Cáceres-Grey kroch in Bettlerkleidung über den Boden und versuchte, der Eva im Reitkostüm die Stiefelsohlen zu lecken, während diese mit der Gerte lethargisch über seine Arschritze strich.

»Ach, was? Marroné?«, stotterte Cáceres-Grey wie ein kleiner Wurm, als er den Kollegen über sich aufragen sah. »Was machst du denn hier?«

Es klang, als sei Cáceres-Grey Ehrenmitglied in einem Jockey-Club, säße in seinem Lieblingsfauteuil in der Bibliothek und würde plötzlich des Metzgers oder Friseurs von nebenan ansichtig, der ebenfalls hier aufgenommen worden war und sich in einem gelben Bademantel und Gummischlapfen auf Rundgang befand. Marroné kannte solche Blicke, er hatte sie in seiner Schulzeit ständig geerntet, und unterdrückte ein triumphierendes Lächeln.

»Dasselbe wie du vermutlich. Bist du das erste Mal hier?«

»Äh ... Also, um ehrlich zu sein ...«, setzte Cáceres-Grey an, aber seine Eva, die in einem Sofasessel saß, rammte ihm ihren Stiefel samt Bleistiftabsatz in den Nacken und drückte sein Gesicht nach unten.

»Hey, Sklave! Ich hab gesagt, du sollst nicht mit Fremden reden!«

»Aua! Jetzt warte doch ... Wir sind Arbeitskollegen ...«

»Umso besser. Wenn er sieht, was ich mit dir mache, kann er es morgen euren Kollegen erzählen.«

»Tja, du scheinst beschäftigt zu sein. Man sieht sich …«, wollte sich Marroné schon verabschieden.

Cáceres-Grey versuchte, sich unter dem Stiefel herauszuwinden, und handelte sich einen warnenden Gertenhieb auf die Pobacke ein.

»Au, lass das, du dreckige Nutte, du Mischlingsschlampe aus den Slums!«

»Maul halten! Du sprichst nur, wenn du gefragt wirst!«

Marroné wandte sich wieder an seinen Begleiter, nun schon wesentlich gefasster, weil er zu begreifen begann.

»Die Leute hier arbeiten alle bei bedeutenden Unternehmen …«

»Nicht nur. Der Mann dort drüben, der wie ein Landarbeiter gekleidet ist, ist Viehfarmer, der Dockarbeiter mit Muskelshirt und Halstuch besitzt mehrere Firmen, und der Rekrut, den Käpt'n Evita gerade so schindet, ist Oberst bei der Artillerie.«

»Alles Antiperonisten«, sagte Marroné tonlos. »Jetzt verstehe ich. Und der hier?«, fragte er und zeigte auf einen Hooligan mit Lockenkopf, bei dem aus dem Fan-Trikot des San-Lorenzo-Fußballklubs eine haarige, bleiche Wampe hervorlugte.

»Ach so, der arbeitet hier. Wenn sich jemand als Eva verkleidet besteigen lassen möchte, bieten wir authentische Proletarier an. Du kannst dir etwas aussuchen, wir haben ihre ganze Garderobe da. Falls es das ist, worauf du stehst …«

Marroné winkte ab:

»Nein, danke. Und was ist mit den Gewerkschaftsbossen dort?«

Zwei Dicke unter vierzig, einer mit schmalen Augen und Mittelscheitel, der andere mit pomadisierten Locken und

Dreitagebart, bekamen gerade von der guten Fee einen Fußball und ein Fahrrad geschenkt.

»Gewerkschafter. Solche wirst du hier öfters sehen, meistens in Nostalgie schwelgende Metaller, die heute stinkreich sind, sich aber trotzdem nach den Zeiten sehnen, in denen sie als arme Kinder von Eva beschenkt wurden«, sagte sein Begleiter, und Marroné stimmte in sein verächtliches Schnauben ein, um sein Unbehagen angesichts seiner eigenen Epiphanie im Elendsviertel zu verbergen. »Sie sind aber in der Minderheit, also diejenigen, die Eva lieben und sie verehren. Üblicherweise kommen zwei Sorten Menschen zu uns: Die eine Hälfte möchte sie demütigen, die andere Hälfte möchte sich von ihr demütigen lassen. Oder, um es beim Namen zu nennen: Eine Hälfte will sie ficken, die andere will sich von ihr ficken lassen.«

»Im buchstäblichen Sinn?«

»Die drei Evas dort, die großen, siehst du sie? Die nennen wir die drei Grazien.«

Er zeigte auf die Eva im Goldlamékleid, die Gouvernante mit dem kantigen Gesicht und der spitzen Nase und noch eine andere, die Marroné bisher noch nicht bemerkt hatte und die einen strahlend hellen, hermelinbesetzten weißen Seidenanzug trug, und ein Diamantdiadem auf dem Kopf. Alle drei mit großen Füßen und hervortretenden Adamsäpfeln.

»Transvestiten. Unsere Kundschaft ist nicht nur besonders edel, sondern sehr speziell, à la ›Ich will aber eine Eva mit einsatzfähigem Schwanz‹. Deshalb dürfen sie bei uns nicht zu viele Hormone schlucken.«

Plötzlich stahl sich der Schatten eines Verdachts in Marronés Gedanken und ließ ihn eifersüchtig werden.

»Und … die Evita der Montoneros?«

»Scht!«, machte sein Begleiter erschrocken und legte den erhobenen Zeigefinger an die Lippen.

»Die Montoneros darfst du hier mit keinem Wort erwähnen. Oder sollen sich die Leute vor Angst in die Hose machen? Mit solchen Dingen treibt man keine Scherze. Aber lassen wir das. Bereit für das absolute Highlight?«

Sie stiegen ein paar Treppen hoch und öffneten eine Tür. Marroné hatte den Eindruck, dass ihn mittlerweile nichts mehr überraschen konnte; aber selbst wenn er eine Ahnung davon gehabt hätte, was ihm hier gezeigt werden sollte, was nicht der Fall war, hätte ihn der tatsächliche Anblick umgeworfen. Sie betraten einen würfelförmigen Raum, dessen Wände ganz mit schwarzem Samt verkleidet waren. An der einen Seite hingen zwei großformatige Porträts von Juan Domingo und Eva Perón, an der anderen ein Bildnis der heiligen Jungfrau von Luján. An die gepolsterten Wände waren mit Stecknadeln Hunderte bunte Bänder gepinnt, die meisten mit goldenen Lettern beschriftet: AUF EWIG IM GEDÄCHTNIS DEINES VOLKES / ARGENTINISCHE BUSFAHRER- UND STRASSENBAHNERGEWERKSCHAFT / KOMMISSION FÜR ATOMENERGIE. In der Raummitte stand, von Schnittblumen umgeben und von einer Seidendecke verhüllt, ein Diwan, und auf der Seide lag sie aufgebahrt.

Sie war wie Schneewittchen im Märchen anzusehen, eine Haut von marmorner Blässe und zugleich wächsern glänzend. Ein Zitat von Shakespeare aus seiner Schulzeit schoss ihm durch den Kopf: *Nor scar that whiter skin of hers than snow / And smooth as monumental alabaster.* Er hatte es damals auswendig gelernt, aber ihm fiel nicht mehr ein, in welchem von Shakespeares Stücken es vorkam. Eva trug

328

die Haare zu zwei dicken griechischen Zöpfen geflochten, deren Enden nach oben gesteckt waren, eine wie Marmor gesprenkelte Tunika verhüllte ihren Leib und nur ihre vor dem Bauch gefalteten Hände mit einem Rosenkranz sowie die nackten Füße sahen daraus hervor, deren zierliche Zehen zu küssen sich Marroné kaum verkneifen konnte.

»Na, was sagst du dazu?« Die Art, wie sein Begleiter sie anpries, klang in Marronés Ohren richtig schrill.

»Einfach ... perfekt«, hauchte Marroné, der den Blick nicht von ihr wenden konnte.

»Dreißigtausend.«

»Ist sie ... echt?«

»Selbstverständlich.«

»Ich dachte, er hätte sie wiederbekommen.«

»Den alten Perón hat man übers Ohr gehauen. In Olivos ruht nur eine Nachbildung des Leichnams, eine von dreien, die man damals mithilfe eines Wachsabdrucks angefertigt hat.«

»Und wird die oft gebucht?«

»Sie ist mit großem Abstand die beliebteste von allen Evas, die wir haben. Die Angehörigen des Militärs sind ganz wild auf sie.«

Marroné besah sich, in erster Linie aus beruflichem Interesse, ihre Kopf- und Schulterpartie. Vielleicht konnte er sie absägen, das wäre dann schon mal eine Büste, dann würden nur noch einundneunzig fehlen und ein Anfang wäre gemacht. Aber er rief sich sogleich selbst zur Ordnung. Er verlor wohl den Verstand.

»Na dann ... Welche darf es nun sein?«

Marroné zählte im Geist die Reichtümer in jener Gipsmuschel zusammen, die einmal seine Brieftasche gewesen war. Nach all dem Aufwand, den man hier um seine Person betrieben hatte, konnte er nicht einfach abhauen, ohne etwas zu konsumieren.

»Ähm … Was hat noch mal die kleine Chinita gekostet?«

Er kannte diesen Blick. Wie ein Dior-Verkäufer seinen Kunden ansah, wenn der sich erst die gesamte Kollektion zeigen ließ und dann wie ein kompletter Banause nach dem Preis für ein Paar Socken fragte.

»Komm mit.«

Die Holztür hing wacklig in den Angeln und ging nur schwer auf. Im Zimmer blätterte der Putz von den Wänden. Er sah ein kleines Marienbild, ein durchhängendes Bett, einen Stuhl und einen Nachttisch mit einer roten Samtlampe darauf.

»Das ist eine getreue Nachbildung des Zimmers im Bordell von Doña Juana, Evas Mutter, in Junín. Hier hat Eva mit zwölf Jahren ihre Jungfräulichkeit an feiernde Viehfarmer versteigert; nicht, weil man sie dazu gezwungen hätte, sondern weil sie ein Luder war«, leierte sein Begleiter herunter, wie ein Fremdenführer, der jeden Tag dieselbe Runde macht.

»Ich dachte immer, das mit dem Bordell sei reine Erfindung?«

Nun musterte Aníbal ihn mit offener Feindseligkeit.

»Was glaubst du, wo wir hier sind?«, fragte er mit einer weit ausholenden Bewegung. »Doch nicht im Historischen Museum von Buenos Aires? Nicht, soweit ich weiß. Wie auch immer. Du brauchst nur zu warten, ich schicke sie dir.«

»Aber …«, machte Marroné.

»Ich gebe sie dir um viertausend. Viel Spaß!«

Marroné nahm auf dem Bett Platz, dessen Einsatz aus Drahtgitter wie unter Schmerzen ächzte und sich durchbog. Der fensterlose Raum hatte wohl keine Entlüftung, denn es roch modrig und abgestanden. Neben der Nachttischlampe befand sich ein überquellender Aschenbecher; hätte er ein Feuerzeug bei sich gehabt, er hätte mit Freuden eine geraucht. Er zog die Schublade des Nachtkästchens heraus: kein Feuerzeug und auch keine Streichhölzer, dafür aber ein Kerzenstummel sowie eine Ausgabe von *Der Sinn meines Lebens* – die unvergessliche Edition Peuser, die er noch aus seiner Schulzeit kannte, die mit Eva auf dem Titelblatt.

Sie kam herein, ohne anzuklopfen. Im Salon war sie ihm überhaupt nicht aufgefallen, kein Wunder, sie war ein kleines, mausgraues Ding, schwächlich und schmal, mit flacher Oberweite und staksigen Beinen in einem billigen Kleid aus bedruckter Baumwolle, rauchfarbenen Strümpfen und Hanfschuhen mit hochgeschnürten weißen Bändern. Sie konnte nicht viel älter als vierzehn sein, und sein erster Impuls war, sie zu Keksen und einem Glas Milch einzuladen, nicht, sie zu vögeln.

»Sie haben gerufen, mein Herr?«

Marroné kamen fast die Tränen. Was um alles in der Welt tat ein Kind wie sie an diesem Ort? Aber was, wenn es ihn deshalb hierher verschlagen hatte, um die Kleine zu retten, wenn das seine Aufgabe war? Und wenn er die Büsten dann zur Belohnung erhielt wie von der Hand eines mildtätigen Zauberers? Doch gleich kam ihm der Gedanke wieder abwegig vor: Er war offenbar bereit, an alles Mögliche zu glauben, wenn es wie ein Ausweg aussah.

»Komm her, setz dich zu mir, hab keine Angst«, kriegte er schließlich heraus. »Wie heißt du denn?«

»Eva, mein Herr.«

»Nein, ich meine, wie du wirklich heißt.«

Die braunen Augen sahen ihn unergründlich an und schließlich sagte das Mädchen:

»Eva María.«

»Und woher kommst du, Eva María?«, fragte er. Dann würde er eben mitspielen.

»Aus Los Toldos, mein Herr«, sagte sie ohne zu zögern, offenbar hatte sie ihren Text gelernt. »Soll ich mir das Kleid ausziehen?«

Ehe Marroné sie davon abhalten konnte, zog sie es schon über den Kopf und stand nackt da, nur in einem türkisen Strumpfbandgürtel, der sich mit den rauchfarbenen Strümpfen biss, eine Kombination, die wohl nicht von schlechtem Geschmack, sondern von ihrer Armut zeugte. Die denken auch an alles, zum Teufel, dachte Marroné bei sich. Ihre Brüste hätten in zwei winzige englische Teetassen gepasst und ihre Schambehaarung war dunkel, aber spärlich, sodass man ihre schmale Spalte sehen konnte, als sie sich jetzt auf dem Bett ausstreckte: Sie wirkte wie unterentwickelt aufgrund von mangelhafter Ernährung. Dieser Gedanke war das letzte Quäntchen sozialen Gewissens, das er gerade noch zusammenbrachte, bevor seine kolossale Erektion sich zwischen ihn und seine Prinzipien stellte. Plötzlich war er es einfach leid; er war es leid, immer als Letzter zu verstehen, was eigentlich los war; er war es leid, ständig auf alle Welt Rücksicht zu nehmen; er war es leid, sich in den Dienst der Firma und erst recht Herrn Tamerláns zu stellen, er war es leid, neue Freunde zu finden, nur damit man sie ihm umbrachte; er war es leid, diese stinkende Kleidung zu tragen … »Ich werde sie vögeln, genau das werde ich jetzt tun, scheiß doch auf alle«, sagte er sich, zog das Shirt über den Kopf und streifte die Hose samt Unterhose so ruckartig nach unten, dass sein Glied wie ein Sprungbrett nachwippte. Er drückte die Hand auf seine Eichel, wie um eine geschüttelte Bierflasche zuzuhalten, und stürzte sich »Du kleines Luder, du Mischlingsschlampe, du Gossenkind« zwischen den Zähnen hervorstoßend, auf sie, bemüht, die Spalte gleich mit dem ersten Stoß zu treffen, doch alles vergebens: Mit zwei, drei enttäuschend minimalen Zuckungen zerfloss ihm seine ganze Männlichkeit zwischen den Fingern. Eva spürte wohl etwas klebrig Feuchtes auf dem Bett, weil sie erschrocken hochfuhr.

»Entschuldigen Sie!«, rief sie, als hätte sie etwas verschüttet. »Keine Sorge, ich mache Sie gleich sauber.«

Sie verschwand in dem kleinen Bad, und während Marroné dasaß und die hohle Hand so ruhig wie möglich hielt, um nicht aufs Bett zu tropfen, kam sie mit einem feuchten Waschlappen zurück.

»Lass nur«, flüsterte Marroné beschämt, Eva ließ sich aber nicht abhalten.

»Mal sehen, erst die Hand … Sehen Sie, so: Einen Finger nach dem andern, dann wird alles schön sauber … Machen Sie sich keine Sorgen wegen dem Bett, die Stubenmädchen werden es einfach neu bez… Huch, sehen Sie mal, ich hab auch was in den Härchen hier.«

In ihrer neuen Rolle schien sie sich gleich viel wohler zu fühlen, sie wusste sich besser zu helfen: Wahrscheinlich hatte sie in einem Haushalt gearbeitet. Sie erinnerte ihn an ein Dienstmädchen seiner Eltern; dieses war jedoch etwas älter gewesen, mit dunklerer Haut und einem üppigeren Busen, und er war als Teenager scharf auf sie gewesen. Damals folgte er ihr mit heraushängender Zunge überallhin und versuchte erfolglos, sie durchs Schlüsselloch nackt zu sehen. In seinen Träumen verlor er seine Unschuld mit ihr, und seinen Schulkameraden erzählte er so detailliert von diesem ersten Mal, als hätte es wirklich stattgefunden. Jedoch hatte er nie den Mut gefunden, es bei ihr zu versuchen, weshalb sein Vater ihn schließlich ins Bordell mitnahm. Dort kam es dann zum ersten vorzeitigen Samenerguss, und die Frau zwang ihn, das aufzuwischen, und verspottete ihn noch, als er auf den Knien herumrutschte. Gut möglich, dass sich nur wegen dieser frühen Demütigung ein kleines Missgeschick zu einem richtigen Trauma ausgewachsen hatte. Vielleicht sollte die Sanftheit des Mädchens ihn für die frühere, unnötig grausame Behandlung durch die abgestumpfte Prostituierte entschädigen; vielleicht schloss sich so der Kreis, begann eine neue Ära, doch das war ihm im Augenblick egal, er wäre am liebsten im Erdboden versunken.

Eva María ging mit dem Waschlappen ins Bad. Er hörte Wasser rauschen und dann das Quietschen der Armatur. Sie hatte warmes Wasser und diesmal auch Seife genommen.

»Leg dich hin«, hörte er sie sagen.

Er folgte der Aufforderung mit geschlossenen Augen. Sie fuhr erst über sein Gesicht, die Ohren, die Augen und die Wangen, dann noch den Hals entlang, bevor sie wieder ins Bad ging. Sooft der Waschlappen auskühlte, ging sie ihn wieder anfeuchten und wusch ihm so der Reihe nach die Brust, die Arme, den Bauch, die Oberschenkel und die Schienbeine. Danach hauchte sie Marroné ins Ohr, dass er sich umdrehen solle, und begann seine Rückseite zu bearbeiten. Er hatte sich zuletzt im Gipswerk geduscht und nun wusch Eva María alles von ihm ab, was er seither erlebt hatte: den Gips, den Urin, das Blut, alles eingetrocknet, das ölige Wasser des Rinnsals, den Müll und den dreckigen Schlamm, mit denen er im Armenviertel in Berührung gekommen war. Sie widmete sich eingehend seinen Füßen und wischte wieder und wieder mit einem frischen, warmen Waschlappen darüber, dann musste sie Wundbenzin geholt haben, weil die geplatzten Blasen und kleinen Schnittwunden plötzlich brannten. Als er sich umdrehte, sah er sie neben dem Bett stehen, das Wundbenzin in der einen und einen Wattebausch in der anderen Hand, und ihn schüchtern anlächeln.

»Sie haben noch eine halbe Stunde übrig. Möchten Sie, dass ich hierbleibe?«

Er brauchte nichts zu sagen. Eva María brachte die Sachen ins Bad zurück und legte sich neben ihn, schmiegte sich in die Kuhle seines Körpers, legte den Kopf auf seine Schulter und umfing ihn mit einem Bein. Er schob den Arm unter ihren Nacken, um ihr übers Haar zu streichen, auch über den Rücken, ein-, zwei-, dreimal, und schon war er eingeschlafen.

Als er mit einem Stöhnen hochfuhr, war sie verschwunden. Sobald er wieder wusste, wo er war, zog er die schmutzstarrenden Kleider an und vergewisserte sich, dass sie ihm nicht die Taschen ausgeräumt hatte. Er zog die vereinbarten vier Tausender hervor und klemmte sie zwischen den Einband und die ersten Seiten von *Der Sinn meines Lebens*.

Marroné trat auf einen Korridor mit lauter gleichen, symmetrisch angeordneten Türen hinaus; er konnte sich nicht erinnern, dass sie bei ihrem Aufstieg zur Kammer hier durchgekommen waren, vielleicht hatte er es aber auch nur schon wieder vergessen. Durch die dünnwandigen Türen hörte man alles, was sich dahinter abspielte: Bisweilen das übliche Stöhnen, bisweilen aber auch Evas heisere Stimme, die vom Band kam und ununterbrochen wiederholte: »Ich will euch mit meinem Körper als Brücke zur Glückseligkeit dienen, schreitet über mich hinweg …« Eine der Türen stand einen Spalt offen, und als er hineinspähte, sah Marroné die Eva mit der Peitsche von vorhin auf einem nackten, mit Gold und Ketten behangenen Dickwanst reiten und diesen anbrüllen: »Was, du willst ein Oligarch sein? Hast nicht mal die Eier, dir Arbeiter aus Bolivien zu holen! Sieh nur, wie dich eine Mischlingsnutte reitet, eine aus den Slums!« Da sah sie Marroné durch die Tür linsen, knallte mit der Peitsche auf den Holzboden und winkte ihn heran. »Sieh her«, sagte sie zu ihrem Reittier, »da ist ja ein Bettler aus den Slums, der steckt dir gleich sein schmutziges Ding rein. Jetzt kriegst du's von uns!«

Marroné stolperte davon, geriet ins Taumeln und kugelte eine Treppe hinunter. Obwohl noch immer dieselbe Musik spielte (fades Tango-Fahrstuhlgedudel), trotz des künstlichen Lichts und der geschlossenen Vorhänge, deuteten seine brennenden Augen und sein müdes Blut darauf hin, dass der Morgen nahte und hier nicht mehr ewig gefeiert werden würde, was man im Übrigen auch an einer veränderten Dynamik der sexuellen Aktivitäten merkte, die zudem aus den abgeschiedenen Zimmern in den nun schon halb leeren Salon herausschwappten. Die Lehrerin sorgte mit ihrem Stock für Disziplin bei einem Gewerkschaftsboss in kurzen Hosen, der die »Zwanzig Wahrheiten des Peronismus« aufsagen musste und bei jedem Fehler gezüchtigt wurde. *Die Verschwenderin* hüpfte auf dem roten Brokatsofa auf und ab und hob dabei ihren schweren Samtrock hoch, sodass man einen riesigen Dildo aus Lederimitat an einem Hüftgurt baumeln sah, den sie immer knapp außer Reichweite eines als Stadtstreicher kostümierten Besoffenen hielt, der ihn zu erwischen trachtete. Nun sah Marroné auch seine Lichtgestalt wieder, die Eva, der er durch die Gassen des Elendsviertels gefolgt war, seine selig machende Beatrice, die ihn aus dem dunklen Wald geführt hatte, seine strahlende Fee Glöckchen. Sie wurde gerade von drei Männern gleichzeitig besprungen, einem für jedes Loch, einem Oberst, einem Geschäftsmann und einem Viehfarmer, und jeder Stoß machte sie wieder mehr zu dem, was sie im Grunde immer schon war: eine biblische Hure, eine abgetakelte Mischlingsnutte aus den Slums. Jemand hatte ihr den Knoten vom Kopf geschlagen und eine Katze rollte das Haarteil, aus dem er hauptsächlich bestanden hatte, über den Boden. Mit aufgelöster Frisur sprangen sofort die billige Blondierung und der dunkle Haaransatz ins Auge.

Dass Marroné von dem Apfelwein so verkatert sein würde, hätte er sich nicht träumen lassen, und da ihn schon die Müdigkeit übermannte, die körperliche, aber auch eine seelisch-geistige, sah er sich nach etwas um, an dem er sich in dem allgemeinen Niedergang festhalten könnte. Da fiel sein Blick auf Evas Statue, die inmitten der Untergangsstimmung da stand: zweifelsfrei die schönste Frau, die er je gesehen hatte. Verzückt von ihrem Anblick kniete er sich ins Brunnenwasser, um die kleinen, eiskalten Füße zu küssen, sein Gesicht an ihre zarten Knöchel zu schmiegen; bald wusste er nicht mehr, ob ihm nur das Wasser, das von ihrer ausgestreckten Hand herunterfloss, über die Wangen lief, oder aber salzige Tränen. Er beichtete demütig, was er getan hatte, er verlieh seiner Zerknirschung Ausdruck, seiner unendlichen Reue:

»Strahlende Eva, die du ohne Makel bist, ich flehe dich an: Ich liebe meine Frau nicht, meine Kinder nerven mich nur, ich will ständig Menschen beeinflussen und ich habe dabei zugesehen, wie mein bester Freund ermordet wurde, ich habe auch einmal erlaubt, dass man mir den Finger in den A… Was soll ich nur machen, ich fühle mich so verloren, ich kann so nicht weitermachen, ich kann nicht wieder dorthin zurück, würdest du mir den Weg weisen, Gebieterin?«

Als er zu ihr aufsah, kam es ihm so vor, als antwortete Eva ihm. Nicht mit Worten, sondern durch ihr ewigen Gleichmut ausstrahlendes steinernes Lächeln. Der leicht geneigte Kopf, ihr Hals, ihre halb geschlossenen Lider, ihre sanft geschwungene Nase wiesen, so schien es ihm, allesamt in dieselbe Richtung, auf eine Stelle, die er im Augenblick mit seinen Händen verdeckte und an die er gerade noch sein Gesicht geschmiegt hatte. Hastig zog er die Hände weg: Seitlich am Sockel der Statue war in römischen Lettern ein Name eingraviert, der des Bildhauers vermutlich: Rogelio García.

Marroné stellte sich auf die Zehen und strich mit den Fingerspitzen lockend über die göttlich weißen Schenkel, die sanfte Gesäßwölbung, den glatten Venushügel. An ihrer Taille angekommen, umschlang er ihren betörend schönen, kalten Leib, schmiegte sich an sie, streckte sich hoch und drückte ihr statt einer Opfergabe einen Kuss auf die Lippen.

»Danke, Evita, ich danke dir.«

Auf dem Weg hinaus traf er Aníbal, der ungeniert gähnte, während er für heute zusperrte.

»Soll ich deinen Wagen holen lassen?«

»Danke, ich gehe zu Fuß«, winkte Marroné ab und versuchte, sich eine möglichst plausible Ausrede einfallen zu lassen. »Ich bin nämlich … mit der Bahn gekommen.«

»Du überraschst mich immer wieder! Diese Leidenschaft fürs Authentische!«

Draußen kletterte das trübe Morgenlicht schon am Himmel hoch. Er brauchte nicht nach dem Weg zu fragen, er folgte einfach den Gestalten, die in schlampiger V-Formation, mit unsicheren Schritten, und so daneben, wie es jeder wäre, der immer im Dunkeln aufsteht, alle auf denselben Punkt zustrebten. Gleich neben der Bahnstation befand sich eine kleine Bar mit staubigen Tischen, deren Fensterscheiben im ersten Licht des Tages wie mit einem Flaum überzogen wirkten und in der er gleich neben der Schwingtür ein öffentliches Telefon in poppigem Orange vorfand. Er fragte, ob er einen Milchkaffee mit Croissant und das Telefonbuch bekommen könne; beim dritten Anruf nahm der Mann, mit dem er sprechen wollte, den Hörer ab.

Kapitel 9

In Evas Stadt

Seltsam lautlos hielt an dem leer gefegten Bahnsteig ein Zug, vollgeschmiert wie ein einziges großes Graffito auf Rädern. Gleich einem Hund drückte sich Marroné in einem der hinteren Waggons in die Ecke. Vieles hier – er selbst mit eingeschlossen – wirkte auf verschiedene Weise kaputt: Die Sitze aus grünem Lederimitat waren zerkratzt oder aufgeschnitten, die Haltegriffe aus ihrer Verankerung gerissen, die Fenster klemmten oder hatten keine Scheiben und man sah Rußspuren, wo Flammen, nachdem sie das Glas gesprengt hatten, ins Innere gedrungen waren. Der Zug ruckelte ein paarmal und fuhr dann los; es fühlte sich an, als reiste man in einer Schlange mit mehrfach gebrochenem Rückgrat. Zwei Stationen weiter hatte sich der Waggon bereits mit Männern und Frauen gefüllt, die frühmorgens zur Arbeit fuhren, sowie dem einen oder anderen Greis und ein paar fliegenden Händlern. Leicht befremdet bemerkte Marroné, dass sich niemand auf die drei Sitze neben ihm setzen wollte, obwohl schon Leute standen; er musste schlimmer aussehen, als er dachte, und übel riechen. Aber er legte ohnehin keinen Wert auf Gesellschaft, drehte sich zum Fenster und vertrieb sich die Zeit, indem er durch das staubige Glas, auf das der Regen zarte Spuren gemalt hatte, in die Landschaft schaute: niedrige Behausungen aus Ziegeln oder rohem Beton, ewig halb fertige Baustellen, die verwunschen wirkten, Werkstätten, die von Autos überquollen, Vorgärten,

Hinterhöfe, Schuppen und Pferdekoppeln, Kirchen, kleine Läden, Autos an Bahnübergängen, Verkehrsadern, in die sich dreiste Werbeschilder quer hineinbohrten. Beim gleichmäßigen Rattern des Zuges kamen ihm Worte in den Sinn, die er in seiner Kindheit aufgesagt und lange vergessen gehabt hatte: »Gute Fee, die du lächelst unter den Engeln, ich verspreche, brav zu sein, Gott zu ehren, meine Heimat und Oberst Perón zu lieben, fleißig zu lernen und mit reinem Herzen jedem das gesunde, fröhliche und wohlerzogene Kind zu sein, das du dir wünschst.« Sooft der Zug zwischen den Stationen seine Höchstgeschwindigkeit erreichte, verschmolzen vor dem Fenster die Umrisse, überblendeten sich die Bilder, und so schienen Autos mit Eingangstoren zusammenzuwachsen, Mauern mit Brachen, ein blaues Haus mit dem Blau des Himmels. Sobald der Zug wieder langsamer wurde und sein teuflisches Stampfen leiser (drinnen fühlte es sich an, als rasselte ein Titan im Verlies mit seinen Ketten), nahmen die Dinge wieder ihre ursprüngliche Form an; einmal aber beschleunigte der Lokführer im Moment jener Höchstgeschwindigkeit, auf den Marroné jetzt schon wartete, wie ein Wahnsinniger noch weiter; ohne Halt passierten sie erst eine, dann noch eine und noch eine Station, und von Mal zu Mal schrumpfte der Bahnsteig; Marroné sah außer den fernen Wolken am Himmel nur einen kontinuierlichen Fluss der Farben, als striche ein breiter Pinsel über Bäume, Häuser, Gärten und Verkehrsschilder wie über Aquarellfarben, um ein riesenhaftes Antlitz zu malen, das alles enthielt, so gigantisch groß, dass er fürchtete, das Bild könnte am Ende nicht im Ganzen erfassbar sein.

Als Nächstes öffnete er die Augen und erblickte ein rundes Stück Himmel, umrahmt von Köpfen – wobei diese nicht wirklich ein Rund bildeten, sondern ein Profil, ihr Abbild, das ihm eben so riesenhaft im Traum erschienen war. Enttäuscht darüber, dass der vermeintlich Tote nur bewusstlos gewesen war, zerstreuten sich die Leute, die ihn umringt hatten, sodass sich das geliebte Gesicht wie eine Knospe auffächerte, um schließlich zu verblühen. Aber Marroné hatte es bereits erkannt und lächelte. Das war Evas Gesicht gewesen, natürlich, sie war allgegenwärtig, sie hatte ihn nicht verlassen und würde das auch nicht tun. Zwei Männer fassten ihm unter die Arme, setzten ihn aufrecht hin und stützten ihn gut ab, damit er nicht wieder umkippte und sich auf dem harten Bahnsteig noch den Hals brach. Bevor sie gingen, gaben sie ihm den Rat: »Mann, geh nach Hause und schlaf deinen Rausch aus.« Mit entrücktem Lächeln murmelte Marroné wie ein Betrunkener ein paar Dankesworte. (Er nahm sich vor, bei dieser Rolle zu bleiben; wenn er sich schon nicht auf andere Art beliebt machen konnte – worauf alles hinzudeuten schien –, dann konnte er wenigstens mitspielen.) Er blickte hoch. Ein Schild mit weißen Lettern auf schwarzem Grund bezeugte, dass er wie durch ein Wunder an der Station aus dem Zug befördert worden war, die ihm der Mann am Telefon genannt hatte. Da er dringend ein gutes Omen brauchte, beschloss er, diesen Umstand als solches zu interpretieren. Die bösen Zauberer, die ihn verfolgten, mochten nicht gleich aufgegeben haben, aber sie hatten sich wohl den Tag freigenommen.

Die Bahnschienen liefen durch einen schmalen Graben, weshalb er nur ein Stück azurblauen Himmel sah, das allgegenwärtige Stationshäuschen im englischen Stil, einen Zug, der mit seinem großen Sonnenauge ebenso lautlos herannahte wie der, mit dem er gekommen war, und das wuchernde sommerliche Blattwerk der Paradiesbäume, deren Schatten ihn mildtätig vor der sengenden Hitze schützte. Mit etwas Mühe erklomm er die unebenen Stufen einer Betontreppe und blickte sich um. Hinter dem obligatorischen Eukalyptusstreifen, der die Bahngleise abschirmte, erstreckte sich eine aufgeräumte Landschaft mit länglichen Bungalows, die dalagen wie Butterstückchen: Er sah rote Ziegeldächer, schlanke Säulen und hölzerne Fensterläden mit ausgesägten Rautenmustern; Gärten mit Blumen, hin und wieder ein geparktes Auto und Gartenzwerge; von Bäumen gesäumte Bürgersteige, die eine sanfte, fast unmerkliche Kurve beschrieben, als er weiterging. Er kam an Kindern vorbei, die mitten auf der Fahrbahn Rad fuhren, an einer Frau mit Einkaufsroller und an einem Lastwagen, der Siphonflaschen transportierte. Dann raffte er sich endlich auf und sprach einen Mann an, der mit seinem Cockerspaniel Gassi ging.

»Oh ja, das ist im ersten Bezirk, auf der Höhe des Knotens. Warten Sie mal … Steh jetzt endlich!«, fuhr er den Hund an, der an der Leine zerrte. »Gehen Sie immer geradeaus.«

»Die Straße hier lang?«

»Nein, nein, da kommen Sie zur Nase. Zum Knoten geht es erst hier entlang, immer geradeaus, und dann … dann sehen Sie einen großen Platz, so ungefähr an ihrer Wange … Da biegen Sie links ab, immer hinein … Und in der Mitte des Knotens steht ein großes Wohnhaus, ein Plattenbau, fünf Stockwerke hoch. Die Adresse, die Sie suchen, ist genau gegenüber. Es ist wirklich nicht zu verfehlen.«

Die Auskunft erwies sich als zutreffend. Allerdings musste er unter der sengenden Sonne zehn Häuserblöcke weit laufen und stand ein paarmal kurz davor, das Handtuch zu werfen. Er wusste nicht, welche Kraft ihn weitergehen ließ, aus irgendeinem Grund hatte er den Eindruck, nicht er bewege sich, sondern die Häuser zu beiden Seiten der Straße glitten in einer feierlichen Prozession an ihm vorüber. Die Bewohner hatten der typisch peronistischen Architektur, die es in den Varianten Doppelhaushälfte, zweistöckig und Reihenhaus gab, mit der Zeit eine persönliche Note verliehen; sie wollten sich wohl instinktiv von ihren Nachbarn unterscheiden. So gab es spitz zulaufende Zäune, Verkleidungen aus Naturstein, Schiefer oder Mosaikplatten, kleine Veranden und Erker nebst Laternen im Kolonialstil. Das gesuchte Haus lag an einer Straßenecke, an der die Fassade abgerundet (statt wie üblich abgeschrägt) und mit fächerartig gesetzten Dachziegeln geschmückt war; ein leicht ansteigendes Rasenstück führte zu einer niedrigen, sorgfältig gestutzten Ligusterhecke, hinter der, über den gepflegten Vorgarten verteilt, allerlei Statuen und Zierbrunnen zu sehen waren. Zweifellos war dies das Haus, das er suchte. Vor der Tür spielten im Schatten eines roten Pick-ups mit hölzerner Ladefläche ein kleiner Junge und ein kleines Mädchen in Badekleidung mit ihren Gießkannen, Eimerchen und einem Gartenschlauch.

»Hallo, Kleiner! Wohnt hier der Herr Rogelio?«, fragte Marroné so freundlich wie irgend möglich; aber es glückte ihm wohl nicht allzu sehr, denn das Mädchen heulte los, und der Junge rief mit kaum verhohlenem Argwohn: »Großvater! Großvater!«

Der Mann trat nicht aus der Haustür, sondern aus einer Werkstatt beziehungsweise aus einem ans Haus angebauten Schuppen. Er war wohl zwischen sechzig und siebzig, mit weißem Haar und dunklem Teint, und seine kohlschwarzen Augen glänzten wie zwei in einen Faltenkorb versenkte Murmeln. Marroné hatte das Gefühl, dass der Mann sein Großvater sein könnte – sein wirklicher. Über der weiten Kleidung trug er eine Plastikschürze und er hielt Hammer und Meißel in kräftigen Bildhauerhänden. Die Enkelkinder klammerten sich an seinen Beinen fest und lugten vorsichtig aus ihrer Deckung hervor.

»Worum geht es?«, fragte er, steckte den Meißel in die Vordertasche der Schürze, behielt den Hammer jedoch in der Hand. »Suchen Sie wen?«

»Wir haben miteinander telefoniert. Wegen … der Büsten.«

Er musste sich erst einmal am Türstock festhalten um nicht umzukippen, und sein Großvater half ihm in die Küche und stellte ihn mit Keksen und Matetee so weit wieder her, dass er alles erklären konnte.

»Ich heiße Ernesto und … Sie wissen schon, ich bin in der Be… Also in der Gue… Also, ich engagiere mich poli…«, brabbelte Marroné möglichst vage. Aber weil sein Gegenüber eher verwirrt reagierte, stieß er am Ende doch hervor: »Ich bin bei den Montoneros! Und weil wir uns doch für die Benachteiligten engagieren, möchten wir in allen Arbeitervierteln Büsten von Eva Perón aufstellen …«

Rogelio hörte aufmerksam zu, den ruhigen, gutmütigen Blick auf ihn gerichtet, sodass Marroné sich für seine Lügengeschichte zu schämen begann und sie mit etwas Wahrem ausschmückte.

»Ich bin auf der Flucht, Rogelio. Mich verfolgen die Schlägertruppen der Gewerkschaft, die Triple A und die Polizei. Ich sehe so grauenhaft aus, weil ich mich auf einer

Müllkippe versteckt habe. Wenn die mich in die Finger kriegen …«

Rogelio hob eine seiner Pranken und legte sie beruhigend auf Marronés Hand, wobei er diese ganz verdeckte.

»Ganz ruhig, Ernesto. Du bist hier nicht in ihrer Reichweite. Eva schützt dich. Sieh nur! Du bist in ihr drin.«

Rogelio zeigte auf die Wand, an der ein Bild hing, oder besser gesagt, eine aus dem Straßenatlas gerissene, bunt bemalte und mit Zetteln und Zahlen beklebte Karte der Stadt, deren Wohnblöcke, Hauptplätze, Wohnstraßen, Geleise und Hauptadern sich vor dem umliegenden Brachland unverkennbar zu den Umrissen einer Evita-Büste fügten. Erst glaubte er zu träumen, doch als er die rätselhafte Karte besser erfasste – die Büste stand mit dem Sockel auf der Camino-de-Cintura-Schnellstraße, die Ricchieri-Schnellstraße zum Flughafen bildete ihr Rückgrat –, fiel ihm ein, dass er sich ja in Ciudad Evita befand, jenem Modellviertel, das dem Umland von Buenos Aires für alle Zeiten ihr Profil eingeprägt hatte. Rogelio erklärte ihm in der Zwischenzeit, warum er glaubte, dass die Grenzen dieses Jerusalems der Peronisten nicht verletzt werden konnten.

»Vergiss nicht: Damals, beim Staatsstreich gegen Perón, bei der sogenannten Befreiungsrevolution, haben sie sich an Peróns und Evas Bildern abreagiert. Gemälde, Plakatwände, Büsten, keine ihrer Darstellungen haben sie verschont … bis auf die hier, die größte von allen. Hier leben noch jetzt Evitas Leute. Die Figur ist so groß, dass man sie nur vom Himmel aus sehen kann, wie die Nazca-Linien in Peru. Schon witzig, oder? Es gab mal Gerüchte, dass sie mit Bulldozern und einem Haufen einfacher Soldaten anrücken wollten, oder mit Freiwilligen, egal ob reaktionär oder radikal sozialistisch, die sollten die Straßen so umbauen, dass sie das Profil von Belgrano oder Sarmiento ergeben. Da haben wir uns mehrere Nächte hindurch bei der Wache abgewechselt, um sie zurückzuschlagen und uns, falls notwendig, vor die Bulldozer zu werfen. Die sind aber nie gekommen. Später fiel uns ein, dass sie auch rundherum neue Viertel hochziehen könnten, um Evas Konturen zu verwischen. Das wäre jedoch teuer gewesen und hätte wenig gebracht, sie wäre ja immer noch dagewesen, versteckt und doch überdeutlich sichtbar, wie bei diesen Gemälden, in denen sich noch ein zweites Bild verbirgt. So wurde es uns nach und nach klar. Evas Formen schirmen uns ab wie ein Palisadenzaun, sie schützen uns wie durch Zauberei vor den Antiperonisten dort draußen. Das hier ist eine Insel, hier lebt ein Argentinien fort, wie es sich Eva immer erträumt hat, ein Argentinien, das uns nach ihrem Tod genommen wurde.«

Rogelios sanfte Stimme wirkte einschläfernd: »Eva schützt dich – du bist in Eva drin – Evas Insel – Eva liebt dich – Eva tut alles für dich.«

Er fuhr hoch, der Kopf war ihm bis zu den Knien gesunken.

»Wir werden unser Möglichstes tun«, sagte Rogelio gerade. »Einem Gesinnungsfreund auf der Flucht steht meine Tür immer offen. Weißt du, wie oft ich schon untertauchen musste? Und ich nur nicht hinter Schloss und Riegel gelandet bin, weil mir ein Nachbar geholfen hat oder auch ein Unbekannter? Falls ihr also Häuser oder Familien sucht, wo ihr euch verstecken könnt … Ich kümmere mich in dieser Gegend ein bisschen um alles. Das hier ist ein gewachsenes Viertel, in dem die Leute zusammenhalten. Wir sind alle

Peronisten – und zwar in guten wie in schlechten Tagen. Nicht so wie das Gesindel, das am 17. Oktober ›Viva Perón!‹ schreit und am 16. Juni den Schnabel hält. Na gut, komm mit, ich zeige dir mal die Werkstatt, du schläfst mir ja noch auf dem Stuhl ein.«

Schon beim ersten Durchqueren des Gartens war Marroné aufgefallen, dass sich in Rogelios Werk die zarte, reine Liebe zum Material mit einem zweifelhaften volkstümlichen Geschmack verband und dass darin der hohe Kunstanspruch von Michelangelos David oder der Venus von Milo ebenso Platz fand wie die kreolische Bodenständigkeit eines Don Segundo oder Martín Fierro aus der Gaucho-Literatur. Den Kunstanspruch bezeugten Statuen aus Marmor, Onyx und Granit, die aussahen, als hätten nicht Hammerschläge sie geformt, sondern sanfte Hände, und auch die polierten Holzfiguren, die wie von selbst in ihre Form geflossen zu sein schienen. Die Bodenständigkeit zeigte sich in den übrigen Steinfiguren, die Nachahmungen des Neoklassizismus, Rokokos oder Jugendstils waren, weshalb es von Schäferinnen und Schäfern, spärlich bekleideten Nymphen und Gassenjungen nur so wimmelte, und auch in seinen groben Holzfiguren, Gauchos mit wettergegerbten Gesichtern und wilden Indianern, deren Adern am Hals hervortraten und die ihre Zähne fletschten. Marroné nahm das alles jedoch nur beiläufig wahr, denn sein Blick hatte sich an einer schimmernden Stirn festgesaugt, einem zarten Schwanenhals, einer seidigen Haartracht, die in sanften Wellen auf Schultern aus Alabaster herabsank. Die Figur war durchscheinend und wirkte völlig anders als die andern – es war kaum zu glauben, dass dieselben Hände sie geformt hatten.

»Das ist sie, oder?«, flüsterte er ehrfürchtig.

Rogelio nickte geschmeichelt. Seine Enkelkinder kamen gelaufen und wollten auf seinem Schoß sitzen, wobei sie den schmutzstarrenden, glotzenden Fremden misstrauisch im Auge behielten. Als die Kleinen auf seinen Knien saßen, begann Rogelio zu erzählen.

»Ein einziges Mal habe ich sie hautnah erlebt. Sie war zur Einweihung des Gewerkschaftshauses hierhergekommen und wir waren von ihr geblendet, alle, auch Kommunisten und Sozialisten, die ihr zuvor nicht einmal die Hand geben wollten. Sie hatte«, sagte er zu seiner Enkelin, »ein enges Kleid aus karmesinrotem Brokat an, das Oberteil mit Goldfäden durchwirkt, und Ärmel und Rock aus silberbestickter Seide; ihr offenes Haar, das ihr bis zur Taille reichte, sah aus wie feine Goldfäden.«

»So wie bei einer Prinzessin, Opa?«, wollte die Kleine wissen.

»Ja, aber sie war eine Prinzessin des Volkes. Am meisten überraschte uns ihre weiße Haut ... Ich hatte schon Vergleiche mit Magnolien, mit Jasminblüten oder dem Schnee gehört; aber es war irgendwie anders. Sie wirkte blass und durchscheinend, trotzdem leuchtete sie von innen heraus, als flackerte ein Licht in einer Alabasterlampe. Nur ein Beispiel: Als sie eintraf, hatten wir gerade zu Mittag gegessen und boten ihr ein Glas Rotwein an. Sie nahm es lächelnd und stürzte den Wein durstig hinunter. Und ihre Haut war so durchsichtig, dass wir den roten Wein durch ihre Kehle rinnen sahen, worüber alle Anwesenden sehr staunten. Perón ist undurchsichtig gewesen, das war schon immer so. Als ich ihn einmal in einer Skulptur darstellte, nahm ich als Material schwarzen Granit. Eva aber war transparent ... Durch ihre

Haut ... schimmerte das Volk hindurch.« Er verstummte und sah Marroné aus freundlichen, dunklen Augen an. »Das habe ich in diese Statue hineinzulegen versucht«, erklärte er und drehte sich zu der Eva mit dem schlanken Hals um. »Aber es ist mir nur halb gelungen.«

»Wie viel?« unterbrach ihn Marroné, falls diese ganze Geschichte nur ein Trick gewesen war, um den Preis in die Höhe zu treiben.

»Ich habe nicht vor, sie zu verkaufen, Ernesto. Derzeit jedenfalls nicht.«

Marronés Augen funkelten kalt und hart wie der Obsidianknauf am Dolch eines aztekischen Hohepriesters. In ihm meldete sich brüllend der Einkaufsleiter von Tamerlán & Söhne, ein hungriger Tiger, der tagelang in seinen Käfig eingesperrt gewesen war.

»Ich zahle, was Sie wollen. Und sagen Sie mir auch gleich, was Sie für weitere einundneunzig verlangen.« Marroné schwitzte, er zitterte am ganzen Körper.

Rogelio wies auf einen Korbsessel, auf dem Marroné dankbar Platz nahm.

»Diese Figuren sind wohl sehr wichtig für dich?«

Marroné nickte flehentlich und schluckte ein paarmal, sein Adamsapfel hüpfte in seinem Hals auf und ab wie ein Kolben.

»Wegen der armen Kinder in den Elendsvierteln ...«, setzte er an.

»Damit kann ich dir nicht helfen. Ein Bildhauer wie ich fertigt nur Einzelstücke. Du bräuchtest was aus Serienproduktion.«

Hätte Rogelio ein Jackett getragen, dann hätte Marroné ihn am Revers gefasst und geschüttelt.

»Ich brauche die Büsten! Unbedingt! Meinetwegen aus Pappmaché, Stanniolpapier oder Plastilin gemacht!«

Die Kinder gingen wieder hinter ihrem Großvater in Deckung. Marroné ließ sich fahrig in den Sessel fallen.

»Entschuldigen Sie bitte.«

Rogelio betrachtete ihn nachsichtig.

»So, Kinder, geht mal raus, ich höre schon eure Mami kommen«, sagte er und gab seinen Enkelkindern einen Klaps auf den Po. »Ernesto ... Du bist kein Montonero, stimmt's? Vermutlich nicht mal Peronist. Willst du mir nicht alles erzählen?«

Marroné wäre am liebsten vor ihm niedergekniet und hätte ihm die Hände geküsst.

»Ich bin leitender Manager in einem Baukonzern«, begann er mit leidender Miene. »So, wie ich gerade aussehe, mag Ihnen das unglaubwürdig vorkommen, aber sehen Sie nur.« Er versenkte die Hand in der Tasche und angelte in der zweigeteilten Muschel nach seiner Kreditkarte, seiner Krankenversicherungskarte und seinem Mitgliedsausweis im *Club Atlético de San Isidro*. Er legte sie alle drei auf die Werkbank, um wenigstens Mitgefühl zu wecken, denn glauben würde Rogelio ihm sicher nicht. Doch dieser wehrte ab.

»Lass nur, Ernesto. Ich habe keinen Grund, an deinen Worten zu zweifeln. Wenn du das sagst, glaube ich es dir.«

Marroné schossen die Tränen in die Augen.

»Vorhin habe ich doch auch gelogen.«

»Wahrscheinlich hattest du deine Gründe.«

Er nickte und schluckte die Tränen hinunter.

»Die Montoneros haben unseren Direktor entführt. Er ist nicht so schlecht, wie er ... äh ... wie er wohl zuletzt in den Medien weggekommen ist. Eine der Bedingungen für seine Freilassung ist, in jedem Büro der Firmenzentrale eine Büste von Eva Perón aufzustellen. Das macht zweiundneunzig Büsten. Ich versuche sie schon seit Wochen aufzutreiben, aber es haben sich böse Mächte gegen mich verschworen«, stieß er wirr hervor, weil der Marroné, den er kannte, durch die Ereignisse der letzten Tage ein paranoides Nervenbündel geworden war. »Bitte helfen Sie mir, Rogelio. Es gibt niemanden, an den ich mich sonst noch wenden könnte. Wenn Sie mir vielleicht zwei kleine Büsten zur Ansicht machen würden, könnten wir Zeit gewinnen …«

Rogelio zog ein antiquiertes Benzinfeuerzeug aus seiner Brusttasche hervor und steckte sich einen Zigarrenrest an, billige Verschnittware mit beißendem Geruch, auf der er jedoch genüsslich herumkaute.

»Ich mache dir einen Vorschlag: Nimm ein Bad, zieh dich um und ruh dich bis zum Mittagessen aus. Wir zwei unterhalten uns, sobald du dich besser fühlst. Ja?«

Marroné nickte, mehr ungläubig als dankbar, und folgte Rogelio durch den Garten, durch einen bunten Fransenvorhang und durch die Küche ins Schlafzimmer, wo sich ein Doppelbett, ein Kleiderschrank und ein Kreuz befanden, geschmückt mit einem Olivenzweig und einem Foto, auf dem der junge Rogelio eine noch jüngere, lächelnde Frau in einem geblümten Kleid umarmte. Rogelio holte eine Hose, ein sauberes Hemd, eine Unterhose aus grober Baumwolle und einfache Sandalen aus dem Schrank.

»Ich gebe dir Sandalen, aus meinen Schuhen würdest du herausrutschen. Was noch …?« Er stellte sich auf die Zehen und holte ein frisches Handtuch aus dem oberen Schrank. »Ich glaube, damit hast du alles, was du brauchst«, sagte er, als er es zu den übrigen Sachen aufs Bett legte. Marroné behielt ihn wie ein kleiner Junge, der gewohnt ist, dass auf jede Zuwendung eine Ohrfeige folgt, argwöhnisch im Auge; doch nach einer warmen Dusche mit viel Seifenschaum, und in sauberer Kleidung, breiteten sich wie am Anbeginn einer neuen Ära neuer Optimismus und neues Vertrauen in seine Mitmenschen in seiner Brust aus. Und alles wurde noch besser, als Rogelios Enkelkinder ins Zimmer gestürmt kamen und ihn, ohne jede Furcht, kichernd weckten.

An den Samstagen traf sich die Familie zum Mittagessen, wobei Rogelio genau genommen eine so große Kinderschar hatte (neun, die noch lebten), dass die einen ihn am Samstag und die andern am Sonntag besuchten, je nachdem, was sie sonst noch vorhatten. Die Mutter der beiden Kinder hatte in einem Kessel Wasser aufgesetzt und schnitt gerade die Tomaten für die Sauce, als eine weitere Tochter mit zahlreichen Kindern und Ehemann eintraf, von dem hinter einer riesigen Palette mit Raviolidosen aber kaum die Nasenspitze hervorsah. Marroné wurde reihum allen vorgestellt und half mit, im Schatten des Feigenbaums und der Weinreben einen Tisch aus Böcken und Brettern aufzubauen, die sie aus der Werkstatt holten. Dieser wurde anschließend von den Frauen mit einem Plastiktischtuch bedeckt. Obwohl das Gespräch um düstere Themen kreiste – die Unterdrückung, die in den Fabriken herrschte, die zunehmenden Todesfälle, den jüngsten, wahnwitzigen Aufstand des Militärs –, waren alle in festlicher Stimmung. Am Kopfende des Tisches saß, grün und golden gesprenkelt vom hellen Licht, wie eine Sonne Rogelio, um den seine Kinder wie Planeten und seine Enkelkinder wie Monde kreisten. Kurz kam Marroné das sonntägliche Trauerspiel des Grillens mit seinen

Schwiegereltern im Garten hinter dem Haus in Olivos in den Sinn, wo er, zu widerlichen Dankbarkeitsritualen verpflichtet, lebenslänglich dafür bezahlte, dass sie ihnen beim Hauskauf und beim Bau des Swimmingpools finanziell unter die Arme gegriffen hatten; die Miene seines Schwiegervaters, dem das Fleisch wieder mal zu trocken oder zu zäh war, seine Schwiegermutter, die sich mit seiner Frau nach dem Essen zu einem zu einem eingehenden Gespräch über alle möglichen Erziehungsfragen zurückzog, während er, allein mit seinem Schwiegervater, dessen endloses antiperonistisches Schwadronieren über sich ergehen lassen musste, bei dem kein Widerspruch geduldet wurde.

Da klopfte Rogelio mit der Gabel an sein Glas, um einen Toast auszusprechen.

»Auf das, was wir haben«, sagte er und breitete ökumenisch die Arme aus, um alle Anwesenden mit einzuschließen. »Wir brauchen nicht viel, was? Was wir haben, genügt uns. Mit weniger würden wir uns allerdings nicht zufriedengeben.«

Wie recht er doch hat, dachte Marroné, als hätte Rogelio diese Worte speziell an ihn gerichtet. War das nicht der Sinn des Lebens? Was konnte man mehr verlangen? Er sah sich plötzlich in dreißig, vielleicht vierzig Jahren ein ganz anderes Leben führen: Als peronistisches Familienoberhaupt in einem Haus wie diesem, umringt von Kindern und Enkelkindern, behütet und beschenkt, unter einem friedlichen Weinstock die Früchte eines langen Lebens genießend. War es etwa wirklich der richtige Weg, sich zu proletarisieren? Hatte Paddy recht gehabt? Und war dieses Bild seine posthume Botschaft an ihn? »Wenn du möchtest, helfe ich dir dabei«, klangen ihm die Worte des geliebten Freundes in den Ohren. Und er hatte nicht rechtzeitig auf ihn gehört; er hatte seine ausgestreckte Hand zurückgewiesen, geißelte er sich und hätte fast wieder losgeheult. In letzter Zeit war er eine ziemliche Heulsuse. Doch noch war nicht aller Tage Abend. Sein Freund war nicht umsonst gestorben. Marroné würde es durchziehen, die stupide, monomanische Jagd nach diesen Büsten und den Konkurrenzkampf in der Wirtschaftswelt hinter sich lassen. Überhaupt alles: Herrn Tamerlán, seine Frau, die Schwiegereltern, das Haus in Olivos ... Er würde sich schon etwas einfallen lassen, um seine bürgerlichen Kinder – in seinem neuen Leben hätte er noch andere – weiterhin zu sehen. Er würde in Ciudad Evita leben, und das fiele ihm gewiss leichter als Paddy. Er hatte binnen weniger Tage größere Fortschritte als sein verstorbener Freund gemacht, ohne sich überhaupt anzustrengen. Oder besser gesagt *Rückschritte*, denn er brauchte sich ja in keine ihm völlig unbekannte, völlig neue Welt einzufinden, sondern nur zurück zum Ursprung zu gelangen; es war nicht nötig, sein Schicksal herumzureißen, bloß, eine gewaltsame Veränderung nach seiner Geburt wieder rückgängig zu machen ... zu seinen Anfängen zurückzukehren, seinen Wurzeln, zu dem, wovon das Blut in seinen Adern kündete ...

Rogelio bat Marroné, zu seiner Rechten Platz zu nehmen, und redete auf ihn ein, jetzt mit einer frischen qualmenden Zigarre im Mundwinkel, und nachdem er sich mit Ravioli und Rotwein gestärkt hatte, hörte dieser dem Vorbild für sein neues Leben aufmerksam zu. Nach Tisch saßen sie beisammen, ein paar Bienen schwirrten summend um die grünen Trauben über ihren Köpfen herum, Grillen zirpten, Käfer mit grün schillernden Flügeln und dicken schwarzen

Fühlern ersoffen in den Weinresten in ihren Gläsern, als Rogelio sich plötzlich vorbeugte und Marroné ganz wie ein Großvater, der eine Überraschung für seinen Enkel hat, ins Ohr flüsterte:

»Ich möchte dir gern einen Freund vorstellen.«

Sie brauchten lediglich mit ein paar – in der Nachmittagssonne wie Hammerschläge auf einem Blechdach hallenden – Schritten die Straße zu überqueren und zwischen Pollern und vereinzelt im Schatten geparkten Autos hindurch zum Eingang des Plattenbaus gegenüber zu gehen. Dort nahmen sie den einzigen Fahrstuhl, der in Betrieb war (die beiden andern sahen nicht nur völlig verrostet aus, sondern waren auch zugeschweißt). Der offene Aufzugsschacht bot auf der Fahrt nach oben einen Ausblick auf Evas Stadt, und Marroné sah, durch das doppelte Gitter hindurch, rote Ziegeldächer und grüne Baumkronen, die sich bis zur äußeren Umfahrung erstreckten und Evitas Profil in die Landschaft schnitten. Je höher sie hinaufkamen, umso heruntergekommener zeigte sich das Gebäude: Die grün-grauen Mosaikfliesen an den Wänden lichteten sich. Im Erdgeschoss sah es noch nach recht anständigen Wohnungen aus, in der letzten Etage aber befanden sich nur noch halb verfallene Löcher, und der Wandschmuck fehlte ganz. Aus dem rechten Korridor wehte der aromatische Geruch nach brutzelndem Fleisch und der beißende von angesengtem Holz und Pech: Es handelte sich wohl um eines jener Grillfeste, bei denen der Parkettboden verfeuert wurde. Marroné hatte schon davon gehört und er war trotz der Ravioli noch so hungrig, dass nicht viel fehlte und er hätte Rogelio am Arm dorthin gezogen und sich eingeladen. Dieser aber zog ihn schon in den linken

Korridor, der hinten an einer Wand aus Glasziegeln endete. Im starken Gegenlicht wirkte sein Begleiter übernatürlich und Marroné fühlte sich, als folge er ihm ins Licht, in den Tunnel, von dem die Leute nach Nahtoderfahrungen berichteten. Sie gingen an mit Vorhängeschlössern gesicherten, mit Holzlatten ausgebesserten oder polizeilich versiegelten Türen vorüber, bis Rogelio schließlich vor der letzten Tür auf der rechten Seite stehen blieb und zweimal klopfte.

»Ich komm ja schon!«, rief jemand mit schnarrender Stimme; ein Riegel wurde geräuschvoll zur Seite geschoben und die Tür so weit geöffnet, wie es die vorgelegte Kette erlaubte. »Ach, du bist es«, sprach der Mann, als er Rogelio sah. »Warum sagst du das nicht gleich?« Er machte die Tür noch einmal zu und öffnete sie dann ganz.

Da die Jalousien heruntergelassen waren, lag das Zimmer im Halbdunkel; ein glücklicher Umstand, denn mehr davon zu sehen hätte einen nur deprimiert. Schwer zu sagen, was schlimmer war, das Durcheinander, der Schmutz oder die bizarre Anordnung von allem: Das Fernsehgerät stand auf dem Bett, ein Fahrrad diente zum Aufhängen gewaschener Unterwäsche, an einem Nagel hing ein Kleiderhaken mit einem schmutzstarrenden Anzug wie eine Kunstinstallation in einem modernen Museum. Ein solches Habitat schuf sich ein Mann erst in langen Jahren des zölibatären Lebens. Der Mann war wohl in Rogelios Alter, doch die Jahre hatten ihn gründlich überrollt, so als setzte man das Auto noch mehrmals zurück, nachdem man ein Tier überfahren hatte, um es auch wirklich plattzukriegen. Er war eigentlich größer als Rogelio, ging aber so gebückt, dass dies kaum auffiel, dazu war er hager, seine Haut war so aschfarben wie die überall herumstehenden, überquellenden Aschenbecher und er hustete ununterbrochen. Rogelio stellte sie einander vor und schimpfte gutmütig, weil der Mann sein Angebot ausschlug, ihm die Frau aus der Nachbarschaft vorbeizuschicken, die auch bei ihm putzte. Der Hausherr – der Rodolfo hieß – brummte nur: »Ach, die will doch was von mir.« Dann kam Rogelio zur Sache, tat jedoch weiterhin geheimnisvoll.

»Der Genosse hier würde sie gern sehen.«

Rodolfo zog fragend die Augenbrauen hoch und Rogelio klopfte Marroné fest auf die Schulter, wie um zu bekräftigen, dass er sich für ihn verbürgte.

»Ich lege für ihn die Hand ins Feuer.«

Die Tür befand sich auf demselben Korridor, gleich neben den Fahrstühlen. Nach kurzem Zerren und Rütteln hatte Rodolfo das Vorhängeschloss offen und stieß die Tür auf. Marroné hatte ein weiteres Drecksloch erwartet, wurde jedoch von hellem Licht geblendet. Es fiel durch große Fenster in einen weitläufigen Raum, wohl eine ehemalige Konditorei mit Panoramablick auf Ciudad Evita. Und als er dann sah, was sich noch hier befand, fühlte er sich wie Ali Baba beim Anblick der Schätze in der Räuberhöhle. Auf Regalen, Anrichten, Nischen, Tischchen, Holzkisten, Stühlen, auf dem Boden, überall Büsten, die Oberst Perón und Evita zeigten; weder in seinem wirklichen Leben noch in seiner Vorstellung hatte er je so viele auf einmal gesehen. Es gab sie in allen Größen und Varianten: aus Gips oder weißem Zement gegossen und mit goldener, silberner oder schwarzer Farbe bemalt; auch aus Bronze, die bei einigen Figuren noch glänzte, bei andern jedoch vom Taubenkot angegriffen oder von der Witterung grünstichig geworden war; aus Marmor, Granit, Onyx oder Holz gehauen; aus Tonerde oder Terrakotta getöpfert. Manche Köpfe waren nur faustgroß, andere doppelt so groß wie in natura. Der Stil war überwiegend neoklassizistisch, es fanden sich aber auch welche im romantischen und sogar präkolumbischen Stil. Die meisten stammten aus Serienproduktion, er sah aber auch Einzelstücke von hohem künstlerischem Wert. Was jedoch zählte, war, dass man mit diesen Evas drei Bürogebäude hätte bestücken können. Marroné fühlte, wie sich seine Pupillen zu senkrechten Schlitzen verengten, und hätte er einen Schwanz besessen, dann hätte sich dieser bestimmt hin und her bewegt wie bei einer Katze, die einen Kanarienvogel belauert. Und wie die Katze zur Tarnung schnurrt, fragte Marroné heiser:

»Woher habt ihr die?«

»Gleich als wir erfuhren, dass Perón das Handtuch geworfen hatte, haben Rodolfo und ich damals den Pick-up genommen – den, den ich heute noch fahre – und uns auf den Weg gemacht. Die Regierung hat ja noch gewartet, aber die Bürgerwehren nicht: Wo immer sie einer Darstellung, einer Statue, einer Büste von ihnen habhaft wurden, haben sie diese zertrümmert, von ihrem Podest gestoßen, ihr den Kopf abgeschlagen. Wir haben noch am selben Tag alle aus Ciudad Evita in Sicherheit gebracht: die vor der Schule, die vom Hauptplatz, die vor dem Sportzentrum. Später haben wir immer wieder Tipps bekommen: Dass die Arbeiterinnen einer Weberei schon monatelang eine versteckten, auch die Arbeiter in einem Kühlhaus, Bibliotheksangestellte, sogar die Gepäckbeförderer am Flughafen Ezeiza … Jede Eva und jeder Oberst Perón hier haben eine besondere Geschichte – es waren größere und kleinere Heldentaten nötig, um sie herzuschaffen. Du weißt, dass mehrere Monate Gefängnis darauf standen, auch nur ein kleines Foto oder Bild der beiden zu Hause zu haben.«

Marroné spazierte durch den provisorischen Ausstellungsraum. Nicht im Louvre und nicht in den Uffizien hatte ihn je ein solches Hochgefühl durchströmt. Die Büsten waren bestens in Schuss, schienen immer wieder geputzt und blank gerieben zu werden, weil nur der Staub weniger Tage darauf lag. Rodolfo musste wohl seinen ganzen Sinn für Sauberkeit und Ordnung in die Sammlung investieren, sodass für sein eigenes Leben nichts blieb. Er hatte alle Figuren so hingestellt, dass sie durchs Fenster blicken konnten, auf das Bollwerk des Peronismus, damit es ihnen nicht langweilig wurde. Die ganze Zeit hatten sie hier darauf gewartet, dass Marroné die Hinweise entschlüsselte und ihrem Geheimnis auf die Spur kam. Wo sonst hätten sie sich verbergen sollen, wenn nicht hier, in Evas Haarknoten? Dass er das nicht früher herausbekommen hatte … Aber natürlich fand man nicht ins Zentrum des Labyrinths, ohne alle seine Wege abzulaufen.

»Die Büsten haben hier neunzehn Jahre auf Peróns Rückkehr gewartet. Auf den meisten ist die Provenienz verzeichnet«, erläuterte Rodolfo stolz.

Rodolfo drehte eine kleine, schwarze Eva um und zeigte Marroné das vergilbte Papier unten auf dem Sockel: BASIS-GRUPPE PERONISTISCHE PARTEIFRAUEN / PRESIDENTE-PERÓN-VIERTEL. Dann musste er mit beiden Händen zupacken, um eine größere Büste aus Zement zu bewegen: ARBEITERVIERTEL BERAZATEGUI / HAUPTPLATZ. Und eine aus Bronze: GEWERKSCHAFT GAS / PROVINZ BUENOS AIRES. Und noch eine: AVELLANEDA-POLIKLINIK / EMPFANG.

»Wir wollten sie eines Tages wieder dort aufstellen«, sagte Rogelio.

»Das wollen wir immer noch«, fügte Rodolfo mit Nachdruck hinzu.

»Lass uns später darüber sprechen«, sagte Rogelio da und zwinkerte Marroné zu. Doch Rodolfo schien seinen Standpunkt deutlich machen zu wollen:

»Nach Peróns Rückkehr habe ich ihm unverzüglich einen Brief geschrieben. Und dann noch einen, falls er den ersten nicht bekommen hatte. Und wieder und wieder. Irgendwann habe ich es aufgegeben.«

»Wie oft soll ich es dir noch sagen, Rodolfo: Perón wird nichts davon erhalten haben. Jemand hat seine Briefe aussortiert.«

Rodolfos Augen mit tiefen, dunklen Ringen darunter hatten einen bitteren Ausdruck.

»Ich meine, dass er sie sehr wohl bekommen und sich damit den Arsch gewischt hat. Das war nicht mehr unser Perón, der da zurückgekommen ist. Dieser Hexer José López Rega und Isabelita haben irgendwas mit ihm gemacht. Egal, jetzt ist er ohnehin tot. Wem sollten wir die Büsten jetzt noch geben? Es ist niemand mehr da, der sie verdienen würde.«

Rodolfos und Marronés Augen trafen sich zum ersten Mal. Es war ein flüchtiger Blick, aber Marroné war sogleich alles klar. In Rodolfos Augen flackerte die krankhafte, blinde Habsucht eines Sammlers, und wenn er Marronés Absichten ebenfalls durchschaute, würden sie sich genauso wenig über Evas Büsten einig werden wie damals Paris und Menelaos über Helena.

Sie luden ihn zu einem Grillabend unter Männern bei Rogelio zu Hause ein. Aber noch davor erschien der erste

Stern am abendroten Himmel, stieß sich eine Motte beharrlich den Kopf an der nackten Glühbirne neben dem Grill und erzählte Rogelio ihm die Lebensgeschichte seines Freundes. Daneben schichtete er Holzspäne und Kohle über zusammengeknülltes Zeitungspapier, um das Feuer zu entzünden. Leider war Marroné nicht ganz bei der Sache, weil er im Geist immer noch die Büsten durchging, sie nach Farbe, Material, Stil und Größe sortierte – denn ohne sorgfältige Auswahl sähe das Büro schnell wie eine Jahrmarktbude aus –, weshalb er nur die Hälfte mitbekam:

»Akt auf dem Platz ... das Militär ... und Perón ... die Spannungen mit der Kirche ... zu verteidigen ... es wurden auch viele bewaffnet ...«

»Wie jetzt? Um die Kirchen zu verteidigen?«

»Aber *wir* haben doch die Kirchen niedergebrannt, Ernesto!«

»Ach so, entschuldige!«

»Aber erst etwas später. Ich spreche von der Bombardierung der Plaza de Mayo. So wie in anderen wichtigen Momenten strömten die Menschen dorthin, und nach den letzten zehn Jahren kam niemand darauf, dass man hier besser vorsichtig gewesen wäre. Schon seit dem Vormittag waren immer wieder Bomber über den Platz geflogen. Rodolfo war mit seiner Frau auch in die Innenstadt gekommen. Sie liefen in dem Chaos umher, konnten aber nicht wirklich etwas tun. Als sich am Nachmittag die Rädelsführer des Putschversuchs bereits ergeben hatten, gingen sie zur Plaza de Mayo und fragten, ob noch Hilfe gebraucht würde. Da kam der letzte Angriff, der allerschlimmste. Rodolfo hatte großes Glück, oder auch großes Pech, wie man's nimmt: Er verletzte sich nur am Bein. Seine Frau hingegen ... Sie war im sechsten

Monat schwanger. Das hat ihn sehr getroffen. Als meine Frau noch lebte, hat er uns nie besucht. Wir haben uns nur außer Haus getroffen, bei Versammlungen oder zum Pfuschen …«

Nach außen blieb Marroné ruhig, bekundete auf angemessene Weise die erforderliche Bestürzung und das nötige Bedauern angesichts solch einer Geschichte. Innerlich aber fühlte er sich wie ein Frettchen, das aufgeregt herumlief und schnüffelte, schon nahe am Eingang zum Kaninchenbau. Diese Geschichte lieferte ihm wichtige Informationen über manche Schwächen seines Rivalen, die ihm noch nützlich sein konnten, sie bestätigte jedoch auch seine Befürchtungen: Das war ein schwer traumatisierter Mann, ein Besessener, der nicht so einfach von den Evas lassen würde. Diese Diagnose bestätigte sich beim Grillen, als Rogelio ihn zwischen Knackern und Blutwurst aufforderte, Rodolfo alles wahrheitsgemäß zu erzählen. Marroné entschied sich für eine Light-Version der Geschichte, die leichter zu schlucken wäre, und betonte, dass »die Firma« (deren Namen er sicherheitshalber nicht erwähnte) während Peróns erster Regierungszeit an der Errichtung von Schulen, Spitälern, Gewerkschaftshotels, der Republik der Kinder (wenn das keinen Eindruck machte) sowie des Denkmals für die Descamisados beteiligt gewesen war.

»Dein Chef ist Peronist?« Rodolfos Stirn war misstrauisch gerunzelt.

»Einer der ersten Stunde«, beteuerte Marroné. »Ob ihr es glaubt oder nicht, er ist am 17. Oktober 1945 nach Argentinien gekommen und hat gleich als Erstes gemeinsam mit den protestierenden Arbeitern seine Füße in den Brunnen gesteckt. Sein Vater verehrte Oberst Perón und

Evita glühend, und er selbst hat sie als Junge einmal in ihrer Residenz getroffen.«

»Und warum entführen ihn die Montoneros dann?«

Das läuft ja wie geschmiert, dachte sich Marroné und hakte gleich ein.

»Na, ich habe geglaubt, wahre Peronisten erkennt man daran, dass sie sich gegenseitig abschlachten.«

Der Blick, den Rodolfo und Rogelio wechselten, erinnerte an Partner beim Kartenspiel, deren Trumpf gestochen wurde.

»Wie, sagtest du noch mal, heißt er?«

Er hatte gar nichts gesagt, und zwar aus gutem Grund.

»Fa… Fausto Tamerlán«, blieb ihm nun nichts anderes übrig, als Farbe zu bekennen, und er zog in Erwartung eines Donnerwetters schon mal vorsorglich den Kopf ein.

»Tamerlán? Von dem Baukonzern?« Rodolfo fuhr entgeistert herum. »Das ist doch einer der größten Antiperonisten aller Zeiten! Mein Neffe war Betriebsrat auf einer seiner Baustellen, den haben Tamerláns Sicherheitsleute einmal niedergeprügelt.«

»Äh … aber nein …«, startete Marroné einen schwachen Versuch, sich herauszureden. »Möglich, dass das sein Vater war … Vielleicht auch sein Geschäftspartner … Die sind aber beide schon lange tot.« Er setzte ein einschmeichelndes Lächeln auf.

»Rodolfo …«, schaltete Rogelio sich ein.

»Was?«

»Gib ihm die Büsten doch. Dann retten sie zumindest *ein* Leben.«

»Was? Diese Arschlöcher haben uns damals die Flugzeuge geschickt und heute nehmen uns ihre Schlägertrupps aufs Korn.«

»Ernesto bestreitet das und ich glaube ihm. Wer sind wir, über Leben und Tod zu richten?«

»Tun die doch auch!«

»Schon. Aber wir sind nicht wie die. Oder? Hör zu: Was wir verloren haben ... Was du verloren hast ... Das bekommst du nicht wieder, indem du dich an Götzenbilder klammerst. Das sind nur Figuren aus Stein oder Holz. Nicht Oberst Perón, nicht Evita. Gib sie ihm doch!«

»Was weißt du schon davon, jemanden zu verlieren«, erwiderte Rodolfo bitter. »Du kannst dich vor Enkelkindern ja gar nicht mehr retten!«

»Ich teile doch alles mit dir. Du bist doch in meinem Haus jederzeit willkommen.«

»Ich brauch von deiner Familie keine Almosen«, schimpfte Rodolfo los, doch es schien ihm sofort leidzutun. »Entschuldige, so wollte ich das nicht ausdrücken.« Und gleich wandte er sich, ganz als hätte er diesen ebenfalls beleidigt, auch an Marroné: »Sei nicht böse, aber das muss ich mir erst durch den Kopf gehen lassen.«

»Ja, tu das ruhig«, dachte Marroné bei sich und schenkte Wein nach.

Nach der zweiten Flasche begannen die beiden von ihrer Zeit im Widerstand zu schwärmen.

»Und weißt du noch, da hat uns doch einmal dieser Wachtmeister beim Bepinseln der Glaserei mit Sprüchen erwischt ... Wie hieß der noch?«

»Merlo?«

»Ja, der! Der also mit seiner Trillerpfeife, und er hier«, Don Rogelio klopfte Rodolfo anerkennend auf die Schulter, »geht einfach hin und kippt ihm den Farbeimer über den Kopf.«

»Es sind nur noch Seifenblasen aus seiner Pfeife gekommen«, sagte Rodolfo, der vor Lachen kaum noch Luft bekam. Etwa so: »Blubb, blubb.«

»Es hat drei Tage gedauert, bis sie uns ausgeforscht hatten«, fuhr Rogelio fort. »Und dann haben wir Schläge kassiert. Und das U-Boot in all seinen Varianten: trocken, nass, halb flüssig.«

»Das bedeutet, mit Scheiße«, erklärte Rodolfo den Euphemismus. »Wie viele Monate haben wir dafür ausgefasst?«

»Weiß ich nicht mehr. Müssen um die fünf gewesen sein.«

Marroné saß mit einem seltsamen, wie aufgemalten Lächeln da und knetete unter dem Tisch seine Finger. Als der Wein ausging, bot er an, aus dem kleinen Laden im Erdgeschoss des Plattenbaus Nachschub zu holen.

»Du liebe Zeit!«, kriegte er zu hören, als er mit zwei Flaschen Château Vieux zurückkam. »Da hast du aber was hingelegt. Sehen wir aus wie solche Snobs?«

In Wirklichkeit war der Kauf der teuersten Marke, die der dürftig ausgestattete Laden im Sortiment hatte, nur ein Versuch gewesen, jene bösen Zauberer zu beruhigen – oder eigentlich zu bestechen –, die ihn verfolgten wie wilde Bluthunde. Aber er tat so, als sei dies doch »das Mindeste für meine neuen Freunde!«, und füllte die Gläser schneller, als sie leer wurden, bis auf sein eigenes natürlich, an dem er bei jedem Toast nur nippte.

»… Kohle, Kalium und Schwefelsäure. Zuerst nicht mal Rauch, aber dann, bevor wir uns aus dem Staub machen konnten … Bumm!«

»Gab es viele Verletzte?«, fragte Marroné zuvorkommend.

»Ach, was! Die hatte doch der hier gebastelt … Aber den Rauch konnte man noch zwanzig Blocks entfernt sehen. Und wir wurden leider erwischt, was für uns so viel bedeutete wie …«, sagte er mit einer wegwerfenden Handbewegung, »… schon wieder ab in den Bau!«

»Und die Geschichte mit Teresa. Oh Mann! Hast du ihm die schon erzählt?«

»Ach, Teresa! Was wohl aus der geworden ist?«

»Wer weiß, ob sie noch lebt. Von uns sind nicht mehr viele übrig.«

»Weißt du, einmal hat unsere peronistische Basisgruppe über Hortelano diskutiert …«

»Erklär ihm, wer das war, er hat doch keine Ahnung!«

»Ach ja, ich Trottel! Aber he, für mich gehört der Bursche eben schon zur Familie«, sagte Rodolfo weinselig mit einem kumpelhaften Lächeln, das Marroné nicht ohne Hinterge- danken erwiderte. »Hortelano hat sich als Vorarbeiter einer Textilfabrik ständig mit den Arbeiterinnen angelegt und den Betriebsrätinnen das Leben schwergemacht. Wir sind also schon zwei Stunden am Diskutieren, was wir gegen ihn unternehmen und so weiter und so fort, da stößt Teresa, die es faustdick hinter den Ohren hatte, einen Pfiff aus, und als wir hinsehen, hebt sie ihren Rock hoch bis hier – es war allgemein bekannt, dass sie nichts drunter trug – und sagt: »Wer ihm den Arsch versohlt, kriegt das hier.«

»Wir rotten uns natürlich gleich vor seinem Haus zu- sammen und geben es ihm so richtig. Die Typen standen Schlange, um ihn zu vermöbeln. Und Teresa, die war einen Monat lang damit beschäftigt, ihr Versprechen einzulösen.«

»Eine Frau – ein Wort, die Teresa!«

»Mutig ohne Ende, eine wahre Peronistin.«

Sie ließen sich auf einem Fluss aus Wein in die Vergan- genheit treiben.

»Wer sollte uns danach noch beschäftigen? Wir konnten nur in kleinen Werkstätten, als Steinklopfer oder Gelegenheitsarbeiter Geld verdienen.«

»Es hat nämlich nur noch die Gaskartusche gefehlt, und wumms, Sarmiento schafft es schneller zum Mond als die Yankees.«

»Acht Monate haben wir dafür ausgefasst!«

»Mein Jüngster hat ›Da draußen ist ein Herr!‹ gerufen, als ich wieder vor der Tür stand.«

»Acht Monate – da macht die Not erfinderisch.«

»Du meinst wohl … dass man sich über jede Wurst gefreut hat, die man in die Finger bekam …«

»Nur über peronistische!«

»Und immer, wenn eine Fahne brannte, dachte ich: ›Wenn Oberst Perón mich jetzt nur sehen könnte!‹«

Wohlbedacht brach Marroné diskret auf, als ihm das laute Schnarchen der beiden das Zeichen dazu gab. Er holte sich einen Schlüsselbund von Rodolfos Gürtel und den andern vom Küchentisch und schmierte das Einfahrtstor mit etwas Speiseöl aus der kleinen Glaskaraffe, bevor er es aufstieß. Bei dem abschüssigen Untergrund brauchte er nur den Leergang einzulegen und die Bremsen zu lösen, und der Pick-up rollte rückwärts auf die Straße. Dort musste er allerdings aussteigen und ihn schwitzend bis zum Eingang des Plattenbaus schieben. Als er dann bemerkte, dass nun auch der dritte Fahrstuhl, den sie am Nachmittag benutzt hatten, außer Betrieb und fest verrammelt war, wollte er am liebsten aufgeben, sich auf den Boden setzen und losheulen, doch er riss sich zusammen und ging wild entschlossen die Treppe in den fünften Stock hinauf, wobei er murmelte: »Scheißperonisten, haben das alles hier nicht verdient. Da schenkt man ihnen eine Modellstadt, und sie machen sie gleich kaputt.«

Zuerst trug er die zwei größten Evas nach unten, eine unter jedem Arm. Unterwegs musste er dreimal verschnaufen, und als er sie endlich ganz hinten auf der Ladefläche des Pick-ups verstaut hatte, bekam er keine Luft mehr und es zitterten ihm die Knie. Er rechnete nach, dass er auf diese Weise sechsundvierzig Mal hinauf- und hinuntergehen musste, wofür er weder die Kraft noch die Zeit hatte, denn es war schon gegen Morgen. Also packte er beim nächsten Mal ein paar kleinere Büsten in eine Holzkiste, aber schon beim Treppenabsatz konnte er nicht mehr. Erst als er die Hälfte wieder ausräumte, ging es besser, und jetzt wusste er auch gleich für die nächsten Runden über seine körperlichen Grenzen Bescheid, die sich allerdings ständig verschoben. Außerdem war er sich die ganze Zeit unsicher, ob er lieber weniger tragen und dafür häufiger gehen sollte (wobei bestimmt irgendwann seine Beine nicht mehr mitmachen würden) oder jedes Mal wie ein Lastesel beladen sein und dafür weniger Weg zurücklegen sollte (was normalerweise jedoch mit heftigen Rückenschmerzen endete). Schließlich ließ er die Überlegungen sein und schleppte wie ein Wahnsinniger, wie aufgezogen, beharrlich eine Büste nach der andern hinunter. Einmal stolperte er und die Büsten kugelten, in kleine Stücke zerspringend, vor seinen Augen die Stufen hinunter. Ein anderes Mal passte ihn ein lästiges altes Weiblein mit seniler Bettflucht an der Wohnungstür ab, an der er gerade eine Eva aus Granit im Inka-Stil und eine, die im Stil der Toba-Kunst aus dem Holz des Quebracho-Baums geschnitzt war, vorbeischleppte. Alle leichteren Figuren befanden sich da schon auf der Ladefläche des Pick-ups. Die Alte fragte ihn, was er da täte.

»Meine Dame, haben Sie nichts von dem bevorstehenden Staatsstreich gehört?«, schoss er aus der Hüfte wie ein Sheriff im Spaghetti-Western. »Sie werden hinter allen Peronisten her sein, und wenn sie uns mit den Büsten im Haus erwischen, machen sie hier alles dem Erdboden gleich.«

Das war wohl etwas zu dick aufgetragen, denn fast hätte die entsetzte Frau das ganze Haus aufgeweckt, damit die Bewohner ihm halfen. Marroné konnte sie nur davon abbringen, indem er sagte, dass das Auto schon voll sei, er sich bei der nächsten Fuhre aber über Unterstützung freuen würde. Er wollte mehr als zweiundneunzig mitnehmen, falls ihm auf der Fahrt eine zerbrach, und hörte erst zu schleppen auf, als er an die hundert beisammen hatte. Das würde genügen, und er war auch schon völlig erschöpft. Zudem wurde es langsam hell, und hier würden bald die Peronisten erwachen und wie in einem Bienenstock aus und ein fliegen.

Als er versuchte, den Pick-up zu starten, spuckte der Motor kurz, und dann tat sich nichts mehr. Erst beim fünften Versuch – und nach einigen verzweifelten Stoßgebeten zu Gott und sämtlichen Heiligen – setzte er sich widerwillig ruckelnd in Bewegung. Marroné lenkte ihn auf direktem Weg durch den Haarknoten auf die Sammelstraße, die ihn wie der Blitz aus Ciudad Evita hinaus auf die Ricchieri-Schnellstraße brachte. Er hatte seit Tagen nicht geschlafen, war dehydriert und außerdem so erschöpft, wie man es sich nur vorstellen konnte. Aber er hatte die Büsten, und nur Straßensperren mit gepanzerten Fahrzeugen konnten seinen knatternden roten Pick-up jetzt noch aufhalten, als er

mit der Schnauze voran wie ein Pfeil auf die Innenstadt zu-
schoss, auf die Pforten des Firmengebäudes an der Colón-
Promenade Nummer 300. Weder die Panzer der Sowjets im
Zweiten Weltkrieg noch die von Fidel Castro während der
Kubanischen Revolution waren je so unaufhaltsam durch
Berlin respektive Havanna gerollt wie Marronés Pick-up
nun durch Buenos Aires.

Kapitel 10

Die übrigen neun Finger

Beim Fahren hielt er das Lenkrad fest wie ein Hund einen Knochen, umfasste es nicht nur mit den Fingern, sondern krümmte sich auch schützend darüber, warf misstrauische Blicke in alle Richtungen, sah durch die Windschutzscheibe, die Seitenfenster, in den Rückspiegel; und wenn es möglich gewesen wäre, hätte er zusätzlich durchs Autodach gespäht, denn auch von oben konnte Ungemach drohen, Feuer herabregnen. Positiv war der selbst für diese frühe Stunde ungewöhnlich schwache Verkehr, der zunächst sein Misstrauen erweckte (als wären die leer gefegten Straßen nur der Auftakt, bevor demnächst von hinten die bösen Zauberer samt den Heerscharen der Apokalypse herangeritten kämen), dann jedoch zur Entspannung seines verkrampften Schließmuskels beitrug, als er so auf dem Sitzschoner aus Holzperlen saß. Sicherheitshalber hielt er Abstand zu den Autos, Lastwagen und Kleinbussen um ihn herum, fuhr stets so schnell oder langsam, dass niemand längere Zeit neben ihm blieb, selbst wenn er gewiss flott genug reagieren konnte, um auszuweichen, falls eines oder mehrere Fahrzeuge in einem abrupten Manöver vor ihm abbremsten und ihm den Weg abschnitten.

Vom bevorstehenden Sonnenaufgang war noch wenig zu sehen, aber stellenweise hellte sich der nachtblaue Himmel bereits auf. Als Marroné in den General-Paz-Boulevard in Richtung Riachuelo einbog und die ersten stillen

Häuserzeilen des Stadtgebiets von Buenos Aires zu seiner Rechten vorbeizogen, fühlte er sich wie ein Gaucho, der nach den Weiten der Pampa wieder die ersten Behausungen am Horizont erblickt. Du bist zu Hause, sagte er sich vor Freude schluchzend. Dir kann nichts mehr passieren.

Das erste Schlagloch nach dem Abbiegen in die Alberdi-Straße, bei dem Dutzende viel zu schlecht verpackte Büsten klirrend aneinanderstießen und zerbrachen, ob nun wirklich oder nur in seiner Vorstellung, ließ ihn vorsichtiger fahren, und er blieb mit dem Pick-up so nah am Randstein jener ersten Häuserblöcke wie ein Schwimmer an der Küste, wenn er nicht weiß, wie weit seine Kräfte reichen. Er konnte sehen, wie die Stadt sich räkelte und langsam in Bewegung kam: Ein Bus fuhr von seiner Endstation los; eine Bäckerei hatte schon geöffnet; ein Portier fegte den Bürgersteig; ein Zeitungsjunge hielt Marroné eine Zeitung vor die Nase, die er aber lieber nicht kaufte, weil er keine Ablenkung gebrauchen konnte. Zu seiner Rechten strömten fein gekleidete Menschen aus einem Festsaal auf die Straße, wo sie in gut gelaunten Grüppchen herumstanden. »Eine Hochzeit, natürlich«, fiel ihm ein, nachdem er das merkwürdige Treiben zuerst mit Befremden beobachtet hatte. Die Straße verbreitete sich anfangs einladend, führte dann aber hinterhältiger- und gemeinerweise nur noch Gegenverkehr, und er musste eine Rechtskurve fahren und dann ein paar beklemmende Häuserblöcke entlang, bis er schließlich auf den Directorio-Boulevard kam, eine Einbahnstraße in die Innenstadt mit unmerklicher, vielleicht auch nur in seiner Fantasie vorhandener Abschüssigkeit, die ihn an sein Ziel führen würde. Aus der Ferne war es schon zu erkennen, von zwei rosigen Wolkenformationen eingefasst, die im bleichen Himmelblau wie zwei Flamingo-Schwärme in der Luft schwebten. Mit der Vorstellung, dass der Pick-up wie ein treues Ross schon ganz allein zum Haus des vom Schlaf übermannten Ritters finden würde, ließ er den Kopf aufs Lenkrad sinken und überantwortete sich mit halb geschlossenen Augen der wie durch Zauberei entstandenen grünen Welle. Obwohl er hier schon oft entlanggefahren war, fiel ihm erst jetzt auf, dass der Directorio-Boulevard und auch seine Fortsetzung, der San-Juan-Boulevard, sich auf und ab wölbten wie ein fliegender Teppich. Die Stadt war gar nicht flach wie ein Billardtisch, wurde ihm bewusst, auch wenn man das oft so sagte, sondern vielmehr gewellt. Oder aber sie hatte sich in seiner Abwesenheit verändert.

Die Straßenlichter und Ampeln schmerzten ihn nun viel weniger in den Augen, desgleichen die Scheinwerferkegel in seinem Rückspiegel. Möglich, dass sie abgeblendet worden waren, aber wahrscheinlicher war, dass sich wohl einfach nur das Morgenlicht über den gesamten Himmel ausgebreitet hatte. Wo die Straße, deren entferntes Ende er nicht aus den Augen ließ, sich aus seinem Sichtfeld stahl, brachte sich schon ein wütend aufflammendes Orange vor dem strahlend blauen Himmel in Stellung: Er fuhr geradewegs auf die aufgehende Sonne zu.

Auch auf der letzten Schussfahrt stand die Ampel auf Grün und er lenkte den Wagen ohne zu bremsen in einem weiten Bogen in die Colón-Promenade. Er musste schmunzeln, als er an den dorischen Säulen der Fakultät für Ingenieurswissenschaften vorbeifuhr, in den Belgrano-Boulevard einbog, über die Moreno-Straße zurückkehrte und nur wenig später genau vor der Nummer 300 der Colón-Promenade hielt, direkt vor dem Eingang zum

Firmengebäude. Er stellte den Motor ab und dankte dem Himmel. Er hatte es geschafft. Die Mission war erfüllt.

Obwohl es auf seiner Uhr kurz vor halb acht war, wirkte das Stadtzentrum wie ausgestorben. Ein Kleinbus und ein Taxi fuhren vorbei, das war aber auch schon alles. Sogar der Laden an der Ecke, wo er immer die Zeitung kaufte (er hatte sie daheim abonniert, aber seine Frau gestattete nicht, dass er sie mitnahm, und er hatte es morgens oft zu eilig, um sie in Ruhe zu lesen), war fester verrammelt als die Fahrstuhltüren in dem Haus in Ciudad Evita. Auch das Tor zur Tiefgarage hätte ab sieben offen stehen müssen, weil immer wieder leitende Angestellte früher kamen, um ein wenig vorzuarbeiten, doch es regte sich nichts. Er betätigte den schweren Türklopfer aus Schmiedeeisen vergeblich und erreichte den Zuständigen auch über die Torsprechanlage nicht. Etwas Seltsames ging hier vor, nicht nur in der Firma, in der ganzen Stadt. Wo waren nur die Leute geblieben? War etwas passiert, von dem er als Einziger nichts wusste? Er überquerte die vierspurige Straße und suchte von dem Platz aus, der sich auf der gegenüberliegenden Seite befand, jedes Fenster des Bürogebäudes nach einem verräterischen Licht ab. Nichts. Blinde Fenster starrten ihn gleichgültig an. Die ersten Sonnenstrahlen kamen nun schon zwischen den wehrhaften Türmen des Zollamts durch; er konnte zusehen, wie sie der Reihe nach die Kuppeln ringsum entzündeten, wie eine Fackel eine Ansammlung von Kerzen. In der Nähe läuteten Kirchenglocken zur halben Stunde, vermutlich die von San Roque. Er konnte sich nicht erinnern, sie schon jemals gehört zu haben. Da er hungrig war, kaufte er sich in einem Laden auf der anderen Straßenseite, der geöffnet hatte, eine Packung Cracker und eine Schokomilch der

Marke Cindor, offen, mit Strohhalm. Und endlich klärte ihn der noch schläfrige Ladenbetreiber auf:

»Mann, heute ist Sonntag!«

»Ach, verdammt«, brummte Marroné, nahm noch zwei Wertmünzen und fragte nach dem nächsten Münztelefon. Er musste bis zur Ecke Venezuela-Straße gehen, obwohl ihn schon der Gedanke krank machte, den Pick-up allein zu lassen. Aber es ging nicht anders. Er wählte die einzige Nummer, die er auswendig konnte, Govianus' Privatnummer.

»Ach, Sie sind's«, hörte er endlich eine matte Stimme. »Wir dachten schon, Sie wären tot. Dann haben Sie sicherlich gehört, dass … Wie bitte?«

»Die Büsten, Herr Govianus«, war ihm Marroné ungeduldig ins Wort gefallen. »Ich hab sie! Mein Pick-up steht vor der Firma, es macht aber niemand auf.«

»Tja, das wird auch schwer möglich sein … An einem Sonntagmorgen um …«, er tat, als müsste er kurz aufs Ziffernblatt seines Weckers oder seiner Armbanduhr blicken, bloß um es ihm unter die Nase zu reiben, »… zwanzig vor acht. Ein Glück, dass Sie mich antreffen, was? Dass ich hier sitze und darauf warte, dass das Telefon klingelt.«

Langsam nervte es ihn; nach allem, was er durchgemacht hatte, hätte er sich einen freudigeren Empfang erwartet, zudem war er in Sorge wegen des Pick-ups und seiner Fracht. Was, wenn die ihm gefolgt waren und nun die Gelegenheit nutzten, sich den Pick-up zu holen?

»Herr Govianus, hören Sie mir überhaupt zu? Ich habe die zweiundneunzig Evita-Büsten für Herrn Tamerláns Freilassung. Ich habe sie, endlich habe ich sie! Aber ich kann sie nicht so lange hier auf der Straße stehen lassen. Hören Sie mir überhaupt zu, Herr Govianus?«

»Ja, ich höre Ihnen zu, Marroné«, sagte der Buchhalter im selben verdrießlich matten Tonfall. Vielleicht kam die gute Nachricht zu unerwartet, war zu schwer vorstellbar, ausgerechnet jetzt, wo kaum noch Hoffnung bestand, vielleicht begriff Govianus es deshalb nicht. Marroné hörte ein tiefes Seufzen am anderen Ende der Leitung. »Sei's drum, Marroné. Bleiben Sie, wo Sie sind, ich ziehe mich nur rasch an und komme.«

Da Govianus im Stadtteil Caballito lebte, musste er, wenn er nicht herumtrödelte, und bei so wenig Verkehr auf den Straßen bald hier sein. Marroné beschloss daher, es sich auf dem Fahrersitz gemütlich zu machen, zu frühstücken und sich erst wieder blicken zu lassen, wenn Govianus hier war. Doch es erwartete ihn eine Überraschung beim Pick-up, der jetzt schon von der Sonne beschienen wurde und mit seinem leuchtenden Feuerwehrautorot auffiel, auch weil am Fahrbahnrand weit und breit kein anderes Fahrzeug parkte – außer dem Polizeiwagen gleich dahinter. Darin saß schwitzend ein Polizist, dessen Kollege gerade den Pick-up umrundete, ihn von allen Seiten musterte und an den Stricken der Persenning über der Ladefläche zupfte, um hineinzuspähen. Marroné ging mit großen Schritten auf ihn zu und versuchte, seinen Magen im Griff zu behalten, der sich wie eine Waschtrommel wild überschlug. Die derzeitige Regierung war zumindest dem Namen nach peronistisch, weshalb nichts dabei sein sollte, ein paar Evita-Büsten zu transportieren, aber jemand mit so gepflegter Aussprache wie er machte sich verdächtig, der Guerilla anzugehören, wenn er sich als Arbeiter verkleidete, zumindest bis das Gegenteil bewiesen war. Außerdem konnte es gut sein, dass er auf ihrer Fahndungsliste stand, sein Foto oder

Phantombild an jeder Straßenecke hing, in den Zeitungen und im Fernsehen gezeigt worden war. Und er hatte seine Klapperkiste samt unbekannter Fracht in eine sensible Zone gestellt, wenige Blocks entfernt vom Innenministerium, der Polizeizentrale, dem Verteidigungsministerium, dem Wirtschaftsministerium und dem Regierungssitz.

»Guten Morgen«, sagte der Ordnungshüter mit der Lässigkeit von jemandem, der sein Opfer schon in die Finger bekommen hat.

»Guten Morgen, Herr Geheim… ähm, Herr Polizist. Stimmt was nicht?«, fragte Marroné und setzte ein unterwürfiges Lächeln auf.

»Ist das Ihrer?« Der Polizist machte eine leichte Kopfbewegung zum Pick-up hinüber.

»Äh … ja, schon. Ich wollte aber eh gerade los. Ich habe nur schnell einen Anruf gemacht«, erklärte Marroné und deutete in eine vage Ferne, in der es wohl Telefone gab.

»Hände auf die Motorhaube, seien Sie so gut.«

Der Polizist klopfte ihn ab, von den Achselhöhlen bis zum Schritt, und sagte:

»Ihre Papiere.«

Schicksalsergeben fischte er die weiße Muschel aus seiner Tasche und suchte seinen Führerschein. Er gab ihn dem Polizisten, der ihn ein paar Mal hin- und herwendete und sich dann unwillig das Foto ansah, um den mit Sakko, Krawatte und Haarspray zurechtgemachten Marroné irgendwie mit dem Subjekt mit schwarzen Rändern unter den Fingernägeln, Augenringen, verfilzten Haaren, Dreitagebart und durch akuten Schlafmangel blutunterlaufenen Augen in Verbindung zu bringen.

»Und die des Fahrzeugs …«

So was hatte er schon befürchtet. Er hatte nämlich vergessen beziehungsweise keinen Kopf dafür gehabt, die Papiere des Pick-ups mitzunehmen. Er konnte nur hoffen, dass Rogelio sie im Handschuhfach aufbewahrte.

»Darf ich mal …?«

Der Polizist hielt die Hand fest, die Marroné in seine Hosentasche gesteckt hatte, klopfte sie durch den Stoff hindurch ab und zog sie dann vorsichtig mitsamt dem Schlüsselbund, der an den Fingerspitzen baumelte, heraus. Marroné schielte zu dem zweiten Polizisten hinüber, der noch im Streifenwagen saß. Er trug eine verspiegelte Sonnenbrille, rauchte und verscheuchte mit der Hand eine lästige Fliege, die den Schweiß auf seiner Stirn trinken wollte. Den Arm hatte er lässig ins Fenster gelegt und er stützte den Lauf einer Flinte darauf ab. Sein Kollege durchwühlte inzwischen das Handschuhfach, wobei er sich zunächst versicherte, dass es weder Waffen enthielt, die gefährlich werden konnten, noch Flugzettel irgendeiner Guerilla-Organisation. Dann zog er eine zerfledderte Lederbrieftasche heraus, in der sich gottlob wirklich die Fahrzeugpapiere befanden. Der Mann hielt sie Marroné aufgeklappt hin und zeigte auf das Abbild eines zehn Jahre jüngeren Rogelio. Marroné war klar, dass er sich nun eine wirklich gute Geschichte einfallen lassen musste.

»Ähm … Einer unserer Lieferanten. Wir brauchen gerade dringend was von ihm … und er konnte es nicht selbst vorbeibringen wegen gesundheitlicher … ein Leistenbruch. Also habe ich mich darum gekümmert, deshalb trage ich auch diese Kleidung … ähm … ich arbeite nämlich hier«, sagte er und zeigte aufs Bürogebäude. »Ich leite den Einkauf. Darf ich mal?« Er zog noch einmal seine Brieftasche hervor, um den Firmenausweis zu suchen, der so schmutzig und abgegriffen aussah, als hätte Marroné seine Arbeit schon vor Jahren verloren und ihn seither Hunderte Male hervorgeholt.

Der Polizist ließ sich nicht dazu herab, den Ausweis zu nehmen und einen Blick darauf zu werfen, er reichte lieber die Fahrzeugpapiere an seinen Partner weiter, der die Zigarettenkippe auf den Boden warf und zum Funkgerät griff. Marroné linste verstohlen auf die Armbanduhr: Es war schon zwanzig Minuten her, dass er Govianus angerufen hatte; wenn er es nicht schaffte, die zwei bis zu seinem Eintreffen hinzuhalten, war das Spiel aus. Sein Polizist wandte sich wieder der Persenning zu und fragte mit einem Blick auf die Stricke:

»Sie haben doch nichts dagegen?«

Resigniert machte Marroné sich an den Knoten zu schaffen und ließ sich dabei Zeit, aber nicht so viel, dass es auffällig wurde. Gerade als er die Plane zurückschlug, fiel ein breiter Strahl der aufgehenden Sonne wie ein Scheinwerferlicht auf die vordersten Evas. Mindestens zwei waren zerbrochen.

»Was ist das hier?«

»Eva Perón«, sagte Marroné, dem nichts Besseres einfiel.

Da rief der Polizist im Wagen seinen Polizisten zu sich. Beide flüsterten kurz miteinander, dann kam sein Polizist mit gezogener Waffe zurück.

»Sie werden mitkommen müssen.«

»Warten Sie …, Herr Polizeibeamter …« Da fiel Marroné ein, dass für einen jeden Menschen sein Name das schönste und bedeutungsvollste Wort seines gesamten Sprachschatzes ist, und er fügte nach einem Blick auf sein

Namensschild hinzu: »Herr Polizeibeamter *Princesa* …«
Er merkte erst zu spät, dass die Nennung des für einen
Polizeibeamten ein wenig lächerlichen Namens den Mann
beleidigen könnte. »Ich versuche seit zwei Wochen, den
schlimmsten meines Lebens, diese Sch… Büsten aufzutreiben. Wenn ich sie heute nicht abliefere, gerät das Leben eines wichtigen Mannes in Gefahr, und wenn dann
herauskommt, dass das Ihretwegen war … In wenigen
Minuten wird unser Generaldirektor hier eintreffen, den
habe ich nämlich vorhin angerufen, und daher möchte ich
Sie noch um etwas Geduld bitten, und für dieses Entge-
genkommen …«

Marroné kramte die weiße Muschel wieder hervor und
klappte sie auf. Er hatte vor, einen Geldschein herauszuzie-
hen, doch verklumpt, wie sie waren, kam gleich das ganze
Bündel heraus, und ein einmal gemachtes Angebot wieder zurückzuziehen, wäre unhöflich gewesen. Der Polizist
nahm die Scheine mit spitzen Fingern an sich, spaltete den
Block in der Mitte, dass die zwei Hälften wie ein Brötchen
auseinanderklappten, und gab den einen Teil seinem Partner. Dann öffnete er die Tür des Falcon und wies Marroné
an, sich auf die Rückbank zu setzen.

»Fünf Minuten.«

Es wurden die längsten fünf Minuten seines Lebens.
Inzwischen lag das Dach der Blechkiste bereits in der sengenden Sonne und seine Stirn war schweißnass. Die Bullen
teilten sich brüderlich Kekse und Schokomilch, während
er vor Durst fast umkam. Nur zu gern hätte er sie um einen Schluck gebeten, hielt es aber für unklug und bemühte
sich lieber, möglichst freundlich, lässig und unverdächtig zu
wirken.

»Sieht so aus, als ob es heute wieder heiß würde, was?«

Sie schenkten ihm keine Beachtung, sahen nicht einmal in den Rückspiegel. Der Sekundenzeiger der Uhr rückte unnachgiebig vor, nur noch eineinhalb Umdrehungen. Marroné konzentrierte sich mit ganzer Kraft auf den kleinen Ausschnitt der breiten Straße, den er im Rückspiegel sehen konnte und der öde und leer dalag, weder durch Autos noch durch Passanten belebt.

Govianus kam gerade noch rechtzeitig. Marroné erkannte ihn nicht gleich, er erwartete ein von hinten herannahendes Auto, aber der Buchhalter kam, eine zusammengerollte Zeitung unterm Arm, pfeifend vom Belgrano-Boulevard her durch den Park geschlendert, die Hände tief in den Taschen seiner marineblauen Jogginghose mit weißen Seitenstreifen samt passender Jacke vergraben, in der er, mit seinen cremeweißen Adidas-Turnschuhen, wie ein Fußballtrainer aussah. Seine Begleiter hingegen, die ebenfalls Sportkleidung trugen, ein Mann mit einem blonden, US-amerikanischen Bürstenschnitt und ein anderer mit brünettem Haar und Schnauzer, sahen eher wie Wrestler oder Boxer aus. Govianus würdigte die Polizeibeamten keines Blickes. Seine Leibwächter deuteten einen militärischen Gruß an, den die andern prompt erwiderten. Dann machte Govianus einen tiefen Atemzug, als stünde er mitten in der Bergwelt, und sagte:

»Hübsch hier, am Sonntagmorgen, alle Achtung. Fast schon ...«, er sah sich um, als wartete er auf ein Stichwort, »... ländlich idyllisch. Ich sollte öfters herkommen.« Dann stützte er sich auf Marronés Seite am offenen Fenster des Wagens ab, zwinkerte ihm vertraulich zu und deutete nach vorne: »Freunde von Ihnen?«

Polizist eins erhob sich vom Beifahrersitz, klopfte sich die Kekskrümel ab und tippte sich zum Gruß mit zwei Fingern an die Schläfe.

»Darf ich fragen, wer der Herr ist?«

»Der Herr ist zufällig Generaldirektor dieser Firma, und ob Sie es glauben oder nicht, der hier, dem sie so nett Gesellschaft geleistet haben, bis ich gekommen bin, ist einer meiner wichtigsten Manager.«

Sofort änderte der Polizist sein Verhalten. Die Autorität, die der Buchhalter Govianus trotz der lässigen Freizeitkleidung ausstrahlte, war mit Händen zu greifen. Und falls jemand seine Aussagen anzweifelte, würden sich wohl seine Leibwächter um ihn kümmern.

»Und um das zu überprüfen ...«

»Brauchen Sie nichts weiter zu tun, als über Funk den ersten Polizeihauptkommissar Aníbal Ribete zu rufen; oder, noch besser, Eduardo Verdina, den leitenden Polizeidirektor. Ach nein, wie dumm von mir, um diese Zeit sind sie bestimmt noch zu Hause. Wie gut, dass ich ihre Privatnummern habe. Sie können natürlich auch im Präsidium anrufen und sich durchstellen lassen. Es wird niemand etwas dagegen haben, für eine so dringende Angelegenheit an einem Sonntagmorgen aus dem Bett geholt zu werden, nehme ich an.«

Sie mussten nur ein paar Formalitäten erledigen. Marroné hätte gern auch sein Geld zurückverlangt, aber eigentlich kam er auch so ganz gut davon, wie er fand, und ließ Govianus machen, der mit beeindruckender Ruhe die Polizisten loswurde und sie dabei ziemlich von oben herab behandelte, um sodann den Pförtner herauszuklingeln. Dieser hatte gerade eine kleine Nutte zu Gast, die Govianus hinauskomplimentierte, nachdem er sie sicherheitshalber nach ihrer Telefonnummer gefragt hatte. Er reichte dem Pförtner die Autoschlüssel, bat ihn, den Pick-up in die Garage zu fahren, und postierte die Leibwächter am Tor. Müde und überreizt, wie er war, ließ Marroné den Buchhalter einfach machen, heilfroh, dass sich jemand darum kümmerte, und wies den Pförtner lediglich auf die zerbrechliche Fracht hin, »Büsten aus diversen Materialien, viele von künstlerischem Wert«, damit Govianus vielleicht endlich auf sie aufmerksam würde. Denn der hatte – gewiss, weil er vorher erst alles regeln wollte – noch nicht einmal einen Blick darauf geworfen.

»Tja, da wären wir also wieder, Marroné«, sagte Govianus, rückte seine Brille zurecht und stützte sich auf die Armlehnen des verchromten Schreibtischsessels. Da waren sie also wieder, im Bunker, jeder auf seiner Seite des kugelsicheren Schreibtischs, aber es sah alles irgendwie verändert aus. Die Decke erschien ihm niedriger, das Mobiliar geschrumpft. Vielleicht war es die Sportkleidung, die der Buchhalter Govianus heute statt des üblichen schlecht sitzenden Anzugs trug; er wirkte jedenfalls imposanter. Oder war er etwa gewachsen, fragte sich Marroné im Stillen und holte tief Luft, er wollte endlich zum Thema kommen. Als er um ein kühles Mineralwasser bat und Govianus dieses höchstpersönlich aus einer Bar hervorholte, die hinter beweglichen Paneelen versteckt lag, erschien ihm das wie ein Zeichen der Anerkennung für die erfüllte Mission. Marroné stürzte während ihres Gesprächs ein Glas nach dem andern hinunter und fühlte sich mit jedem Schluck besser. Das nur schwach phosphoreszierende Licht in dem dämmrigen U-Boot tat seinen überanstrengten Augen wohl, und obwohl die Klimaanlage nicht lief, war die Luft hier unten frisch und kühl wie in einem Weinkeller.

Als er mit seinem Bericht fertig war – und das dauerte nicht lange, denn obwohl er viel erlebt hatte, schien ihm das meiste nicht hierherzupassen –, schwieg Govianus zunächst und sah ihn an, als müsse er erst alles einordnen, als hätte er nun ein anderes Bild von ihm, den er so lange unterschätzt hatte (und das war nur zu verständlich, denn auch Marroné hätte sich früher nicht für so fähig gehalten). Dann hielt er ihm über den Schreibtisch hinweg die aufgeschlagene Zeitung hin. Der Anblick der Schlagzeile, auf die Govianus mit dem Finger zeigte, traf den zartbesaiteten Marroné hart. Er war schwer erschüttert, gerade dass ihm nicht das Blut in den Adern stockte und ihm alle verbliebenen Zähne ausfielen.

ENTFÜHRTER UNTERNEHMER ERMORDET
Bei dem Opfer handelt es sich um Fausto Tamerlán, der sich seit Längerem in der Gewalt einer extremistischen Gruppierung befand.

In der Ortschaft Lomas de Zamora wurde gestern nach einer missglückten Befreiungsaktion, die mindestens vier Todesopfer und zahlreiche Verletzte forderte, Fausto Tamerlán tot aufgefunden. Tamerlán, ein bekannter Bauunternehmer, vierzig Jahre alt, verheiratet, hatte die argentinische Staatsbürgerschaft angenommen. Er war bereits im Juni dieses Jahres von einer illegalen linksextremistischen Terrororganisation entführt worden. Man fand seine Leiche vollständig verbrannt im Inneren des Wohnhauses vor, in dem man ihn gefangen gehalten hatte. Das Haus war von den Untergrundkämpfern selbst in Brand gesteckt worden, nachdem Eingreiftruppen der Streitkräfte und der Polizei es umzingelt hatten.

Der Einsatz

Vor der konzertierten Aktion war das Einfamilienhaus an der Kreuzung der Catamarca- und der Monseñor-Cimento-Straße bereits längere Zeit von der Polizei observiert worden, nachdem Nachbarn ungewöhnliche Aktivitäten gemeldet hatten. Das Objekt liegt etwa 500 Meter vom Erholungsgebiet Parque Municipal und dem Wasserlauf des Arroyo del Rey entfernt. Nun lag ein Haftbefehl für die Bewohner der Finca vor. Als die Ordnungshüter mehrere Warnschüsse abgaben, wurden sie aus dem Haus beschossen und handelten in Notwehr. Sie umzingelten die Liegenschaft und es kam zu einem längeren Schusswechsel.

Nach einer Stunde waren plötzlich mehrere starke Explosionen aus dem Haus zu hören, das daraufhin sofort in Brand geriet, weshalb man davon ausgeht, dass die Besetzer erst Brandbeschleuniger im Haus verteilten und dann selbst ihre Handgranaten zur Explosion brachten. Sie nutzten das entstandene Chaos für einen Ausbruchsversuch, wurden jedoch von den Regierungskräften erschossen. Bei ihrem Eintreffen fand die Feuerwehr aufgrund der heftigen Explosion und der enormen Brennstoffmengen nur noch eine schwelende Ruine vor.

Der Tatort

In den Trümmern fanden die Einsatzkräfte daraufhin die sterblichen Überreste des von den Untergrundkämpfern exekutierten Fausto Tamerlán und auch die eines weiteren Mannes, dessen Identität bei Redaktionsschluss noch unbekannt war. Bekannt ist hingegen, dass Herr Tamerlán so rasch identifiziert werden konnte, da erst kürzlich sein rechter Zeigefinger verstümmelt worden war, um bei den Verhandlungen den Druck zu erhöhen. Beim Schusswechsel und den Explosionen wurden auch Wachtmeister Alberto Cabeza und zwei unbekannte Soldaten verletzt.

»Oh nein …, oh nein …, oh nein …, oh nein …, oh nein …«, hörte er während des Lesens immer wieder eine Stimme sagen, die sich, wenig überraschend, als seine eigene herausstellte. Er schlug sich die Hände vors Gesicht und lugte nur durch einen Spalt zwischen den Fingern zu Govianus hinüber. Und plötzlich wurde ihm alles klar. So würde er für den Diebstahl der Büsten bestraft werden! Dies war eine Zukunftsvision, von den Zauberern geschickt, um ihn vor den möglichen Konsequenzen seiner Tat zu warnen! Dann war es zum Glück noch nicht zu spät! Er konnte immer noch alles ungeschehen machen! Er würde jetzt das Scheckheft aus dem Büro holen, den Pick-up nach

Ciudad Evita zurückfahren, die Fracht ausladen und den beiden freundlichen, alten Herren das Dreifache von dem bezahlen, was sie verlangten! Wenn er dann zurückkehrte, säße nicht mehr der bekümmerte Govianus vor ihm, sondern Herr Tamerlán, quietschvergnügt und noch am Leben! Kann man denn nicht die Zeit zurückdrehen?, fragte er sich, innerlich wimmernd, und musste sich beherrschen, um Govianus nicht die Zeitung aus der Hand zu reißen und in tausend Fetzen zu zerpflücken.

»Es tut mir aufrichtig leid, Marroné«, sagte Govianus und tätschelte ihm den Arm, in den er sein Gesicht vergraben hatte. »Sie haben alles in Ihrer Macht Stehende getan, das ist mir klar; aber in Zeiten wie diesen reicht das nicht immer. Ich wollte Sie verständigen, als wir es gestern erfahren haben, konnte Sie jedoch nirgends erreichen. Na ja, von Ihnen hat eben seit ein paar Tagen jede Spur gefehlt. Aber wenn Sie das tröstet, ich denke nicht, dass es einen Unterschied gemacht hätte, wenn Sie ein, zwei Tage früher mit den Büsten hier gewesen wären. Man sollte nicht alles glauben, was hierzulande in der Zeitung steht, aber das nur unter uns. Wissen Sie, wie sie die Warnschüsse abgegeben haben? Mit Granatwerfern. Die Aufständischen hätten sich niemals ergeben können, keine Küchenschabe wäre da lebend wieder rausgekommen. Es scheint wohl eine neue Kraft in Argentinien zu geben, die im Bemühen, weitere Entführungen zu verhindern, mit den Entführern auch gleich die Entführten beseitigt.«

Während Govianus' Rede nahm Marroné immer wieder kurz die Hände vom Gesicht, um einen Blick auf die Schlagzeile zu werfen; vielleicht verwandelte sie sich ja in eine bessere oder die Zeitung breitete wie ein Albatros ihre Schwingen aus und flog davon.

»Und das, obwohl wir wirklich alles versucht haben, damit weder Militär noch Polizei Wind von der Sache bekommen. Wahrscheinlich sind sie Ochoa nachgeschlichen.«

»Ochoa? War Ochoa etwa dort?«

Govianus tippte mit dem Zeigefinger auf die Stelle des Zeitungsberichts, wo »auch die eines weiteren Mannes, dessen Identität bei Redaktionsschluss noch unbekannt war« stand.

»Er sollte die erste Lösegeldrate übergeben. Das war doch im Grunde ein Einkaufsvorgang, und da fanden wir es vernünftig, wenn das Ihre Abteilung übernimmt, Marroné. Und weil Sie nicht hier waren …«

Er verzichtete freundlicherweise darauf, den Satz zu vollenden, aber Marroné hatte schon verstanden. Ochoa war an seiner Stelle gestorben. Govianus zog eine Schachtel Benson & Hedges heraus, murmelte: »Hab es eigentlich aufgegeben«, bot Marroné eine an und steckte sich, als dieser ablehnte, selbst eine an.

»Und das Geld?«, fragte Marroné, ein verzweifelter Versuch, sich an irgendetwas festzuhalten.

Statt zu antworten, blies Govianus Rauchkringel in die Luft.

»Was, die ganze Summe?«

»Tja, unterm Strich steigen wir dabei noch gut aus. Es war die erste von drei Raten. So schlimm das alles ist, wenigstens ist die Angelegenheit damit erledigt.«

»Und jetzt?«

»Jetzt, Marroné, werden wir nach Hause fahren. Erholen Sie sich etwas, nächste Woche wird hier nämlich die Hölle los sein. Soll ich Ihnen ein Taxi rufen?«

»Ich meinte, was ist jetzt mit den … Büsten, die ich besorgt habe?«

»Ach ja, genau, die hatte ich ganz vergessen. Stellen wir sie doch auf, dann sind wir denen einen Schritt voraus, wenn sie als Nächstes mich entführen. Ist das alles?«

»Ähm …« Govianus' Frage vorhin hatte Marroné daran erinnert, dass er nicht wusste, wie er nach Hause kommen sollte. »Meinen Wagen … den habe ich ja bei Sansimón geparkt und ich würde ihn, ehrlich gesagt, lieber nicht selbst dort abholen. Könnten wir ihn holen lassen, natürlich nicht heute, sondern morgen?«

»Das wird leider nicht gehen, Marroné. Ihr Wagen ist ausgebrannt.«

»Was heißt ausgebrannt?«

»Sansimón hat ihn eigenhändig angezündet.«

»Aber das kann er doch nicht machen! Nicht mit einem Firmenwagen!«

»Und was er mit Ihnen vorhatte, erwähne ich lieber gar nicht. Ich verstehe ihn ja, er war einfach sauer auf Sie. Sie haben angeblich seine Arbeiter aufgewiegelt. Zum Glück hatte er Ihren Namen falsch in Erinnerung und ich habe ihn in dem Glauben gelassen. Es sollte sich aber trotzdem in nächster Zeit besser einer Ihrer Mitarbeiter um die Bestellungen beim Gipswerk kümmern. Ach, und dann waren noch ein paar gut gekleidete Herren hier und haben nach einem gewissen Macramé gefragt. Ich habe natürlich gesagt, dass wir niemanden mit diesem Namen beschäftigen. Sie sehen übrigens gut aus im Overall, Marroné, hat den Anschein, als fühlten Sie sich darin recht wohl.«

Marroné riss erschrocken die Augen auf.

»Nachdem Sie in den Nachrichten waren, gab es in der Firma eine Woche lang kein anderes Gesprächsthema.« Govianus beugte sich vor, senkte die Stimme und fragte:

»Sagen Sie, nur so unter uns … Sie sind doch nicht hier, um uns zu unterwandern?«

Marroné stand auf, wobei er sich mit beiden Händen am Tisch festhalten musste, weil seine Beine ihm den Dienst versagten. Er gab sich Mühe, damit seine Stimme nicht vor gekränktem Stolz zitterte.

»Herr Buchhalter Govianus, ich glaube, dass ich meine unerschütterliche Loyalität der Firma und Herrn Tamerlán gegenüber ausreichend bewiesen habe.« Seine Stimme kippte und drohte zu versagen. »Nur damit Evas Büsten jetzt hier sind, haben Menschen ihr Leben verloren«, sagte er gepresst und schluchzte fast laut los. »Und meines habe ich auch mehr als ein Mal riskiert.«

»Heute riskiert doch jeder sein Leben«, sagte Govianus skeptisch. »Ich verstehe nicht, was in die Leute gefahren ist. Vielleicht ist es was im Trinkwasser. Wenn sie es freiwillig tun, meinetwegen … Aber Sie wissen ja, wie das ist. Die Leute wollen letztendlich immer etwas dafür haben.«

»Sie haben ja keine Ahnung … Sie haben wirklich nicht die leiseste Ahnung«, stieß Marroné schluchzend hervor, »was ich in den letzten Tagen durchgemacht habe. Ich habe der Firma sogar meine Zähne geopfert, hier, sehen Sie!« Und er schob mit den Fingern die Oberlippe hoch, um seine kaputten Schneidezähne zu entblößen. Erst mit frei liegendem Zahnfleisch und wie bei einem Hund hochgezogenen Lefzen wurde ihm bewusst, wie melodramatisch das war, denn Govianus zuckte zurück und hielt sich die Hand vor den Mund, schwer zu sagen, ob vor Erschrecken oder um sein Lachen zu verbergen.

»Lassen Sie nur, Marroné, ich glaube Ihnen ja. Vielleicht sind Sie vor lauter Übereifer etwas übers Ziel hinausgeschossen. Seien Sie in Zukunft damit einfach etwas vorsichtiger. Nicht, dass Sie uns noch irgendwann im Bemühen, die Firma zu retten, unser kapitalistisches System kaputt machen.«

Marroné setzte sich mit abgehackten Bewegungen wie bei einer Marionette wieder hin. Er legte die Hände übereinander auf die metallene Tischfläche, um zu verbergen, dass sie zitterten.

»Und jetzt?«

»Wie, ›jetzt‹?«

»Was wird jetzt aus der Firma? Machen Sie weiter?«

»Wenn die Familie nichts anderes beschließt ... Aber ganz unter uns ... ich bin ziemlich erschöpft. Es sind keine guten Zeiten für Geschäftsleute. Man schiebt uns doch an allem, was schiefläuft, die Schuld in die Schuhe. Und darüber hinaus ... habe ich keine Lust, bald nur mehr bis neun zählen zu können, dann bis acht, sieben und so weiter.« Er hielt zur Veranschaulichung zehn Finger hoch, die er nacheinander einzog. »Und das wäre noch das Best-Case-Szenario. Ich bin nicht zum Helden geboren, Marroné, und erst recht nicht zum Märtyrer. Sie hingegen ... Sie haben Ihre unverbrüchliche Loyalität, Ihre Nützlichkeit ja bereits unter Beweis gestellt ... Daher wollte ich ... Ihnen etwas anbieten ...«

Marroné machte den Mund auf, um etwas zu sagen, aber er blieb stumm wie ein Fisch. Seine Kehle war wie zugeschnürt, seine Stimmbänder versagten den Dienst. Was, wirklich er?

»Die Familie wird es begeistert aufnehmen, wenn sie hört, was Sie alles für den Mann getan haben, davon bin ich überzeugt. Ich weiß ja, dass es viel verlangt ist. Jemand, so jung wie Sie, mit Frau und Kindern, der das ganze Leben noch vor sich hat ... Deshalb verlange ich heute keine Antwort von Ihnen, lassen Sie es sich in Ruhe durch den Kopf gehen und besprechen Sie es mit Ihren Lieben ... Aber tun Sie mir bitte den Gefallen und probieren Sie kurz aus, wie es sich anfühlen würde ...«

Govianus stand von dem verchromten schwarzen Lederthron auf und bat Marroné mit einer einstudiert wirkenden Geste höflich, sich zu setzen. Also stimmte es wirklich! Wenn er wollte, wurde er Generaldirektor der Firma. Nicht einmal in seinen kühnsten, verrücktesten Tagträumen hätte er ...

Wie hypnotisiert stand er auf und machte zwei Schritte, als er strauchelnd bemerkte, dass sein Fuß eingeschlafen war und er außerdem barfuß auf dem flauschigen Teppich stand. Er angelte mit den Zehen nach der Sandale, aus der er herausgerutscht war, hielt sich am Schreibtisch fest und hantelte sich, so wie beim Tip-Top-Spiel, aber statt der Füße immer eine Hand vor die andere setzend, um diesen herum. Er krallte seine Finger in die Armstützen, die mit so weichem Leder gepolstert waren, wie er es noch nie gefühlt hatte, und ließ sich in den Sessel plumpsen, den der dahinter stehende Govianus in einer zuvorkommenden Geste näherschob. Mit leisem Knarzen und Quietschen passten sich die vielen Drehgelenke an Marronés Körper an, als hätte dieser Sessel nur auf ihn gewartet. Das Leder schien sich ihm geschmeidig wie ein Katzenbuckel entgegenzuwölben.

»Schön, Marroné, ich lasse euch jetzt allein, damit ihr euch kennenlernen könnt. Wir reden morgen weiter.«

Als er allein war, ließ Marroné den Blick über die Kommandobrücke der Firma schweifen, auf der nun er stehen würde. Alles sah für ihn anders aus, nun, da er Kapitän war. So ging das also? Auf solcherart verschlungenen Wegen, wo hinter jeder Ecke die Katastrophe lauerte, gelangte man ganz nach oben? Behielten Dale Carnegie, Lester Lucchesi und Theobald Johnson also recht, deren Lehren und gute Ratschläge er zuletzt nicht mehr ganz so streng befolgt hatte wie einst und die dennoch über ihn gewacht und ihn geleitet hatten? Und hatte Michael Eggplant richtig damit gelegen, dass fahrende Manager, wenn sie nur die Hoffnung nie aufgaben, irgendwann eine Krone und einen Thron, so wie den hier, als Entschädigung für ihre Mühen erhielten? Ach, wenn seine Klassenkameraden aus der St. Andrew's ihn jetzt nur sehen könnten! Der kackbraune Marroné aus den Slums war Generaldirektor von Tamerlán & Söhne – den Firmennamen würde er zunächst beibehalten – und das mit nicht einmal dreißig. Oder seine Eltern, seine Schwiegereltern ... Seine Frau würde er so lange schimpfen, nörgeln und zetern lassen, bis sie rot anlief. Und wenn er ihr dann knapp »Ich bin der neue Generaldirektor« entgegenschleuderte, würde sie nie wieder etwas sagen und er konnte zu Hause aufräumen. Frau Emma würde er als Erstes auf die Straße setzen. Und hier in der Firma ... Cáceres-Grey war der Neffe der Chefin, ihn konnte er nicht feuern. Vielleicht war das aber auch ein Vorteil ... Er konnte sich für diesen arroganten Snob die unmöglichsten Einsatzorte ausdenken, ihn erst zum Deichbau nach Catamarca schicken und dann nach Salta, in die Minen ... »Du interessierst dich doch für Bergbau, nicht?«, könnte er mit Unschuldsmiene fragen ... Das war gut. Jetzt brach eine neue Ära an. All der Kummer und das Leid, all sein Pech, die Gefahren, denen er getrotzt, die Hindernisse, die er überwunden hatte, all dies schien plötzlich Sinn zu ergeben: als eine Feuerprobe für die große Aufgabe, die auf ihn wartete. So härtete sich der Stahl für die Klinge eines Chefs, eines Samurai-Managers, eines Shōguns in seinem Fall, weicheres Material taugte dafür nicht. Und hier war er nun. Der Kondor, der auf dem höchsten Berggipfel sein Nest bezog. Endlich war sein 17. Oktober, sein »Tag des Wunders« gekommen.

In diesem Augenblick erschien noch einmal der flaumige Eierkopf des Buchhalters Govianus im Türrahmen.

»Ach, Marroné, Sie unschuldiges Kind! Köstlich, wie Sie mir auf den Leim gegangen sind! Dann bis morgen.«

Sekundenlang saß Marroné da und blickte mit offenem Mund dorthin, wo gerade noch der glatzköpfige, grinsende Zwerg von Govianus im Türrahmen gestanden hatte. Dann sah er mit zittrigen Fingern in seinem Taschenkalender nach. Natürlich, wie hätte es anders sein können, heute war der 28. Dezember, der Tag der Unschuldigen Kinder, an dem man einander in die Irre führte! Scheiße noch mal.

Als Marroné auf dem sonnenbeschienenen Bürgersteig stand, merkte er, dass er nicht genug Geld für ein Taxi hatte, nicht einmal für den Bus. Der gierige Polizist hatte sich alles unter den Nagel gerissen. Er konnte zwar trotzdem ein Taxi nehmen und bezahlen, wenn er zu Hause war, aber sein Schlüssel lag im Aktenkoffer in der zerstörten Fabrik, und das hieß, dass er es mit einem wütenden Taxifahrer zu tun bekäme, wenn seine Frau nicht zu Hause war. Oder, noch schlimmer, mit einem wütenden Taxifahrer *und* seiner Frau, wenn sie aus irgendeinem Grund beschloss, ihn nicht hineinzulassen und ihm auch kein Geld zu geben, weshalb er sich lieber auf dem mittlerweile belebten Platz nach jemandem umsah, der Mitleid mit einem wie ihm haben könnte, mit einem, der aussah wie ein kleiner Arbeiter in der großen Stadt. Er suchte sich eine dunkelblonde junge Frau in Jeans aus, mit billigen Turnschuhen und einem groben Leinenhemd, das sie über dem ärmellosen Top offen trug. Sie führte unter dem schützenden Blattwerk einer altehrwürdigen Chorisie, die ihre weit verzweigten Äste wie ein Dach über den Platz breitete, einen Collie spazieren. Die Frau erklärte sich nicht nur bereit, ihm das Geld zu geben, ohne wie viele andere in dieser Situation ein angewidertes oder genervtes Gesicht zu machen, sie schenkte ihm sogar ein freundliches Lächeln und sagte: »Alles Gute für dich, Genosse«, bevor sie ihrem wuscheligen Hund nachlief, der wie verrückt an der Leine zerrte und seine spitze Schnauze in jedes Grasbüschel steckte. Er sah sie grün gesprenkelt durch Sonne und Schatten davongehen. Mit einem Haarknoten würde sie eine hübsche Eva abgeben, dachte er unwillkürlich.

Die Fahrt mit dem 152er kam ihm nicht lang vor, weil er bereits nach hundert Metern eingeschlafen war; und wäre der Autobus nicht zur rechten Zeit an einer Polizeisperre wegen einer Ausweiskontrolle aufgehalten worden, er wäre wohl zu weit, bis zur Bahnstation, gefahren. Es ging schon auf Mittag zu, und während er unter den dichten Baumkronen der Alleen auf sein Haus zuging, stieg ihm der Duft der sonntäglichen Grillereien aus den Nachbargärten in die Nase, walzte der Rauch wie eine wilde Horde heran, über alle Zäune und Mauern, was ihn daran erinnerte, dass er seit über zwölf Stunden nichts gegessen hatte. Mit etwas Glück, vorausgesetzt, dass sie heute nicht bei seinen

Schwiegereltern eingeladen waren, stand bei seiner Ankunft schon das Essen auf dem Tisch. Er hatte ganz vergessen anzurufen. Wie überrascht alle sein würden!

Als Erster kam ihm Klein-Tommy entgegengelaufen, der zwischen Frau Emmas dicken Beinen durchschlüpfte, als diese die Tür öffnete, nun an Marronés Beinen hing und fortwährend »Papi! Papi! Papi! Papi! Papi!« kreischte, während Emma »Da ist er wieder, gnädige Frau!« über ihre Schulter rief. Als Marroné mit wässrigen Augen vom zarten Hinterkopf seines Sohnes hochblickte, rauschte seine Frau – gleich einer Walküre auf ihrem Himmelsross – die steile Treppe herunter. Mabel nach zweiwöchiger Abwesenheit ohne Vorwarnung zu überfallen, und das in diesem Aufzug, war ähnlich schlau, wie mit einem Stock auf ein Wespennest zu schlagen.

»Ernesto! Hast du völlig den Verstand verloren? Oder soll ich ihn verlieren? Was glaubst du eigentlich? Seit fünf Tagen wissen wir nichts über deinen Verbleib und jetzt stehst du plötzlich vor der Tür? Wir haben geglaubt, dass du in der Fabrik getötet worden bist, ist dir klar, was das heißt? Wir haben dich für tot gehalten! Ich habe mit Mama und Papa fünf Tage lang sämtliche Krankenhäuser und Leichenhallen abgesucht! Leichenhallen! Weißt du, was das bedeutet, Ernesto? Andauernd musste ich mir Tote ansehen! Wirkliche Tote! Und du hast nicht mal den Anstand, bringst nicht mal so viel Gefühl auf, zum Hörer zu greifen und anzurufen? Uns zu sagen, dass du noch lebst? Du hast uns Weihnachten ruiniert, es war das schlimmste Fest meines Lebens, so völlig am Ende, wie wir waren! Papa hat alle seine Freunde bei Gericht angerufen, beim Militär, bei der Polizei, hat lachhaft viel Zeit investiert, nur weil ich befürchtete, dass dir in der

Fabrik etwas zugestoßen ist! Am Einunddreißigsten feiern wir nicht bei deinen Eltern, dass du das nur weißt, sondern bei meinen. Das ist das Mindeste nach allem, was sie für dich getan haben! Wo hast du dich bloß herumgetrieben? Was hast du da an, Ernesto? Wo bist du da nur hineingeraten? Alle haben dich im Fernsehen gesehen, wo du wie einer von diesen dunkelhäutigen Kerlen aus den Slums dahergeredet hast, und ich durfte dann alle davon überzeugen, dass das nicht du warst, musste allen sagen, dass wir an dem Tag zusammen waren. Das Telefon hat gar nicht mehr aufgehört zu klingeln! Falls sie dich gezwungen haben und wenn du da in irgendwas verwickelt worden bist, müssen wir sofort zur Polizei und das richtigstellen, Ernesto. Du kommst mir so verändert vor. Was haben sie mit dir gemacht? Haben sie dich als Geisel genommen? Oder unter Drogen gesetzt, dir das Gehirn gewaschen? Wieso sagst du denn nichts?! Wieso zeigst du mir deine Zähne? Wie ist das denn passiert? Hast du dich mit jemandem geprügelt? War es vielleicht wegen einer andern, einer dunkelhäutigen Hure, hä? Hör mir zu, lüg mich bloß nicht an, ich lasse mich nicht für dumm verkaufen, ich weiß genau, dass du das alles erfunden hast, damit du herumhuren kannst. Hast du also eine Geliebte, so eine dreckige Mischlingshure, die sich von dir aushalten lässt? Eine aus den Slums? Und hast du mit der etwa auch Kinder? Führst du ein Doppelleben? Erklär mir das mal, Ernesto, weil ich es nämlich nicht verstehe. Es ist mir unverständlich, dass ein verheirateter Mann, Vater eines nur ein paar Monate alten Säuglings und eines Kleinkinds, seine Familie einfach so im Stich lässt und nicht einmal Bescheid gibt, dass er noch lebt. Ist dir klar, dass das, was du da getan hast, ein Scheidungsgrund ist? Papa hat mit einer Anwältin gesprochen; wenn ich wollte, könnte ich dir einfach die Tür vor der Nase zuschlagen. Was ist bloß in dich gefahren? Steckst du in einer Identitätskrise? Wolltest du losziehen und deine Herkunftsfamilie suchen? In dem Fall scher dich ruhig zu ihnen, in diese heruntergekommenen Viertel, aber zieh uns nicht mit rein! Würdest du wirklich so weit gehen, um mich loszuwerden? Du denkst wohl, ich merke nicht, wie du immer das Gesicht verziehst, wenn du mich als deine Frau vorstellst? Oder wie du die Ehefrauen der andern anschaust, mich mit ihnen vergleichst? Wann hast du mir je in der Öffentlichkeit etwas Liebes gesagt? Wann bitte? Zu Hause wirkt das ja auch immer wie auswendig gelernt, als hättest du es aus einem deiner Bücher, die du heimlich auf dem Klo liest. Der feine Herr schämt sich wohl für die Frau, die er abgekriegt hat, hält sich für was Besseres! Also bitte! Hast du mal in den Spiegel geschaut? Ohne Zähne, in dieser Kleidung, da erkennt man sofort, wer du bist. Du hältst dich wohl für den Einzigen, der hier aus reinem Pflichtgefühl geheiratet hat. Denkst du, ich hätte dich übers Ohr gehauen; denkst du, ich sei darauf scharf gewesen? Papa und Mama haben mich damals mit auf die Reise genommen, damit ich mit dir abschließe, was mir auch nicht schwergefallen ist. Und dann kam der Schwangerschaftstest! Was habe ich wohl in unserer Hochzeitsnacht getan, als du eingeschlafen warst? Du hast nicht die geringste Ahnung, natürlich nicht. Die Menschen um dich herum haben dich noch nie gekümmert. Ich habe die ganze Nacht wach gelegen und geweint. Weil ich einen Mann geheiratet hatte, den ich nicht liebte und der mich nicht liebte. Einen, der an irgendeiner Ampel welke Blumen kauft, weil es ihm zu umständlich ist, auszusteigen und zum Blumenladen zu gehen wie jeder normale

Mensch! Der mich noch nie zum Orgasmus gebracht hat!«
Marroné hielt Klein-Tommy die Ohren zu, aber der ignorierte den Redeschwall seiner Mutter ohnehin und krähte immer noch »Papi, Papi, Papi«. Marroné zog die Augenbrauen hoch und blickte in Richtung der erheiterten Frau Emma, die mit ihrer massigen Gestalt den ganzen Türrahmen ausfüllte und das Schauspiel nicht minder genoss als ihre nachmittäglichen Seifenopern im Fernsehen. »Ach, es stört dich, dass Emma uns hört? Denkst du, dass ihr das neu ist? Dass ich nicht mit ihr geredet habe? Wenn ich jetzt hier stehe und nicht in der Nervenklinik gelandet bin, so habe ich das ihr zu verdanken, und ganz sicher nicht dir!«

Marroné wollte all die nachteiligen Dinge, die sie ihm gerade vorhielt, selber sagen, obwohl ihm, weil er so durcheinander war, nicht mehr einfiel, ob Dale Carnegie das empfahl, wenn man sich beliebt machen oder wenn man andere überzeugen wollte.

Also sagte er stattdessen einfach nur mit ernster Miene: »Herr Tamerlán ist tot.« Vielleicht hielt sie ja dann mal den Mund.

»Ja, natürlich ist er tot! Während du in den Slums mit deinen Huren beschäftigt warst, ist er kaltblütig ermordet worden, und das nur, weil du die Scheiß-Büsten nicht besorgt hast! Nicht einmal dazu taugst du! Was soll jetzt aus der Firma werden? Muss sie zusperren? Wirst du jetzt rausgeschmissen, weil du zu nichts nutze bist? Das fehlte gerade noch, dass du auch noch den Job verlierst! Eins sage ich dir, Ernesto, wenn du vorhast, einen auf mittellos zu machen, nur um nicht mehr für deine Familie aufkommen zu müssen, das kannst du vergessen! Wenn du keine Alimente zahlst, lasse ich dich einsperren!«

Marroné hörte ruhig und geduldig zu, wie eine Steinfigur, nicht wie ein Mensch aus Fleisch und Blut. Der Weg des fahrenden Managers war ein steiniger und es brachte nichts, das einer Person zu erklären, deren bürgerliches Bewusstsein sie verblendete. Da stieß man natürlich auf taube Ohren, denn wie es im Volksmund hieß: Honig ist nichts für Eselsschnauzen. Kondor und Sperling sprechen eben nicht dieselbe Sprache.

»Hast du mir überhaupt zugehört? Willst du nichts dazu sagen?«

»Ähm, also, ich muss mal kurz … Du weißt schon, wohin.«

»Was, jetzt? Für wie blöd hältst du mich? Du machst wohl Scherze!«

»Frau Mabel, die Kleine schreit«, hörte man, einem rettenden Engel gleich, Emma von oben rufen, wohin sie vorhin abgerauscht war.

»Wir sind noch nicht fertig, Ernesto, das Thema besprechen wir noch«, drohte Mabel und ging dann mit dem Kleinen an der Hand die Treppe hoch.

Das war die Gelegenheit, auf die er gewartet hatte. Er lief in die Bibliothek, griff nach *Don Quijote, der fahrende Manager von der Mancha*, das ein wenig zwischen den benachbarten Büchern hervorlugte, und sperrte sich, Türen knallend und hastig den Riegel vorschiebend, in der Gästetoilette ein. Hier bekam ihn nur heraus, wer ihn mit Panzern ausbombte, hier war sein kleines, aber feines Reich, hier war er sein eigener Herr. Mit einem Buch in der Hand fehlte es ihm an nichts, dachte er, als er den Hintern aufs vertraute Plastik setzte, sich mit einem tiefen Seufzen sein ganzer Körper entspannte und er endlich relaxen konnte. Er rechnete mit einem schnellen Geschäft und damit, die erfolgreiche Mission dann mit ein wenig Lesen abzurunden, aber schon nach den ersten Bemühungen dämmerte ihm, dass es heute nicht ganz so leicht sein würde. Vielleicht hatte sein Körper noch nicht richtig verdaut, dass die unheimliche Präsenz, die ihn so lange gequält hatte, wirklich für immer fort war. Doch nun, wo er endlich zu Hause war, hatte er es nicht eilig, das Klo wieder zu verlassen. Er klappte das Buch an einer beliebigen Stelle auf, die, wie es der Zufall so wollte, genau passte. Seht ihr, es läuft bei mir, sagte er zu seinen imaginären Gesprächspartnern, und wandte sich sodann dem Buch zu:

Es ist nicht leicht, ein fahrender Manager zu sein, sagt Sancho nach seiner Rückkehr in einem herzerwärmenden Gespräch zu seiner Frau. Die Abenteuer, die man findet, verlaufen nicht immer, wie man sich's wünscht, denn von hundert, auf die man stößt, geraten einem neunundneunzig krumm und schief. Don Quijote wurde beispielsweise gegen seinen Willen in sein Dorf zurückgebracht, wie ein Löwe oder Bär in einen beengten Käfig gesperrt, aus dem man ihn nicht einmal hinausließ, um seine Notdurft zu verrichten. Es sieht so aus, als behielten die bösen Zauberer die Oberhand, deren einziges Ziel es ist, seinen Triumph zu verhindern, ihn und seine höchst eifersüchtige Herzensdame, die Dulcinea von Mammon, auseinanderzubringen; ihn schutzlos den mittelmäßigen Geistern auszusetzen, die ihm sein Genie und seinen Ruhm neiden. Tatsächlich erfüllen sich weder seine Hoffnungen noch die seines getreuen Knappen: Noch immer ist Sancho die ersehnte Vizepräsidentschaft nicht zugefallen (wenigstens klimpert Gold in seinem Säckel) und auch Don Quijote gehören weder der Thron eines CEO noch die wahre und ewige Liebe seiner Dulcinea von Mammon. Doch es war nichts vergebens, unser Held ist in die Geschäftswelt hinausgezogen, hat Hindernisse bekämpft, die der freien Geschäftsausübung entgegenstehen, schiefe Vorhaben zurechtgerückt, den Herausforderungen der dauernden Konkurrenz die Stirn geboten, es mit den Riesen des Marktes aufgenommen, sich aus bürokratischen Fesseln gelöst, ist vor allem aber einer Umwelt, die sich im ständigen Wandel befindet, mit kreativen Lösungen begegnet. Der geistvolle Hidalgo Don Quijote von der Mancha wird sich nicht zur Ruhe setzen; als fahrender Manager sehnt er sich danach, wieder aufzubrechen. So wie es der moderne Manager nach seiner Geschäftsreise im Flugzeug tut, zieht auch Don Quijote in seinem Käfig Bilanz: Mag sein, dass vieles anders kam als erwartet, doch das tut nichts zur Sache. Beim Kräftemessen hat er erfahren, dass er so sein kann, wie er es sich immer erträumt hat; dass er ein besseres Leben führen kann; vor allem aber hat er von der verbotenen Frucht gekostet, kennt jetzt den süßen Geschmack des Abenteuers. Und während es nach Hause geht, um im liebevollen Schoß der Familie zu Kräften zu kommen, wartet er nur auf die nächste Gelegenheit, um wieder in die Welt zu ziehen, auf der Jagd nach neuen Abenteuern.

Quellennachweise

Der Autor bezieht sich im Original durch Anspielungen, aber auch wörtliche Zitate auf zahlreiche literarische Quellen. Die vorliegende Übersetzung wurde unter Verwendung folgender deutscher Publikationen angefertigt:

Brecht, Bertolt: *Die Dreigroschenoper*. Suhrkamp, Frankfurt 1968. (edition suhrkamp 229)

Breitenstein, Rolf: *Othello, Hamlet & Co. Shakespeare für Manager*. Wirtschaftsverlag Langen Müller/Herbig, München 1998.

Carnegie, Dale: *Wie man Freunde gewinnt*. Bertelsmann Lesering, Gütersloh 1965. (Berechtigte Übertragung durch H. von Wedderkop.)

Cervantes, Miguel de: *Don Quijote von der Mancha*. dtv, München 2016. (Gesamtausgabe in einem Band. Herausgegeben und neu übersetzt von Susanne Lange.)

Fanon, Frantz: *Die Verdammten dieser Erde*. Suhrkamp, Frankfurt 2017. (suhrkamp taschenbuch 668 – 16. Auflage. Übersetzt von Traugott König.)

Frost, Robert: Gedicht »The Road Not Taken« in der Übersetzung von Paul Celan. Quelle: https://turmsegler.net/20100203/der-unbegangene-weg, konsultiert am 16. 3. 2018

Goethe, Johann Wolfgang von: *Gedichte* (Ausgabe letzter Hand 1827). Quelle: http://www.zeno.org/Literatur/M/Goethe,+Johann+Wolfgang/Gedichte/Gedichte+(Ausgabe+letzter+Hand.+1827)/Parabolisch/Kl%C3%A4ffer, konsultiert am 16. 3. 2018

Jahrmarkt, Manfred: *Das Tao-Management*. Erfolgsschritte zur ganzheitlichen Führungspraxis. Droemersche Verlagsanstalt Th. Knaur Nachf., München 1995. (3., überarbeitete Auflage.)

Lutherbibel 2017: Prediger/Kohelet 3,2. Quelle: https://www.die-bibel. de/bibeln/online-bibeln/lutherbibel-2017/bibeltext/bibel/text/lesen/ stelle/21/30001/39999/, konsultiert am 16. 3. 2018

Marx, Karl/Engels, Friedrich: *Die deutsche Ideologie. Band 1*, Kapitel 1 Feuerbach. Quelle: http://www.mlwerke.de/me/me03/me03_017. htm#I_I, konsultiert am 16. 3. 2018

Perón, Eva: *Der Sinn meines Lebens.* Thomas-Verlag, Zürich 1952. (Übersetzer/in nicht genannt.)

Proust, Marcel: *Auf der Suche nach der verlorenen Zeit, Band 3 (Im Schatten junger Mädchenblüte 2).* Suhrkamp, Frankfurt am Main 1954. (2. Auflage der Ausgabe in zehn Bänden 1979, 21. bis 28. Tausend 1980. Deutsch von Eva Rechel-Mertens.)

Prutsch, Ursula: *Eva Perón. Leben und Sterben einer Legende. Eine Biographie.* Verlag C. H. Beck, München 2015.

Schmincke, Don: *Samurai-Prinzipien für den Manager des 21. Jahrhunderts. Was wir von der alten japanischen Führungselite lernen können.* O. W. Barth, Bern, München, Wien 1997. (Aus dem Englischen von Wolfgang Höhn.)

Titel auf Seite 223: Anspielung auf den sogenannten *Cordobazo* im Mai 1969.

www.septime-verlag.at